Mayschoß

Aus der Geschichte eines Winzerdorfes an der Ahr

von
Sebastian Wolfgang Schmitz

Herausgegeben von der
Ortsgemeinde Mayschoß,
anlässlich der 900 Jahrfeier
im Jahre 2006.

1. Auflage 2006

ISBN 3-9804818-8-3

Herausgegeben von der Ortsgemeinde Mayschoß,
anlässlich des Jubiläumsjahres 2006.

Texterfassung: Sebastian Wolfgang Schmitz

Fotosatz und Druck
Medienhaus Herbrand & Friedrich GmbH, 53518 Adenau

Schrift: Linotype Centennial

Titelbild:
Ortsansicht von Josef Damian aus den 1930er Jahren.

Inhalt

Danksagung

Herrn Ortsbürgermeister Hubertus Kunz und dem Mayschoßer Gemeinderat danke ich für die stete Förderung des Buches. Ebenso gilt mein Dank den Zeitzeugen, die mir über die Vergangenheit berichteten und den Mayschoßer Bürgern, die Bildmaterial zur Verfügung stellten. Herrn Ottmar Prothmann danke ich für die Durchsicht des Manuskriptes und manch guten Rat.

Geleitwort

Nun liegt sie vor uns. Die Geschichte unseres Dorfes Mayschoß mit all ihren Höhen und Tiefen. Zunächst gilt es Dank zu sagen. Unser Chronist Sebastian Schmitz hat uns ein Kompendium unserer eigenen Geschichte vorgelegt, das seines Gleichen sucht. Viele Jahre Recherche in Bibliotheken, Archiven und privaten Dokumenten liegen hinter ihm. Dazu kamen Interviews mit Zeitzeugen und die aufwendige Suche nach alten Bildern, die in vielen Privathaushalten schlummerten. Wer das vorliegende Werk gelesen hat, kann nur in Ansätzen ermessen, was unser Autor Sebastian Schmitz geleistet hat.
Wie ein roter Faden zieht sich durch die Mayschoßer Geschichte der Stiftungsgedanke. So erblickt Mayschoß – aus Historiker Sicht – durch die Erwähnung einer großherzigen Schenkung des Dienstmannes Embrico aus „Meinscozen“ zur Klostergründung im heutigen Kerkrade (Provinz Limburg in den Niederlanden) das Licht der Welt. Das setzt sich fort über die Armenfürsorge, die frühzeitige Einrichtung einer Schule, der Winzergenossenschaft, die Stiftung des Klosters durch die Geschwister Coßmann bis hin in die heutige Zeit, wo viele Mayschoßerinnen und Mayschoßer sich unentgeltlich engagieren um wichtige öffentliche Investitionen für unsere touristische Infrastruktur zu ermöglichen.

Das vorliegende Buch ist nicht nur eine möglichst vollständige Aufzählung von Ereignissen der letzten 900 Jahre. Die einzelnen Kapitel bilden vielmehr die Mosaiksteine aus denen ein Bild der Mayschoßer Seele deutlich wird. Bis in die 70er Jahre des vorigen Jahrhunderts warben die Mayschoßer Genossenschaftswinzer mit dem, wie ich meine genialen Werbespruch: „Wer das Ahrtal ganz will sehen, der muss durch diese Keller gehen.“ Ich möchte diesen Spruch abwandeln: „Wer kennen lernen will das Mayschoßer Wesen, der muss diese Chronik lesen.“

Aber gerade auch für uns Mayschoßer ist dieses Buch eine wertvolle Hilfe. Die Geschichte zeigt, wie es unsere Vorfahren bis in die heutige Zeit immer wieder verstanden haben durch Engagement und Ideenreichtum aus allen Krisen gestärkt und für die Zukunft erfolgreich hervorzugehen. In jeder Krise steckt die Chance zu einem neuen Anfang. Diese Lebensweisheit ist in unserer Geschichte in vielfältiger Weise ablesbar.

In diesem Sinne wünsche ich allen Leserinnen und Lesern viel Freude mit dem vorliegenden Werk. Das Buch ist ein hervorragendes Zeugnis unserer Mayschoßer Geschichte. Die Lehren, die wir aus unserer Ortsgeschichte ziehen können, bilden eine gute Grundlage für mindestens 900 weitere erfolgreiche Jahre Mayschoßer Geschichte.

Mayschoß, im Juli 2006 Hubertus Kunz, Ortsbürgermeister

Einführung

Das 900-jährige Jubiläum der Gemeinde Mayschoß ist ein guter Anlass, den Blick auf unsere Vergangenheit zu richten.
In schriftlicher Form beginnt sie mit der ersten Erwähnung unseres Dorfes in den Annalen der Abtei Rolduc/Klosterrath im Jahre 1106. Tatsächlich aber lebten schon vorher Menschen an diesem Ort. Schon der Vater des 1106 erwähnten Embrico hatte in der Ortslage eine Kapelle errichten lassen. Ältere Bodenfunde belegen eine römische Besiedlung im Ortsbereich.
Bleiben wir bei der ersten schriftlichen Erwähnung im Jahre 1106. Mit der Schenkung der Mayschoßer Besitzungen an die Abtei Klosterrath und der Gründung der Filiale Marienthal befand sich das Dorf, wie auch die beste Weinbergslage „Mönchberg“ zeigt, unter dem Einfluss beider Klöster. Dies blieb mit abnehmender Bedeutung bis zur Auflösung der geistlichen Besitzungen unter Napoleon.
Zusätzlich waren die damaligen Ortsbewohner Untertanen der jeweiligen weltlichen Herren, die anfangs auf der Saffenburg wohnten und später von dort ihren Besitz verwalten ließen. Diese einst imposante Wehranlage übte aber im 17. Jahrhundert und zu Beginn des 18. Jahrhunderts eine derart anziehende Wirkung auf umherziehende Soldateska aus, dass die damaligen Bewohner von Mayschoß es als Befreiung von einem Joch empfanden, als die Burg im Jahre 1704 gesprengt und dem Erdboden gleich gemacht wurde. Denn auch ohne negative Einflüsse von außen war das Leben der Menschen auf den kargen Böden schwer genug. Zeugen der harten Arbeit unserer Vorfahren sind bis zum heutigen Tag die Trockenmaueranlagen, die selbst in unzugänglichsten Bereichen des Tales und bis in heutige Waldlagen zu finden sind.
Die Ernten waren karg, jedes noch so kleine Plätzchen wurde kultiviert. Häufigen Fehlernten, bedingt durch frühe Fröste, folgten unausweichlich Jahre der Not. Manches Leid mussten frühere Chronisten niederschreiben. So berichtet die alte Dorfchronik über den Dreißigjährigen Krieg mit den Jahren der Pest, über wiederkehrende Hochwasser, die 1804 den Niedergang des Dorfes Laach einleiteten. Hungerjahren zu Beginn des 19. Jahrhunderts folgten Wellen von Auswanderungen. In der ersten Hälfte des 20. Jahrhunderts sind es die beiden Weltkriege, die auch über unseren Ort große Not brachten.
Parallel zu den vielen Notzeiten finden sich aber seit Beginn der Aufzeichnungen Mitteilungen darüber, wie die Dorfgemeinschaft diese Not meisterte. Geprägt durch christlichen Glauben, entstanden ein Hospitalwesen und eine Armenkasse für die Hilfsbedürftigen des Dorfes. Der harte Alltag schweißte die Ortsbewohner zu einer Gemeinschaft zusammen. So erfolgte im 19. Jahrhundert die für das ganze Ahrtal vorbildliche Gründung des Mayschoßer Winzervereines, der den Winzern Wohlstand brachte und bis zum heutigen Tag mit seinem guten Ruf der beste Botschafter für die Arbeit der hiesigen Winzer ist.
Neben den Leistungen der Gemeinschaft gab es immer wieder das beispielhafte Handeln Einzelner, die selbstlos Gemeinsinn vor Eigensinn stellten. Aus einer Fülle

vorbildlicher Taten sei an dieser Stelle die Stiftung der Geschwister Cossmann zur Gründung des Mayschoßer Klosters an der Schwelle zum 20. Jahrhundert genannt. Wenn wir heute am Beginn des 21. Jahrhunderts den Blick auf die Vergangenheit richten, sollte uns als erstes bewusst werden, dass wir seit 60 Jahren in einer hoffentlich noch lange anhaltenden Phase des Friedens leben und, gemessen an vielen Teilen der Erde, einer Epoche des Wohlstandes, wie ihn sich unsere Vorfahren nicht hätten träumen lassen. Gleichzeitig befindet sich die Welt in einem schnelllebigen Wandel, dem bewährte Traditionen, wie manches Brauchtum und die Sprache unserer Vorfahren, zum Opfer fallen. Das 900-jährige Jubiläum der ersten schriftlichen Erwähnung unseres Dorfes bietet Anlass inne zu halten und sich des Wertes unserer eigenen Geschichte zu besinnen. Wir sollten sie auch künftig als Teil unserer Identität bewahren und pflegen.

Mayschoß, im Juli 2006 Sebastian Wolfgang Schmitz

Siedlungsgeschichte

Lange vor der ersten urkundlichen Erwähnung von Mayschoß im Jahre 1106 lebten Menschen um den Etzhardt Berg. Während für unser Dorf aus vorgeschichtlicher Zeit steinzeitliche Bodenfunde fehlen und daher eine Besiedlung nicht belegbar ist, haben wir seit der Römerzeit eine Vielzahl von Bodenfunden, die auf eine rege Siedlungstätigkeit in Mayschoß und dem umgebenden mittleren Ahrtal hinweisen.
Bereits im Jahre 1885 stieß man im Nachbarort Dernau bei Ausschachtungsarbeiten für einen Keller des Winzervereines auf die Reste einer römischen Villa.[1] Bei Erweiterungsarbeiten im Jahre 1933/34 fand man Reste eines Schmelzofens sowie Schmelzmasse, bestehend aus Eisenerz und Holzkohle. Ein Inschriftenstein und Münzfunde weisen auf einen Zeitraum vom 1. – 4. Jahrhundert n. Chr. An zwei weiteren Stellen im Bereich „Tempelchen“ und Weinbergstraße fand man bereits vor dem 2. Weltkrieg, beziehungsweise in den 50er Jahren, römische Gräberfelder. In der Nähe der Ziegelbrandgräber der Weinbergstraße waren bereits Ende des 19. Jahrhunderts eiserne Lanzenspitzen und Knochen, wohl aus fränkischen Gräbern, gefunden worden.[2]
In Rech waren es Bauarbeiten im Februar 2000 im Dellenweg, die Funde aus römischer Zeit freilegten. Ziegelreste, möglicherweise Teile eines Ofens, weisen laut dem Amt für Vor- und Frühgeschichte in Koblenz in das 2.–4. Jahrhundert nach Christus.[3]
Oberhalb der Saffenburg im Bereich „Koppen“ wurden im sogenannten „Kallepfad“ nach einer Notiz von 1927 „Tonröhren einer römischen Wasserleitung“ gefunden.[4]
In der Mayschoßer Ortslage fand man 1928 im Bereich der Silbergasse Ziegel, Münzen und Eisenschlacken.[5] Im Bereich „Bungert“ am Ostrand desselben Tales wurden um die gleiche Zeit ebenfalls römische Dachziegel und Tonscherben ausgegraben.[6]
Ebenfalls auf „Bungert“ wurden beim Hausbau des Anwesens Ley im Jahre 1979 in der Sonnscheidstraße römische Siedlungsfunde entdeckt. In der Nähe der Silbergasse,[7] der angrenzenden Erhebung „Königsbüchel“ vorgelagert, stieß man bei

---

1 Wagner, Ludwig, Die Römervilla in Dernau, 1956, eingeklebte Beilage der Dernauer Orts- und Schulchronik.

2 Kleemann, Otto, Vor- und Frühgeschichte des Kreises Ahrweiler, Köln 1971, S. 84.

3 Zeitungsartikel General Anzeiger 24.4.2000.

4 Mayschoßer Schulchronik, Randnotiz S. 16. Der Schreiber dieser Zeilen vermutete eine röm. Anlage auf dem Burgberg und notierte „Auch die Saffenburg ist römischen Ursprungs... Im s. Mauerwerk der Burg ist die Öffnung zu sehen, durch die die Leitung in die Burg führte. Das Wasser wurde aus den Recher Bergen hergeholt.“
Eine räumliche Zuordnung zur Saffenburg scheint mir nach einer Begehung der Strecke sehr unwahrscheinlich. Sollten in dem genannten Quellbereich tatsächlich entsprechende Funde gemacht worden sein, haben sie am ehesten einen Bezug zu einer römischen Ansiedlung im Recher Bereich.

5 Kleemann, Otto, (wie Anm. 2), S. 94.

6 Ebd.

7 Der Name leitet sich wohl von der dort gefundenen Eisenschlacke ab, die man im Volksmund als Silberschmelze umdeutete.

Römische Schale. Gefunden beim Hausbau in der Sonnscheidstraße 22 im Jahre 1979. *Familie Ley*

Ausschachtungsarbeiten im Bereich des Hauses der Familie Baltes ebenfalls auf römische Siedlungsspuren. Dies deutet auf eine größere Siedlungsdichte im Bereich „Bungert“ und des „Königsbüchels“. Es wird sich dabei aber am ehesten um einzelne Höfe gehandelt haben. Ob diese Bereiche des Tales über die fränkische Zeit ohne größere Lücken bis in unsere Zeit besiedelt waren, oder wie in späterer Zeit der an Mayschoß grenzende Siedlungsraum mit den Hofgruppen „Lankshausen“ und „Durchhausen“[8] einmal verlassen wurde, lässt sich heute nicht mehr sagen.

8 Janssen, Walter, Studien zur Wüstungsfrage im Fränkischen Altsiedelland zwischen Rhein, Mosel und Eifelnordrand, Teil II, Köln 1975, S. 256–257.

Klosterrath - Mayschoß und die Annales Rodenses

Mit der ersten urkundlichen Erwähnung zwischen 1104 und 1108 in den Annalen der Abtei Klosterrath taucht der Ort Mayschoß erstmals aus dem Dunkel der Geschichte auf.

Ansicht der Abtei Rolduc (Klosterrath).
Foto des Verfassers, 2006

Die Annales Rodenses, ein innerklösterlicher Gründungsbericht, wurde niedergeschrieben während der Amtsperiode des Abtes Erpo (1141 – 1179).[1] Der anonyme Verfasser begann die Schrift mit Berichten aus der Zeit vor 1104, über den Gründer des Klosters, Ailbert von Antoing. Von edler Herkunft, hatte dieser unweit seines Geburtsortes in Tournai an der Stiftskirche St. Martin die Schule besucht. Dort studierte er, war Kanoniker und erhielt die Priesterweihe. Nach einem Gelübde verteilte er dann alles, was er besaß, an die Armen und Bedürftigen. Mehrfach ist erwähnt, dass er nach dem Vorbild Christi und seiner Apostel leben wollte. Im Folgenden enthalten die Annales Rodenses Jahresberichte, die die inneren Vorgänge der Abtei beschreiben, aber auch wichtige überregionale Ereignisse wie Wahl-, Krönungs- und Sterbedaten von Königen und Päpsten. Ebenfalls werden Auseinandersetzungen zwischen den Großen in Reich und Kirche erwähnt. Den größten Teil der Schrift nehmen die Besitzübertragungen an das Kloster ein.[2]

Über Ailbert von Antoing, seinen weiteren Werdegang und seine Beziehung zu Adalbert von Saphenberg, sowie dessen Dienstmann Embrico berichtet die Annales Rodenses in dem Zeitraum von 1104 – 1157 unter anderem Folgendes:

---

1 Diez, Helmut/Weinfurter, Stefan, Die Lebensordnung des Regular-Kanonikerstiftes Klosterrath, Freiburg 1993, S. 14.

2 Heidbüchel, Franz/Kramer, Hermann, Annales Rodenses, in: Heimatblätter des Kreises Aachen 1990, S. 11 – 12.

Vor 1104

„Da wurde dem Priester die Eingebung zuteil, zwischen Renum (Rhein) und Mosam (Maas) unbestelltes Land zu suchen, wo sie mit ihrer eigenen Hände Arbeit Gott eifrig dienen könnten (...) In diesen Tagen betrat seine Burg Rode (im heutigen Herzogenrath) Graf Adelbertus, genannt von Saphenberg (Adalbert von Saffenberg), als wenn er durch den Wink Gottes dort dem Priester begegnen sollte, was bald darauf der Erfolg der Begegnung bestätigte. Dieser Graf war seiner Geburt nach Adliger, schon fortgeschritten im Alter. Neben seinen sehr vielen Besitztümern hatte er auch volleignes Besitzrecht an der Pfarre von Rode hier. Die Gattin des Grafen hieß Mathildis, von großer Verehrung für Christus, wie man sagte. Sie hatte ihrem schon greisen Mann entsprechend seinem Alter nur einen einzigen Sohn geboren mit Namen Adolphus, von beiden mehr geliebt als Gold und Topas, weil er ihr einziger Erbe war.
Der Priester aber wanderte indessen in der Nähe der Burg Rode, ging zum Grafen hinein, erklärte ihm den Grund seiner Wanderschaft und verband dies mit seiner demütigen Bitte. Der Graf erlaubte ihm, überall in seinem Gebiet einen Platz zu suchen; er wolle ihm, wenn er einen für sein Unternehmen geeigneten finde, gern seine Zustimmung geben. Man durchforschte nun überall die Gehölze nahe bei den Tälern und den Bächen, ob sich aus diesen beiden eine geeignetere Wohnmöglichkeit und Lage ergebe. Dabei betrat er eine Ebene, deren Aussehen er wiedererkannte, – dass er sie, als er noch in Flandern war, in zahlreichen Visionen gesehen hatte (...) Er ging ein Stückchen weiter, wo sich jetzt die Krypta und die Sakristei befinden, streckte seine Hände in die Höhe, ließ seine Knie auf die Erde hinab und ließ sich mit dem ganzen Körper zu Boden sinken unter demütigen Dankgebeten zu Gott dafür, dass ihm durch göttliche Fügung gerade dieser Platz dereinst in Visionen häufig vorhergezeigt worden sei (...) Sie prüften ringsumher genau die Beschaffenheit des Geländes, dass hier genügend Holz vorhanden, ein Wasserlauf in der Nähe, die Entfernung zu Bausteinen nicht beschwerlich und überall Pflugland in der Nähe war und zeigten dem Grafen an, dass er einen passenden Platz zum Ansiedeln gefunden habe, wenn er nur durch seine Freigebigkeit die Billigung erhalten könne. Aber weil der Platz nahe bei der Burg liege und weil Lärm von Burgen für Klöster bedenklich sei, wollte der Graf ihn von dieser Stelle fernhalten, damit er in größerer Ruhe leben könne. Er selbst zog es jedoch vor, hier zu bleiben. Da übergab er ihm das Gelände, es für den Gottesdienst in Eigentum zu nehmen, und er wies ihm das ganze Land, das zwischen zwei Quellen und den von ihnen ausgehenden Bächen begrenzt war, zu, er wies ihm das Ganze vom westlich gelegenen Weg bis zu dem im Osten verlaufenden Fluss an, und zwar alles, was an Wald, Wiesen und Äckern vorhanden war.

1104 – 1108

Im Jahr der Fleischwerdung des Herrn 1104, dem 47. der Herrschaft des Kaisers Heinrich (...) betrat diesen Platz der Priester Ailbertus und begann auf ihm als allererster zusammen mit den zwei vorerwähnten Brüdern (die beiden Weggefährten

*

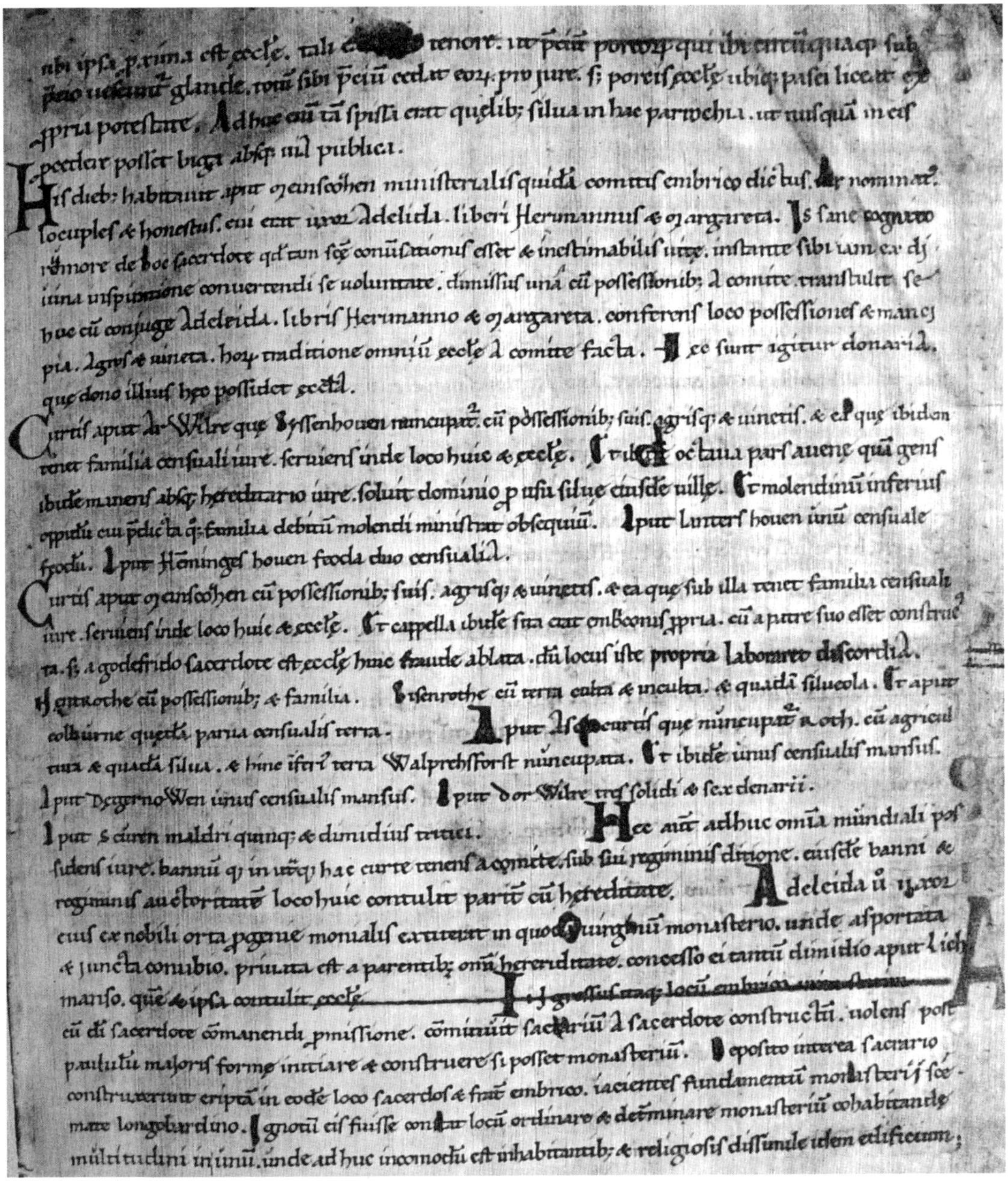

*

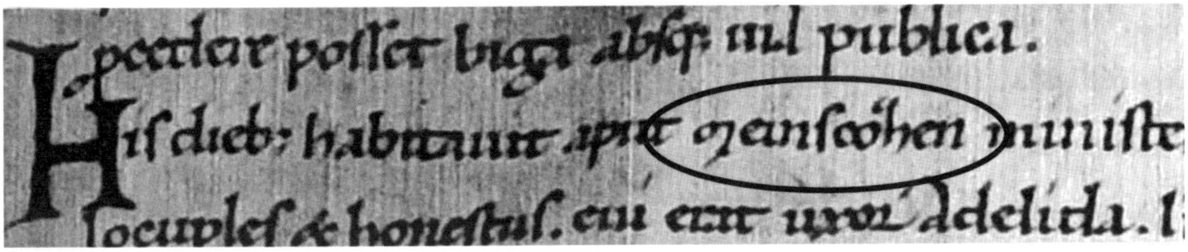

Abbildung der Annales Rodenses mit der Mayschoßer Erstnennung. *Sammlung des Verfassers*

hießen Thyemo und Walgerus) zu leben und stürzte sich mit eigenen Händen in die Arbeit und das Werk, denn der Platz war unbebaut und niemals von einem Menschen bewohnt gewesen. Und es wurde daselbst eine Kapelle errichtet aus Holz, und er feierte darin auch als erster das Geheimnis der Erlösung des Menschen und weihte den Ort für den Gottesdienst (...) Im dritten Jahr nach seiner Ankunft errichtete er ein Heiligtum aus Stein, oben mit Steinen überdacht, weil er, wenn es gut vonstatten gehe, das Kloster vollenden wollte.
In dieser Zeit wohnte bei **Meinscozen** (Mayschoß) ein Ministeriale (Dienstmann) des Grafen mit Namen Embrico, ein bekannter Mann, reich an Besitz und geehrt. Er hatte zur Frau Adelida, an Kindern Herimannus und Margareta. Er hatte gehört über unseren Priester, dass er von so gottesfürchtigem Wandel und unvergleichlicher Lebensführung sei. Es drängte ihn nun aufgrund göttlicher Eingebung der Wille, ins Kloster zu gehen. Als er vom Grafen mit seinen Besitzungen freigeworden war, begab er sich mit seiner Gattin Adeleida und seinen Kindern Herimannus und Margareta hierhin und brachte seine Besitztümer und sein Gesinde für das Kloster ein, und seine Felder und Weinberge. Die Übertragung all dieser Dinge an die Kirche wurde vom Grafen vollzogen (...) Seine Frau Adeleida, aus adeligem Geschlecht, war Nonne geworden in einem Nonnenkloster. Dann war sie ausgetreten und hatte geheiratet. Daher wurde ihr von ihren Eltern die ganze Erbschaft genommen, nur die Hälfte einer Hufe bei Lich (Lich bei Rödingen, nahe bei Jülich) wurde ihr überlassen. Diese übertrug sie ihrerseits der Kirche. Embrico traf nun im Kloster ein und legte sofort vor dem Priester Gottes das Gelübde der klösterlichen Gemeinschaft ab. Er ließ das vom Priester errichtete Gotteshaus abreißen, in der Absicht, ganz kurz danach einen

Die Krypta der Klosterkirche von der Abtei Rolduc. *Foto des Verfassers, 2006*

Klosterbau größeren Umfanges aufzuführen. Als sie nun das Gotteshaus abgerissen hatten, errichteten der Priester und Bruder Embrico eine Krypta an derselben Stelle.

1108

Im Jahre der Fleischwerdung des Herrn 1108, in der ersten Indiktion, ist der Ort der Kirche von Rode und die Krypta zu Ehren der heiligen Gottesgebärerin Maria und des heiligen Erzengels Gabriel von Obbertus, dem Bischof von Lüttich, geweiht worden, am 13. Dezember, einem Sonntag (...) Graf Adelbertus und mit ihm sein Sohn Adolphus standen vor dem Altar in Gegenwart des Bischofs - und die Einweihung hatte noch nicht begonnen - und vollzogen die Übereignung des Gutes, und was sie ihm verliehen hatten, übergaben sie alles zum Privileg Gott, dem Herrn natürlich, und der heiligen immerwährenden Jungfrau Maria und dem heiligen Erzengel Gabriel.

1109

In diesen Tagen begann der Priester sich zusammen mit den Brüdern mit der Lebensweise und der Satzung der Gemeinde zu befassen, dass es unschicklich sei, dass Brüder und zugleich Schwestern am selben Ort zusammenlebten. Man hatte Schwester Adeleida gefragt, ob sie mit ihren Mitschwestern auf dem Gelände des Friedhofs der Pfarrkirche von Rode wohnen wolle; dann wolle er den Grafen bitten, diese Pfarrkirche der hiesigen Kirche zu unterstellen. Bis zu dieser Zeit war nämlich jene Kirche Eigenkirche des Grafen aufgrund der väterlichen Erbfolge. Adeleida und die anderen Mitschwestern, die hier im Klostergut wohnten, besuchten nämlich dieselbe Messe, zu der auch die Brüder zusammenkamen. Sie aber antwortete, dass sie dem bereitwillig folgen werde, und Graf Adelbertus ließ sich sofort von den Bitten des Priesters überzeugen und unterstellte diesem Kloster die erwähnte Kirche, wie es sein Recht war. Als aber der Priester ihnen dort eine Wohnstatt errichten wollte, erwiderte Adeleida, sie wolle dieses Kloster nicht verlassen und weder im Grafengau Rode noch irgendwo anders jemals wohnen. Aus diesem Grunde ist sofort ein Streit zwischen ihnen entstanden, wobei der Priester Gottes mit Nachdruck darauf hinwies, er wolle und dürfe nicht am selben Platz mit Frauen zusammen wohnen, wogegen Embrico die Partei der Schwestern ergriff, wegen der Kurzzeitigkeit der Gründung, weil sie bisher nur so wenige unterzubringen hätten. Da der Priester bei seiner Auffassung beharrte, beklagte er (Embrico) sich über ihn beim Grafen (der legte einen Rechtssprechungstag fest, auf dem Embrico zu verstehen gegeben wurde, dass er seinem Vorsteher untergeben sei). (...) Aber weil die Meinungsverschiedenheit aus ihren unterschiedlichen Ansichten erwachsen war, weil der Priester von allem, was er behalten konnte, niemals einem, wenn er darum bat, etwas vorenthielt, Bruder Embrico mehr der Meinung war, man solle das, was man habe, für (den Bau) des Hauses vorbehalten, dauerte die Eintracht unter ihnen nicht lange an, und kurze Zeit danach wandten sich beide voneinander ab auf das hin, was ein jeder vorzüglich zu beachten gut hielt.

1110

Im Jahre der Fleischwerdung des Herrn 1110 ist Graf Adelbertus, von dem dieses Gut hier dem Herrn und der heiligen immerwährenden Jungfrau Maria und dem heiligen Erzengel Gabriel übergeben worden ist, bei Saphemberch (Saffenberg) gestorben. Dort war sein eigener Wohnsitz, aber er wurde von seinem Sohn hierher zur Beerdigung gebracht, wie er es zu Lebzeiten verfügt hatte; und er wurde mitten in der Krypta, unmittelbar vor dem Altar, ehrenvoll bestattet, wo inschriftlich bezeichnet ist, dass er seine letzte Ruhestätte hat (...) Graf Adelbertus von Saphenberg starb am 16. Dezember.

1111

Im Jahr der Fleischwerdung des Herrn 1111 hat der Priester Ailbertus, von dem dieser Platz hier für den Dienst an Gott geweiht worden ist, die Wohngemeinschaft mit den Brüdern des Klosters verlassen und ist weggegangen, obwohl er ein leuchtendes Vorbild der Nächstenliebe war; denn er sah ein, dass zwischen ihm und Bruder Embrico niemals Bruderliebe herrschen könne, und er wollte diesem, der so viele Besitztümer der Kirche eingebracht hatte, nicht zur Last fallen oder Ursache der Zwietracht sein.“ [3]

Ailbertus gründete in Clairefontaine ein neues Kloster. Im Jahre 1122 besuchte er Graf Adolf auf der Saffenburg. Auf seiner weiteren Reise erkrankte er in Sechtem bei Brühl, verstarb und wurde dort begraben. Embrico starb am 9. Juni 1129. Sein Sohn Herimannus, der sich mehrere Jahre vergeblich um die Leitung des Klosters beworben hatte, verließ Klosterrath 1129, ging später nach Dänemark, erwarb sich Verdienste und wurde 1138 Bischof von Schleswig.

3 Heidbüchel, Franz/Kramer, Hermann, (wie Anm. 3), S. 25 – 39.

Die Saffenburg

Zur Geschichte der Burg und ihrer Besitzer

Lage

Oberhalb des Dorfes Mayschoß kontrollierte die älteste Höhenburg im Ahrtal für Jahrhunderte den Bereich des mittleren Flusstales. Die langgestreckte mittelalterliche Burganlage, die wahrscheinlich in der zweiten Hälfte des 11. Jahrhunderts entstanden ist,[1] hat eine Länge von circa 260 Metern und ist an der breitesten Stelle etwa 80 Meter breit.[2] Sie liegt auf einem von der Ahr umflossenen steilen, bis zu 80 Meter hohen Felsrücken,[3] der in Nord-Süd Richtung verläuft. Durch zwei tiefe künstliche Halsgräben getrennt, besteht sie aus zwei vorgelagerten Vorburgen und der Hochburg.

Ansicht der durch zwei Gräben dreigeteilten Burganlage der Saffenburg. *Foto des Verfassers, 2006*

1 Im Jahre 1081 wird Adalbert von Saffenberg [Saphenberg] in einer Urkunde des Kölner Erzbischofes Sigwin als Zeuge genannt (siehe Fußnote 4). Die Saffenburg ist damit die älteste Burg im Ahrtal.

2 Clemen, Paul, Die Kunstdenkmäler des Kreises Ahrweiler, Düsseldorf 1984, Nachdruck, 2. Halbband, S.417 ff.

3 Röcke, Matthias, Burgen und Schlösser zwischen Ahr und Brohltal, Köln 1984, S. 88.

Geschichte

Erstmals einigermaßen gesichert taucht der Name Saffenburg als Herkunftsbezeichnung eines Mannes am 28. Juli des Jahres 1081 auf. Es ist Adalbert von Saffenberg (Saphenberg), der neben seinem Bruder Adolf von Nörvenich, als Zeuge einer Urkunde des Kölner Erzbischofs Sigwin für das Kölner Pantaleonskloster erscheint.[4] Vater der Brüder war wahrscheinlich Hermann von Nörvenich. Adalbert wie auch sein Sohn Adolf von Saffenberg spielten – dies belegt die häufige Zeugenschaft in erzbischöflichen Urkunden – eine herausgehobene Rolle unter den rheinischen Adelsfamilien. Im Jahre 1104 gab Graf Adelbertus (Adalbert), genannt von *Saphenbergh,* auf Burg Rode dem Priester Ailbert von Antoing die Erlaubnis, sich unweit der Burg ein Kloster (Klosterrath) zu erbauen.[5] Am 16. Dezember 1110 starb Graf Adelbertus bei *Saphemberch* und wurde von seinem Sohn Graf Adolf in der Krypta von Klosterrath bestattet.[6] 1136 erhielt Abt Borno von Klosterrath von Graf Adolf von Saffenberg die Erlaubnis, im Tal der Heiligen Maria (Marienthal) ein Kloster für die Schwestern von Klosterrath zu errichten.[7] Nach dem Aufstieg der Familie – Adolf von Saffenberg heiratete um 1122[8] Margarete von Schwarzenberg, die Nichte des Kölner Erzbischofes – hatte er im Jahre 1147 das Amt als Vogt des Kölner Domstiftes inne.[9] Ihm folgte sein Sohn Hermann von Saffenberg in der Würde eines Grafen sowie des Kölner Domvogtes. Hermanns jüngerer Bruder Adolf war mit einer Kunigunde aus unbekannter Familie verheiratet.[10]

Das Haus Sayn

Die Erbtochter des 1172 verstorbenen Grafen Hermann von Saffenberg, Agnes von Saffenberg, brachte ihrem Ehemann Heinrich II. von Sayn neben der Hälfte der Saffenburg die Anwartschaft auf das Amt des Domvogtes. Heinrich II. nannte sich 1173

---

4 Frick, Hans, Quellen zur Geschichte von Bad Neuenahr, Bad Neuenahr 1933, Nr. 11.

5 Heidbüchel/Kramer, Annales Rodenses, in: Heimatblätter des Kreises Aachen, 45. Jahrgang, 1990, S. 25.

6 Ebd., S. 38.

7 Ebd., S. 87. Dieses Tal hieß ursprünglich Hubachtal und war dem Kloster von Rodolphus de Turri übertragen worden.

8 Ebd., S. 60.

9 Halbekann, Joachim, Die älteren Grafen von Sayn, Wiesbaden 1997, S. 29.

10 Ebd., Graf Adolf von Saffenberg ist bis 1158 in den Quellen belegt. Er hatte neben seinen beiden Söhnen Hermann und Adolf noch eine Tochter Mathilde, die 1136 den Herzog Heinrich II. von Limburg heiratete, mit dessen Familie es zu Beginn des 12. Jahrhunderts zu einer heftigen Auseinandersetzung gekommen war. Diese Eheschließung führte zum Verlust von erheblichen Herrschaftsrechten, da Mathilde ihrem Ehemann neben der Vogtei über das saffenbergische Hauskloster Klosterrath auch den westlich der Maas im Haspengau gelegenen allodialen Familienbesitz mit in die Ehe brachte. Schon unter Adolf signalisiert die Gründung einer weiblichen Filiale Klosterraths in unmittelbarer Nähe der Stammburg Saffenburg an der Ahr - Marienthal - eine nachlassende Bindung der Familie an das weit entfernte Hauskloster (ebd. S. 29ff).

unter anderem Graf von Saffenberg und Domvogt (*Heinricus comes de Saffenberg altaris advocatus*).[11]
Zwischen 1168 und 1184 erwarb Erzbischof Philipp von Köln unter anderem die Hälfte der Saffenburg von der Gattin des Grafen von Sayn kostenlos, zwischen 1168 und 1190 das ganze Eigengut des Adolf von Saffenburg für 600 Mark, die Burg Are von Graf Dietrich von Hochstaden für 1800 Mark.[12]
Anfang 1202 gab König Otto IV. dem Grafen Heinrich III. von Sayn im Hinblick auf die treuen Dienste seines verstorbenen Vaters (Graf Heinrich II.) die (andere) Hälfte der Saffenburg mit dem Dorf Bodendorf zu Lehen.[13]

Das Haus Sponheim

Am 29. August 1247 übergab Gräfin Mechtild von Sayn, Witwe des Grafen Heinrich von Sayn, den Brüdern von Sponheim Graf Johann, Heinrich Herr von Heinsberg, Simon und Eberhard gemäß dem letzten Willen ihres Oheims seine in Burgen bestehenden Lehen, unter anderem auch die Saffenburg.[14]

Die Häuser Kleve und Neuenahr

Am 22. September 1255 erhielt Dietrich, der ältere Sohn des Grafen von Kleve, von Heinrich von Heinsberg, als Aussteuer seiner Tochter Aleidis, die Burg Saffenburg, die von Kurköln zu Lehen ging.[15] In einer Urkunde vom 28. Juni 1287 wird als Getreuer des Dietrich Luv von Kleve ein Konrad Herr von Saffenburg sowie sein Vater Wilhelm von Saffenburg genannt.[16] Am 23. August 1298 erschien, neben Graf Wilhelm I. von Neuenahr, Johann von Neuenahr, Herr auf Saffenburg, als Bürge in einem Ehevertrag.[17] Ritter Wilhelm von Honnef leistete am 17. April 1300 dem Edelmann Johann, Sohn des verstorbenen Konrad Herr von Saffenberg, den Lehnseid.[18] Dietrich, genannt Luv von Kleve, verpfändete am 28. Juni 1303 dem Kölner Erzbischof Wikbold unter anderem die Burgen *Untersaffenberg und Obersaffenberg*.[19] Kraft von Saffenberg, Domherr zu Köln wird am 11. Juni 1322 neben seinem Bruder Wilhelm (späterer Graf Wilhelm II.) als Sohn des Grafen Wilhelm I. von Neuenahr erwähnt.[20]

---

11 Halbekann, Joachim, (wie Anm. 9), S. 18.
12 Frick, Hans, (wie Anm. 4), Nr. 228.
13 Ebd., Nr. 272.
14 Ebd., Nr. 443.
15 Ebd., Nr. 476.
16 Ebd., Nr. 540.
17 Ebd., Nr. 573.
18 Ebd., Nr. 579.
19 Ebd., Nr. 591.
20 Ebd., Nr. 618.

Erzbischof Heinrich II. von Köln erwarb durch Kauf am 3. Januar 1323 unter anderem die Burgen *Nieder- und Obersaffenberg.*[21] Erzbischof Wilhelm von Köln bat den Papst Klemens VI. unter anderem Johann von Kerchein, Priester der Diözese Köln, die Pfarrkirche von Altenahr zu übertragen. Dabei sollte Johann das Amt des Kaplan zu *St. Pankratius auf Burg Saffenberg* beibehalten. Der Papst genehmigte dies mit einer Urkunde, ausgestellt in Avignon am 1. Juni 1350[22] (1254 wurde bereits ein Priester Arnold als (Schloss)-Kaplan erwähnt).[23]
Graf Kraft von Neuenahr und Johann Herr zu Saffenburg bekundeten am 1. März 1353, „dass sie auf den Rat des Erzbischofs Wilhelm von Köln und ihrer Verwandten und Freunde eine Heirat beschlossen haben zwischen Johanns ältestem Sohn (Johann) und (Katharina) der Tochter des verstorbenen Grafen Wilhelm III. zu Neuenahr, Krafts Neffen. Johann macht seinen ältesten Sohn zum einzigen Erben und Sohn der Herrschaft Saffenberg mit ihrem Zubehör; ausgenommen ist der Anteil seines Bruders Konrad. Kraft setzt die Tochter seines Neffen zur Erbin der ganzen Grafschaft Neuenahr ein, es sei Lehn oder Eigengut, wie er sie heute und in Zukunft in Händen hat. Kraft wird bis zu seinem Tode Graf zu Neuenahr bleiben und Johann von Saffenberg wird ihn dabei schützen. Wenn die Kinder groß sind, wird dieser Hillich (Eheverabredung) durchgeführt. Die Grafschaft wird den künftigen Eheleuten nach der Eheschließung und nach dem Tode Krafts übergeben."[24]
Die Bedeutung der Herrn von Saffenberg im Erzstift Köln wird durch eine Urkunde des Jahres 1355 belegt. Johann Herr von Saffenberg, Amtmann zu Bonn, schwörte am 8. Dezember 1355 dem Erzbischof Wilhelm von Köln, das von ihm verwaltete Amt Bonn nur aufzugeben wenn er den Erzbischof persönlich gesehen und von ihm mündlich den Befehl erhalten habe.[25] Nachdem Kraft von Neuenahr verstorben war, siegelten Graf Johann und seine Ehefrau Gräfin Katharina von Neuenahr am 29. Dezember 1359 (*uff sent Thomas dagh des hilligen apostels*) eine Urkunde.[26] Erzbischof Engelbert von Köln belehnte Johann von Saffenberg, Graf zu Neuenahr, am 3. Juni 1364 unter anderem mit der Burg Neuenahr und dem Burglehen zu Are. Im gleichen Jahr wurde der Herr von Niedersaffenberg (Johann von Saffenberg) vom Kölner Erzbischof mit der Vorburg und der Gerichtsbarkeit in Dernau und Mayschoß belehnt.[27]
Während einer Fehde des Johann von Saffenberg, Graf zu Neuenahr, mit Johann von Roesberg dem Jungen, der sich von Neuenahr nannte, wurden im Jahre 1365 unter anderem drei Mayschoßer gefangen genommen, der Pfarrhof und andere Häuser zu Mayschoß abgebrannt, wobei ein Schaden von über 100 Gulden entstand.[28]

21 Ebd., Nr. 619.
22 Ebd., Nr. 694.
23 Ebd., Nr. 473.
24 Ebd., Nr. 708.
25 Ebd., Nr. 720.
26 Ebd., Nr. 729a.
27 Ebd., Nr. 754 und 755.
28 Ebd., Nr. 764.

Etwa um 1369 – 70 wurde der Herr von Niedersaffenberg (Johann Herr zu Saffenberg) von Kuno Graf von Falkenstein, Amtsgehilfe des Erzbischofes Engelbert von Köln, mit der Burg Saffenberg nebst Zubehör belehnt.[29] Kraft von Saffenberg schloss mit seinem Bruder Wilhelm Herr zu Saffenberg am 18. April 1413 einen Burgfrieden.[30] Wilhelm oder seine Erben mussten ihr Kommen ein Vierteljahr zuvor anzeigen und für die Öffnung der Burg 500 rheinische Gulden zahlen. Der Burgfrieden galt nur für die vereinbarte Frist von einem Vierteljahr, danach war die Burg wieder alleiniger Besitz der Aussteller (Kraft von Saffenberg und seine Frau Elisabeth von Tomburg). Kraft von Saffenberg und Wilhelm Herr zu Saffenberg teilten das Erbe ihrer Eltern sowie ihres Onkels am 30. September 1417 untereinander auf und beendeten damit allen bisherigen Streit.[31] Kraft erkannte als Besitz seines Bruders an: Herrschaft, Burg, Lehen, Land und Leute, Mannen und Burgmannen der Herrschaften Saffenberg und Neuenahr mit allem Zubehör, vorbehaltlich der Rechte Krafts. Wilhelm erkannte als dessen Besitz an: das Haus Saffenburg, so wie es ihr Onkel Konrad von Saffenberg, der Bruder ihres Vaters und bisher Kraft besessen hatten - der von Kraft hier einzusetzende Wächter musste beiden Brüdern den Huldigungseid leisten –, das neue Haus und die Hofstatt vom großen Stall bis an die Pforte, ferner die Hofstatt auf dem Hain, auf der Kraft ein Kelterhaus, einen Keller und einen Garten anlegen durfte - diesen in der Vorburg gelegenen Anteil erhielt Kraft – und nach ihm immer nur einer seiner Erben, als Lehen aus der Hand Wilhelms oder seines berechtigten Erben. Außerdem erhielt Kraft das Haus genannt zum Neuen Haus *(zom Nuwenhuyse)* unterhalb der Burg mit allem Zubehör, so wie es der verstorbene Reinhard von Altendorf innehatte, und schließlich unter anderem das Dorf Laach mit der ganzen Herrschaft, dem Gericht, dem nassen und trocken Zehnten sowie den Bann.

Das Haus Virneburg

Am 4. Juli 1419 bekundete Ruprecht Graf von Virneburg, dass er mit Wilhelm Herr zu Saffenberg wegen seines ältesten Sohnes Philipp und deren ältester Tochter Katharina einen Hillich verabredet hat. Wilhelm gab seiner Tochter zu rechtem Hillichgut ein Drittel von Schloss und Herrschaft Saffenberg mit allem Zubehör. Mannen, Burgmannen, Turmknechte, Pförtner, Wächter, auch die Vögte, Schultheißen, Schöffen, Gerichte und die dazu gehörenden Dorfleute hatten den Verlobten dort zu huldigen und zu schwören. Nach Wilhelms Tod sollten Philipp und Katharina Schloss und Herrschaft Saffenberg und die Grafschaft Neuenahr erhalten mit allen Zubehör, wie die Eltern sie jetzt besaßen.[32] Wilhelm Herr zu Saffenburg und seine Frau Mechtild von Reifferscheid taten am 24. November 1422 kund: Ergänzend zu der mit ihrem

29 Ebd., Nr. 778.

30 Renger/Mötsch, Inventar des herzoglich arenbergischen Archivs in Edingen /Enghien, Teil 2, Veröffentlichung der Landesarchivverwaltung Rheinland - Pfalz, Band 75, Nr. 393.

31 Ebd., Nr. 405.

32 Frick, Hans, (wie Anm. 4), Nr. 901.

Neffen Ruprecht Graf von Virneburg für dessen Sohn Philipp und ihre Tochter Katharina getroffenen Eheberedung räumten sie diesen Eheleuten Wohnrecht in Burg Saffenburg ein und teilten die Burg mit ihnen. Der Saal unter dem Kornsöller und die Kammer vor dem Saal, in dem die Knechte zu essen pflegten, standen beiden Seiten je zur Hälfte zu. Von dieser Kammer und dem Kornsöller über dem großen Saal an gehörte das obere und das untere Wohngebäude bis zum Backhaus, mit Ausnahme der Kapelle und des unter dem Wohngebäude liegenden Teil zwischen Kapelle und Turm, ganz den jungen Eheleuten. Gemeinsam blieben der Gang oberhalb des Tors, auf dem man zu wachen pflegte, sowie das Backhaus, bis sich die jungen Eheleute ein neues Backhaus bauen ließen, was innerhalb von zwei Jahren geschehen solle. Der große Keller innerhalb der Burg und der große Turm standen Philipp und Katharina je zu einem Drittel zu. Brunnen, Pisternen und Plätze wurden geteilt. Den Keller unter dem neuen Haus von der *Muyseportzen* bis zur Vorburg erhielten die jungen Eheleute ungeteilt, ebenso den unter dem neuen Haus, während sie Kelterhaus und Kelter unter dem neuen Haus sowie das gesamte neue Haus oberhalb von Keller und Kelterhaus mit den Ausstellern teilten, die hier jedoch das Vorrecht genossen, sich ihren Teil auswählen zu dürfen. Philipp und Katharina durften den freien Raum zwischen ihrem Keller und ihrem Anteil am neuen Haus sowie Mauer, Hof und Schweinestall der Aussteller bebauen. Sie erhielten eine Seite des langen Stalls und durften Kelterräume und Kelter beim langen Stall gemeinsam mit den Ausstellern nutzen. Bei Bedarf konnten sie die Hofstatt hinter dem Haus Krafts von Saffenberg mit Stallungen bebauen und erhielten ein Drittel des Gartens zu ihrer Nutzung sowie zwei Drittel der beiden Heuschober. Sie durften ein Drittel des Platzes zwischen der *Kruppelsportzen* und dem Wirtshaus mit Stallungen bebauen, sofern dies der Burg nicht schadete. Alle Tore, Torhäuser, Brücken, Wege, Wirtshäuser und Stallungen mit Zubehör, die Kapelle der Vorburg, alle Türme und Zinnen sowie deren Auf- und Zugänge zur Verteidigung der Burg blieben gemeinsam. Alle Torknechte, Wächter und Pförtner wurden von beiden Seiten gemeinsam eingesetzt und entlohnt. Alle Stallungen wurden nach Bedarf gemeinsam genutzt, nur wenn sich Wilhelm von Saffenberg einen eigenen Stall im *Knyngarden* bauen lassen sollte, bliebe dieser ihm vorbehalten. Land und Herrschaft Saffenberg wollten sie gemäß Eheberedung gemeinsam nutzen, indem von jeder Seite ein oder zwei Knechte bestimmt würden, die die Einnahmen erhöben und aufteilten; diese seien durch Eid zur gerechter Teilung zu verpflichten. Dienste waren beiden Seiten nach Bedarf gemeinsam zu leisten, die Heufuhre der Grafschaft Neuenahr stand von nun an beiden Seiten zu. Der Ertrag des Weingartens und der Wiesen stand den Ausstellern zu zwei Dritteln, den jungen Eheleuten zu einem Drittel zu. Alle übrigen Punkte des Ehevertrags galten unabhängig von dieser Urkunde, die ihrerseits unabhängig vom Ehevertrag galt. Beide Seiten gelobten die Einhaltung dieses Vertrags, vorbehaltlich der Rechte des Erzbischofs und des Stifts von Köln, da Wilhelm die Herrschaft Saffenberg als kölnisches Lehen ererbt hatte.[33]

33 Renger/Mötsch, (wie Anm. 30), Nr. 437.

Wilhelm Herr zu Saffenberg (Graf zu Neuenahr) und seine Frau Metza von Reifferscheid verzichteten am 3. November 1424 wegen der schweren Krankheit, die ihm das Regieren unmöglich machte, mit Mund, Hand und Halm auf Land und Schloss Saffenberg und auf die Grafschaft Neuenahr mit allen Mannen, Rechten und Gulden zugunsten ihres Eidams (Schwiegersohnes) Philipp Junggraf zu Virneburg und dessen Frau, ihrer Tochter Katharina. Am gleichen Tag bekundeten Ruprecht Graf von Virneburg, Philipp Junggraf zu Virneburg und seine Frau Katharina von Saffenberg: Wilhelm dürfe sein Leben lang von Schloss Saffenberg denjenigen Teil behalten, den er jetzt besäße, und der ihm zugeteilt wurde. Ausgenommen sei die große Kammer an dem Wagenschuppen. Auch die Kapelle, die Wilhelm bisher zugeteilt war, und den Saal überließ er ihnen ganz mit Ausnahme des Kornsöllers oberhalb des Saales. Die Eheleute erhielten das neue Haus neben dem obersten Tor für sich allein. Wilhelm durfte lebenslänglich den Stall benutzen, indem seine Pferde zu stehen pflegten. Reichte er nicht aus, konnte er den langen Stall mit den Eheleuten zusammen benutzen. Sie mußten ihm auch ein Haus oberhalb des langen Stalls für Heu und Stroh anweisen. Backhaus, Pütz und Pisternen, der große Garten und der Wald wurden gemeinschaftlich genutzt.[34]
Am 23. Januar 1504 erhielt Philipp Graf von Virneburg und Neuenahr von dem Kardinalpriester Raimund die Erlaubnis, die von ihm (Graf Philipp) niedergerissene Burgkapelle des Heiligen Pankratius neu zu errichten.[35] Mit dem kinderlosen Graf Kuno von Virneburg und Neuenahr starb am 28. Dezember 1545 das Geschlecht der Grafen von Virneburg aus.[36]

Das Haus Manderscheid – Schleiden

Mit dem Aussterben der Grafen von Virneburg fiel die Saffenburg an Graf Dietrich den IV. von Manderscheid Schleiden (1481 – 1551), der auch von Köln belehnt wurde. Sein Nachfolger wurde Graf Dietrich V. (1508 – 1560). Ihm folgte Dietrich VI. (1538 – 1593).[37]
1550 betrugen die Jahreseinkünfte der Herrschaft Saffenburg 300 – 400 Gulden, 72 Malter Korn, 72 Malter Hafer. Wichtigste Einnahmequelle war der Wein. Der Ertrag von *Churwein und Zinßwein* reichte von 12 Fuder in normalen Jahren bis zu 18 Fuder in guten Jahren. Zu diesen Einkünften kamen noch 14 Malter Korn aus der Lochmühle (*Lach-Mullen)*, außerdem werden 30 bis 34 Morgen Land genannt, die von der Burg bebaut wurden.[38]

34 Frick, Hans, (wie Anm. 4), Nr. 917 und 917a.
35 Renger/Mötsch, (wie Anm. 30), Nr. 978.
36 Frick, Hans, (wie Anm. 4), Nr. 1068a.
37 Die Manderscheider, Eine Eifeler Adelsfamilie, Ausstellungskatalog, Blankenheim 1990, Stammtafel.
38 Neu, Peter, Geschichte und Struktur der Eifelterritorien des Hauses Manderscheid, Rheinisches Archiv Band 80, Bonn 1972, S. 119.

Das Haus von der Marck

Nach dem Ableben Dietrich VI., des letzten Grafen des Hauses Manderscheid-Schleiden, im Jahre 1593[39] nahm sein Schwager Philipp von der Marck durch List die Festung Saffenburg ein. Er schickte eine Truppe zur Saffenburg, die dort am Abend ankam und um Nachtquartier bat. Als man ihr Einlass gewährte, überrumpelte sie die Besatzung. Den Manderscheider Verwandten erklärte er, diesen Ort dringend zu benötigen, um dort Frau und Kinder in den unruhigen Kriegszeiten unterbringen zu können. Vorher hatte er bereits zur Sicherung seines Erbanteiles die Stammburg Manderscheid in seine Hand gebracht.
Im Jahre 1613, am 15. Mai, starb Graf Philipp nach einem bewegten Leben. Seit 1565 war er Kanoniker zu St. Lambert in Lüttich, hatte aber 1578 im Alter von 30 Jahren auf seine geistlichen Ämter verzichtet. Er stand lange im Dienste des Prinzen von Oranien. 1571 machte er sich in Köln eines Totschlags schuldig und musste darauf die Stadt verlassen.[40] Nachfolger wurde sein einziger Sohn der 1590 geborene Graf Ernst von der Marck. Er heiratete im Jahre 1615 Sibylla von Hohenzollern-Hechingen. Als sie 1621 starb, heiratete er 1623 die 20-jährige Anna Margaretha von Manderscheid-Blankenheim. Anna Margaretha starb ebenfalls in jungen Jahren an den Folgen der Pest, die 1630 in Schleiden herrschte, und wurde neben der ersten Frau von Graf Ernst von der Marck in der Kirche von Schleiden bestattet.[41]

Der Dreißigjährige Krieg und die Zeit bis zur Zerstörung der Saffenburg

Die Schweden unter Baudissin rückten am 11. Dezember 1632 in Ahrweiler ein. Der gesamte Magistrat flüchtete, nur der Schöffe Peter Develich blieb in der Stadt. Nachdem 400 Reichstaler bezahlt waren, um angeblich die Neutralität zu erwerben, sowie 600 Reichstaler, damit die Glocken nicht eingeschmolzen würden, plünderten die Soldaten dennoch die Stadt. Am nächsten Tag zog Baudissin zur Saffenburg, wohin viele aus Ahrweiler geflüchtet waren.[42] Am frühen Morgen des 13. Dezember ließ General Baudissin drei Kanonen für jeweils drei-, acht- und 16-pfündige Kugeln in Stellung bringen und eroberte mit seinen Soldaten die vom Kommandanten Burkersdorf befehligte Saffenburg im Sturm am Abend des 14. Dezember. Als die Burg nicht mehr zu halten war flüchteten die Insassen und ließen sich an den Mauern herab bis auf sieben Personen, die wegen Altersschwäche nicht mehr fliehen konnten und niedergehauen wurden. Der Rentmeister und Amtmann der Herrschaft, Winand

39 Ebd., S. 169.

40 Ebd., S. 168.

41 Ries, Leo, Am Grabmal der schönen Gräfin Katharina von der Marck in der Pfarrkirche zu Mayschoß, in: Heimatjahrbuch Kreis Ahrweiler, Jahrgang 1969, S. 49.

42 Klein, Hans Georg/Bous, Robert, Quellen zur Geschichte der Stadt Ahrweiler, Bad Neuenahr-Ahrweiler 1998, Nr. 1340, S. 428.

Scholer, erlitt bei der Flucht einen Beinbruch. Er versteckte sich in Reimerzhoven, wurde dort durch Verrat von den Schweden gefasst und am 17. Dezember nach Remagen gebracht. Später ließ man ihn nach einer Zahlung von 600 Reichstaler Lösegeld frei. Zuhause verstarb er allerdings, weil er von dem Beinbruch nicht mehr geheilt werden konnte, und wurde am 24. Juli 1634 in Mayschoß begraben. Am Tag nach der Eroberung, dem 15. Dezember 1632, raubten die Schweden die Burg und die umliegenden Dörfer und Kirchen aus und zogen dann ab. Auf der Burg verblieb eine Kompanie unter dem Befehl des preußischen Hauptmannes Henrich Rodinger. Dieser hielt die Burg unbehelligt bis zum 15. Januar 1633 besetzt. An diesem Tag rückten spanische und kölnische Truppen des Kurfürsten Ferdinand vor die Burg. Man brachte vier Kanonen, zwei 25-pfündige und zwei 6-pfündige, in Stellung und erreichte dass die Schweden nach einem Monat am 15. Februar abzogen.[43]

Kupferstich aus dem Jahr 1633 mit dem Titel „Eigentliche Abbildung der orter welche vom Schwedischen General Baudissin oberhalb der Stat Cöln eingenommen, nun mehr aber von den Chur Cölnischen wieder erobert worden. Sampt der Eroberung der Stadt Andernach. Anno 1633." Abbildung 7 zeigt die Saffenburg. Das Original befindet sich Landesamt für Denkmalpflege in Mainz.

In der Folgezeit blieb die Burg von fremden Truppen (Spanier oder Wallonen) belegt. Dies bedeutete allerdings keinen Schutz für die Landbevölkerung. Am 1. Januar 1641 fiel eine Schar französischer Abenteurer in das Land ein. Bis zum 30. Juni raubten, plünderten und brandschatzten sie derart, dass die Bevölkerung der umliegenden Dörfern flüchten musste.[44]

Im selben Jahr 1641 heiratete Graf Ernst von der Marck in dritter Ehe Katharina Reicherts. Sie wurde auf Schloss Blankenheim im Jahre 1622 als uneheliche Tochter

43 Eckertz, Gottfried, Chronik und Weisthum von Mayschoß an der Ahr, in: Annalen des historischen Vereins für den Niederrhein, 1865, S. 39ff.

44 Stramberg, Christian von, Rheinischer Antiquarius, Abtl. III, Band 10, Koblenz 1864, S. 156.

der Magd Eva Hentges aus Esch bei Jünkerath und des Hausknechtes „Richards oder Reicherts Cloas" geboren und arbeitete später als Magd auf Schloss Schleiden. Dort lernte Graf Ernst sie wohl kennen und legitimierte die Beziehung trotz aller Standesunterschiede durch eine Eheschließung.[45] Am 30. Oktober 1645 starb seine dritte Ehefrau als Gräfin Katharina von der Marck. Nach dem Tod der Gräfin ließ Graf Ernst für sie in der Mayschoßer Pfarrkirche einen schwarzen Marmorsarkophag (siehe Kapitel Kirche und Pfarrei) errichten. Er hatte wohl mit seiner Frau auf der Saffenburg gewohnt und siedelte erst 1648 wieder nach Schleiden.[46] Im Jahre 1653, ein Jahr vor seinem Tod, ließ Graf Ernst das bessere Mobiliar der Saffenburg von seinem Rentmeister Peter Frantz nach Schleiden zum dortigen Schloss schaffen. Über die auf Saffenburg verbleibende bewegliche Habe sowie die Bewaffnung fertigte der damalige Amtmann Johann von Saffenburg ein Inventar (siehe Anhang Nr.1) an.[47] Diese Auflistung ist in mehrfacher Hinsicht von Bedeutung. Sie gibt uns für die späte Zeit der Saffenburg einen einmaligen Einblick sowohl in die Räumlichkeiten wie deren Ausstattung und unterrichtet uns über den Zustand der Wehranlage Saffenburg. Im Einzelnen werden im Inventar folgende Wohn- und Wirtschaftsräume genannt:

1. Burgkapelle (uff dem stübgen) mit Altar und Bild der Jungfrau Maria, verschiedenen sakralen Gegenständen, zwei Tischen, acht Betstühlen und einem Blechofen.
2. Burgsaal ausgestattet mit zwei alten Tischen, einer Lehnbank, zwei alten Tresoren und einem offenen Kamin.
3. Grafenkammer mit einem alten Schrank, einem kleinen runden Tisch, einem kleinen Bett und mit einem offenen Kamin. Zu der Grafenkammer gehörte noch ein kleiner Nebenraum, der mit einem eisernen Ofen beheizt wurde.
4. Magdkammer mit einem großen Tisch, einer Truhe, einem Bett, einem Weidenkorb und einem eisernen Ofen.
5. Küche mit offener Feuerstelle, einigen Gerätschaften sowie einem alten Schrank.
6. Backhaus mit einem alten geflickten Backkessel.
7. Brückenstube mit einem ausgezogenen Tisch und einem offenen Kamin.
8. Mönchkammer mit einem Bett, einem Tisch und einem eisernen Ofen. Vor der Mönchkammer befand sich noch ein weiterer Raum mit einem kleinen Bett sowie einem blechernen Ofen.
9. Jungfrauenkammer mit einem Bett, einem Bild des heiligen Ignatius sowie einem eisernen Ofen. In einem kleinen dunklen Nebenraum (distren Cammergen) stand ein kleiner Tisch.
10. Schreiberkammer mit zwei alten Betten und einem kleinen Bett aus Brettern.

45 Ries, Leo, (wie Anm. 41), S. 49.

46 Diesen Hinweis verdanke ich Dr. Hermann Hinsen aus Schleiden. Der Beleg hierzu findet sich in: Peters, Carl Wilhelm, Aus Schleidens Vergangenheit, 1914, S. 27.

47 Kaufmann, Alexander, Zur Geschichte der Saffenburg an der Ahr, in: Annalen des historischen Vereins, 18. Heft, S. 10ff.

11. Wachstube mit einem eisernen Ofen.
12. Oberster Speicher mit sechs kleinen Packfässern sowie altem Mobiliar.
13. Unterster Speicher mit vier alten Sätteln und einer alten Truhe ohne Deckel.
14. Keller mit Winden, Seilen, Leitern, Bütten und Keltergerätschaften.
15. Viehhaus
16. Pferdestall
17. Rossmühle mit einer Salzbütte, zwei Pökelbütten, einer Wäschebütte und alten Räderbeschlägen.

Ansicht der Burgruine von der Berlochshard. *Foto des Verfassers, 2006*

Ebenso werden die Wehranlagen und deren Bewaffnung aufgelistet:

1. Unteres Bollwerk mit einem kleinen Messingstück, vier eisernen Stücken teils ohne Laden.
2. Auf dem Turm zwei Doppelhaggen.[48] Im Turm ein eisernes Kammerstück.[49]
3. Auf dem Hof an der Kapelle ein großes eisernes Stück mit verfaulter Lade.
4. An der Schellenpforte ein eisernes Kammerstück.

---

48 Doppelhackenbüchse, Waffe des ausgehenden Mittelalters, wurde noch in der ersten Hälfte des 16. Jahrhunderts verwendet, danach veraltet, durchschnittlich 3 m lang, 20 kg schwer, 25 – 28 mm Kaliber, mit 0,88 – 1,77 kg schweren Geschossen.

49 Hauptsächlich Ende des 15. bis Mitte des 16. Jahrhunderts in Gebrauch, durchschnittlich 127 kg schwer, 7cm Kaliber.

5. Auf dem Bollwerk im Schellengarten eine ¼ Kartaune,[50] eine ½ Feldschlange,[51] ein eisernes Stück und zwei Messingstücke.
6. Auf dem obersten Bollwerk bei der Stube zwei Messingstücke und ein eisernes Stück, deren Laden verfault und verfallen sind.

Weiteres Kriegsgerät wie Handwaffen und Pulver befand sich auf dem Keßlertürmchen und in der Rüstkammer.

Im folgenden Jahr, am 18. Februar 1654, starb Graf Ernst von der Marck im Alter von 64 Jahren in Schleiden. Sein Nachfolger für den Zeitraum von 1654 bis 1674 war Johann Friedrich, ein Sohn aus der ersten Ehe, der aber wegen Geistesschwäche unter Vormundschaft des Grafen von Fürstenberg und des Grafen von Löwenstein-Wertheim stand.[52] Nach Friedrichs Tod folgte für die Jahre 1674 bis 1680 Franz Anton, ein Sohn aus der dritten Ehe mit Katharina von der Marck. Er hatte allerdings Schwierigkeiten, die Nachfolge anzutreten, da man ihm mit dem Argument, aus nicht standesgemäßer Ehe entsprossen zu sein, sein Erbe streitig machte.[53] Im Jahre 1676 war die Saffenburg von französischen Truppen besetzt.[54] Im selben Jahre wurde die Burg den Grafen von der Marck durch Prinz Chimay übergeben.[55] Nachdem Graf Franz Anton am 20. Juni 1680 in Mayschoß an der Fronleichnamsprozession teilgenommen hatte erlitt er einen Schlaganfall. Man brachte ihn in das Pfarrhaus, wo er am folgenden Tag verstarb. Begraben wurde er unter dem Marmorgrab im Chor der Mayschoßer Kirche. Gleich darauf huldigten die Untertanen den Brüdern Franz Anton und Franz Ludwig.[56] Im Juni 1684 wurden durch Rentmeister Schmidt auf der Saffenburg der große Turm neu gedeckt sowie an der hinteren Pforte eine neue steinerne Brücke gebaut.[57]

Von der Mitte bis zum Ende des 17. Jahrhunderts geriet die Saffenburg pfandweise an mehrere Besitzer. Dies waren die Familie von der Reck und bis 1673 Graf Maximilian Karl von Löwenstein. Nach dem Krieg um die kölnische Kur von 1689 beschlagnahmte der Kaiser die Besitzungen der verwitweten Gräfin von der Marck, weil sie feindlichen Truppen die Burg geöffnet hatte, und stellte sie unter Zwangsverwaltung.[58] In der Zeit

---

50 In etwa ein 12-Pfünder, circa 2 Tonnen schwer, 11,4 cm Kaliber, 5,6 kg Geschosse, Schussweite etwa 560 m.

51 In etwa 9-Pfünder, 1,8 Tonnen schwer, 10,3 cm Kaliber, 4,2 kg Geschosse. Die Angaben zur Bewaffnung verdanke ich meinem Sohn Christian Schmitz. Sie sind entnommen aus: Gohlke W., Geschichte der gesamten Feuerwaffen bis 1850, Krefeld 1977.

52 Herzog, Harald, Burgen und Schlösser, Geschichte und Typologie der Adelssitze im Kreis Euskirchen, Köln 1989, S. 457.

53 Leinen, Napoleon, Die Saffenburg an der Ahr und ihre Besitzer einst und jetzt, Kopie eines Manuskriptes, Privatsammlung Sebastian Schmitz, S. 21ff.

54 Clemen, Paul,(wie Anm. 2), S. 417.

55 Frick, Hans, (wie Anm. 4), Nr. 1578.

56 Eckertz, (wie Anm. 43), S. 43.

57 Ebd., S. 43.

58 Stramberg, Christian von, (wie Anm. 44), S. 156.

von 1693 bis 1701 verwaltete Hugo Franz Graf von Königsegg-Rothenfels die Güter.[59] Der spanische Erbfolgekrieg, der im Jahre 1701 begann und bis 1714 dauerte, brachte im August 1702 nicht näher benannte Truppen bis in das Saffenburger Land. Auf der dem Burgberg gegenüberliegenden Anhöhe „Auf dem Forst" wurden Kanonen in Stellung gebracht und die Burg beschossen. Am 18. Oktober 1702, zum Ende des Herbstes, als die Trauben aus dem „jungen Weingarten" zum Keltern auf die Burg getragen wurden, mischten sich auch zwei als Kaufleute verkleidete französische Leutnants unter die Träger und gelangten durch die offen stehende Pforte auf das Burggelände. Dort baten sie den anwesenden Rentmeister Schmidt um eine Probe der im Burgkeller lagernden Weine. Währenddessen näherte sich ein Trupp von 16 bis 18 Mann. Diese überfielen die Wache, die gewöhnlich aus drei bis vier Personen bestand, entwaffneten sie und besetzten die Burg. Nachdem sich die französische Truppe unter der Leitung des Obristen Chevalier de Lacroix auf der Burg festgesetzt hatte, brandschatzte sie alle Dörfer und Gehöfte im Umkreis von sieben Stunden. Lacroix herrschte hier unumschränkt, und bei Todesstrafe hatte die Landbevölkerung zu liefern, was er für sich und seine Leute brauchte. Zu dieser Zeit befand sich auch Bonn in den Händen der Franzosen. Jedes an Bonn vorüberfahrende Schiff musste in dieser Zeit den Zehnten von seiner Ladung und jeder Passagier fünf Reichstaler entrichten. Die bedrückenden Verhältnisse im Saffenburger Ländchen dauerten bis zum 7. Januar des Jahres 1703. An diesem Tag besetzte der Hannoversche General Sommerfeld mit 800 Mann aus der Reichsallierten Armee das Ländchen. Nach vier Tagen ließ er vier schwere Kanonen, mit denen 12-pfündige Kugeln verschossen werden konnten, sowie zwei Geschütze für Feuerkugeln „Auf dem Forst" in Stellung bringen. Zur Postierung der Geschütze mussten die Bewohner des Ländchens Holz zu den Stellungen schaffen. An den beiden folgenden Tagen wurde die Burg mit allen Geschützen unter Feuer genommen, ohne dass die abgefeuerten 70 Kugeln und ebenso vielen Brandkugeln größere Zerstörungen anrichteten. Neben leichten Schäden an Fenstern, Wänden und Dachwerk blieben die Belagerten von dem Beschuss unbeschadet. Der einzige Totalschaden war das Backhaus des Johann Kreps auf Bungert, wo eine Kanonenkugel den Schornstein, die Herdmauer und das Dach völlig zerstörte. Da General Sommerfeld damit die Burgbesatzung nicht beeindrucken konnte, zwang er den Bewohnern des Ländchens 700 Reichstaler und zwei Fuder Wein ab und verließ die Gegend.

Kugeln von der Saffenburg. Die beiden Eisenkugeln wiegen je 5 kg, die größere Steinkugel 4 kg. Privatsammlung.
Foto des Verfassers, 2006

59 Herzog, Harald, (wie Anm. 52), S. 457.

Nachdem die Truppen außer Sichtweite waren, mussten die Bewohner des Ländchens die Geschützbefestigungen „Auf dem Forst“ abbauen und zur Burg schaffen. Als Folge der Belagerung verhielt sich die französische Besatzung gegenüber der Landbevölkerung noch ärger als zuvor. Bis Ende April des Jahres wurde die Burg weiter befestigt.
Am 1. Mai, als die in Bonn liegenden Franzosen noch belagert wurden, rückte erneut eine Reiterarmee unter dem Kommando von General Bülow in das Saffenburger Land ein. Die Truppe lagerte im Recher Auel und zwang als erstes die umliegenden Bewohner der Dörfer zur Lieferung von Lebensmitteln und sonstigen Gütern. Gegenüber der Burgpforte „An Koppen“ wurde eine Wache aufgestellt und zwei Kanonen in Stellung gebracht. Daraus wurden auch nur zwei Schüsse abgegeben, die die Burg jedoch verfehlten. Nach dreiwöchiger Belagerung gab die Besatzung unter dem Kommandanten Ballu bei Zusage eines freien Geleites auf, räumte die Burg und setzte sich nach Vianden in Luxemburg ab.
Nun wurde die Saffenburg von kölnischen Kreistruppen besetzt und General Bülow marschierte ab. Für die neue Besatzung, die auf der Burg alles geplündert oder demoliert vorfand, musste die Landbevölkerung zum dritten Mal in Folge alles Notwendige wie Betten, Küchengerät, Holz, Wasser und Brot heranschaffen. In der Zeit vom 11. Mai bis 17. Oktober hatte jedes Haus in der Herrschaft sechs Pfund Brot zu liefern. Im Zeitraum von 21. Oktober bis zum 16. Februar 1704 hatte allein das Dorf Mayschoß 400 sechspfündige und 400 achtpfündige Brote geliefert, wobei die anderen Gemeinden zu gleichen Abgaben verpflichtet waren. Ein Ende hatte diese unsägliche Zeit erst am 6. Februar des Jahres 1704. An diesem Tag kam aus der Festung Jülich ein Trupp Artillerie unter der Leitung eines Herrn Bockeringe mit dem Auftrag, die Saffenburg zu schleifen. In den folgenden zehn Tagen wurde mit Hilfe der Bevölkerung der umliegenden Orte alles nützliche von der Burg abgetragen, die Mauern entweder umgeworfen oder unterminiert. Am 16. Februar morgens um neun Uhr wurde an die Gebäude Feuer gelegt und der große Turm unter dem eine große Pulverladung gelegt worden war, in die Luft gesprengt. Um künftig Raubgesindel keinen Unterschlupf zu bieten, wurden in der Folgezeit auf Anordnung der Herrschaft alles überirdische Mauerwerk abgetragen und der Keller verfüllt.[60]
Welche Entlastung die Zerstörung der Saffenburg für die umliegenden Dörfer bedeutete, zeigt eine Eintragung im Mayschoßer Schatzbuch aus dem Jahre 1704: *In dissem Jahr ist Saffenburg demoliret worden, ist also das schwere Joch hinwegh genohmen.*
Bis zum Jahre 1750 gehörte Graf Ludwig Peter von der Marck der Saffenburger Besitz.[61] Ihm folgte von 1750 bis 1773 sein Sohn Graf Ludwig Engelbert von der Marck.

---

60 Stramberg, Christian von, (wie Anm. 44), S. 156 – 159.

61 Graf Ludwig Peter von der Marck war der zweite Sohn von Graf Franz Anton. Der Erstgeborene Johann Berthold Franz, geboren 1672, war unmündig und verstarb bereits 1697 in Paris, siehe: Hinsen, Hermann, 800 Jahre Schloss Schleiden, Schleiden 1998, S. 15.

Das Haus Arenberg

Nach dem Tod von Graf Ludwig Engelbert von der Marck am 6. Oktober 1773 fiel sein Erbe, zu dem unter anderem auch Saffenburg gehörte, an die einzige Tochter Luisa die seit 1748 mit dem Herzog Karl von Arenberg verheiratet war.[62] Im Juli 1775 besuchte Herzog Karl als neuer Landesherr erstmals seinen Besitz im Ahrtal. Als Verwalter hatte er den alten Märkischen Amtmann Schleicher übernommen.[63]
Ein halbes Jahr nach dem Tod des Grafen von der Marck suchte der Herzog von Arenberg durch seinen Rat Neesen bei Kurköln um die Belehnung nach. Der Lehnbrief wurde aber erst am 3. Juni 1776 ausgestellt.[64] Diese Verzögerung hatte mit der schwierigen Rechtsstellung Saffenburgs zu tun.
Nachfolger von Herzog Karl wurde im Jahre 1778 der blinde Herzog Ludwig Engelbert von Arenberg. Für diesen nahm sein Rat Hörster am 30. Oktober 1778 das Lehen in Köln entgegen.[65]
Der Besitz Saffenburg war kurkölnisches Lehen und konnte gleichzeitig als Reichsherrschaft bezeichnet werden.[66] Diese Sonderstellung spielte im Jahre 1826 erneut eine Rolle, als die Regierung in Koblenz die Frage zu klären hatte, ob nach der staatsrechtlichen Vereinigung des linken Rheinufers mit Frankreich im Jahre 1801 und den daraus sich ergebenden Enteignungen bzw. Entschädigungen, der Herzog von Arenberg sich zu Unrecht im Besitz der Herrschaft Saffenburg befände. „Damit wurde eine Untersuchung eingeleitet, die zu dem Verfahren führte, welches der König Friedrich Wilhelm III. mit seiner Entscheidung (am 10.12.1831) abschloss, die dem Hause Arenberg den Besitz der Domänen der alten Herrschaft Saffenburg sicherte.“[67]
In der Untersuchung wurde unter anderem für den Status der Reichsunmittelbarkeit angeführt: Ansprüche aus den seit den Jahren 1619 – 1621 bestehenden Streitigkeiten zwischen Graf Ernst von der Marck und dem Kurfürsten von Köln, unter anderem auch um die Landeshoheit über die Herrschaft Saffenburg, habe der Erzbischof von Köln, Ferdinand von Bayern, nach der von Markschen Eingabe im Jahre 1630 nicht weiter verfolgt. Beim Reichstagsabschied von 1654 habe der Gesandte des Grafen Ernst von der Marck, als zu den westfälischen Grafen gehörig unterschrieben, und seiner Unterschrift ausdrücklich zugesetzt, wegen der Graf- und Herrschaften Schleiden, Kerpen und Saffenburg. Der Erzbischof von Köln habe ebenfalls unterschrieben und habe damit die Graf- und Herrschaften Schleiden, Kerpen und Saffenburg als

62 Heyen, Franz Josef, Die Arenberger in der Eifel, Band 1, Koblenz 1987, S. 121.

63 Neu, Peter, Die Arenberger und das Arenberger Land, Band 2, Koblenz 1995, S. 469.

64 Ebd., S. 469.

65 Ebd., S. 470.

66 Neu, Heinrich, Differenzen um die Herrschaft Saffenburg, S. 116 ff. in: Jahrbuch für Geschichte und Kunst des Mittelrheins und seiner Nachbargebiete, 1968.

67 Ebd., S. 116. (Quelle: Landeshauptarchiv Koblenz, Abtl. 441, Nr. 8358-8359, Rechtsstreit des Fiskus gegen den Herzog von Arenberg und die übrigen zu seiner Familie gehörenden Personen wegen der Herrschaft Saffenburg 1826 – 1833).

reichsständische Besitzungen anerkannt. Als weiteres Argument galt, dass in der Rechnung für 1723/24 und 1727/28 Einnahmen aufgeführt seien, welche sonst nur bei landesherrlichen Kassen vorkommen, darunter Schutzgeld für die Juden, Brüchten und Strafen, welche von dem herrschaftlichen Gericht ausgesprochen wurden, die Abgaben für den Bannzapf und die Steuer von dem in der Herrschaft gebrannten Branntwein. Schließlich wurde darauf verwiesen, dass das kurkölnische Landrecht in der Herrschaft nicht angewendet worden sei.[68]

Ansicht des alten Fürstlichen Renteigebäudes vor dem Brand am 11.6.1890. *Rudi Josten*

Aus der Zeit um 1780 sind Aufzeichnungen über die Verwaltung des Saffenburger Besitzes erhalten geblieben. Demnach waren vor Ort vier Amtspersonen tätig. An erster Stelle stand der Amtmann Franz Josef Eichas. Neben seinem Jahresgehalt von 190 Reichstalern bezog er 3 Ohm Wein und 25 Malter Hafer. Während der Fastenzeit erhielt er von jedem Haus zwei Eier. Eine Sonderzahlung von 10 Reichstalern bekam er, wenn er die Jahreseinkünfte nach Köln (wahrscheinlich zur Arenberger Hausbank Meinertzhagen) ablieferte. Für das gleichzeitig ausgeübte Amt des Vogtes von Saffenburg erhielt der Amtmann jährlich 2 Reichstaler und 48 Albus sowie die kostenlose Nutzung von einem halben Morgen Weingarten und weiteren Ländereien von insgesamt 4 bis 5 Morgen Anbaufläche. Des Weiteren erhielt er jährlich etwa 50 Reichstaler an Gerichtsgebühren.

68 Ebd., S. 117–118.

Die zweite Amtsperson war der Schreiber des Herrengerichts Tyrtey. Sein Jahresgehalt betrug 30 Reichstaler, wobei er an Gerichtsgebühren nochmals etwa die gleiche Summe erhielt.
Dritte Amtsperson war der Förster Heinrich Fuchs. Er erhielt jährlich 10 Reichstaler sowie 5 Malter Korn und zwei Malter Hafer. Außerdem konnte er ein Feld an der Ahr nutzen und sich zwei Klafter Brandholz aus dem Wald holen.
Vierte Amtsperson in Saffenburg war der Landbote Johann Wingarts. Er erhielt 5 Reichstaler und 36 Albus jährliches Gehalt sowie zwei Malter Korn und alle drei Jahre eine neue Uniform.
Damit betrugen die Personalkosten für die kleine Herrschaft 235 Reichstaler. Dennoch konnte die Arenberger Zentralkasse Überschüsse einnehmen. So betrug der Gewinn zwischen 1789 bis 1792 jährlich zwischen 876 und 2969 Reichstaler.[69]

Nach einem Verzeichnis der Güter der ehemaligen Herrschaft Saffenburg aus dem Jahre 1829[70] betrug der Grundbesitz in der Herrschaft Saffenburg insgesamt 893 Morgen und 22 Ruten, *wobei in den Gemeinden Rech (583 Morgen) und Mayschoß (237 Morgen) die umfangreichsten Güter registriert wurden.* In einer Fußnote heißt es *Manche Besitzverhältnisse scheinen jedoch nicht ganz klar gewesen zu sein, denn hin und wieder heißt es: Man sagt...*[71]

Nach dem Tod des blinden Herzogs Ludwig Engelbert von Arenberg im Jahre 1820 befanden sich die Arenberger Güter in Saffenburg im Jahre 1838 als gemeinsamer Besitz je zu einem Viertel in den Händen von:

1. Herzog Prosper Ludwig von Arenberg,
2. Prinz Paul von Arenberg,
3. Prinz Pierre von Arenberg-Alcantara,
4. Erben der Fürstin Pauline von Arenberg-Schwarzenberg (+1810).[72]

Nachdem man sich im gleichen Jahr verständigt hatte, die Saffenburger Güter einem Mitglied der Familie zu übertragen, gab es noch bis 1840 innerfamiliäre Auseinandersetzungen zwischen Herzog Prosper und seinem jüngeren Bruder Prinz Pierre um den Besitz. Im Sommer des gleichen Jahres kam es dann im Rahmen der Teilung der Eifelgüter zu der Regelung, dass Pierre Saffenburg erhielt, seinerseits auf Schleiden verzichtete und dafür von seinem Bruder 20.000 Taler erhielt.[73] Prinz Pierre ist der spätere Fürst Peter von Arenberg, bei dessen Nachkommen die heutigen Saffenburger Güter verblieben.

69 Neu, Peter, Die Arenberger und das Arenberger Land, Band 2, Koblenz 1995, S. 471 – 472.
70 Neu, Peter, Die Arenberger und das Arenberger Land, Band 5, Koblenz 2001, S. 168.
71 Ebd., Fußnote 143.
72 Ebd., S. 172
73 Ebd.

Die Herrschaft Saffenburg

Gewohnheitsrecht, Abgaben und Lebensbedingungen

Die Reichsherrschaft Saffenburg, ein Kleinstterritorium im Kölner Oberstift gelegen, bestand aus der gleichnamigen Burg, dem Dorf Laach, der Siedlung Bongard, den Dörfern Mayschoß, Rech, Dernau sowie dem Kloster Marienthal und den umliegenden Häusern zur Rechten des Hubaches. Einen ersten Einblick in die Lebensbedingungen und das Verhältnis zwischen Territorialherr und den Bewohnern dieser Herrschaft gibt das Weistum von 1364. Bei den Weistümern handelte es sich um das niedergeschriebene Gewohnheitsrecht. Sie basierten auf mündlicher Rechtsprechung, deren schriftliche Aufzeichnung verstärkt im 13. Jahrhundert einsetzte und im 16. Jahrhundert ihren Höhepunkt erreichte. Sie bildeten die Grundlage der dörflichen und ländlichen Rechtssprechung. Später entwickelten sich aus ihnen die Gemeindeordnungen.

Karte des Erzbistum Köln, Kupferstich um 1650. *Sammlung des Verfassers*

Im Folgenden sollen vier Weistümer auszugsweise in einer Bearbeitung vorgestellt werden. Das älteste überlieferte Weistum stammt aus dem Jahre 1364 und betrifft die gesamte Herrschaft. Der vollständige Originaltext ist als Nr. 2 im Anhang.

Weistum der Herrlichkeit Saffenburg von 1364.[1]

„Die Schöffen, Hunnen und Ältesten der Kirchspiele von Dernau (*Dirnauwe*) und Mayschoß (*Meischos*) bekunden gemeinsam mit den gesamten Gemeinden bei ihrem dem Herrn von Saffenberg (*-gh*) geleisteten Eid: Der Herr von Saffenberg hat in beiden Kirchspielen zwischen *Yvenwaige* und *Drynweigen* Bann, Wildbann, hohe Gerichtsbarkeit sowie die oberste Herrschaft und Gewalt. Nach dem Weistum aller Anwesenden stehen ihm Gebot, Verbot, Huldigung, Glockengeläut und Folge zu. Dienst, Schatzung und Bede haben sie bisher nur dem Herrn von Saffenberg geleistet. Ziehbrücken (*wervende brucken*) dürfen nur als Saffenberger Lehen, Türschwellen von mehr als 2 ½ Fuß Höhe nur mit seiner Erlaubnis bestehen. Jedes Haus leistet jährlich ein Huhn und einen Scheffel Hafer, die Mayschosser liefern kein Huhn, nur einen Scheffel Hafer. Zwischen Tunnenbach und Yvenwaige dürfen nur mit Genehmigung des Herren von Saffenberg überschlagende Wehre und überschlagende Netze benutzt werden, das Fischereirecht der Gemeinde besteht wie bisher. Niemand soll Wasser ableiten, *dat minste mag man keren in dat meiste*.
Der Herr von Saffenberg setzt den Vogt ein, der ihm den Eid darauf leisten muss, als guter Richter nach dem Urteil der Schöffen zu richten. Der Herr von Saffenberg schlichtet alle Streitfälle mit Wissen und Willen beider Seiten oder vertagt die Termine, so dass keine Seite – außer ihm selbst – in der Zeit Einnahmen und Rechte gewinnt. Wird vor der Bank Anklage erhoben und urkundliche Beweise erbracht, so steht von allem Wert, der durch das Gericht und dem Halm nach Weisung der Schöffen erfällt, jeweils ein Viertel - also von 5 Mark 15 Schilling und von 5 Schilling 15 Pfennige – dem Erzbischof von Köln (*Colne*) zu, alle übrigen Gefälle vor oder nach dem Fall des Halms stehen dem Herrn von Saffenberg zu. In allen Fällen der Blutgerichtsbarkeit – gleich ob durch Unglück, Totschlag oder *van duyfden* - richtet allein der Herr von Saffenberg.
Alle Anwesenden: Rolf der Honne von Dernau, Johann von Ahrweiler (*Arwilre*), Heitgin bei der Mühle (*Mulen*), Johann Gylaire, Gerhard Lievensun, Peter Tonenbach und Gobel Veldener, Schöffen zu Dernau, sowie Meister Heynen und sein Sohn Johann, Johann Clingelmann, Meys, Clays Sohn, Thiele, Meys Sohn, Ingebrand Backhuys, Johann der Hu, Heinrich (*Heyne)* Busze, Johann (*Henne*) Moede, Hermann Bleydensune, Peter in der Gassen, Heinrich (*Heynghin*) Gobelen Sohn, Johann Neifghin, Johann der Glöckner (*Clockenere*), Ägidius (*Schylis*), Syboden Sohn und Johann, Cregelmans Sohn, Bürger zu Dernau, sowie Johann (*Hans*) der Honne, Jakob von Laach, Johann, Spurtzeners Sohn, die Brüder Rolf und Johann, Sibodo zu dem Bungarde, Wilhelm, Gerlachs Sohn, Tilman Zipoult, Johann der Konnyngh, Gobel Müntgen, Hermann Nacke, Hermann Deye, Hermann in der Gassen, Peter, Lamprechts Sohn, Frenckelin und Johann der Hoennsche, Bürger zu Mayschoß, sowie alle Gemeinde- und Kirchspielsleute beider Dörfer bestätigen dieses Weistum bei ihrem dem Herrn von Saffenburg geleisteten Eid.

1 Renger/Mötsch, Inventar des herzoglich arenbergischen Archivs in Edingen/Enghien (Belgien), Teil 2. Veröffentlichungen der Landesarchivverwaltung Rheinland-Pfalz, Band 75, Seite 87.

Es siegeln die Schöffen von Dernau und Mayschoß mit ihrem gemeinsamen Schöffensiegel und auf ihre Bitten der Pastor zu Dernau, Konrad von Adenbach (*Aitghen*), Ritter, und Tilman vom Grünenwald (*Groenenwailde*), Burgleute zu Altenahr (*Are*), die Brüder Johann und Balduin von Dernau, Tilmann von Deutz (*Duytze*) und Emmerich Kreitz.
Dat ist geschiet zu Dernauwe, 1364 up des heiligen engelz sent Michaelis dach."

Ein zweites Weistum, das Dorf Mayschoß betreffend, ist aus dem Jahre 1586 überliefert. Original siehe Anhang Nr. 3.

Mayschoßer Weistum von 1586[2]

Artikel 1 – 4 behandeln die Erhebung des Schatzes und betrifft die Wahl von Bürgermeister und Schatzmeistern. Auf die Gemeinde vereidigte Personen werden unter Strafandrohung zur Unparteilichkeit gemahnt.
Artikel 5 – 12 enthalten Pachtregeln von Lehngütern. Als Grundlage für Zins und Pacht gilt das Landrecht. Die Flurbesichtigung durch den Lehnsherren im Beisein der Schöffen und zweier Bürgermeister erfolgt acht Tage vor oder nach dem 3. Mai. Entlohnt wird der Dienst der Flurbesichtigung mit zwei Liter Wein. Werden Mängel auf den gepachteten Flächen festgestellt, hat der Pächter Zeit, diese bis zum kommenden Jahr zu beheben. Ergibt die Besichtigung im Folgejahr keine Besserung fallen die Grundstücke an den Verpächter zurück. Im Weiteren folgen Regeln zur Ernte der Trauben.
Artikel 13 – 16 befassen sich mit dem Mistrecht im Weinberg. Hier wird unter anderem der St. Johannstag (24. Juni) als Stichtag festgelegt. Das Einbringen des Mistes erfolgt unter Geleit der Weinbergsschützen, die auch prüfen ob genug gemistet ist.
Artikel 17 – 21 beschreiben den Missbau in den Weingärten. Hierunter fällt: wenn vor dem 3. Mai die Weingärten nicht umgegraben werden, wenn im Weingarten Frucht oder Gemüse gezogen wird, wenn der Weinstock ungegürtet oder ungebunden bleibt, wenn der Weingarten einem Feld gleicht und Stöcke an den Reben fehlen und wenn ein Weingarten innerhalb 15 Jahren nicht gedüngt wird.
Artikel 22 – 23 enthalten Regeln über den Weinhandel. Wenn es keine andere Absprache gibt, hat der Käufer die Pflicht, binnen 14 Tagen den Wein beim Winzer abzuholen.
Artikel 24 – Inhaber von Gemeindeämtern wie Bürgermeister und Schatzmeister werden, wie zu Anfang, gemahnt, überparteilich und zum Nutzen der Gemeinde zu handeln, wobei die Amtszeit auf ein Jahr beschränkt wird.
Artikel 25 – Die Schatzmeister sollen den Schatz (die erhobene Grund/Grunderwerbsteuer) gerecht einziehen (*Jedem einen nach seiner gebuhr, wie die Morgenzahl*

2 Eckertz, Gottfried, Chronik und Weistum von Mayschoß an der Ahr, in: Annalen des historischen Vereins für den Niederrhein, 1865, S. 76 – 83.

außweist). Bürgermeister und die Schatzmeister werden alljährlich vereidigt. Artikel 26 – 29 regeln die Befugnisse des Bürgermeisters und des Bürgermeisterknechtes insbesondere in Bezug auf Pfändungen. Der Bürgermeister zahlt jährlich 4 Albus an den Vogt für die Berechtigung bei Nichtzahlung ein Pfand zu erheben. Bei Pfandverweigerung oder gewalttätigen Übergriffen auf den Bürgermeister wird dem Täter eine Strafe von 5 Mark auferlegt. Pfänder können binnen 8 Tagen ausgelöst werden. Anschließend ist, nach einer Zahlung von 1 Schilling an den Vogt, der Bürgermeister ermächtigt sein Bestes damit zu tun.
Artikel 30 – 33 beinhalten Bestimmungen über die Weinbergsschützen. Die Gemeinde hat jährlich sieben vereidigte Weinbergsschützen zu stellen. Deren Aufgabe ist, die Weingärten zu beaufsichtigen und die Trauben zu bewachen. Bei Vernachlässigung der Aufsichtspflicht drohen Lohnentzug und eine Strafzahlung von einer Flasche Wein.
Artikel 34 – 35 regeln dass Fallobst dem gehört, auf dessen Boden es fällt. Fällt Obst auf Gemeindegrund, so kann es der Nachbar zurückholen.
Artikel 36 – Jemand, der sein ererbtes Grundstück mangels eines Weges oder Pfades nicht erreicht, erhält für die Gebühr von einem Eimer Wein von der Gemeinde eine Zuwegung von 4 Fuß Breite.
Artikel 37 – Bei allen die Gemeinde betreffenden Entscheidungen soll nach dem Prinzip der einfachen Mehrheit verfahren werden.
Artikel 38 – Körperliche Auseinandersetzungen unter Knechten (*gedingte gemeine Knechte, daß seint Klöcker, Kohehirte*), werden mit einer Strafe von fünf Schilling belegt.
Artikel 39 – 41 enthalten Bestimmungen zur Viehhaltung, die unter anderem die Weideorte beschränken und die Aufsicht der Kuhhirten betreffen.
Artikel 42 – Die Einziehung von Pfändern erfolgt nach altem Brauch nicht durch den Bürgermeister sondern durch den Knecht.
Artikel 43 – Regelung der Mindestabstände von Obstbäumen und Weiden zu Weingärten.
Die Standorte der Wachthäuschen (*Kaw*) der sieben Weinbergschützen werden wie folgt benannt:
1. vor dem Saffenberg, 2. am *Iro:Roisten* Weingarten, 3. auf der Etzhart, 4. auf dem Altenberg, 5. auf dem Königsbuchell, 6. in der Kalten Herberge, 7. hinter der Mühle.
Die Schützen sollen als Lohn jährlich von jedem Haus zur Herbstzeit ein halbes Quart Wein und von den Rittergütern 7 Viertel Wein erhalten.
Artikel 44 – Derjenige, bei dem der Kurwein geholt worden ist, erhält vom Bürgermeister,wenn er kann, vor Johannistag eine Entschädigung.
Artikel 45 – Regelung der Kuhtrift zur Herbstzeit.
Artikel 46 – Abschließend wird festgestellt, dass die Kirchen- wie Bürgermeister nach ihrer Wahl an Martini (11. November) mit einem neuen Wirtschaftsjahr beginnen.

Neben den Weistümern für ganze Herrschaften oder Dörfer gab es auch Weistümer für einzelne Höfe. In Ihnen waren die Rechte und Pflichten des Hofherren sowie seiner Lehnsleute festgehalten. Vom Saffenburger Hof in Laach ist ein Weistum aus dem Jahre 1593 erhalten.
Original siehe Anhang Nr. 4.

Laacher Hofweistum von 1593[3]

Nach Ermahnung des Schultheiß berichtet der Geschworene über die jährlich zur Herbstzeit von dem Pächter (*Halfman*) aus dem Weingarten am Laacherberg zu liefernden Trauben.
Der Geschworene erklärt nach *alten wohlerbrachten gebrauch zu herbstzeit,* wenn die Trauben reif *und der Herr diß orths dieselbe gelesen oder gesamblet wolt haben,* erhält der Pächter die Anweisung, mit der Ernte zu beginnen. Hierzu wird der herrschaftliche Tragekorb (*Liell*) neben den des Pächters gestellt. Wenn beide Körbe gefüllt sind, wählt der Vertreter der Herrschaft einen Korb aus. Ist er unschlüssig, kann er mit dem Pächter *daß Loß darumb verffen.* Der Tragekorb der dem Herren zugefallen ist, soll dann vom Pächter aus dem Weinberg zur Landstraße getragen werden. Wenn der Tragekorb vom Pächter oder einem Träger in den Keller gebracht wird, soll ihm dort *Kaeß oder fleisch, brot nach gelegenheit des dages sambt einem guten drunkg weinß gehandtreicht werden.* Wenn der Träger einen herrschaftlichen Korb umstürzen lässt, soll er zurückgehen und den anderen Tragekorb in den herrschaftlichen Keller tragen. Erst dann darf er die verschütteten Trauben aufsammeln und in seinen Keller tragen. Mutwilliges Umstürzen ist strafbar. Weiter erhält jeder Leser täglich ein Brot und die Träger jeweils zwei Brote. Die Größe der Brote wird mit 16 Broten aus einem Sümmer Korn festgelegt.
Zum anderen ermahnt der Schultheiß die Geschworenen an die Regeln zur Fischerei in der Ahr.
Darauf berichtet der Geschworene, dass jeder Hofgeschworene im Laacher Wasser drei Tage gegen eine Gebühr fischen kann *alß nemblich Godestagh und freydagh für sieben und des sambstags für fünff pfeningh.* Für den Fall, dass im Haus eine Wöchnerin wäre oder jemand krank sei, entfalle die zeitliche Beschränkung und es kann nach Erforderniss gefischt werden. Es soll nicht mit *grobem gezeugh* gefischt oder die Fischer des Hofherren die das Wasser gepachtet haben an ihren Stellen, Wehren oder Körben nicht behindert werden. Wer sich *uber gebühr im fischen halten würd, der stehet unserem Gnd. Herrn zur straff mit Gnaden uff fünff Marck.*

Vom Mayschoßer Mönchhof datiert ein Weistum aus dem Jahre 1594. Originaltext siehe Anhang Nr. 5.

3 Brommer/Schleidgen/Zimmer, Inventar des herzoglich arenbergischen Archivs in Edingen/Enghien, Koblenz 1984, S. 278, Nr. D 3092, dort bezeichnet als „Schöffenweistum zu Laach (1593)".

Weistum des Mönchhofes in Mayschoß von 1594[4]

1594 werden im Mönchhof[5] zu Mayschoß am zweiten Samstag nach St. Johanns Tag[6] durch den Schultheiß und Inhaber des Gerichtes Jacob Lentzen alle Hofgeschworenen ermahnt und gefragt, welchen sie als Hofherren anerkennen und halten. Darauf antworten alle Geschworenen, dass sie von altersher eine *ehrwürdige frau meisters*[7] *des jungfräulichen convents oder gotteshauß Marienthal* als Hofherren erkennen. Dann mahnt der Schultheiß die Geschworenen auf die Hoheit des Hofes aus. Sämtliche Geschworene bringen nach Bedenken ein, dass es von alter Zeit in Gebrauch sei, *drey unverbotten dinckliche tagh*[8] auf dem Hof

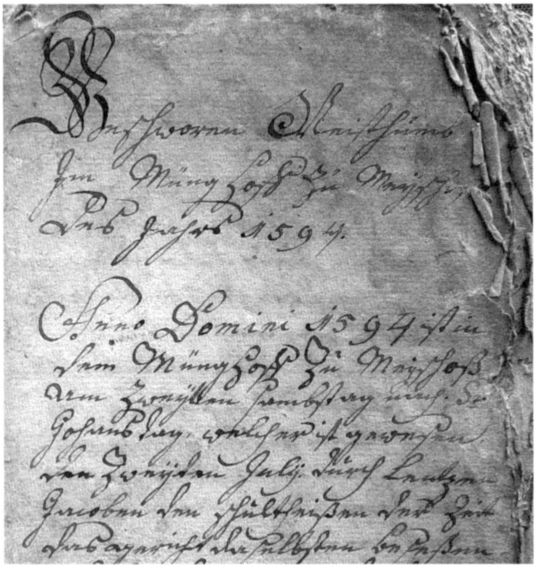

Weistum des Mönchhofes von 1594. Aus dem Buch des Marienthaler Klosterhofes in Mayschoß.

Mayschoßer Sammlung

1. der zweite Samstag nach den heiligen drei Königen
2. der zweite Samstag nach Ostern
3. der zweite Samstag nach Johannes dem Täufer

zu halten. Jeder Geschworene dieses Hofes ist schuldig, ungebeten zu diesen drei Gerichtstagen zu erscheinen. Dafür soll der Hofherr jedem Geschworenen für jeden Gerichtstag ein Weißbrot (deren man 16 aus einem Sümmer[9] backen kann) geben. Geschworene, die bei den Gerichtstagen ausbleiben, zahlen an den Schultheiß 8 ½ Schilling.[10] Auch soll ein Hofgeschworener verpflichtet sein, dem Hofherrn einen Eid zu leisten, das, was dem Hofherrn gebührt, einzubringen und wenn der Hofbote Bescheid gibt zu erscheinen.
Zum Dritten erkennen sämtliche Geschworenen, dass alle Lehengüter die auf diesen

---

4 Handschrift in Mayschoßer Privatbesitz. Transkription der Handschrift von Hans Georg Klein, Ahrweiler. Bearbeitung des Textes von Sebastian Schmitz.

5 Obwohl es ein Hof des Nonnenklosters Marienthal war, leitet sich der Name von dem Mönchskloster der Augustiner in Klosterrath ab, welches Herr seiner Filiale Marienthal war.

6 2. Juli

7 Die Leitung des Klosters Marienthal oblag dem Prior von Klosterrath. Daher gab es keine Äbtissin, sondern die leitende Klosterschwester trug den Titel einer Meisterin.

8 Drei festgelegte Gerichtstage, zu denen man ohne Ladung erscheinen musste.

9 Altes Getreide-Hohlmaß von unterschiedlicher Größe. In Rheinbach fasste 1 Sümmer = 18,3688 Liter, 8 Sümmer = 1 Malter, 1 Sümmer = 4 Sester.

10 Währungseinheit, 1 Schilling = 10 Albus (1560), 1 Gulden Kölnisch = 24 Albus.

Hof gehörig dingpflichtig und kurmedig[11] sind, außer *Otten Johans* Hofrecht, *Leyen Johanß Joesten* zwei aneinander liegenden Hofrechten und *Tönnis Mindrials* Hofrecht in der Gassen. Da die Gasse aber zwischen den vieren durchgeht, sind sie dingpflichtig aber nicht kurmutpflichtig.
Auch erklären die Geschworenen, dass es in Staffel zwei Plätze gibt, die Splіß[12] genannt werden. Einer gehört *Eva Simonß*, der zweite Platz *Frederich*. Diese sind nicht kurmutpflichtig, sondern dingpflichtig. Auf ihnen liegen keine Rechte. Nur wenn der Besitzer wechselt, zahlt ein jeder Spliss ein Viertel[13] Wein. Ebenso erkennen die Geschworenen, wenn ein Geschworener und ein Inhaber abgabenpflichtiger Lehen sterbe, so zahlen die nachfolgenden Erben eine Abgabe von 5 Mark an den Hofherren. Auch soll ein jedes Lehen, welches zu dem Hof gehört, nicht länger als sieben Tage ohne Lehnsträger sein.
Auch erkennen die Geschworenen an, dass bei Lehnteilungen für jedes Grundstück bis zu einer Größe das man einen dreibeinigen Stuhl darauf stellen kann an eine Gebühr gezahlt werden muss. Weiter erkennen die Geschworenen, wenn dem Hofherren die Abgaben (Kurmut, Zins und Pacht) nicht pünktlich bezahlt wird, lässt dieser den säumigen Schuldner durch den Hofboten gütlich ermahnen. Erfolgt binnen 14 Tagen keine Zahlung, werden ihm durch den Hofboten die Güter verboten. Nach 14 Tagen hält der Schultheiß mit sieben Hofgeschworenen einen Gerichtstag, den er durch den Boten ankündigen lässt. Gehorcht und zahlt der Schuldner nicht, hält der Schultheiß nach weiteren 14 Tagen, mit 14 Geschworenen einen Gerichtstag über die Sache ab. Gehorcht der Schuldner immer noch nicht, hält der Schultheiß mit allen Geschworenen (jeweils auf Kosten des Schuldners) einen Gerichtstag ab und erkennt dem Hofherren das Lehen zu. Ferner erkennen alle Geschworenen, dass jeder, der Wiesen des Klosters *aufm Auel* hat, das Wasser des Dorfbaches für den eigenen Bedarf gebrauchen kann. Auch bitten die Geschworenen um Nutzung einer offene Pforte zwischen *Theiß Jacobs* Hofrechten und dem Zehnthaus über der Landstraße. Wenn die Straße wegen Hochwasser nicht benutzt werden kann, darf der vorgeschriebene Fußpfad zu Portzen[14] hinter den Häusern auf einer Breite, *dass man mit einer bürden heuß daher gehen konne,* benutzt werden. Weiter bitten die Geschworenen um Nutzung von zwei freien Mistplätzen, einer an *Etzart leienkaulen* neben *Theiß Johanß erben,* der andere *am Kirchenweingart vor dem ühmberg* gelegen. Dieselben sollen für die Lehensleute des Klosters frei sein. Letztlich bitten die Geschworenen um Nutzung eines Fußpfades zwischen *Lentzen Jacobß* und des *Jungen Josten* Hofrechten Durchlaß auf dem Alten Berg. Derselbe soll so weit sein, *daß man mit einer bürden hews daher durch gehen könne.*

11 Verpflichtung, an den Gerichtstagen des Hofgerichtes teilzunehmen und Verpflichtung, bei Besitzerwechsel eine Abgabe zu entrichten.

12 Teil eines vormals größeren Grundstückes.

13 1 Viertel = 9,4533 Liter Ahrweiler Maß

14 Im Ortsteil Bongard gelegen.

Anno 1601, den letzten Juli, hat der Schultheiß Jacob Lentzen auf dem Mönchhof Gericht gehalten. Durch den Schreiber wird den Geschworenen das Weistum vorgelesen. Sämtliche Hofgeschworene bestätigen, dass das Weistum wahr sei.
So geschehen am Gerichtstag im Beisein des ehrwürdigen Herrn Herman Ahr, Pastor zu Mayschoß, und Wilhelm Ganß, Kellner[15] zu Marienthal.

Einnahmen und Ausgaben der Herrschaft Saffenburg

Weinverzeichnisse von 1590/1591

Aus zwei Verzeichnissen vom Ende des 16. Jahrhunderts erfahren wir Näheres über den Saffenburger Weinbau. Das ältere trägt die Bezeichnung Saffenburgisches Weinverzeichnis[16] und stammt aus dem Jahr 1590. Die Weinernte wurde in zwei Kellern verteilt. Zum Ersten wird der Burgkeller (*uffm Haus zu Saffenburg*) genannt mit insgesamt neun Fuder, einem Ohm und zehn Viertel Wein. Dabei betrug der Anteil an Rotwein mit drei Fuder und einem Ohm nur ein Drittel des Ertrages. Der zweite Keller im Saffenburger Hof von Laach nahm sechs Fuder, zwei Ohm und 16 Viertel Wein auf. Hier betrug der Anteil an Rotwein nur vier Ohm, was etwas mehr als ein Zehntel des Ertrages in Laach ausmacht. Der Gesamtertrag in beiden Kellern betrug 15 Fuder, 4 Ohm und 6 Viertel Wein.

Das zweite Verzeichnis lautet: Weinwachstum Laach 1591[17] und verzeichnet für den Burgkeller den Ertrag von sieben Fuder, einem Ohm und 12 Viertel mit einem Anteil Rotwein von zwei Fudern und 15 Viertel. Für den Laacher Keller werden insgesamt vier Fuder, fünf Ohm und ein Viertel genannt mit einem Rotweinanteil von einem Fuder und zehn Vierteln. Der Gesamtertrag in beiden Kellern betrug 12 Fuder, 13 Viertel Wein.

Saffenburger Rentmeisterrechnung von 1692

Einen vollständigen Überblick über ein Wirtschaftsjahr erhalten wir mit der Saffenburger Rentmeister-Rechnung von 1692.[18] Am 1. Mai des Jahres 1692 legte Johann Augustin Schmidt, Rentmeister der Familie von der Marck, die Jahresrechnung über die Bewirtschaftung von Burg und Herrschaft Saffenburg vor. Mit den Einnahmen erhalten wir einen Überblick über alle Abgaben, die die Bewohner des Saffenburger

15 Verwalter.

16 Brommer/Schleidgen/Zimmer, (wie Anm. 3), Nr. D 3099.

17 Ebd., Nr. D 3083.

18 LHA-Koblenz, Bestand 44, Nr.80, Handschrift, 64 Seiten.

Ländchens zu entrichten hatten. Über die Ausgaben erfahren wir Art und Höhe der Aufwendungen, wie Unterhaltskosten für Bedienstete und Baulichkeiten. Das Verzeichnis beginnt mit den Naturalabgaben.

Wein
Als ständige Einnahme erhielt das Haus Marck aus Ahrweiler jährlich 12 Viertel Wein. Nach Abschluss des Herbstes von 1691 lagen im Keller der Burg 38 Fuder, 4 Ohm[19] und 1 Viertel Wein. Der Ertrag setzte sich zusammen aus:
Eigengewächs – den selbstbewirtschafteten Rebanlagen.

Dienstwein – jedes bewohnte Haus entrichtete jährlich diese Abgabe. Für Dernau betrug sie 7 Maß,[20] für Mayschoß und Rech jeweils 6 Maß. Von der Abgabe ausgenommen waren die Schöffen, das Dorf Laach und der Glöckner von Rech. Die Abgabe erbrachte insgesamt die Menge von 2 Fuder, 18 Viertel und 3 Maß Wein. Es handelte sich um Weißwein, der Anfang des *weißen Herbstes* erhoben wurde und den man dann zu dem herrschaftlichen Wein in die Lagerfässer schüttete.

Pachtwein – diese Einnahme war ertragsabhängig und brachte *im vollen Jahr* 1 Fuder, 1 Ohm, 10 Viertel und 3 Pinten und wurde ebenfalls *mit in die lägerfäßer geschüttet.*

Stall Lielen[21] – die Einnahme bestand aus 7 Stall Lielen *jeder gehäuft voll.*

1. vom Kloster Marienthal, aus dem Zehnten *hinter der Mayschoßer Kirch.*
2. *aus dem Keßelßtheill daselbst.*
3. *aus dem Metternicher Hof.*
4. aus dem Marienthaler Zehnten *im pfaffebergh.*
5. aus selbigem Zehnten *im Laacher berg.*
6. aus dem *Spiringschen Hoff zu Meyschoß.*
7. aus dem Recher Berg.

Die Trauben wurden zu den herrschaftlichen geschüttet und mit gekeltert.

Kurwein – diese Abgabe war ertragsabhängig. Sie betrug im Rechnungsjahr 5 Fuder Wein, wurde aber in Geld angeschlagen. Für jedes Fuder wurden 60 Reichstaler berechnet, also zusammen 300 Reichstaler *(jeden zu 80 alb.).*

Am 20. November wurden auf der Burg Rotweinfässer geladen *und unter begleitung einer starrken Escorte zu ihrer Churfürstl. Gnaden zu Trier Kellnerey Ehrenbreitstein* gefahren. Die Liefermenge betrug 4 Fuder, 5 Ohm und 15 Viertel. Am 30. November

19 1 Ohm – 189,0666 Liter (Ahrweiler Maß).

20 1 Maß – 4 Schoppen, 1 Schoppen – 0,5908 Liter (Ahrweiler Maß).

21 Hohlgefäße für Trauben, entsprach ¼ Ohm Wein, das auch als Maßeinheit für Traubenabgaben genutzt wurde.

und am 4. Dezember wurden in zwei Fuhren mit *starckhen Convoye* 8 Stück Bleichart und 2 ½ Stück weißen Wein in der Gesamtmenge von 12 Fuder, 1 Ohm und 8 Viertel von Remagener und Sinziger Fuhrleuten abgeholt und zur Kellnerei nach Ehrenbreitstein gebracht. Am 5. Dezember hat *Ihro Hochgrafl. Excell. Zue blanckhenheim wegen vor mundschaftlicher bemuhung* 1 Stück Bleichart mit 1 Fuder, 15 Vierteln laden lassen. Am 22. März wurde *auf gdsten. befehl* für das gräfliche Fräulein von Wallenrode *der Annuntiaten Coelestinerinnen* in Düsseldorf 1 Stück weißen Wein mit 1 Fuder und 7 Vierteln bis nach Köln geliefert. Insgesamt wurden damit 19 Fuder, 2 Ohm und 5 Viertel Wein verausgabt.

Ein Teil der Entlohnung der Bediensteten erfolgte wie von alters üblich in Naturalien. So erhielt der Schleidener Amtmann und Kanzleidirektor Dr. Hallen am 9. Dezember an *besoltungs wein* 1 Fuder und 2 Viertel Wein. Der Saffenburger Amtmann von Broich erhielt 3 Ohm Wein, der Saffenburger Wachtmeister 1 Ohm Wein, der Saffenburger Rentmeister Schmidt 1 Ohm, 10 Viertel. Somit wurde an Besoldungswein die Summe von 1 Fuder, 5 Ohm und 12 Viertel verausgabt. Am letzten April wurde 1 Stück Bleichart mit 1 Fuder und 15 Vierteln Wein, *so fast gantz weis und abstandig*, an die Amtmänner Hallen und Schmalen für 10 Reichstaler je Ohm verkauft.
Durch die Weinbereitung und die Lagerung in den Holzfässern entstand ein natürlicher Verlust an Wein. In dem Zeitraum vom 11. bis 30. November mussten auf die 38 Fuder wöchentlich auf jedes Fuder ½ Maß gefüllt werden. Dies machte in 3 Wochen 14 Viertel Wein. In dem Zeitraum vom 1. Dezember 1691 bis 1. März 1692 mussten auf 18 Fuder, ebenfalls wöchentlich, ½ Maß je Fuder, innerhalb 13 Wochen 1 Ohm, 9 Viertel, 1 Maß Füllwein nachgefüllt werden. Anfang März wurden 18 Fuder und 2 Ohm Wein zum ersten Mal von den Hefen abgestochen, wobei man je Ohm 1 Viertel Verlust rechnete, also insgesamt 5 Ohm, 10 Viertel. Im Zeitraum von 2. März bis letzten April wurden auf 17 Fuder wöchentlich je ½ Maß gefüllt, macht in 8 Wochen 17 Viertel. Ende April wurden die 17 Fuder zum zweiten Mal abgestochen, wobei für jede Ohm 2 Maß Verlust berechnet wurden. In der Gesamtsumme betrug der Verlust durch Weinbereitung und Lagerung 1 Fuder, 5 Ohm, 1 Viertel und 2 Maß.
Bei Tätigkeiten für die Herrschaft war es üblich, die Beteiligten zu bewirten. So besichtigten am 1. Mai des Jahres, sowie an SS. Peter und Paul Tag der Vogt und die vier Steingeschworenen,[22] die Grenzsteine der herrschaftlichen Teilweingärten. Für die Mahlzeiten sind jeweils 3 Viertel Wein berechnet. Am 4. November wurden bei *verthetigung der Chur* 6 Viertel Wein verzehrt. Am 2. Februar erfolgte die Übergabe der Schatzgelder sowie des Betrages für den Kurwein, wobei 12 Personen 6 Viertel Wein verzehrten. Der Fassbinder und sein Knecht, die 12 Tage tätig waren und pro Tag 2 Maß erhielten, verzehrten 6 Viertel Wein. Dies ergab insgesamt einen Verbrauch von 1 Ohm und 4 Viertel Wein.
Weitere Ausgaben entstanden durch Fuhrkosten oder mit der Fracht verbundenen Gebühren. So erhielten die Schröter, die die Fässer aus dem Keller auf die Wagen

22 Personen, die die Grenzsteine kontrollierten.

und umgekehrt transportierten, für 16 Fuder und 2 Zulast[23] von jedem Fass 2 Maß und für eine Probe ½ Maß Wein, insgesamt 11 Viertel und 1 Maß Wein. Die Fuhrleute erhielten pro Stück 1 Maß und für die Zulast ½ Maß, also insgesamt 4 Viertel und 1 Maß.

Teilansicht des in den Jahren 2005/6 freigelegten Kellers auf der Saffenburg. *Foto des Verfassers, 2006*

Als Sonderausgabe erhielten die auf der Burg stationierten Soldaten, *welche wegen frantzosischen Allarm, tag und nacht in bereitschafft gestanden,* 1 Viertel und 2 Maß Wein.
Somit betrug die Summe der verausgabten Weine insgesamt 24 Fuder, 3 Ohm, 14 Viertel und 2 Maß.
Eine Vorstellung von der Größe des Weinkellers auf der Burg ergibt der Bestand von insgesamt 65 Fässern. Der Bestand an Stückfässern und Zulasten betrug 61 Stück. Hinzugerechnet wurden 3 Fässer, die am 4. Dezember aus der Kellnerei Ehrenbreitstein kamen, und 1 Fass, welches Amtmann Broich hatte liefern lassen. Zusätzlich erwähnt der Rentmeister als Schuld aus der vorherigen Rechnung 2 große Lagerfässer mit eisernen Reifen.
Durch Lieferungen am 20. und 30. November sowie am 4. Dezember zur Kellnerei nach Ehrenbreitstein reduzierte sich der Bestand um 14 Stückfässer und 1 Zulast. In Abzug kamen zusätzlich jeweils 1 Fass für die Lieferungen nach Blankenheim, Düsseldorf und Schleiden. Zur Reparatur des Gesamtbestandes wurden vom Fassbinder 2 alte Fuderfässer und 1 Zulast zerlegt.

23 1 Zulast – ½ Fuder.

Feldfrüchte

Korn

Die Lochmühle, als herrschaftliche Mühle, war seit dem 11. September 1681 an den Müller Hans Schweig für den Zeitraum von 24 Jahren verpachtet. Der Pachtvertrag, der nach Ablauf von 12 Jahren beidseitig gekündigt werden konnte, sah eine jährliche Pachtzahlung von 13 Malter[24] Korn vor. Von der Mühle zu Dernau erfolgte eine Erbpachtzahlung von 4 Maltern Korn, was insgesamt eine Pachteinnahme von 17 Maltern Korn ergab. Eine frühere jährliche Pachtzahlung des Hofes Roth bei Esch von 12 Maltern Korn bestand nicht mehr. Pachtzahlung *von einigen hiesigen Underthanen* für Schiffelland *uf wiedenhart, Reimpadt und Keßlinger bergh* erbrachten 1 Malter und 10 Mülfass,[25] womit die Gesamteinnahme an Korn 18 Malter und 10 Mülfass betrug.
Zur Verpflegung der auf der Burg liegenden Garnison Soldaten betrug der Verbrauch 14 Malter und 20 Mülfass Korn. Der Wachtmeister der Burg erhielt im Rahmen seiner Besoldung jährlich 3 Malter Korn. An Verlust durch *schrimph und abgangh* rechnete man von jedem Malter 1 Mülfass, machte für 14 Malter Verbrauch auf der Burg 14 Mülfass womit die Summe der Korn-Ausgabe ebenfalls 18 Malter 10 Mühlfass betrug.

Weizen

Aus der Erbvogtei über den Maastrichter Hof in Ahrweiler betrug die jährliche Einnahme 1 Malter und 12 Mülfass Weizen, die aber verkauft und bei den Geldeinnahmen verbucht waren.

Aus Gersten, Erbsen, Bohnen und Wicken wurden keine Einnahmen erzielt.

Hafer

Aus der jährlichen Pacht erzielte man 7 Malter und 16 Mülfass Hafer. Die Pachteinnahme von 28 Malter Hafer aus dem Hof Roth bei Esch bestand nicht mehr.
Die Abgabe des Rauchhafers betraf jedes Haus der Herrschaft, welches bewohnt war (*wo rauch aufgehet*) und betrug 1 Sester. Davon ausgenommen waren das Dorf Laach, die Schöffen und drei freie Höfe (Johanniterhof zu Adenau Schweinheimer Hof und der Hof des Junker Weiß). Aus den selbstbewirtschafteten Ländereien wurden keine Einkünfte an Hafer erzielt. Pachteinnahmen kamen von „einigen Untertanen", die auf Weidenhard, Rennpfad und Kesslinger Berg etwas Schiffelland bewirtschafteten und 18 Mülfass Pacht abführten. In der Summe ergab dies einen Ertrag von 35 Malter und 14 Mülfass Hafer.
Aus den Hafereinkünften erhielt der Rentmeister Schmidt als Teil seiner Besoldung 25 Malter. Im Herbst wurden als Futter für die Zugpferde, *welche die Trauben,*

24 1 Malter – 230,5192 Liter (Arenberger Maß).
25 1 Mühlfass – 4,8025 Liter (Arenberger Maß).

Lacherwein, wie auch Dienst und Pachtwein auf hiesiges Haus gefahren, 7 Malter und 8 Mülfass Hafer verfüttert. Als *schrimpf und abgang* berechnete man bei 10 Maltern einen Verlust von 10 Mülfass. Die von den Einnahmen verbleibenden 2 Malter und 20 Mülfass wurden verkauft und bei den Geldeinnahmen verbucht.

Wachs 15 Pfund und 19 Lot.[26]
Öl 38 Pfund.
Der Fischler und der Zipffler Hof in Dernau mussten eine Abgabe von 6 Pfund Pfeffer leisten.

Rauch- und Pachthühner
Die Abgabe der Rauchhühner (jedes bewohnte Haus musste jährlich ein Huhn entrichten) betraf nur das Dorf Dernau und erbrachte 69 Stück. Von der Abgabe befreit waren die Schöffen des Ortes und drei freie Höfe. Von Erbgütern in Laach, Mayschoß und Rech erzielte man 14 Pachthühner.

Geldeinnahmen
Nicht eingegangene Zahlungen aus dem vergangenen Jahr 2527 Gulden, 20 Albus und 7 Heller.

Feststehenden Abgaben
An *Mey - Kühen und Kalber geldt* in Dernau 23 Gulden, 8 Albus, in Mayschoß 15 Gulden, 13 Albus, in Rech 7 Gulden, 18 Albus, 6 Heller.
Der Hof des Klosters Marienstatt (*Mergenstädter Hoff*) in Dernau gibt für ein Essen 3 Gulden, 10 Albus.
Aus den *kleinen Zinsen* 6 Gulden, 3 Albus.
An Grundzins von dem Haus neben der Mühle in Marienthal 3 Albus.
An Pacht von der Lochmühler Ölmühle 9 Gulden, 8 Albus.
Vom Kloster Marienthal *neben einem pfeffer Kuchen für einen Salm* 4 Gulden, 16 Albus. Ebenfalls gibt das Kloster *einen sester Mostart sahmen,* macht 3 Gulden, 6 Albus.
Vom Fischler und vom Zipffler Hof in Dernau neben der Pfefferabgabe einen *Leitsriemen* und *ein par bothsschuhe* für welche beide sie jährlich 4 Gulden, 8 Albus zahlen.
Von der Ölmühle des Jochim Creutzberg *2ggl. waßerlauff* macht 9 Gulden, 5 Albus und 6 Heller.
Das ergab insgesamt eine Einnahme aus festen Abgaben von 87 Gulden, 6 Albus und 6 Heller.

26 1 Lot – 14,667 Gramm (Ahrweiler Maß).

Die Einnahmen an Geld Schatz in der Herrschaft setzten sich zusammen aus 5 Fuder Kurwein, der je Ohm mit 10 Reichstalern veranschlagt war, also 300 Reichstaler oder 1000 Gulden betrug und dem Schatzgeld von 250 *Kaufmans guldten,* jeder gerechnet zu 20 ½ Albus Kölnisch, entsprach 213 Gulden und 13 Albus.
Die Schatzeinnahmen aus dem Dorf Laach in Höhe von 42 ½ Goldgulden waren dem *H. von blankart zu Arweiler versetzt.*

Die innerhalb der Herrschaft in Mayschoß und Dernau wohnenden Juden mussten sich ihr Aufenthaltsrecht durch den Kauf von Geleitbriefen erwerben. Nach einer Verordnung vom 3. Juli 1690 waren neue Geleitbriefe ausgestellt worden, die eine Gültigkeit vom 1. Mai bis zum Mai kommenden Jahres hatten und an *Martini* jährlich bezahlt werden mussten. Von den Dernauer Juden zahlte Isaac 35, Moe und Andres jeweils 20 Gulden; von den Mayschoßer Juden Jacob 30 und Joseph 20 Gulden. Die Gesamteinnahme an *Juden Tribut* betrug somit 125 Gulden.
Für eine Kapitalschuld von 73 ½ Reichstalern entrichteten die Mayschoßer Untertanen am 1. Januar 11 Gulden und 19 Albus an Zinsen.

Die Einnahmen aus verkauftem Wein im letzten April, *ein stuckh bleichart, so abstandigh werden wollen,* an die Amtmänner von Schleiden und Reifferscheid erbrachte 225 Gulden.

Aus verkauften Früchten, wie 1 ½ Malter Weizen für 18 Gulden und 2 Malter und 20 Mühlfass Hafern für 14 Gulden, 4 Albus, wurden insgesamt 32 Gulden, 4 Albus erzielt.

Einnahmen aus verpachteten Ländereien
In Rech der *burgawell* mit 37 Morgen, je Morgen zu 8 Gulden, die Wiese oberhalb der Recher Brücke mit dem *schleiffen felt und griendt* für 10 Gulden, für 6 Jahre verpachtet, zur Zeit im vierten Jahr, erbrachten zusammen 316 Gulden, das *Pannersfeldt* mit den kleinen Gärten 19 Gulden, 19 Albus, hinter Bongart *von den Weyren und dämmen* 9 Gulden, 8 Albus, für die Laacher Wiese 35 Gulden, 18 Albus, von 26 Morgen gerodetem Land in der *Thonnebach* 42 Gulden, 6 Albus. Die Pachteinnahmen betrugen insgesamt 423 Gulden, 3 Albus.

Aus dem *Zehenden Pfenningh,* einer 10%igen Abgabe auf Grundstückverkauf, wurden 39 Gulden erzielt.
Holz wurde nicht verkauft.
Strafgelder für Waldfrevel entrichteten:
Chrysant von Rech für seinen Sohn, *welcher einen dücken eichen struckh muthwilliger weiß angestecket und abgebrandt,* 2 Goldgulden, *Peter Bongart*, *Peter Leyendeckers* und der Knecht des Landboten, *daß sie einigh brant holtz (...) heimgeschleiffet,* 2 Goldgulden, *Jann Hainen* von Staffel, der beim Aufladen *einige schlechten reißern* ertappt wurde, ½ Goldgulden, sowie *Thonniß Müller* von Heckenbach, weil er *eine*

buchene schleiffe gehauen, und deßhalben sein pferd Zu Rech auß dem arrest weggenommen, als Strafe 6 Goldgulden. Nach Abzug des dritten Teiles für den Rentmeister blieb für die Kasse 32 Gulden, 16 Albus.

Aus dem Bannzapf, d.h. der Genehmigung, alkoholische Getränke insbesondere an Festtagen und der Kirmes zu verkaufen, waren dies für die 14 Tage, die auf *Pfingstabend* folgten, 6 Gulden, 12 Albus. Im vorherigen Jahr wurde die Genehmigung für 2 Reichstaler verpachtet, blieb in diesem Jahr für obige Summe aber beim Rentmeister.
Aus den verpachteten Nüssen, die an *Nelliß Heinen* aus Rech verpachtet waren, wurden 8 Gulden erzielt.
Die verpachteten Fischgewässer (Ahr) erbrachten 22 Gulden, 12 Albus.
Die Abgabe der Rauch- und Pachthühner, 83 Stück, jedes Huhn mit 8 Albus berechnet, ergab 27 Gulden, 16 Albus.
Die Einnahme aus den Naturalabgaben Pfeffer, Wachs und Öl, die zu Geld angeschlagen waren, ergaben: 6 Pfund Pfeffer des Fischler und des Zipffler Hofes 7 Gulden, 12 Albus, 15 Pfund, 19 Lot Wachs 15 Gulden, 15 Albus, sowie 38 Pfund Öl, je Pfund mit 8 Albus für 12 Gulden, 16 Albus ergibt zusammen die Summe von 35 Gulden, 19 Albus.
Aus dem *trockenen Weinkauf*, der Verpachtung des *Jungen Weingarten* (13 Morgen, 3 Viertel, 1 Pint) an der Burg gelegen, wurden in diesem Jahr keine Einnahmen verzeichnet. Der Weingarten war *an viele hiesige Underthanen* auf 12 Jahre für 55 ½ Goldgulden seit dem Jahr 1686 verpachtet.
Aus dem Kornbranntweinzapf kamen 8 Gulden ein. Davon zahlte *Ließ Bertram* aus Dernau 2 Gulden, der Krämer von Rech 2 Gulden und der Krämer von Mayschoß 4 Gulden. Zusätzlich heißt es, das in diesem Jahr kein *Korn brantenwein* gebrannt wurde.
Dies ergab eine Gesamtsumme bei den Geldeinnahmen von 4825 Gulden, 20 Albus und 1 Heller.

Ausgaben an Geld
Nach Verfügung des Kurfürsten von Trier musste der Rentmeister für den Kommandanten der Saffenburg das dortige Magazin um einen Sack Salz und ein Fass Pech (für Pechkränze) für 20 Gulden, 12 Albus erweitern. Ferner wurde Eisen und Steinkohle für 16 Gulden, 18 Albus, 8 Heller gekauft.

Für die Monate Oktober und November wurde nach gräflicher Weisung ein Pater bestellt, der für die Herbstknechte an Sonn- und Feiertagen 11 Messen für 9 Gulden, 4 Albus zu lesen hatte.

An Besoldung erhielt der Amtmann für Saffenburg, von Broich, 325 Gulden, der Vogt 8 Gulden, 16 Albus. Der Wachtmeister der Saffenburg erhielt 34 Gulden, 16 Albus sowie 1 Ohm Wein und 3 Malter Korn. Der Landbote erhielt als Gegenwert für 1 Paar

Schuhe 3 Kölnische Taler und für die Bestallung 7 Taler, was 18 Gulden, 4 Albus entsprach. Die Besoldung des Rentmeisters betrug 325 Gulden. Insgesamt wurden somit an Besoldungskosten 711 Gulden, 12 Albus aufgewandt.

An *Pensionen* (Abgaben) erhielt der Herr von Blankart jährlich 12 ½ Goldgulden, die aus dem Schatz von Laach gezahlt wurden und somit nicht im Ausgabenregister erscheinen.
Der Herr von Schaesberg erhielt die mit 50 Goldgulden dotierte sogenannte *Pintzfeldische pension,* für die nach alten Rechnungen der Saffenburger Kurwein verschrieben war. Da diese aber *in langen Jahren nit bezahlt worden,* wurde hier ebenfalls keine Summe eingesetzt.

Verwaltungs- und Verpflegungskosten
Am 1. Mai besichtigten der Vogt und die vier Steingeschworenen die herrschaftlichen Teilweingärten *wegen stückhens, gürtens und mistens.* Für die Begutachtung der Grenzsteine sowie der anfallenden Weinbergsarbeit erhielt jeder eine Mahlzeit, die mit 8 Albus je Person insgesamt 1 Gulden, 16 Albus kostete.
Am 29. Juni, auf SS. Peter und Paul, erfolgte abermals eine Besichtigung der herrschaftlichen Teilweingärten, *wegen setzens und grabens*, was ebenfalls mit einer Mahlzeit für 1 Gulden, 16 Albus entlohnt wurde.
Vor dem Herbst hatte der Fassbinder mit zwei Knechten die Fässer *verbunden.* Für 16 Tage Tätigkeit wurden sie von den Bürgermeistern der Dörfer entlohnt. Die tägliche Kost in Höhe von 13 Albus je Person übernahm mit insgesamt 26 Gulden die Herrschaft.
Bei der Lieferung der Weine am 11. November erhielten der Vogt, der Schultheiß von Laach, der Schöffe Marner, der Fassbinder und 5 Kelterknechte jeweils eine Mahlzeit für 8 Albus, wobei die Kosten 3 Gulden betrugen.
Am 4. November wurden bei der *Churverthätigung* 12 Personen zu je 8 Albus für 4 Gulden beköstigt.
Bei der Lieferung des Schatzes am 2. Februar fand ebenfalls ein Essen für 12 Personen für 4 Gulden statt.
Den 24. Februar reiste der Rentmeister zu Pferd mit dem Landboten zur Rechnungsablage nach Koblenz und stellte für den Zeitraum bis zum 29. Februar 20 Gulden in Rechnung. Damit addierten sich die *Zehrungskosten* auf insgesamt 60 Gulden, 8 Albus.
An Baukosten entfielen auf Saffenburg:
Für Reparaturen *vom Windt zerschlagene fenster*, die der *Judt Joseph zue Meyschoß* ausführte, ein Betrag von 6 Gulden, 12 Albus. Bei der Tätigkeit handelte es sich um das Einsetzen neuer Glasscheiben, die Juden durch ihre Handelsbeziehungen leichter beschaffen konnten.
Nach einer Order von Ehrenbreitstein veranlasste der Burgkommandant Arbeiten an den Wehrmauern, die der Mayschoßer Maurer *Meister Johannes* mit seinem Knecht ausführte. Der Tageslohn mit Kost von 4 Schilling machte für 40 Tage Tätigkeit 66 Gulden, 16 Albus.

Christian und *Jann Leyendecker* erhielten für 3 ½ Tage Dachdeckertätigkeit jeder pro Tag 1 Gulden, also insgesamt 7 Gulden. Ein Glasfenster an der Kapelle kostete 20 Albus.
Insgesamt belief sich die Summe der Baukosten auf 81 Gulden.
An *Herbstkösten undt Keller arbeit, auch für Reiff undt bändt* entstanden: Am 20 Mai kaufte der Rentmeister in Köln Mittel zur Weinbereitung für 3 Gulden, 6 Albus.
Hanß peter Korbern zu Rech erhielt für die Anfertigung von 3 *Lielen* und 2 neuen *seymannen* 1 Gulden, 12 Albus.
Am 17. September lieferte der Schultheiß *auß der Siers 17 burden Reiff* und erhielt dafür 14 Gulden.
Von *hiesigen underthanen* kaufte der Rentmeister 18 *schauf band winden* für zusammen 12 Gulden.
Für den bevorstehenden Herbst wurden am 3. Oktober 5 Pfund *waßer bereithung* für 3 Gulden, 6 Albus gekauft. 19 ½ Pfund Kerzen kosteten 6 Gulden, 12 Albus.
Die Anfertigung von zwei *Ingbötten* (Untersatz für die Kelter) durch den hiesigen Fassbinder, kostete 8 Gulden.
Die Fuhrleute von Gelsdorf und Esch erhielten für den Transport der Trauben zur Saffenburg vom 11. Oktober bis zum 10. November für jeden doppelten Karren ½ Reichstaler und für jeden Fuhrmann an täglicher Kost 13 Albus, was insgesamt 83 Gulden, 23 Albus kostete.
In der gleichen Zeit waren 5 Kelterknechte auf Saffenburg, die für 31 Tage insgesamt 148 Gulden, 13 Albus erhielten.
Zum Abstechen des Weines wurden in Köln 5 Pfund *gute bereithung* für 3 Gulden gekauft.
Anfang März und Ende April wurden vom Fassbinder und 2 Knechten zum ersten 16 Stückfässer und zum zweiten 14 Stückfässer mit herrschaftlichem Wein abgestochen. Sie erhielten für Kost und Lohn für jedes Stückfass 1 Gulden, also zusammen 30 Gulden. Damit addierten sich die Herbstkosten auf insgesamt 344 Gulden.
Ausgaben für Weinfracht.
Für den Transport von 1 Stück weißen Wein am 22. März von Saffenburg bis Köln, welches für das gräfliche Fräulein von Wallenrode in Düsseldorf bestimmt war, erhielt der *Schmit zu Esch* 23 Gulden, 8 Albus.
Weitere Geldausgaben entstanden durch:
Herman Leydecker und sein Sohn von Rech fegten am 11. Juni, 16. Oktober, 17. Dezember, 8. Februar und 30. April für jeweils 20 Albus die Schornsteine von Saffenburg und erhielten insgesamt 4 Gulden, 4 Albus.
1 Pfund Altarkerzen, gekauft bei *Hanß Otten zu Altenahr* am 21. September, kosteten 1 Gulden, 8 Albus. Am 24. Februar wurde erneut 1 Pfund Kerzen zum gleichen Preis bei dem Ahrweiler Bürgermeister Rößgen erworben.
Für Papier und Tinte wurden 3 Gulden, 6 Albus ausgelegt.
Damit betrug die Gesamtsumme aller Geldausgaben 1246 Gulden, 16 Albus.

Liste aller Einnahmen

Wein	38 Fuder, 4 Ohm, 13 Viertel
Fässer	65 Stück
Korn	18 Malter, 10 Mühlfass
Weizen	1 Malter, 12 Mühlfass
Hafer	35 Malter, 14 Mühlfass
Wachs	15 Pfund, 19 Loth
Öl	38 Pfund
Pfeffer	6 Pfund
Hühner	83 Stück
Geld	4825 Gulden, 20 Albus, 1 Heller kölnisch

Ausgaben

Wein	24 Fuder, 3 Ohm, 14 Viertel, 2 Quart
Fässer	22 Stück
Korn	19 Malter, 10 Mühlfass
Weizen	1 Malter, 12 Mühlfass
Hafer	35 Malter, 14 Mühlfass
Wachs	15 Pfund, 19 Loth
Öl	38 Pfund
Pfeffer	6 Pfund
Hühner	83 Stück
Geld	1246 Gulden, 16 Albus, 8 Heller

Demnach blieb der Rentmeister schuldig:

Wein	14 Fuder, 18 Viertel, 2 Quart
Fässer	43 Stück
Geld	3579 Gulden, 3 Albus, 5 Heller kölnisch

Diese Rechnung wurde in der Kurfürstlich Trierischen Rentkammer präsentiert und dem Rentmeister verordnet, den schuldigen Geldbetrag innerhalb 8, längstens 14 Tagen, dem Kammerbedienten Herrn *Casparum Porz* in Köln zu überbringen. Gleichzeitig solle der Rentmeister den Wein zur Abnahme *parat halten.*

Ehrenbreitstein, den 31. Juli 1692

Die 64-seitige Rechnung weist nach Abzug aller Ausgaben einen Überschuss von 3579 Gulden, 3 Albus und 5 Heller kölnischer Währung und 14 Fuder, 18 Viertel und 2 Quart Wein aus.

Nachdem Trierer Reichstruppen im Krieg mit Frankreich die Saffenburg erobert hatten, war die Kurfürstlich Trierische Rentkammer der Empfänger des Ertrages.

Der verwitweten Gräfin von der Marck, die in ihrer Abhängigkeit von Kardinal Fürstenberg französischen Truppen die Festung geöffnet hatte, wurden vom Kaiser ihre

Güter unter Zwangsverwaltung gestellt. Im Jahre 1698 erhielt Graf Hugo Franz von Königsegg-Rothenfels Saffenburg pfandweise zugesprochen.

Zoll

Eine weitere wichtige Einnahmequelle für den Landesherren waren die Zolleinnahmen. Hierzu befanden sich an den Verkehrswegen, die über eine Territorialgrenze führten, Zollhäuschen. Ob an den Grenzen des Saffenburger Gebietes Zoll erhoben wurde, ist wegen fehlender Belege nicht gesichert. Die mündlich überlieferte Flurbezeichnung „Am Schlagbaum“ beim Weg am Ortsende Richtung Weidenhard deutet allerdings auf den Standort einer ehemaligen Zollstelle hin.[27]

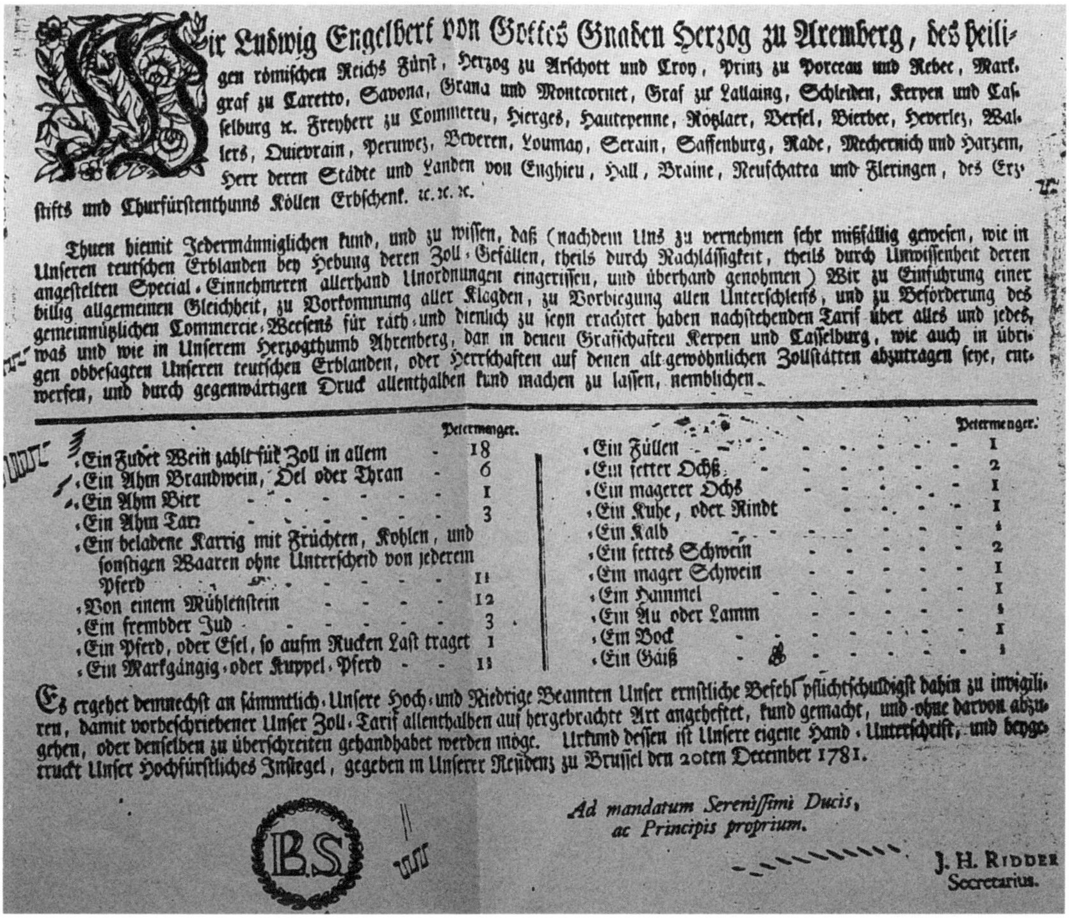

Wir Ludwig Engelbert von Gottes Gnaden Herzog zu Aremberg, des heiligen römischen Reichs Fürst, Herzog zu Arschott und Croy, Prinz zu Porceau und Rebec, Markgraf zu Caretto, Savona, Grana und Montcornet, Graf zur Lallaing, Schleiden, Kerpen und Casselburg ɀc. Freyherr zu Commeren, Hierges, Hautepenne, Roßlaer, Bersel, Bierbec, Heverlez, Wallers, Quievrain, Peruwez, Beveren, Louman, Serain, Saffenburg, Rade, Mechernich und Harzem, Herr deren Städte und Landen von Enghieu, Hall, Braine, Neuschatea und Fleringen, des Erzstifts und Churfürstenthums Köllen Erbschenk. ɀc. ɀc. ɀc.

Thuen hiemit Jedermänniglichen kund, und zu wissen, daß (nachdem Uns zu vernehmen sehr mißfällig gewesen, wie in Unseren teutschen Erblanden bey Hebung deren Zoll-Gefällen, theils durch Nachlässigkeit, theils durch Unwissenheit deren angestelten Special-Einnehmeren allerhand Unordnungen eingerissen, und überhand genohmen) Wir zu Einführung einer billig allgemeinen Gleichheit, zu Vorkommung aller Klagden, zu Vorbiegung allen Unterschleifs, und zu Beförderung des gemeinnützlichen Commercie-Weesens für rath- und dienlich zu seyn erachtet haben nachstehenden Tarif über alles und jedes, was und wie in Unserem Herzogthumb Ahrenberg, dan in denen Grafschaften Kerpen und Casselburg, wie auch in übrigen obbesagten Unseren teutschen Erblanden, oder Herrschaften auf denen alt-gewöhnlichen Zollstätten abzutragen seye, entwerfen, und durch gegenwärtigen Druck allenthalben kund machen zu lassen, nemblichen.

	Petermenger.
Ein Fudet Wein zahlt für Zoll in allem	18
Ein Ahm Brandwein, Oel oder Thran	6
Ein Ahm Bier	1
Ein Ahm Tarr	3
Ein beladene Karrig mit Früchten, Kohlen, und sonstigen Waaren ohne Unterscheid von jederem Pferd	1½
Von einem Mühlenstein	12
Ein frembder Jud	3
Ein Pferd, oder Esel, so aufm Rucken Last traget	1
Ein Markgängig- oder Kuppel-Pferd	1½

	Petermenger.
Ein Füllen	1
Ein fetter Ochß	2
Ein magerer Ochs	1
Ein Kuhe, oder Rindt	1
Ein Kalb	½
Ein fettes Schwein	2
Ein mager Schwein	1
Ein Hammel	1
Ein Au oder Lamm	½
Ein Bock	1
Ein Gäiß	½

Es ergehet demnechst an sämmtlich-Unsere Hoch- und Niedrige Beamten Unser ernstliche Befehl pflichtschuldigst dahin zu invigiliren, damit vorbeschriebener Unser Zoll-Tarif allenthalben auf hergebrachte Art angeheftet, kund gemacht, und ohne darvon abzugehen, oder denselben zu überschreiten gehandhabet werden möge. Urkund dessen ist Unsere eigene Hand-Unterschrift, und beygetruckt Unser Hochfürstliches Insiegel, gegeben in Unserer Residenz zu Brussel den 20ten December 1781.

Ad mandatum Serenissimi Ducis, ac Principis proprium.

J. H. Ridder
Secretarius.

Zolltarifordnung des Herzog Ludwig Engelbert von Arenberg aus dem Jahre 1781.

Kopie, Sammlung Bernd Walther, Bad Neuenahr-Ahrweiler

27 Nach telefonischer Auskunft von Dr. Peter Neu spricht der Flurnamen deutlich für eine Zollstelle. Derartige abgelegene Zollstellen bestanden seiner Kenntnis nach manchmal auch nur für kurze Zeit.

Aus dem Jahre 1781 ist folgende Zolltarifordnung des Herzog Ludwig Engelbert von Arenberg erhalten.[28]

	Petermenger[29]
Ein Fuder Wein zahlt für Zoll in allem	*18*
Ein Ahm Brandwein, Oel oder Thran	*6*
Ein Ahm Bier	*1*
Ein Ahm Tar	*3*
Ein beladene Karrig mit Früchten, Kohlen, und sonstigen Waaren ohne Unterscheid von jederem Pferd	*11*
Von einem Mühlenstein	*12*
Ein fremder Jud	*3*
Ein Pferd oder Esel, so aufm Rucken Last traget	*1*
Ein Markgängig- oder Kuppel-Pferd	*11*
Ein Füllen	*1*
Ein fetter Ochs	*2*
Ein magerer Ochs	*1*
Ein Kuhe, oder Rindt	*1*
Ein Kalb	*1*
Ein fettes Schwein	*2*
Ein mageres Schwein	*1*
Ein Hammel	*1*
Ein Au oder Lamm	*1*
Ein Bock	*1*
Ein Gaiß	*1*

Eine weitere Quelle über die Lebensbedingungen der Bewohner der Herrschaft Saffenburg in den vergangenen Jahrhunderten ist Christian von Stramberg. In seinem Rheinischen Antiquarius berichtet er:
„Die Herrschaft Saffenburg erstreckte sich über die Dörfer Dernau, Rech und Mayschoß , Laach, dann über das Kloster Marienthal, und hatte ihr eigenes Gericht, aus den in den Dörfern erwählten Schöffen bestehend. Darin präsidierte der Amtmann, und befand sich das Gerichtslocal in der Rentmeisterei zu Mayschoß.
Dem fügt Hr. Prof. Weyden hinzu: „Ohne besondere Erlaubnis durfte sich kein Fremder in dem Ländchen niederlassen und mußte für diese Vergünstigung 12 Rtlr. erlegen, für sein Weib, wenn er verehelicht, 8 Rtlr. und dabei einen ledernen Eimer stellen. Die Juden entrichteten für jede Familie 6 Rtlr. Schutzgeld und mußten von jedem von ihnen geschlachteten Stück Vieh die Zunge auf das Schloß bringen.
Als Abgabe erhielt die Herrschaft in einem guten Jahr 6 Fuder Kurwein, in einem schlechten nur 3 Fuder. Die Proben mußten auf die Burg gebracht werden, und hier

28 Kopie einer gedruckten Zolltarifordnung, Sammlung Bernd Walther, Bachem.
29 Petermenger = Petermännchen, Trierische Münze im gleichen Wert (3 preußische Pfennige) wie ein Albus oder Weißpfennig.

wählten die Rentmeister immer das Beste. Dieser Kurwein wurde später in eine Geldsteuer verwandelt. Außerdem entrichteten alle Untersassen das Hausviertel und für die sogenannten Maikühe und Kälber eine Abgabe, von der Dernau 23 Gulden 8 Albus, Mayschoß 15 Gulden 13 Albus, Rech 17 Gulden 18 Albus bezahlten. Freiwillige Gaben und Liebessteuern bei Heirathen der Herren von Saffenburg, bei Regierungsantritten usw. kommen auch vor. Mancherlei Frondienste lasteten aber außerdem auf den Saffenburgischen Unterthanen. Täglich mußten zwei [Männer] das Wasser auf die Veste tragen, [andere mußten] Botengänge machen, dabei waren die Neuvermählten verpflichtet, den Zielochsen [Zuchtstier] zu halten. Bei sonstigen Frondiensten, als Heumachen, Straßen-Ausbesserungen, Weinlese usw. empfing jeder Fröhner täglich 3 Fettmännchen (7 Pfennige). Der Schutz der Veste lag auch den Unterthanen ob; sie mußten die Burgwachen stellen, wofür die Wächter aber auch mit der Angel und bei trübem Wetter mit dem Hamen fischen durften. Außer der gewöhnlichen Burgwacht gab es auch noch sogenannte Herrenschützen, welche eine eigne Kleidung, graue Röcke mit schwarzen Aufschlägen, trugen und verpflichtet waren, der Herrschaft bis auf eine Meile weit von der Burg das Geleit zu geben, wofür sie eine rote Kogel (Mütze) erhielten. Die Herrenschützen hatten das Recht, auf St. Anna Tag zu fischen, durften immer ein Schießgewehr führen und Hasen schießen. Fingen sie Salme, so mußten sie die Hälfte auf die Veste bringen, wie auch die Säue, die sie schossen, wofür sie aber 2 Rtlr. Schußgeld empfingen. Statt des Wachtdienstes wurden nach Zerstörung der Burg 16 Rtlr. entrichtet, die, wie alle Steuern, nach der Morgenzahl umgelegt waren.“ [30]

Verzeichnis der Herrenschützen von 1639

Über die oben erwähnten Herrenschützen gibt es einen Beleg für das Jahr 1639 worin 25 Personen aufgeführt werden.

„Verzeignus der Heren Schützen
Zum Ersten Herman Bertrams
Zum antren Klas [Nikolaus] Kolborn
Zum 3 Johan Kolborn
Zum 4 Johannes Lienhartz
Zum 5 Johan Ley
Zum 6 fliebs Grußgartz
Zum 7 Johan Steffens zu Lach
Zum 8 Jacob Ley zu Lach
Zum 9 Johan Nettges zu Lach
Zum 10 Herman Leyendecker zu Rech
Zum 11 Better [Peter] Giellen
Zum 12 Johan Drieß zu Dernau
Zum 13 Johan Nethges zu Dernau
Zum 14 Better Nettges
Zum 15 Beter Kreuzberg
Zum 16 lambertus Loetzs
Zum 17 Nellis Heinen
Zum 18 hubertus Kreuzberg
Zum 19 Beter Letzs
Zum 20 ortus Diest
Zum 21 Donnis Netges
Zum 22 Hubertus Mannes
Zum 23 Lurentz Schomechern
Zum 24 Donnis Geiß
Zum 25 Donnis Ruttgen
geben Saffenburg den (...) 1639“ [31]

30 Stramberg, Christian von, Rheinischer Antiquarius, Abtl. III, Band 10, Koblenz 1864, S. 160 ff.

31 Brommer/Schleidgen/Zimmer, (wie Anm. 3), Nr. D 3099.

Kirche und Pfarrei

Von den Anfängen bis zur Erhebung zur Pfarrei im Jahre 1537

Die erste Nennung einer kirchlichen Anlage in Mayschoß finden wir in den Annales Rodenses im Jahre 1106. In dieser Zeit wohnte bei Mayschoß Embrico, ein Dienstmann des Grafen Adalbert von Saffenberg. Er schenkte dem Kloster das Gut bei Mayschoß mit seinen Besitzungen, Äckern und Weinbergen. Zu dem Besitz gehörte auch eine Kapelle, die Embricos Vater erbaut hatte.[1] Dieser Bau ist demnach in der 2. Hälfte des 11. Jahrhunderts entstanden. Diese Kapelle wurde dem Kloster, als es um das Jahr 1134 in inneren Zwistigkeiten lag, von dem Priester Godefridus entfremdet. Bis zum beginnenden 12. Jahrhundert wird wohl Mayschoß zur Pfarrei Holzweiler gehört haben.[2] Noch heute weist eine alte mündliche Überlieferung auf eine Beziehung zwischen Mayschoß und Holzweiler hin.[3]
Am 20. September 1140 bestätigte Erzbischof Arnold von Köln dem neugegründeten Kloster Marienthal, *was ihm der Abt von Klosterrath nach Beschluß seiner Brüder als Besitz übertragen hatte: zu Mayschoß (Meynschozzin) Hof und Kapelle, Häuser und Hintersassen.*[4] Spätestens seit 1205, nachdem Dernau als eigenständige Pfarrei genannt ist, wird Dernau mit seiner Kirche *s. Johannis ante portam latinam* der zuständige Pfarrort.[5]
Im 14. Jahrhundert wird Mayschoß neben Dernau als Kirchspiel mit einem Pfarrhof genannt. So bestätigte im Jahre 1334 der Kölner Erzbischof Walram der Sophie von Saffenburg ihre Rechte im Kirchspiel Dernau und widerrief ältere Urkunden welche die Kirchspiele Dernau und Mayschoß betrafen.[6] In der zweiten Jahreshälfte des Jahres 1365 heißt es in einer Urkunde, *brannten sie den Pfarrhof und andere Häuser zu Mayschoß und schadeten da mehr als 100 Gulden.*[7] Diese Nennungen sind allerdings noch kein Beleg für eine eigenständige Pfarrei, sondern es ist anzunehmen, dass zu dieser Zeit im Pfarrhof zu Mayschoß ein Seelsorger mit eingeschränkten Rechten das Kirchspiel verwaltete.

---

1 Heidbüchel/Kramer, Annales Rodenes, Heimatblätter des Kreises Aachen, 45. Jahrgang, S. 32.

2 Prothmann, Ottmar, Kirche und Pfarrei „St. Martin“ Holzweiler, Holzweiler 2000, S. 30 – 34.

3 „Früher wurden die Toten von Mayschoß in Holzweiler begraben. Eines Tages begleitete ein Mann den Sarg mit seiner verstorbenen Frau über den Weidenhardtweg Richtung Grafschaft. Als sie an der Abzweigung des Pfades nach Esch vorbeikamen, dort wo die Sebastianus Eiche steht, fiel der Sarg um und die Frau wurde wieder lebendig. Als nach Jahren die Frau tatsächlich starb und der Trauerzug erneut an der Eiche vorbei kam, sagte der Mann den Begleitern: Jetzt passt auf, damit der Sarg nicht wieder umfällt.“ Nach einer Erzählung von Paula Kläs in Mayschoß, Januar 2000.

4 Renger/Mötsch, Inventar des herzoglich arenbergischen Archivs in Edingen/Enghien (Belgien), Teil 2, Koblenz 1997, S. 11.

5 Clemen, Paul, Die Kunstdenkmäler des Kreises Ahrweiler, Düsseldorf, Nachdruck 1984, S. 220.

6 Frick, Hans, Quellen zur Geschichte von Bad Neuenahr, Bad Neuenahr 1933, Nr. 641.

7 Ebd., Nr. 764.

Im Jahr 1382 wird als Zeuge einer Urkunde unter anderem ein *Johann Geistlicher der Katharinenkapelle in Maischoß* erwähnt.[8] In einer weiteren Urkunde vom 7. Oktober 1398 ist von einem *Altaristen zu Maischoss* die Rede.[9] *1439 verfügte das Konzil von Basel die Vereinigung der Kapelle, auf die der Vikar von Dernau resignierte, mit dem dort gestifteten Katharinenaltar.*[10]
In der Folgezeit werden die Herren der Saffenburg, die in Mayschoß ihre Erbbegräbnisstätte hatten, sich um die Aufwertung der dortigen Kirche bemüht haben. Seit Jahrhunderten hatte Mayschoß bereits alle Sakramente, ausgenommen die Taufe und die letzte Ölung gehabt. Der letzte Schritt zur Unabhängigkeit wurde dann am 14.11.1537 mit der Erhebung zur eigenständigen Pfarrei vollzogen. Bei der Ausstellung der Urkunde waren Regina Blankard, Äbtissin von Marienthal, der Dernauer Pfarrer Wilhelm Burgo, der Dechant Adam sowie Johann Boelen aus Mertloch, der bisher die Mayschoßer Kirche als Priester betreute und nun ihr erster Pfarrer wurde, anwesend.[11] Die nun eigenständige Pfarrei umfasste die selbständigen Dörfer Mayschoß und Laach sowie die zu Mayschoß zählende Siedlung Bongard. Über die Einwohnerzahl haben wir für das Jahr 1684 mit 350 Kommunikanten, was etwa 465 Einwohnern entspricht, erstmals genauere Angaben. Bei der Zählung von 1822 waren es bereits 493 Kommunikanten bei 717 Einwohnern. Im gleichen Jahr ermittelte man 163 Häuser mit 121 Familien.[12]

Klösterlicher Besitz und klösterliche Rechte in der Pfarrei Abtei Klosterrath/Kloster Marienthal

Klosterrath hatte seit seiner Gründung die Zehntrechte in Mayschoß und übertrug diese im Jahre 1140 seiner Filiale Marienthal. Zusätzlich lag auch die Vergabe der Pfarrstelle von Mayschoß in den Händen von Marienthal und Klosterrath. Das Verhältnis zwischen der Mayschoßer Pfarrei und dem Kloster Marienthal wurde allerdings im Laufe der Zeit durch Unstimmigkeiten über den Zehnten häufig belastet. So verlangte Marienthal im Jahre 1734 verschiedene Zehnte und behauptete, Zehntherr aller Weinberge zu sein, was allerdings vom damaligen Pastor bestritten wurde. 1765 beklagte sich Marienthal, dass der Mayschoßer Pastor die Kirche verfallen lasse und die Einkünfte aus dem Kirchenvermögen nicht zur Reparatur des Gotteshauses verwende.[13] Der Rentmeisterrechnung der Herrschaft Saffenburg von 1692 können wir entnehmen, dass das Kloster Marienthal den Zehnten an Trauben *hinter*

8 Ebd., Nr. 824.

9 Korth, Leonard, Das Gräflich von Mirbach`sche Archiv zu Harff., in: Annalen des historischen Vereins für den Niederrhein, Heft 55, Köln 1892, Nr. 172.

10 Clemen, Paul, (wie Anm.5), S. 408.

11 Schug, Peter, Geschichte der zum ehemaligen kölnischen Ahrgaudekanat gehörenden Pfarreien der Dekanate Adenau, Ahrweiler und Remagen, Trier 1952, S. 299.

12 Ebd., S. 303.

13 Ebd., S. 305.

der Mayschoßer Kirch und aus der Lage *im Pfaffenbergh* bezog, denn von beiden Einnahmen musste es jeweils eine *Stall Liele* (je ¼ Ohm) als Abgabe an die Saffenburg leisten.[14]

Ansicht von Wirtschaftsgebäuden und der Ruine der Klosterkirche auf dem Gelände des ehemaligen Klosters Marienthal. *Foto des Verfassers, 2006*

Der Mönchhof

Das Kloster Marienthal besaß mit der Schenkung von 1140 auch einen eigenen Hof in Mayschoß. Dieser ursprünglich der Abtei Klosterrath zugehörige Hof, daher Mönchhof genannt, lag in der Flur Nr. 5, im Fuhrweg, im Bereich des jetzigen Hauses Luginger. Im Schatzbuch wird im Jahre 1554 ein *Thonis im monichove* erwähnt, der auch im Jahre 1557 Bürgermeister von Mayschoß war.
Aus dem Jahr 1601 ist ein schmaler Lederband[15] erhalten, der zu Beginn eine Seite mit der Überschrift „Zur Erinnerung" (*pro memoria*), das Weistum des Mönchhofes aus dem Jahr 1594, die Formel der Eidesleistung der Geschworenen (siehe Anhang Nr. 5) und eine Auflistung der Lehngüter des Klosterhofes enthält. Im pro memoria werden unter anderem die Termine für die Weinbergsbesichtigung und die bis dahin zu erledigenden Arbeiten festgelegt. Dies waren am 1. Mai (*Philippi und Jacobi*) die Tätigkeiten Schneiden, Sticken, Gürten, Misten, sowie am 24. Juni (*Jois Baptista*) unter anderem das Umgraben der Böden. Für beide Besichtungsgänge erhielt jede Person

14 Landeshauptarchiv Koblenz, Bestand 44, Nr. 80, Handschrift, 64 Seiten.

15 Das Buch stammt aus dem Mönchhof. Es wurde von späteren Erben eines der ehemaligen Hofgebäude im Jahre 2004 freundlicherweise für eine Bearbeitung zur Verfügung gestellt.

jeweils eine Mahlzeit und eine Flasche Wein. Ein Nachwort besagt, wer als Pächter dreimal hintereinander bei der Besichtigung gerügt wurde, musste das Gut dem Kloster zurückgeben. Abschließend wird darauf hingewiesen, dass die herrschaftlichen Güter den Vorrang haben.
Der Marienthaler Klosterhof besaß nach dem Güterverzeichnis *Anzeig der geschworenen Lehn örter zu Meyschoß* zu Beginn des 17. Jahrhunderts insgesamt 61 Grundstücke in Mayschoß. Hiervon waren 34 mit Häusern bebaut. Davon standen 13 *unten im Dorf*, 5 *in der gassen* (diese waren nicht kurmutpflichtig), 4 *auf dem waag* , 2 *am pütz* und ein Haus *am alten Berg*. Neun Häuser werden ohne Lagebezeichnung aufgelistet. Nur in einem Fall ist die Grundstückgröße, für das Haus 4 Ruthen und für die Scheune 3 Ruthen angegeben. Desweiteren gehörten zum Klosterhof eine *scheur in der gassen,* zwei Hofrechte, zwei Bauplätze *oben im Dorf* sowie ein Fußpfad, *Beter Joseph Ley an der Kirchen wegen eines fußpats oben seinem Haus,* und eine Ausfahrt, *Anton Josten aufm Waag wegen der außfarth an seinem Hauß.* An Weingärten besaß der Hof in der Lage *in Vogtshof* acht Parzellen und zwei *über der ahr* in Laach. Hinzu kommen noch 11 weitere Plätze, die teils als Gärten aufgelistet sind.
In Rech hatte der Hof vier Wiesen *in der birckhart.* Bei einer Begehung im Jahre 1788 wurden in Staffel 50 Parzellen (Wiesen und Felder) als *dinckpflichtige örter und platzen* verzeichnet. In Kesseling sind es 16 Parzellen ebenfalls Felder und Wiesen. Peter Gemein aus Herschbach nimmt nach dem Tod seines Schwiegervaters Anton Weingarts von Kesseling dessen Lehen (eine Wiese) an. Ebenso nimmt *Joan Mieß von weidenbach* ein Feld des verstorbenen *Joan Mieß von staffel* an.
Die Eintragungen im Buch des Klosterhofes enden am 5. Juli 1794. An diesem Tag fand im Mönchhof das letzte verzeichnete Hofgeding im Beisein des Hofschultheißen Johannes Josten statt. Im Rahmen der Säkularisation in der Napoleonischen Zeit kommt es auch in Mayschoß zum Verkauf von Kirchengut. Am 4.10.1804 wird ein Grundstück mit dem darauf stehenden zerfallenen Zehnthaus des Klosters Marienthal an den Notar Peter Josef Kriechel in Ahrweiler verkauft.[16] Ob dieses Zehnthaus auf dem Gelände des Mönchhofs lag ist unklar. Im Mayschoßer „Summ Zettel“ wird für 1821 *Anton Josten im Mönchhof* mit einer Fläche von 287 Ruthen und 9 Fuß genannt.[17]

Stift Rees

Nachdem seit 1205 die Reeser Stiftsherren die Pfarrer von Dernau stellten, wurde 1249 die dortige Pfarrkirche dem Stift Rees inkorporiert.[18] Im Jahre 1449 verfügte das Konzil von Basel die Vereinigung der Mayschoßer Katharinenkapelle mit dem Katharinenaltar der Dernauer Kirche.[19] Damit stand spätestens seit 1449 die May-

16 Schieder, Wolfgang, Säkularisation und Mediatisierung in den vier rheinischen Departements 1803 – 1813, Teil II, Boppard 1991, S. 336.

17 Summ Zettel der Gemeinde Mayschoß pro 1821, Gemeindearchiv Mayschoß.

18 Clemen, Paul, (wie Anm. 5), S. 220.

19 Ebd., S. 408.

schoßer Kapelle unter dem Einfluss des Stiftes Rees. Dies änderte sich aber bereits 1488, als das Stift Rees das Patronatsrecht und den Zehnten von Dernau dem Kloster Marienthal verkaufte.[20]

Abtei Heisterbach[21]

Mit einer Schenkung am 12. Dezember 1338 erwarb die Abtei Heisterbach Weinberge in Mayschoß. „Vor dem Offizial des Bonner Probstes und Archidiakons in der Kölner Kirche schenkt Frau Godelevis von Maischoss alle ihre beweglichen und unbeweglichen Güter der Abtei Heisterbach und erhält sie von dieser zu lebenslänglichem Nießbrauch zurück. Nach ihrem Tode fallen die Güter an die Abtei; nur ihre Kleider darf Godelevis nach freiem Ermessen einem anderen schenken."[22]

Kloster St. Heribert in Deutz

Das Deutzer Kloster wird erstmals mit Besitz in Mayschoß im Jahre 1545 (*wysen up der Dutzerwysen),* sowie 1582 (*wingardt ahm Deutzerbergh)* im Mayschoßer Schatzbuch genannt.[23] Der „Summ Zettel" der Gemeinde Mayschoß weist für das Jahr 1821 für den *Deuzer Hoff* 123 Ruthen und 2 Fuß Land aus.[24]

Kirchengebäude, Besitzungen und Einrichtungen
Die Vorgängerkirchen

Aus der bereits im 11. Jahrhundert existierenden Kapelle entwickelte sich im Laufe der Zeit ein größeres Gotteshaus. Dies geschah nicht zuletzt durch adelige Förderung, denn eine Beschreibung der Kirchenfenster aus dem Jahre 1637 weist darauf hin, dass seit dem Jahre 1528 die Grafen von Virneburg hier ihre Begräbnisstätte hatten.

„In einer [!] Fenster der Kirche stand: Cuno, Graf zu Virnenburg und Neuenahr, Herr zu Saffenburg und Sombref; Justina gebohrne von der Marck und Arburg, Gräfinn zu Virnenburg, Neuenahr, Frau zu Gelsdorf und Sombref. In der Fenster hinter dem

20 Ebd., S. 221.

21 Die von Ferdinand Schmitz in seinem Urkundenbuch der Abtei Heisterbach, Bonn 1908, auf S. 44 angegebene Jahreszahl 1303 für einen Erwerb Mayschoßer Weinberge durch die Abtei Heisterbach bezieht sich nach dem wiedergegebenen Inhalt der Urkunde auf den Verkauf Mayschoßer Weinberge an den Kölner Bürger Bruno. Von diesem mögen dann zu einem späteren Zeitpunkt Weinberge an die Abtei Heisterbach gelangt sein.

22 Ebd., Nr. 300.

23 Jeweils bei den angegebenen Jahren im Schatzbuch verzeichnet.

24 Summ Zettel der Gemeinde Mayschoß pro 1821, Gemeindearchiv Mayschoß.

hohen Altar: Hier liegen begraben die Edle und Wohlgeborne Herrn Huperich und Erasmus, Gebrüdere und Grafen zu Virneburg. Auf der anderen Seite: Hier liegt begraben der Edle und Wohlgeb. H. Joan Graf zu Virneburg. Im oberen Teil: Der Wohlgeb. Herrn Dederich, Grafen zu Virnenburg und Neuenahr, Herr zu Saffenburg und Sombref: Der Wohlgeb. Frauen Odilia, Gräfin zu Virnenburg und Neuenahr, Frau zu Gelsdorf anno domini 1528."[25]

Nach Zerstörungen durch schwedische Truppen während des Dreißigjährigen Krieges im Jahre 1632 wurde im Jahre 1637 der Altar wiederhergestellt.[26]

Erst spät, im Jahre 1668, wurde erstmals der hl. Nikolaus als Kirchenpatron genannt. Im gleichen Jahr gab es im damaligen Gotteshaus drei Altäre.[27] Im Jahre 1682 wurden größere Baumaßnahmen an der Kirche durchgeführt. Die inwendige Mauer wurde abgerissen, die Fenster vergrößert und der S. Sebastian-Altar gesetzt.[28] Die zweischiffige Kirche gestaltete man zu einem Saalbau um. Bereits 1715 wurde der Chor erneuert.[29]

1726 kam es zu einer Vereinbarung über den Neubau der baufälligen Kirche. Im gleichen Jahr wurde das alte Gebäude abgerissen und das Kirchenschiff sowie ein Teil des Daches neu errichtet. Viele umliegende Gemeinden und begüterte Privatpersonen stifteten zu diesem Anlass Baumstämme als Baumaterial. Im Folgejahr 1727 wurde der Turm bis auf die Abdeckung fertiggestellt. 1728 wurde das Kirchengewölbe fertig und der Turm gedeckt. Am 26. November 1729 konnte das neue Kirchengebäude von Prior Nissen aus Marienthal eingesegnet werden.[30] Am 8. Mai 1730 wurde durch den Klosterather Abt Nikolaus Heyendal die Kirche unter den Schutz des hl. Nikolaus gestellt und die Altäre geweiht. Den hohen Altar zur Ehre des hl. Nikolaus mit Einschließung der Reliquien des hl. Mauritius, der zur Seite des Evangeliums zur Ehre der hl. Jungfrau Maria mit den Reliquien der hl. Elisabeth und der zur Epistelseite zur Ehre des hl. Sebastian mit den Reliquien des hl. Mauritius. Die Reliquien stammten alle von Marienthal. Das Kirchweihfest wurde auf den Sonntag nach Michael Erscheinung festgesetzt.[31] Im Jahre 1733 konnte ein neuer Hochaltar gebaut werden, dessen Kosten (200 Reichstaler) aus Spenden aufgebracht wurden.[32] 1804 erhielt die Kirche zwei Seitenaltäre aus der aufgehobenen Franziskanerkirche in Bonn, ebenso die Chorstühle und die Brüstung der Empore aus der Klosterkirche Marienthal. Gleichzeitig wurden Leuchter und Paramente aus dem aufgehobenen Kloster Vilich erworben.[33]

---

25 Eckertz, Gottfried, Chronik und Weisthum von Mayschoß an der Ahr, in: Annalen des historischen Vereins für den Niederrhein,1865, S. 40.

26 Ebd.

27 De Lorenzi, Philipp, Geschichte der trier. Pfarreien II., Trier 1887, S. 98.

28 Eckertz, Gottfried, (wie Anm. 25), S. 43.

29 Schug, Peter, (wie Anm. 11), S. 300.

30 Eckertz, Gottfried, (wie Anm. 25), S. 51.

31 Ebd.

32 Ebd.

33 Clemen, Paul, (wie Anm. 5), S. 408.

Ansicht des 1729 erbauten Kirchengebäudes. Aufnahme vor 1908. *Sascha Neuert*

Im Jahre 1813 wurde ein neuer Glockenstuhl auf dem Turm errichtet. Die Finanzierung erfolgte durch eine Umlage von 36 Stüber pro Person.[34] 1847 ließ Fürst Peter von Arenberg eine neue Sakristei errichten. Durch den Neubau sollte hinter dem Altar Platz für den Marmorsarkophag der Katharina von der Marck geschaffen werden.[35] Im Jahre 1881 beschloss der Kirchenvorstand, dass *zwei ausgefallene Kirchentüren verkauft werden sollen.*[36] Zum Ende des 19. Jahrhunderts wurde unter Pfarrer Lebon darüber nachgedacht, wie man *die Pfarrkirche, welche bekanntlich die Kirchenbesucher nicht mehr fassen konnte, vergrößern könne.*[37] Nach dem Rat von Sachverständigen konnte dies am besten geschehen, wenn *die Orgel versetzt und die Orgelbühne denn nach innen der Kirche zu vergrößert würde.*[38] Die Baumaßnahmen wurden in der Zeit vom 18.11.1893 bis 10.2.1894 durchgeführt. Die notwendigen Mittel für den Umbau trug der Winzerverein.[39]

34 Schmitz/Klein, Schatzbuch und Chronik der Gemeinde Mayschoß, Mayschoß 1998, S. 95.
35 Ebd., S. 102.
36 Pfarrarchiv Mayschoß, Nr. C2., 15.10.1881.
37 Mayschoßer Schulchronik, S.12.
38 Ebd.
39 Ebd.

Die ehemalige Gruft unter dem Chor des alten Kirchengebäudes

Seit dem frühen 16. Jahrhundert wurden, wie im vorherigen Kapitel beschrieben, sieben Mitglieder des Virneburger Grafenhauses in der Mayschoßer Kirche bestattet. Ob sie unter Grabplatten in Einzelgräbern oder in einer Virneburger Gruft bestattet wurden, lässt sich zur Zeit nicht beantworten. Für Mitglieder des Hauses von der Marck existierte allerdings eine Gruft. Nach dem Tod der Gräfin Katharina von der Marck und dem für sie geschaffenen Grabdenkmal aus schwarzem Marmor befand sich der Eingang zu der unterirdischen Grabkammer unter der schwarzen Tumba, die ursprünglich in der Mitte des Chores stand. Neben der Gräfin Katharina von der Marck wurde ihr Sohn Franz Anton, der am 21.6.1680 im Pfarrhaus an den Folgen eines Schlaganfalles, den er bei der Fronleichnamsprozession am 20.6. erlitten hatte, starb, ebenfalls in der Gruft unter der Tumba beigesetzt.[40] Frau Margarethe Cossman berichtete mir 1984, dass sie als Kind beim Abriss der alten Kirche 1908 in der Gruft gewesen sei. Nach ihrer Beschreibung handelte es sich um einen begehbaren kleinen Raum an dessen Seitenwänden sich Inschrifttafeln befanden. Für den Kirchenneubau sei die Gruft mit Bauschutt des alten Kirchengebäudes aufgefüllt worden.

Das heutige Kirchengebäude

Pfarrer Leinen führte bereits im Mai 1903 für den Kirchenbau einen Schriftwechsel mit den Architekten H. u. Th. Hermann aus Neuwied. Am 20.2.1905 traf sich der Kirchenvorstand. „Zweck der Sitzung war, auf eine Anfrage des Königl. Reg. Präsidiums zu Coblenz vom 4.Febr. d. J. seitens des Kirchenvorstandes einen formellen Beschluß über den hiesigen Kirchenbau zu fassen, nachdem bereits seitens der ganzen Pfarrgemeinde in mehreren Versammlungen über dieselbe Angelegenheit Berathungen gepflogen und Beschlüsse gefaßt worden sind. In der ersten Versammlung wurde vor Allem die Frage der Notwendigkeit und Zweckmäßigkeit eines Neubaus von Schiff und Chor mit Ausschluß des Turmes, der, weil noch gut erhalten, stehen bleiben soll, erörtert. Dabei wurde hingewiesen auf den Allen bekannten unzulänglichen Raum der jetzigen Kirche der trotz Doppel-Gottesdienstes an Sonn- und Feiertagen für die Kirchenbesucher, ganz besonders zur Sommerszeit wegen des immermehr zunehmenden Fremdenverkehrs nicht genügt, sodann auf den schlechten Zustand der beiden Seitenmauern des Langschiffes, die stark aus dem Lothe gewichen sind und dasselbe um einem Zusammensturz vorzubeugen, mehrfach verankert werden mußten. Dieser Zustand bringt es mit sich, daß man jede Ausgabe für eine bessere

---

40 Schug, Peter, (wie Anm. 11), S. 301. Die Darstellung von Pfarrer Schug, dass Graf Ernst von der Marck ebenfalls in der Mayschoßer Gruft bestattet wurde, ist nicht aufrecht zu halten. Nach dem freundlichen Hinweis von Dr. Hinsen aus Schleiden wurde Ernst im Chor der Kirche von Schleiden beigesetzt. Hierzu führt er folgende Belege an: J.de. Chestret de Haneffe, Histoire de la Maison de la Marck, Lüttich 1898, S. 227 und Dictionnaire de la Noblesse, Paris 1868.

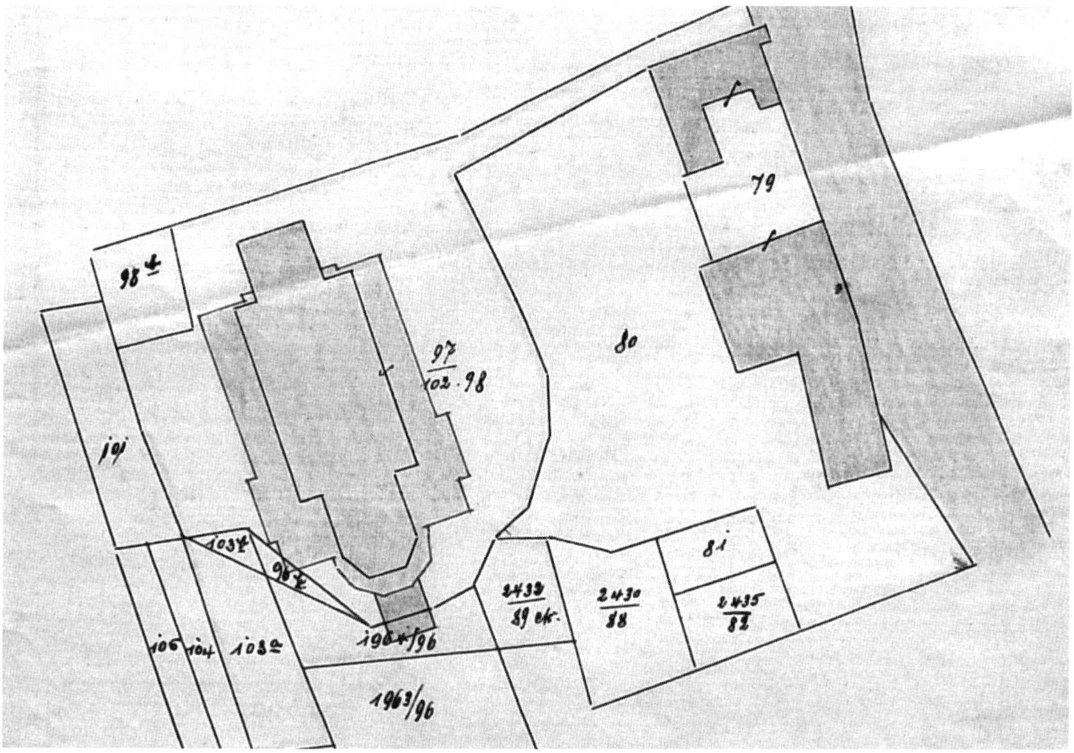

Lageplan von 1907. Die Zeichnung zeigt links die Umrisse des alten und des neuen Kirchengebäudes.

Pfarrarchiv B.2.1

innere Herstellung seit mehr als einem Menschenalter unterlassen hat und gegenwärtig wiewohl das Innnere unwürdig erscheint, erst recht unterläßt, weil man sie für unzweckmäßig und verloren hält; andererseits gereicht die Verankerung dem Innern der Kirche natürlich keineswegs zur Zierde (...) Die Notwendigkeit eines Neubaues hat auch der hochwürdigste Herr Bischof gelegentlich seiner Anwesenheit hierselbst im verflossenen Sommer mit den Worten anerkannt: ein Neubau sei hier kein Luxus, und hat dann wegen des schlechten inneren und äußeren Zustandes die Pfarrangehörigen öffentlich zum Bauen ermahnt.“ [41] Der Kostenvoranschlag zum Erweiterungsbau der Mayschoßer Pfarrkirche in Höhe von 45.000 Mark datiert vom 28. Dez. 1906. Der Bauerlaubnisschein wurde am 11. Dez. 1907 ausgestellt.[42]
Die Abbrucharbeiten an der alten Kirche begannen am Montag, dem 2. Febr. 1908.[43] Für den Bau der heutigen Kirche wurde die alte 1729 fertiggestellte Kirche bis auf den viergeschossigen quadratischen Bruchsteinturm an der Westseite abgerissen. Die Grundsteinlegung der neuen Kirche fand durch den Weihbischof Dr. Schrot aus Trier anlässlich der Firmung am 9. Juni 1908 statt.[44] Dann begann man mit dem Bau

41 Pfarrarchiv Mayschoß, Nr. C.2.

42 Ebd., Nr. B.2.1.

43 Ebd., Nr. B.2.1. In der Ortschronik wird der 3. Februar angegeben.

44 Mayschoßer Schulchronik, S. 89.

nach den Plänen der Architekten H. und Th. Herrmann aus Neuwied. Bauunternehmer war Herr Mertens aus Heppingen bei Heimersheim.[45] Der Neubau wurde vor dem Winter im Rohbau vollendet und das Dach fertiggestellt.[46] Vom 1. Februar 1908 bis Pfingsten 1909 wurden die drei Klassen der Schule in den zwei Sälen der alten Schule unterrichtet, damit der Gottesdienst an den Wochentagen im neuen Schulsaal stattfinden konnte. Sonntags wurde der Gottesdienst im Winzerverein abgehalten.[47] Der Neubau der Nikolauskirche wurde als „dreischiffige, viereinhalbjochige Säulenbasilika in (neu)romanischen Formen mit halbrund schließender Hauptchorapsis und südlichem Nebenchor“ ausgeführt.[48] Am 25.4.1909 konnte das neue Gotteshaus von Dechant Spurzem aus Ahrweiler eingesegnet werden.[49] Die Baukosten betrugen 45.000 Mark und waren im Jahre 1909 bereits bis auf 10.000 Mark bezahlt, und zwar größtenteils von den Pfarrangehörigen und namentlich durch Pastor Leinen selbst aufgebracht worden.[50] Am 25. April 1912 wurde anlässlich der Firmung die neu erbaute Kirche durch den Trierer Bischof Michael Korum eingeweiht.[51]
Über den Jahreswechsel 1912/13 erhöhte man den Turm um vier Meter für ein neues beschiefertes Glockengeschoss. Die Kosten von über 7000 Mark wurden alleine von

Ansicht der Pfarrkirche vor 1935. Der Friedhof zwischen Kirche und Kloster ist noch auf den ebenerdigen Teil beschränkt. Das Klostergebäude ist noch nicht erweitert. *Sammlung des Verfassers*

45 Ebd.
46 Schmitz/Klein, (wie Anm. 34), S. 139.
47 Mayschoßer Schulchronik, S. 89.
48 Losse, Michael, Die Pfarrkirche St. Nikolaus in Mayschoß an der Ahr, in: Heimatjahrbuch Krs. Ahrweiler 1996, S. 78.
49 Mayschoßer Schulchronik, S. 89.
50 Schmitz/Klein, (wie Anm. 34), S. 140.
51 Mayschoßer Schulchronik, S. 116.

Pastor Leinen getragen, der bereits eine noch größere Summe zum Kirchenbau beigesteuert hatte.[52] Somit betrug die Höhe des neuen Kirchturmes 49 Meter. Der kupferne Kirchenhahn wog 51 Pfund und maß in Länge und Breite je 1,08 Meter.[53] Im Jahre 1916 erhielten die Kirche und das Pfarrhaus eine elektrische Lichtanlage.[54]
Am 24. Oktober 1915 sandte das Bischöflichen General-Vikariat ein Schreiben mit folgendem Wortlaut an die Gemeinden. *Es hat sich die Notwendigkeit herausgestellt, zur Vermehrung des Kriegsbedarfs an Metall auch die Ueberlassung von Kirchenglocken in Betracht zu ziehen.*[55] Nach einer diesbezüglichen Besprechung entschied der Mayschoßer Kirchenvorstand wie folgt: *Der Kirchenvorstand hat am 3. November einstimmig beschlossen, alle 4 Glocken der hiesigen Pfarrkirche im Gewicht von 17, 15,8 und ca. 4 Zentner für den Kriegsbedarf bereit zu stellen.*

1. *Glocke Herrenglocke, Ton as, 105 cm, 850 kg ohne Aufschrift.*
2. *Glocke Kleppglocke, Ton g, 105 cm, 750 kg, gegossen 1503,*
3. *Glocke, Angelusglocke, Ton h, 83 cm, 400 kg, gegossen 1538,*
4. *Glocke, Ton b, 46,5 cm, 125 kg.*

Von den damaligen alten Glocken blieb allerdings die kleinste (46,5 cm Durchmesser) mit der Inschrift in gotischer Minuskel MARIA MCCCCLXVIII erhalten. Sie dient jetzt als Wandlungsglocke. Die anderen wurden am 15.6.1916[56] an die Kriegsmetall-Aktiengesellschaft in Berlin verkauft (250 Mark/je 100 kg Metall) und später eingeschmolzen. Von den drei eingeschmolzenen Glocken trug eine aus dem 13.-14. Jahrhundert keine Inschrift. Die Inschrift der beiden übrigen lautete:

1. *(aus dem 16. Jahrhundert) OSANNA HEISSEN ICH, DUNRE VELDER VEDER VERDRIVEN ICH, HEYNRICH VAN LYNS GOUS MICH auf der Haube SENT NICLIAS,*
2. *S. NICLAIS HEISCHEN ICH, IN EIR GOTZ LUDEN ICH, GORGUS UND JAN VAN TRIER GOUS MICH ANNO XXXVIII (1538).*[57]

Nachdem bereits 1917 der Kirchenvorstand für 850 Mark einen elektrischen Orgelgebläseantrieb beschaffen wollte – zur Begründung wurden die jährlichen Gebühren für den Balgtreter in Höhe von 68,80 angeführt –, wurde 1920 die Beschaffung einer elektrischen Gebläseanlage für die Kirchenorgel dem Orgelbaumeister Johannes Klais in Bonn übertragen.[58]
Im Dezember 1920 gaben viele Mayschoßer Familien 2% ihrer Weinernte zur Beschaffung neuer Glocken.[59] Aber erst 1922 gelang es, vier neue Stahlglocken zu beschaffen.

---

52 Schmitz/Klein, (wie Anm. 34), S. 143.
53 Mayschoßer Schulchronik, S. 128.
54 Pfarrarchiv Mayschoß, Nr. C.2.
55 Ebd., Nr. B.2.7.
56 Ebd., Nr. B.2.7.
57 Clemen, Paul, (wie Anm. 5), S. 412.
58 Pfarrarchiv Mayschoß, Nr. C.2.
59 Ebd., Nr. B.2.7.

Es handelte sich dabei um:
1 Glocke, 167,3 cm, 1887 kg, Ton C mit Klöppel von 140 kg,
1 Glocke, 143 cm, 1233 kg, Ton Dis, mit Klöppel von 100 kg,
1 Glocke, 133,3 cm, 977 kg, Ton F, mit Klöppel von 82 kg,
1 Glocke 117 cm, 737,5 kg, Ton G, mit Klöppel von 63 kg.[60]
Am 7. März 1922 trafen die Glocken in Mayschoß ein. Am darauf folgenden Sonntag wurden sie geweiht und am 18. März zum ersten Mal geläutet. Es waren vier Stahlglocken im Gewicht von insgesamt 16 Zentner. Gegossen wurden sie vom Bochumer Verein I in Bochum. Sie sind den Inschriften entsprechend der Allerheiligsten Dreifaltigkeit, der Mutter Gottes sowie den Kirchenpatronen Nikolaus und Rochus geweiht.[61]

Älteste Innenansicht der Pfarrkirche vor 1928. *Rudi Josten*

1922 errichtete man am Missionskreuz an der Kirche ein Kriegerdenkmal.[62] 1928 wurde der Chor der Kirche ausgemalt. Dazu gibt es folgenden zeitgenössischen Bericht: „Zu Anfang des Jahres 1928 wurde in unserer Kirche in der Apsis des Chores ein schönes Bild hergestellt. Es ist das Werk des Malers Herrn Willy Stucke aus Bonn. Das Bild stellt zunächst Christus als König dar. Bekleidet mit Königsmantel und Krone umfaßt die Linke die Weltkugel, die Rechte breitet er segnend aus. Daneben ist die Gottesmutter, die für uns bittet. Zu beiden Seiten sind je 4 Heilige; und zwar auf der Evangelienseite der hl. Joseph; die hl Mutter Anna (Patronin der früheren Kapelle in Laach), der hl Nikolaus (Patron unserer Kirche), der hl. Sebastianus, der hierselbst viel verehrt wurde, was eine alte Inschrift auf einer Tafel im Pfarrhause besagt. Auf der Epistelseite sind der hl. Johannes der Täufer, der hl. Rochus (Patron unserer Kirche) und 2 moderne Heilige, und zwar der hl. Petrus Canisius, dem die Ahr die Erhaltung des kath. Glaubens zur Zeit der Reformation verdankt, und die hl. Theresia vom Kinde Jesu, die durch ihre vielen Gebetserhö-

60 Ebd., Nr. B.2.7.
61 Mayschoßer Schulchronik, S. 179.
62 Ebd., S. 180.

rungen glänzt, eingedenk ihres Versprechens vom Himmel aus werde sie Rosen auf die Erde senden. Die beiden letzten Heiligen sind erst, wie bekannt, vor kurzer Zeit heilig gesprochen worden."[63] Nach Aufzeichnungen des Pfarrarchivs wurde das Gemälde in Öltempera im Zeitraum vom 23. Januar bis 21. Februar 1928 an 10 Tagen fertiggestellt.[64]

Im 2. Weltkrieg fielen dann alle Kirchenfenster (sie waren von Mayschoßer Familien gestiftet worden) den Druckwellen der umliegenden Bombeneinschläge zum Opfer und mussten später ersetzt werden. Die fünf Chorfenster wurden im Jahre 1950 neu angefertigt.[65] Im gleichen Jahr erfolgte der Einbau einer neuen Heizungsanlage.[66] Nach dem Krieg schuf man um das alte Missionskreuz an der Nordseite des Kirchturms ein neues Kriegerdenkmal. Hier wird auf vier Gedenktafeln der jeweils 50 Gefallenen und 18 Vermissten gedacht. Im Jahre 1959 erhielt der Kirchturm eine neue Turmuhr mit 4/4 und Vollschlag sowie zwei neue Zifferblätter von 1,50 m Durchmesser.[67]

Nachdem die Kirchengemeinde mit Johannes Thomas einen neuen Pfarrer erhalten hatte, wurde 1960 nach dem Herbst mit der Kirchenrenovierung begonnen. Der Wandschmuck, Bilder und Statuen wurden entfernt. Der Hochaltar wurde bis auf den Altartisch sowie den Tabernakel niedergelegt. Anschließend erhielt die Kirche bis auf die Bögen und Kapitäle einen weißen Anstrich. Zentraler Blickpunkt wurde ein hinter dem Hauptaltar aufgerichtetes Kruzifix welches vor der Christmette eingesegnet wurde. Es ist aus Zirbelkiefer und konnte dank einer auswärtigen Stiftung von einem Oberammergauer Künstler geschaffen werden. Während der Renovierungszeit fanden die Wochentagsmessen im Kloster statt.[68] Im Jahre 1967 erfolgte der Einbau von 4 *elektromotorischen Glockenläutemaschien* im Glockenturm.[69]

Vom 17. August 1978 bis zum August 1979 erfolgte dann unter Pfarrer Molzberger, der sein Amt 1977 angetreten hatte, die Innenrenovierung der Kirche. Diese war notwendig geworden, um den Kirchenraum den liturgischen Vorschriften des zweiten Vatikanischen Konzils entsprechend zu gestalten und gleichzeitig den Einbau einer Warmluft-Umwälzheizung zu ermöglichen. Dabei wurde unter anderem die Erhöhung (zwei Stufen) im vorderen Kirchendrittel abgetragen. Bei diesen Bodenarbeiten stieß man auch auf die Treppenstufen die zu der verschütteten Gruft führten. Nachdem die Bodenarbeiten abgeschlossen waren, wählte man bei dem Anstrich für die Bänder und Friese wieder die ursprüngliche Farbfassung. Der Taufstein, der

63 Ebd., S. 192.

64 Pfarrarchiv Mayschoß, Nr. B.2.6.

65 Pfarrarchiv Mayschoß, Nr. B.2.4.

66 Ebd., Nr. B.2.8.

67 Ebd., Nr. B.2.9.

68 Maychoßer Schulchronik, S. 353.

69 Pfarrarchiv Mayschoß, Nr. B.2.7.

bisher abseits gestanden hatte, wurde in die rechte Seitenkapelle versetzt.[70] Die Kanzel konnte durch die Stiftung einer Mayschoßer Familie restauriert werden und fand links neben dem Altar einen neuen Platz. Den neuen Altar setzte man aus Elementen des Hochaltares von 1910 zusammen. Die Altarweihe erfolgte am 19. August 1979 durch Weihbischof Jacoby aus Trier. Der Umfang der Renovierungsarbeiten war nur durch eine tatkräftige Beteiligung der Mayschoßer Bevölkerung möglich. Im Jahre 1984 konnte durch die Stiftung einer Mayschoßer Familie das Mosaik im Altarraum geschaffen werden.[71] Im Oktober 1997 konnten die im Juni begonnenen Dachdeckerarbeiten am Kirchturm, der völlig neu mit Schiefer gedeckt wurde, abgeschlossen werden.[72]

Innenansicht der Kirche. *Foto des Verfassers, 2006*

70 Über die Geschichte des Taufsteines berichtet das Mayschoßer Lagerbuch Folgendes: „Als Pastor Zender nach Mayschoß kam (1840) stand dieser Taufstein im Hof des Pfarrhauses. Bei einer von Bürgermeister Christmann abgehaltenen Versteigerung steigert die Kirchenverwaltung denselben von der Gemeinde für 6 Thaler. Bei der Reparatur der Kirche (1846) wurde er zwischen Seitentüre und Mutter Gottes Altar hingestellt..“

71 Schmitz, Sebastian, 450 Jahre Pfarrei St. Nikolaus Mayschoß, Mayschoß 1987, S. 6–7.

72 Schmitz/Klein, (wie Anm. 34), S. 208/09.

Monstranzen

Von den liturgischen Geräten der Pfarrkirche sollen stellvertretend zwei Monstranzen erwähnt werden, die in besonderer Beziehung zu Mayschoß stehen.

Silberne Monstranz aus der ersten Hälfte des 17. Jahrhundert, 45 cm hoch, jetzt als Reliquiar des hl. Rochus verwendet, runder Fuß mit Rankenwerk und dem Wappen von der Marck, Birnknauf, die Schautrommel zwischen Säulen und dünnen Voluten, Kuppeldach mit Kreuz; Beschau undeutlich, Meistermarke B A in Schild. Die Monstranz stammt angeblich aus der Saffenburger Schlosskapelle.[73]

Rochusreliquiar aus dem 17. Jahrhundert. *Foto Pfarrarchiv*

Große Monstranz aus dem 19. Jahrhundert. *Foto des Verfassers, 2006*

Große Monstranz aus Messing, vergoldet. Neben der Schauöffnung sind links und rechts die beiden Patrone der Mayschoßer Pfarrkirche, die hh. Nikolaus und Rochus dargestellt. Die Monstranz wurde im Jahre 1889 von Johannes Peter Karris gestiftet.[74]

Ehemalige Ausstattung der Pfarrkirche

Von der früheren reichen barocken Ausstattung der Vorgängerkirche die Clemen noch 1938 in den „Kunstdenkmälern des Kreises Ahrweiler" erwähnt, ging beim Neubau manches verloren. Schon um 1910 waren Teile des Chorgestühls aus Marienthal verschwunden. Im Jahre 1938 waren auf dem Pfarrhausspeicher noch Reste von drei Barockaltären, zwei kleinere Aufbauten mit Akanthuswangen, wohl die aus dem Bonner Franziskanerkloster stammenden Seitenaltäre von 1705, ferner eine Muschelwerkkartusche mit der Inschrift: ALTARE PRIVILEGATUM QUOTIDIANUM und Reste

73 Clemen, Paul, (wie Anm.5), S. 410.

74 Die Familie Karris war sehr begütert und wohnte gegenüber dem Pfarrhaus am Beginn der Kirchgasse.

eines Architekturaufbaus, wohl von dem 1733 beschafften Hochaltar, sowie drei ovale Holzschilder in Rollwerkrahmen mit Inschriften.[75]

Ansicht des Kircheninnern nach 1928 mit neu gestalteter Chorapsis. *Sammlung des Verfassers*

In der Pfarrkirche waren 1938 vorhanden: die Kommunionbank aus dem Anfang des 18. Jahrhundert, mit gutgeschnitzten Füllungen aus Akanthuswerk, darin Symbole, Trauben, Ähren und Blumen, aus Marienthal stammend.

Reich verzierte Kanzel um 1700 in fünf Seiten des Achtecks, an den Eckvoluten der Brüstung die Evangelistensymbole, in den Feldern Reliefs der Kirchenväter, auf der Rückwand der hl. Nikolaus; volutenbekrönter Schalldeckel; angeblich auch aus Marienthal.

Taufstein aus Trachyt, das halbkugelige, 65 cm hohe Becken von 1,08 m Durchmesser auf Konsolköpfen ins Sechseck übergeleitet, mit steilem Rand aus Wulst, Kehle und Platte, daran das Virneburgische Wappen, romanisierende Formen, 16. Jahrhundert, der hohe Fuß anscheinend erneuert; getriebener Messingdeckel des 18. Jahrhundert, mit Strahlensonne bekrönt (siehe rechts).

Muschelförmiges Weihwasserbecken aus Stein im Turm.

Eine Anzahl Ölgemälde des 17. und 18 Jahrhundert, zum Teil von ehemaligen Altären.

An der Westwand (der Kirche) zwei Bilder (145 x 115 cm) mit Darstellung der hh. Ignatius und Franz Xaver, dies bez.:1743 E.W.D.FE[CIT]

75 Clemen, Paul, (wie Anm. 5), S. 412.

An der Nordwand Verkündigung (170 x 112) (1760), die heilige Dreifaltigkeit (118 x 86 cm), dreiseitig geschlossen (vom ehemaligen Hochaltar). Südwand: Muttergottes mit Kind (170 x 98)
An den Chorpfeilern: Halbfiguren Christi, bartlos, und Maria (106 x 62), Christus Amabiles und Mater Admirabilis, flachbogig geschlossen (wohl aus Aufsätzen der Seitenaltäre);
Vier Bilder mit Akanthuswerkrahmen, Anbetung der Könige, Darstellung im Tempel, Flucht nach Ägypten, Christus am Brunnen (die ersten drei im Pfarrhaus); zwei Dominikusbilder (140 x 92): Überreichung des Rosenkranzes und Rettung der armen Seelen aus dem Fegfeuer.

Holzbildwerke
Vesperbild, Mitte 18. Jahrhundert, 1 m hoch, neu gestrichen;
hl. Nikolaus (?), gute Arbeit aus der 1. Hälfte des 18. Jahrhundert, 1934 neu gestrichen und die Rechte ergänzt, 1,65 m hoch;
hl. Rochus, 95 cm hoch, 18. Jahrhundert.

Taufstein aus dem 16. Jahrhundert im rechten Seitenschiff der Kirche. *Foto des Verfassers, 2006*

Grabdenkmal der Gräfin Katharina von der Marck, vom Jahre 1646, große Tumba aus schwarzem belgischen Marmor, ursprünglich mitten im Chor stehend, später zerstückelt, im Jahre 1854 hinter dem Altar wieder aufgestellt, beim Neubau des Langhauses in das südliche Seitenschiff versetzt. Die 1,16 m hohe, 2,45 m lange und 1,26 m breite Tumba hat glatte Seitenwände, Sockel und Gesims mit ausladendem Karniesprofil, am Kopfende das von Kindern gehaltene Wappen von der Marck, zu Füßen eine schwellende Kartusche mit Inschrift. Auf der Deckplatte die lebensgroße Gestalt der Verstorbenen, den Kopf leicht zur Seite neigend, in Flachrelief bis zu 12 cm Höhe; sorgfältigste Ausführung; die glänzende Politur im 19. Jahrhundert erneuert.[76]
Zur Herkunft des Marmorsteines für das Grabmal ist zu sagen, dass Graf Ernst von der Marck als Erbvogt von Franchimont in Theux bei Verviers Steinbrüche mit hochwertigem schwarzen Marmor besaß. Seiner ersten Gemahlin ließ er

76 Ebd., S. 409 – 410.

daraus in Schleiden und seinen Eltern in Niederehe einen Sarkophag errichten.[77] Erwähnenswert ist die ausgesprochen bewegte Vergangenheit des Grabdenkmales. Hütete es im 17. Jahrhundert den Eingang zur Gräflichen Gruft in der Mitte des alten Chores,[78] so befand es sich bis 1846 unter der Kanzel.[79] Von dort ist es aus nicht bekanntem Grund entfernt und zerstückelt worden. 1854 befand es sich auf Initiative des Fürsten von Arenberg hinter dem Hauptaltar. Nach dem Neubau der Kirche 1908/09 wurde es in das südliche Seitenschiff versetzt, wobei die der Kirchenwand zugewandte Längsseite fehlte. Bei der Renovierung und inneren Neugestaltung der Kirche, die im Jahre 1979 abgeschlossen wurde, erhielt das Grabmal seinen heutigen Standort. Nach einer „Baustein"-Initiative von Helmut Poppelreuter im Jahre 1981 wurde die fehlende Seite sowie ein weiteres Teilstück des Denkmales ergänzt.

Alter Standort des Hochgrabes der Katharina von der Marck im rechten Seitenschiff der Kirche.
Sammlung Peter Schreiner

Heutige Ausstattung der Pfarrkirche

Holzkreuz (Bergkiefer) mit Tabernakel im Chorraum, Gesamthöhe 5,70 m aus Hinterstein im Allgäu.[80] Altartisch aus Teilen des Hochaltares von 1910.
Kanzel (siehe ehemalige Ausstattung).
Schmerzhafte Mutter und Teil der Kommunionbank vor der Sakristei.
Abendmahlrelief über der Sakristeitür.
Taufstein (siehe ehemalige Ausstattung) in der früheren rechten Seitenkapelle. In der dortigen Wand ist auch der Tabernakel des letzten Hochaltares eingelassen. Vor dem Bereich der ehemaligen rechten Seitenkapelle ist auch der Beichtstuhl, der aus den beiden alten Beichtstühlen (früher rechtes und linkes Seitenschiff) zusammengesetzt ist.
14 Kreuzwegbilder.
Mutter Gottes mit Traube von 1960 seit 2005 im Eingangsbereich des Kirchturmes.

77 Diesen Hinweis verdanke ich Herrn Dr. Hinsen aus Schleiden.
78 Schug, Peter, (wie Anm. 11), S. 301.
79 Mayschoßer Schulchronik, S. 14.
80 Pfarrarchiv Mayschoß, Nr. B.2.6.

Innenansicht der Kirche. *Foto des Verfassers, 2006*

Ansicht des Marmorsarkophages der Gräfin Katharina von der Marck.
Foto des Verfassers, 2006

Holzbildwerke:

Hl. Nikolaus (?), 1. Hälfte 18. Jahrhundert.
Foto des Verfassers, 2006

Hl. Rochus, 18. Jahrhundert.
Foto des Verfassers, 2006

Hl. Michael
Foto des Verfassers, 2006

Teil der Kommunionbank, im Eingangsbereich des linken Seitenschiffes (siehe ehemalige Ausstattung).
hl. Nikolaus (?), über dem Haupteingang, (siehe ehemalige Ausstattung),

hl. Rochus, Säule rechts vom Altar, (siehe ehemalige Ausstattung),
hl. Michael (die Figur stammt ursprünglich aus dem Heiligenhäuschen am Kirchpfad nach Dernau) über dem südlichen Eingang.
Grabmal der Gräfin Katharina von der Marck (siehe ehemalige Ausstattung).
Weihwasserbecken im Turm (siehe ehemalige Ausstattung).

Die Laacher Kapelle

Das bis 1878 selbständige Dorf Laach hatte, spätestens seit 1625 eine eigene Kapelle.[81] Die erhaltene Glocke der Kapelle aus dem Jahre 1504 lässt aber auch ein höheres Alter zu. Sie hat einen Durchmesser von 50 cm und trägt die Inschrift in gotischer Minuskel AVE GRACIA PLENA, DOMINUS TECUM, ANNO DOMINI MVcIIII, am Mantel ein runder Siegelabdruck im Quadrat, mit Halbfigur der Mutter Gottes (vielleicht vom Kloster Marienthal).[82]
Das alte Gebäude mag zerfallen sein, denn „im Jahre 1697 stiftet hier Anton Breuer, Witwer, eine Kapelle zu Ehren der hh. Joachim und Anna, mit der Verpflichtung einer Wochenmesse, die durch den Pastor von Mayschoß nach Meinung der Eheleute Anton Breuer und der Margaretha Stodden gehalten werden sollte. Ferner war noch eine hl. Messe zu lesen an den Festtagen der hl. Kirchenpatrone. Als Vergütung erhielt der Pastor 10 Taler und 1/3 des Opfers an Joachim- und Annatag. 1791 entstand nun Streit wegen dieser Wochenmesse, da die Kapitalfundation nur 200 Taler betrug und das Stipendium zu klein erschien. Dem Pastor wurde aufgegeben, die Zahl der wirklich gehaltenen Messen zusammen zu stellen; dann soll ihre Zahl reduziert werden. Die ausgeliehenen Kapitalien waren in Händen von säumigen Zahlern; mehrere Jahre hatten sie die Zinsen nicht entrichtet; daher hatte der Pastor die Konsequenz gezogen und die Celebration in Laach unterlassen. Das Hochwasser am 21.7.1804 machte allem Streit ein Ende.“ [83]
Am 21. Juli 1804 zerstörte ein gewaltiges Hochwasser die Kapelle und 17 Häuser von Laach, wobei 14 Menschen ertranken. Die Glocke fand man viel später in den angeschwemmten Erdmassen. Sie hängt heute noch unter dem Dach des Hauses Bölling, eines der wenigen damals verschont gebliebenen Häuser. Bis zum Jahre 1829 blieb der ehemalige Kapellenplatz öde, erst dann überlegte man dort einen Weingarten anzulegen.[84] Für den Bau eines neuen Kellers des Winzervereines auf Bongard wurde 1878 vereinbart, im Notfall auch Steine von der Kapelle in Laach zu nehmen.[85]

---

81 Laacher Kapellenbuch von 1625 – 1753. Verzeichnet bei Krudewig, Übersicht über den Inhalt der kleineren Archive der Rheinprovinz, 1916, S. 96, seinerzeit noch Kath. Pfarramt Mayschoß, heute Bistumsarchiv Trier.

82 Clemen, Paul, (wie Anm. 5), S. 379.

83 Schug, Peter, (wie Anm. 11), S. 301 – 302.

84 Ebd.

85 Vertrag des Winzerverein vom 15.7.1878.

Pfarrhaus und Pfarrarchiv

Eine erste Erwähnung findet ein Pfarrhof in Mayschoß im Jahre 1365.[86] Zu dieser Zeit wird dort ein zuständiger Vikar gewohnt haben. In den folgenden Jahrhunderten muss es, bedingt durch zeitlichen Verfall oder auch kriegerische Plünderungen (1632 durch die Schweden), mehrere Neubauten gegeben haben. Pastor Schop sah sich ebenfalls gezwungen ein neues Pfarrhaus zu bauen, für das er bis 1743 400 Taler aus eigenen Mitteln beisteuerte.[87] Bereits 1789, mit dem Einzug eines neuen Pfarrers, beschloss man erneut, ein neues Pfarrhaus zu bauen. Der Vertrag hierzu wurde am 1.4.1789 zwischen Pastor und Gemeinde geschlossen. Der Grundstein wurde am 19.4.1790 gelegt.[88] In einem Vergleich von 1790 verständigten sich die Vorsteher der Gemeinden Mayschoß und Laach mit Pastor Custodis, zum Bau des neuen Pfarrhauses unter anderem 500 Reichstaler spec. zu zahlen, wovon Mayschoß ¾ und Laach ¼ tragen sollten. Ferner sollten für 150 Reichstaler spec. Fron- und Spanndienste geleistet werden. Höhere Baukosten führten 1791 erneut zu Streitigkeiten zwischen Pastor und Gemeinde.[89] Bei dem Bau handelte es sich um einen zweigeschossigen Bruchsteinbau von fünf Achsen mit Mansardendach.
1822 war das Pfarrhaus in einem guten Zustand. In den beiden Stockwerken gab es zehn Zimmer, eine Küche, drei Mansardenzimmer, wovon eines allerdings *in den rohen Wänden steht* und zwei Speicher. Das ganze Haus war unterkellert. Die Treppe zum Pfarrhaus war in den Jahren 1840 bis 1860 eine bis zum Garten verlängerte Freitreppe.[90] Im Jahre 1860 wird die Ausstattung des Pfarrhauses wie folgt beschrieben:
„Inventarium über das Mobiliar-Vermögen im Pfarrhause zu Mayschohs.

1. Eine Feuerstelle in drei Theile in der Küche.
2. Ein eiserner Viehkessel in der Waschküche.
3. Ein hölzerner Wagenkelter mit Zubehör.
4. Zwei große Traubenbütten.
5. Eine Schüsselbank in der Küche.
6. Ein Stubenofen im Wohnzimmer unten.
7. Ein Stubenofen im Eckzimmer oben nach der Straße.
8. Ein Schweinetrog von Mendiger Stein.
9. Ein Kuhtrog von Mendiger Stein.
10. Ein Kuhtrog von Tuffstein.
11. Die zwei Wandschränke in dem Zimmer neben dem Saale.
12. Ein Feuerherd in der Küche mit 3 Deckeln und Ringen und Rohr.
13. Ein Kochherd, neu, im Küchenzimmer mit Rohr, Gerißkasten, einem Topfe von Eisenblech, 3 Deckeln, Ringe, mit Schüppe und Stocher.

---

86 Frick, Hans, (wie Anm. 6), S. 152.
87 Schug, Peter, (wie Anm. 11), S. 302.
88 Ebd.
89 Schmitz/Klein, (wie Anm. 34), S. 69 – 74.
90 Pfarrarchiv Mayschoß, Nr. B 1.6.

14. Drei Mantelbretter.
15. Die Kette am Brunnen im Garten nebst Schwengel und Drehbalken
Aufgestellt zu Mayschohs den 22. Maerz 1860."[91]

Im Jahre 1902 ist bei der umfassenden Instandsetzung des Pfarrhauses der Fußboden im Saal, welcher sich sehr gesenkt hatte, gehoben und durch eine bis dahin am Eingang zum alten Kirchhof stehende steinerne Säule gestützt worden. 1909 wurde die große Treppe zum Pfarrhaus angelegt.[92] 1922 wurde beschlossen, im Pfarrgarten ein Sommerhäuschen zu errichten.[93] 1964 beschloss der Kirchenvorstand den Einbau einer Ölheizung im Pfarrhaus.[94] 1985 erfolgte eine Renovierung, wobei der Außenputz und die Fenster erneuert wurden. Nach der Neubesetzung der Pfarrei mit Pastor Anhalt wurden 2003 das Dach des Pfarrhauses neu gedeckt und umfangreiche Innenrenovierungsarbeiten vorgenommen.

Ansicht des Pfarrhauses. *Foto des Verfassers, 2006*

91 Ebd., Nr. B.3.1.
92 Ebd., Nr. B 1.6.
93 Ebd., Nr. C.2.
94 Ebd.

Die Ökonomiegebäude

1822 werden die Nebengebäude als reparaturbedürftig bezeichnet. Im gleichen Jahr befand sich neben dem Kelterhaus bereits ein über fünf Meter langer gewölbter Weinkeller. 1847 wurden Instandsetzungsarbeiten an Kelterhaus, Keller und Stall durchgeführt.[95] 1859 bestanden die Wirtschaftsgebäude aus einer Holzremise, einem Kuhstall, einem Schweinestall und einer Toilette, alle unter einem Dach und in gutem Zustand. Zusätzlich gab es noch ein Kelterhaus nebst Heu- und Strohspeicher, ebenfalls in gutem Zustand.[96]

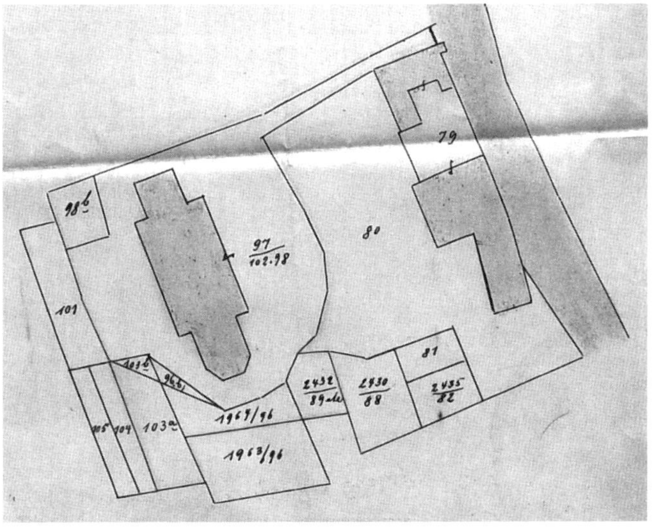

Handzeichnung von Pfarrhaus und Nebengebäuden aus dem Jahre 1904. Die Wirtschaftsgebäude befanden sich direkt an der Kirchgasse. Links ist der Grundriss des alten Kirchengebäudes eingezeichnet.
Pfarrarchiv B.2.1

Pfarrarchiv

Im Jahre 1977 wurde der größte Teil des historischen Bestandes des Mayschoßer Pfarrarchives, anlässlich des Ruhestandes von Pfarrer Schnepp, als Depositum dem Bistumsarchiv Trier übergeben. Einen kleineren Teil behielt Pfarrer Schnepp mit der Absicht, eine Pfarrgeschichte zu schreiben. Dieser Bestand an Akten des 17.–20. Jahrhunderts wurde im Winter 2002/3 neu geordnet und katalogisiert.[97]

Pfarrheim

An der Stelle des baufälligen Pfarrheimes wurde zu Beginn des Jahres 1961 mit dem Neubau eines Jugendheimes begonnen. Es ist für circa 70 Sitzplätze und die hierzu notwendigen WC-Anlagen ausgelegt.[98] Den Neubau erstellten örtliche Facharbeiter mit tatkräftiger Unterstützung der Mayschoßer Jugend, so dass der Rohbau vor dem Herbst unter Dach und Fach war.[99] Gegenwärtig wird das Pfarrheim vielfältig als

95 Ebd.

96 Pfarrarchiv Mayschoß, Nr. 6.3.

97 Ebd., Nr. B 1.7.

98 Pfarrarchiv Mayschoß, Nr. B.3.10.

99 Siehe auch Schulchronik, S. 357–358.

Das Pfarrheim. *Foto des Verfassers, 2006*

Probenraum und Veranstaltungsort für alle kirchlichen Gruppierungen genutzt.

Kloster

Am 7. Dezember 1897 richtete Pastor Lebon ein Schreiben an das General-Vikariat mit der Bitte zur Genehmigung um Errichtung eines Klosters mit *Schwestern die dem Krankendienste sich widmen und eine Kleinkinderbewahrschule und eine Nähschule einrichten.* Hierbei dachte Pastor Lebon an die armen Dienstmägde Christi von Dernbach oder die Franziskanerinnen von Waldbreitbach.
Bereits am 10. Dezember des Jahres wurde von Trier die Genehmigung erteilt mit der Empfehlung, sich an eine Kongragation zu wenden, die bereits eine Niederlassung in der Nähe besitze. Nachdem aus Dernbach mit Schreiben vom 9. Dezember 1897 erst eine Absage gekommen war, erhielt Pastor Lebon am 20. Dezember vom gleichen Kloster eine Zusage.[100]
Am 22. April 1898 erteilte der Minister der geistlichen, Unterrichts- und Medizinal-Angelegenheiten die Genehmigung „daß in Mayschoß, Kreis Ahrweiler, eine neue Niederlassung der Genossenschaft der armen Dienstmägde Christi aus dem Mutterhause Dernbach behufs Ausübung ambulanter Krankenpflege errichtet werde, und der genannten Genossenschaft zugleich widerruflich gestatten, in Verbindung mit dieser Niederlassung die Pflege und Unterweisung von Kindern katholischer Confession, welche sich nicht in schulpflichtigem Alter befinden, in der daselbst neu zu errichtenden Kleinkinder-Bewahrschule sowie die Leitung und Unterweisung in einer Haushaltungsschule für katholische Mädchen in nicht mehr schulpflichtigem Alter als Nebenthätigkeit zu übernehmen."[101]
In einem Schreiben vom 11. Juli 1898 äußerten die Schwestern von Dernbach ihre Wünsche bezüglich der künftigen Baulichkeiten. „In Bezug auf die Räume der Schwestern haben wir nur den besonderen Wunsch, daß dieselben möglichst gesondert von den anderen Räumen des Hauses liegen, daß eine s. g. Klausur hergestellt werde. Für Schlafräume werden je nach Größe 2 bis 3 Räume genügen; ferner wäre ein Eßzimmer und wahrscheinlich ein kleines Arbeitszimmer vorzusehen. Da die Schwestern die täglichen Gebete und das Offizium gemeinsam verrichten, müßte man auch

100 Pfarrarchiv Mayschoß, Nr. B.3.2.
101 Ebd.

an ein Betzimmerchen denken, welches vielleicht besser außer der Klausur liegt, damit die 3 Jungfrauen einzelne Andachtsübungen, etwa dem Rosenkranze etc. anwohnen könnten, ohne die Klausur zu betreten.“ [102]

Am 3. Mai 1899 wurde der zum Bau des Klosters erforderliche Bauerlaubnisschein ausgestellt. In der beiliegenden Baubeschreibung heißt es: „Vorbenanntes Gebäude (...) erhält eine Längsfront von 17,24 m, eine Tiefe von 12,29 m bzw. 18,57m, das Gebäude wird ganz unterkellert, und zwar sind im Souterrain Wirtschafts- und Vorratskeller angeordnet. Im Erdgeschoß sind Empfangs-, Wohn- und Schlafzimmer sowie ein großer Raum für eine Haushaltungsschule vorgesehen. Sämtliche Räume sind direkt von einem geräumigen Flur aus zugängig. Im ersten Obergeschoß befinden sich Fremdenzimmer und Schlafräume, im Dachgeschoß außer vier Kammern der Trockenboden. Im Erdgeschoß und auf der ersten Etage ist je ein Toilettenraum mit Closet angelegt.“ [103]

Ermöglicht wurde der Bau durch die Geschwister Maria, Anna und Gertrud Cossmann, die ihr Vermögen von über 15.000 Mark stifteten. Zusätzlich wurde von Gemeindemitgliedern die Summe von über 6.000 Mark aufgebracht.[104] So konnte am 6. März 1899 der Grundstein zum Neubau hinter der Kirche gelegt werden. Bauunternehmer war der Maurermeister Philipp Meurer aus Mayschoß.[105]

Am 14. September 1900 wurde das neue Kloster dann von drei Schwestern aus dem Orden der Armen Dienstmägde Christi bezogen.[106] Es waren dies Schwester Alice, Schwester Hilarion und Schwester Benitia, die die Stelle als künftige Oberin übernahm.[107]

Das Klostergebäude zu Beginn des 20. Jahrhundert.
Sascha Neuert

102 Ebd.
103 Ebd.
104 Schmitz/Klein, (wie Anm. 34), S. 135.
105 Mayschoßer Schulchronik, S. 54 – 55.
106 Ebd., S. 70.
107 Pfarrarchiv Mayschoß, Schwesternchronik, S. 1.

In einem Bericht über das bisher erreichte schreibt Pastor Lebon rückblickend: „Im Jahre 1897 traten die 3 Schwestern Maria, Anna, u. Gertrudis Coßmann Töchter der verstorbenen Eheleute Wilhelm Josef Coßmann und Anna Maria Bertram, an mich, den Pfarrer Lebon, heran mit dem Antrage, daß sie ihr Gesamt-Vermögen für Gründung eines Frauenklosters schenken wollten unter der Bedingung, daß ihnen in demselben lebenslängliche Unterhaltung gewährt werde, wogegen sie auch dem Kloster zur Verfügung für Arbeitsleistungen sich stellen und für dasselbe auch noch durch Taglohn im Dorfe erwerben wollten.
Pfingst-Montag 1898 machte ich der Pfarrgemeinde den Vorschlag dieses Anerbieten anzunehmen (ohne die betreffenden Personen zu nennen) und sich an dem Werke zu beteiligen durch freiwillige Beiträge. Mit großer Begeisterung ward der Vorschlag aufgenommen, wie dies eine in Circulation gesetzte Subscriptions-Liste darthat. Es konnte nunmehr mit Vertrauen auf das Gelingen ans Werk gegangen werden, eine Baucommission wurde gewählt, bestehend aus dem Kirchenvorstande, dem Vorsitzenden der Gemeindevertretung, dem Ortsvorsteher und noch einem hervorragenden Mitgliede der Gemeinde, die Erlaubnis der Bischöflichen Behörde, sowie des Ministeriums wurde bald ertheilt und die Congregation der „armen Dienstmägde Christi" zu Dernbach erklärten sich bereit, zur Zeit das noch zu erbauende Kloster zu übernehmen. In der Woche nach Ostern 1899 wurde der Bau begonnen und Pfingst-Montag der von dem Baumeister Herrn Architekten Joseph Kroth von Andernach gestiftete Grund- und Eckstein unter großer Beteiligung der Gemeindeglieder und der Geistlichen der Nachbarschaft feierlich gelegt und gesegnet von Herrn Dechanten Jacob Spurzem in Ahrweiler, welcher zum Gegenstande seiner Anrede die Werke der Liebe und Barmherzigkeit nahm welche der hl. Geist in der Kirche wirke mit Hinweis auf das opferwillige Wirken zum Wohle der Gemeinde, welches in dem zu erbauenden Kloster sich entfalten werde."[108]
Bei dem ursprünglichen Bau im Jahre 1900 hatte man bereits eine künftige Erweiterung berücksichtigt. So wurde ein Plan gewählt, der, abgesehen vom Mittelbau, die Fertigstellung zur Hälfte verwirklichte.[109] Im gleichen Jahr begann am 15. Dezember der Unterricht in der Nähschule. Am Unterricht von Schwester Benitia nahmen 20 größere und kleinere Mädchen teil.[110] Im Jahre 1901 konnte die Klosterkapelle durch Schenkungen mit einem Altar und Statuen von Jesus, Maria und Josef ausgestattet werden.[111] Mit einer Ausweitung der Krankenpflegetätigkeit auf die umliegenden Dörfer kam am 6. September Schwester Akra als vierte Schwester nach Mayschoß.[112]
Nach der Versetzung von Schwester Benitia übernahm am 5. April 1904 Schwester Cölina die Leitung des Klosters. Im gleichen Jahr wurde der Vorplatz des Gebäudes mit einem eisernen Gitter umgeben und der Raum zwischen dem Haupthaus und

---

108 Pfarrarchiv Mayschoß, Nr. B.3.2.
109 Mayschoßer Schulchronik, S. 71.
110 Pfarrarchiv Mayschoß, Schwesternchronik, S. 1.
111 Ebd.
112 Ebd.

den Stallungen überdacht.[113] Im Frühjahr 1905 verschönerte man den Vorplatz mit Beeten, einem Laubengang und einer Naturholzlaube. Innerhalb des Hauses erhielt der 1. Stock sowie die Mansarde Anschluss an die Wasserleitung.[114] Nach einigen Wechseln in der Besetzung des Klosters kam am 4. April 1906 als 5. Schwester die Schwester Philoniedes, *welche die Bewahrschule besorgt.*[115] Im Jahre 1910 erhielt die *Bewahrschule* einen neuen Eingang, der auch als Eingang zur Wohnung der Geschwister Coßmann diente.[116] Nachdem Schwester Cölina, die das Haus seit 1904 geleitet hatte, in das Mutterhaus zurückberufen worden war, übernahm Schwester Theodolinda am 26. Mai 1913 die Leitung des Klosters. Seit 1914 verfügte das Kloster über elektrisches Licht und hatte im Jahre 1915 30 Lampen. Im gleichen Jahr weilten 26 Schwestern aus verschiedenen Filialen und dem Mutterhaus in Mayschoß zur Erholung. Ende 1918 hatte das Kloster mehrfach Einquartierung von Soldaten.[117] Nach der Abberufung von Schwester Theodolinda am 4. April 1919, kam am 25. April Schwester Jutta von Mönchengladbach. Sie blieb bis zum 15. Juli 1920 und wurde durch Schwester Roberta am 17. Juli ersetzt. Im Zuge einer Renovierung im Jahre 1923 baute man auch einen neuen Hühner- und Schweinestall. 1925 feierte das Kloster am 14. September sein 25-jähriges Bestehen.[118] Nach Schwester Roberta übernahm vom 9. November 1925 bis zum 23. Juni 1926 Schwester Sedophia

Die Schülerinnen der Nähschule vor dem Kloster um 1910. *Familie Schopp*

113 Ebd., Seite 2.
114 Ebd., Seite 3.
115 Ebd.
116 Ebd., Seite 4.
117 Ebd., Seite 5.
118 Ebd., Seite 6.

von Godesberg die Stelle als Oberin. Ihr folgte bereits am 27. Juni 1926 Schwester Parmena als Oberin.[119] Das Kloster war nach den Visitationsberichten 1921 mit 6 Schwestern, 1926 mit 5, 1931 mit 6 Schwestern besetzt.[120] Seit dem Sommer 1932 übernahmen die Schwestern im Dachgeschoss des Klosters die Pflege von Patienten aus den Anstalten Andernach, Waldbreitbach, Süchteln, Capellen und Kerpen. Im gleichen Jahr erhielt das Kloster den Namen Herz-Jesu Kloster. Nach der Versetzung von Schwester Parmena am 24. März 1933 erhielt das Kloster mit Schwester Alferia am 1. April 1933 eine neue Oberin.[121] Ein Inventar aus dem Jahre 1933 ermöglicht einen Einblick in die damaligen Verhältnisse.

„Herz-Jesu-Kloster Mayschoss a/Ahr. 30 Betten, darunter 9 Eisenbetten, 16 Nachttische, 6 Waschtische, 12 Tische, 8 Kleiderschränke, 5 kleine Schränke, 1 Mangel, 42 Stühle, 1 Sofa, 3 Sessel, 37 Bilder, 12 Oefen, 2 Herde, 1 Bade-Einrichtung, 5 T. Läufer, 4 Nähmaschienen, 3 Wanduhren, Altar, 1 Sakristeischrank, 12 Leuchter, 1 Kelch, 1 Ciborium, 1 Krankenburse, 2 Ständer, 1 Weihrauchfaß, 2 Missale, 4 Bänke, 5 Kaseln, 1 Velum, 3 Stolen, 1 Betstuhl, 1 Handtuchhalter, 1 Lavabo, 6 Statuen, 2 Consolen, 3 gr. Bilder,

Einrichtung des Kindergartens, 4 große Tische, 4 kl. Tische, 40 Stühlchen, 2 Schränke

Mayschoß den 4.4.1933 Meis Pfarrer."[122]

Nachdem die Schwestern auch noch die stationäre Altenpflege übernommen hatten, wurde in den dreißiger Jahren ein Erweiterungsbau notwendig.[123] Der Bauschein zum Erweiterungsbau des Klosters wurde am 13.7.1934 ausgestellt. Nach der Baubeschreibung sollte der Anbau „auf der rechten Seite des bestehenden Klosters errichtet werden. Er wird ganz unterkellert. Im Kellergeschoß sind Waschküche und Vorratskeller angeordnet. Im Erdgeschoß sind Wirtschaftsküche, ein Vorratsraum sowie 2 Schlafzimmer vorgesehen. Im Obergeschoß befinden sich 2 Fremdenzimmer und eine Kapelle mit Sakristei, im Dachgeschoß ausser einem grossen Aufenthaltsraum 3 Kammern."[124] Am 23. März 1935 konnte der Neubau bereits eingesegnet werden.[125] 1937 waren sieben Schwestern im Kloster tätig.[126]

Am 11. August 1938 stellte die damalige Oberin Schwester M. Alferia für das Herz-Jesu-Kloster in Mayschoß folgenden Konzessionsantrag: „Die lt. Antrag zu konzessionierenden Räume sind an der südwestlichen Vorderseite des Klosters gelegen. Sie bieten einen einzigartigen Ausblick über das tiefer liegende gesamte Mayschoß mit seinen ringsum einschliessenden Rebenhängen und Bergen. Die infragekommenden Schlaf-

119 Ebd., Seite 7.
120 Pfarrarchiv Mayschoß, Nr. B.1.7.
121 Auszug aus der Schwesternchronik, Seite 8.
122 Pfarrarchiv Mayschoß, Nr. B.3.5.
123 Schmitz, Sebastian, (wie Anm. 71), S. 10.
124 Pfarrarchiv Mayschoß, Nr. B.3.4.
125 Pfarrarchiv Mayschoß, Schwesternchronik, Seite 9.
126 Schug, Peter, (wie Anm. 11), S. 307.

Bauarbeiten zum Erweiterungsbau des Klosters 1935. *Familie Bertram*

räume sind (...) fortlaufend von 1 – 5 und der Tages- und Essraum mit 6 nummeriert. Die Räume 1 und 6 liegen im Erdgeschoss, 2 – 5 im Obergeschoß alle angrenzend an den Hauptflur in der Nähe der Geschoßtreppe. Beide Geschosse enthalten neuzeitliche W.C. Anlagen mit Waschraum (...) Sämtliche 5 Schlafräume sind als Doppelzimmer vorgesehen und das Esszimmer bietet reichlich Platz für 12-14 Personen."[127]
Nach Ausbruch des 2. Weltkrieges wurden der Kindergarten geschlossen und die Räumlichkeiten von Oktober 1939 bis April 1940 Gebirgsjägern zur Verfügung gestellt.[128] Am 20. April 1940 verstarb Oberin Alferia. Ihre Nachfolgerin wurde am 25. September Schwester Meinhardis.[129] In den Jahren 1941 und 1942 diente das Kloster als Erholungsstätte für Kinder und Klosterschwestern aus anderen Häusern. Ende 1944 erhielt das Kloster Einquartierung von Soldaten.[130] Am 25.11.1947 wurde Schwester Meinhardis nach Buer versetzt. Ihre Stelle als Oberin übernahm Schwester Sixtina von Stromberg. Bis 1948 dauerte es, um alle Schäden am Haus (Fenster und Dach), entstanden durch die in der Umgebung niedergegangenen Bomben, zu beseitigen.[131] Am 26. Juni 1954 wurde Schwester Sixtina ins Mutterhaus gerufen. An ihre Stelle kam am 22. Juli Schwester Rosalda als Oberin.[132]

---

127 Pfarrarchiv Mayschoß, Nr. B.3.5.
128 Pfarrarchiv Mayschoß, Schwesternchronik S. 9.
129 Ebd.
130 Ebd., S. 10.
131 Ebd., S. 14.
132 Ebd., S. 15.

Am 9.8.1955 wurde ein Bauschein zur Errichtung eines Leichenhauses und eines Kokslagers auf dem Gelände der Klosters ausgestellt. Im Jahre 1957 stifteten die Gemeinden Dernau, Rech und Mayschoß ein Auto für die Krankenambulanz (Schwester Goberta).[133] Am 10. März 1960 wurde Schwester Rosalda nach Ablauf ihrer Amtszeit abberufen. An ihre Stelle als Oberin kam am 12. März Schwester Bertwalda von Bad Godesberg-Friesdorf. Im gleichen Jahr wurde das Verbandzimmer an die Pforte verlegt. Zuvor war dieser Raum als Besuchszimmer mit zwei Betten eingerichtet.[134] 1963 wurde die Kapelle renoviert.[135] Im gleichen Jahr erfolgte eine Befestigung des Klosterhofes.[136] Nach Jahrzehnten segensreicher Tätigkeit mussten die Schwestern am 27. September 1965 Mayschoß verlassen, um das Mutterkloster in Dernbach personell zu stärken. Bis zuletzt anwesend waren:
Schwester Oberin Bertwalda, sie kam 1960 nach Mayschoß und feierte hier am 1. Mai 1965 ihr 50-jähriges Ordensjubiläum.
Schwester Goberta, sie betreute seit 17 Jahren die ambulante Krankenpflege.
Schwester Herriburga, sie leitete die Altenpflege.
Schwester Gildasia, sie leitete die Nähschule.
Schwester Ambrosa, sie leitete den Kindergarten.

Der Kindergarten

Bereits im Gründungsjahr des Klosters wurden Kinder unter sechs Jahre wie es damals hieß „in Verwahrung“ genommen. Am 15. Oktober öffnete die sogenannte „Bewahrschule“ mit 40 Kindern unter der Leitung von Schwester Alice.[137] Zweimal am Tag ging die Schwester mit einem Seil bis zum Waag, wobei sich dann auf dem Rückweg bis zum Kindergarten von Haus zu Haus die Kinder an quer zum Seil eingeschobenen Holzstöckchen festhielten.[138] Am 21.2.1957 schrieb der Pfarrer an den Gemeinderat in Mayschoß „da der Kindergarten von einer größeren Zahl von Kindern wie in den vergangenen Jahren besucht wird, reicht der Raum in dem bisher benutzten Saal nicht mehr aus. Wir sehen uns gezwungen, den größeren Saal als Kindergarten einzurichten.“[139] Hierzu wurde der Kindergarten für die nunmehr 75 Kinder in die bisherige Nähschule verlegt.[140] Im Laufe des Jahres 1957 wurden über 11.000 DM investiert. Unter anderem wurden auch 24 neue Kindergartenstühle und 6 Kindergartentische sowie ein Materialschrank angeschafft.[141]

---

133 Ebd., S. 16.
134 Ebd., S. 18.
135 Ebd.
136 Pfarrarchiv Mayschoß, Nr. B.3.6 – 8.
137 Pfarrarchiv Mayschoß, Schwesternchronik, S. 1.
138 Schmitz, Sebastian, (wie Anm. 71), S. 10 – 11.
139 Pfarrarchiv Mayschoß, Nr. B.12.5.
140 Pfarrarchiv Mayschoß, Schwesternchronik, S. 16.
141 Pfarrarchiv Mayschoß, Nr. B.12.5.

Kinder des Mayschoßer Kindergartens mit Schwester Ambrosa 1960er Jahre. *Helene Hess-Katz*

In einem Bericht über die Besichtigung des Kindergartens in Mayschoß am 30.6.1965 wurde unter anderem Folgendes festgehalten: „Die Leiterin der Einrichtung ist Schwester Ambrosa. Zusätzlich ist als Hilfskraft Frau Wagner beschäftigt. Die Belegfähigkeit ist mit 45 Plätzen angegeben. Ein Kind ist unter 3 Jahren. Die Öffnungszeiten sind von 8 Uhr bis 11 Uhr 30 und Nachmittags von 13 bis 16 Uhr. An Räumlichkeiten sind 2 Gruppenräume vorhanden. Ein Zimmer für die Leiterin sowie eine Milchküche fehlen. Die Einrichtung wird von der Kommission als schön und gepflegt bezeichnet. Es sind Trinkbecher und Frühstücksteller vorhanden. Es gibt einen ausreichenden Spielplatz, einen Sandkasten sowie Spielgeräte und Spielzeug. An sanitären Anlagen sind drei Waschbecken, drei Klosette vorhanden, und jedes Kind hat ein Handtuch. Der Erziehungsbeitrag der Eltern beträgt monatlich 10 Mark. Abschließend bemängelt die Kommission das Fehlen einer 2. Hilfskraft und empfiehlt den monatlichen Elternbeitrag auf 12 DM zu erhöhen.“ [142]

Am 27.9.1965 wurden die Schwestern vom Kloster abberufen. Frau Gertrud Weiss wurde am 1.10.1965 als Kindergartenleiterin und Frau Maria Kemen zum gleichen Termin als Helferin im Kindergarten angestellt. Im Jahr 1965 besuchten 30-33 Kinder regelmäßig und 5-10 Kinder gelegentlich den Kindergarten. Nach Anfrage von Pfarrer Thomas bezüglich der Unterhaltungskosten für den Kindergarten konnte ihm Schwester Bertwalda im Okt. 1965 nur ungefähre Zahlen angeben, da der Kindergarten als zum Kloster gehörig unterhalten wurde. Sie gab für Licht und Wasser 20 DM monatlich, für Müllabfuhr sowie für Schornsteinfeger 20 DM jährlich, an Heizkosten 700 DM jährlich an. Unterhaltskosten wie Reinigungsmittel jährlich 100 DM. Reparaturen, Installation und Elektro sowie Möbel jährlich 100 DM. Geschenke an die Kinder zu Ostern, zur Entlassung, zu Martin, Nikolaus und Weihnachten Wert

142 Ebd.

ungefähr 240 DM.[143] 1968 war, neben Frau Weiss als Leiterin, Frau Löhndorf im Kindergarten beschäftigt. Die Beitragssätze der Eltern betrugen pro Woche für das 1. Kind 4,50 DM, für das 2. Kind 3 DM, für das 3. Kind 1,50 DM.[144]

Am 11.8.1974 beschloss der Kirchenvorstand, den alten Kindergarten zu erweitern. Als Gründe wurden angeführt: Der jetzige Kindergarten sei zu klein und entspreche nicht mehr den Richtlinien und Vorschriften des Kindergartengesetzes. Es sollten deshalb Kindergartenplätze für 2 Gruppen geschaffen werden. Die Räume dafür seien vorhanden, bedürften aber eines Umbaus. Auch die Toiletten und Waschräume müssten neu gebaut und neu eingerichtet werden. Der Kindergartenspielplatz um das Kloster müsste vergrößert und besser eingerichtet werden. Die finanziellen Aufwendungen für diese Änderungen wurden auf etwa 150.000 DM geschätzt.[145] Im Herbst 1976 wurde Elisabeth Gottsacker Nachfolgerin von Gertrud Weiß als Leiterin des Kindergartens.[146]

Im Jahre 1979/80 erfolgte, unter Mithilfe der Eltern, ein Um- und Erweiterungsbau im alten Klostergebäude.[147] Umfangreiche Sanierungsmaßnahmen am ehemaligen Kloster mit einer Investitionssumme von 350.000 Euro konnten im Rahmen eines Festaktes am 1. September 2002 abgeschlossen werden. Dieser 3. Bauabschnitt beinhaltete im wesentlichen eine Erneuerung des undichten Dachstuhles mit Instandsetzung der Dachgauben und neuer Schieferabdeckung sowie einer Verfugung des Bruchstein-

Ehemaliges Klostergebäude. *Foto des Verfassers, 2006*

143 Ebd.
144 Ebd.
145 Ebd., Nr. C.2.
146 Ebd.
147 Schmitz, Sebastian, (wie Anm. 71), S. 10–11.

mauerwerkes.[148] Gegenwärtig (Stand 2006) hat der Kindergarten zehn Mitarbeiter, verfügt über 60 Plätze (Art und Umfang der Betreuung – siehe Kapitel Mayschoß in der Gegenwart) und wird seit 1993 von Margret Jonas geleitet.

Friedhof

In alter Zeit bestattete man die Toten direkt um die für sie zuständige Pfarrkirche. Bezeichnend dafür sind die im Volksmund überlieferten Totenwege, über die man die Gestorbenen oft über mehrere Kilometer zu ihrer letzten Ruhestätte brachte. Die Gräber lagen in direkter Nähe des geweihten Gotteshauses, an der Außenwand der Kirche. Eine besondere Auszeichnung, meist vorbehalten dem Adel und der Geistlichkeit, war die Bestattung innerhalb der Kirche. Die Erlaubnis, auch innerhalb des Kirchengebäudes seine letzte Ruhestätte zu finden, geht auf Papst Gregor I . (590-649) zurück, der seine Zustimmung gegeben hatte *verdiente Christen* in der Kirche zu bestatten.[149] So hatte noch 1704 in Mayschoß der Pfarrherr das Recht, im Chor beigesetzt zu werden.[150] Zu der Gruft innerhalb der Kirche siehe Kapitel Vorgängerkirchen. Ebenfalls in der Kirche befand sich mindestens bis in die 60er Jahre des 19. Jahrhunderts die heute südlich vor dem Kirchturm befindliche Grabplatte der im Jahre 1700 verstorbenen Elisabeth Reimbach.[151] Sie war verheiratet mit dem Saffenburger Rentmeister Joh. Aug. Schmidt.

Grabplatte der Elisabeth Reimbach.
Foto des Verfassers, 2006

Der Friedhof lag immer um die Kirche.[152] 1813 wurde *das Beinhaus* sowie das Dach über dem Eingang des Kirchhofes abgerissen.[153] Nachdem der Kirchhof 1835 bereits bedeutend vergrößert worden war, musste 1847 zu dessen Erweiterung erneut ein Grundstück für 40 Taler angekauft werden.[154] 1870 wurde der Kichhof abermals erweitert.[155]

148 Siehe Ortschronik 2002.
149 Prothmann, Ottmar, Kirche und Pfarrei „St. Martin“ Holzweiler, Holzweiler 2000, S. 33.
150 Schug, Peter, (wie Anm. 11), S. 303.
151 Eckertz, Gottfried, (wie Anm. 25), S. 120.
152 Schug, Peter, (wie Anm. 11), S. 303.
153 Schmitz/Klein, (wie Anm. 34), S. 95.
154 Ebd., S. 102.
155 Schug, Peter, (wie Anm. 11), S. 303.

In den vormals rein katholischen Ahrdörfern erforderte der Zuzug evangelischer Christen neue Regelungen für die Friedhöfe. Bis zum Jahre 1860 waren alle Mayschoßer katholisch. „In diesem Jahre aber zog als erster Protestant der Gemeindeförster Leiendecker mit seiner protestantischen Familie hierher. Da aber die Frau schon nach 2 Jahren starb, zog er bald wieder weg, und so war von da an bis zum Eisenbahnbau im Jahre 1885 weder ein Protestant noch ein Jude in Mayschoß ansässig."[156] Am 30. Mai 1892 erhielt die Gemeinde eine amtliche Verfügung aus Koblenz über die Einrichtung eines evangelischen Friedhofes.[157] Gegen die Errichtung erhob der Gemeinderat am 17. Juni Einspruch, der aber am 27. Oktober vom Oberpräsidenten der Rheinprovinz abgewiesen wurde.[158] 1892 wurde der Friedhof auf der rechten Seite um die Hälfte vergrößert und mit Eisengitter verschlossen.[159] Im gleichen Jahr erging ein Gemeinderatsbeschluss „wenn jemand auf dem Begräbnisplatz ein Grab ungeöffnet überschlagen zu haben wünscht, hat er dafür fünfzig Mark in die Gemeindekasse zu bezahlen."[160] Am 16.12.1957 beschloss der Kirchenvorstand „daß der bisherige Kinderfriedhof, welcher Eigentum der Kirchengemeinde ist, auch mit Erwachsenen belegt wird. (...) Die Ordnung wird wie folgt vorgeschlagen: Erste und zweite Reihe an der Straße (Kirchgasse) Priestergräber, dann die Kindergräber und zuletzt die Gräber der Erwachsenen."[161] Im Jahre 1996 erfolgte die Sanierung der Leichenhalle des Friedhofes für 30.000 DM.[162]

Ansicht des Friedhofes. *Foto des Verfassers, 2006*

156 Pfarrarchiv Mayschoß, Nr. B.1.6.
157 Verfügung vom 18.5.1892, Nr. 3389.
158 Mayschoßer Gemeinderaths Protokollbuch 1891 – 1913.
159 Schmitz/Klein, (wie Anm. 34), S. 131.
160 Mayschoßer Gemeinderaths Protokollbuch 1891 – 1913, Eintrag vom 17.9.1892.
161 Pfarrarchiv Mayschoß, Nr. C.2.
162 Schmitz/Klein, (wie Anm. 34), S. 207.

Kreuzwegstationen, Heiligenhäuschen, Bildstöcke und Kreuze[163]

Tankenbachheiligenhäuschen.
Foto des Verfassers, 2006

Altarbild des Tankenbachheiligenhäuschens.
Aufnahme von 1953. *Foto Pfarrarchiv*

Dritte Station der sieben Fußfälle in der Tankenbachshard. Aufnahme von 1953. *Foto Pfarrarchiv*

Hochkreuz auf Boxhard. Aufnahme von 1953.
Foto Pfarrarchiv

---

163 Schmitz, Sebastian, (wie Anm. 71), S. 12–14.

Die sieben Fußfälle in der Tankenbachshard zum Partikelkreuz.

Sie zeugen von einem alten Brauch, der bis in die 1920er Jahre gepflegt wurde. Bei schwerer Erkrankung eines Dorfbewohners gingen Mädchen aus der Nachbarschaft an diesen Stationen vorbei und beteten den sogenannten Fußfall. Der erste Fußfall war die Kapelle am Tankenbach (Mayschoßer Stiftung von 1888). Der zweite bis sechste Fußfall waren die steinernen Bildtafeln mit Kreuzwegmotiven (Gefangennahme, Geißelung, Krönung, Verurteilung, Kreuztragung),[164] geschaffen 1903 und restauriert vom Kirchenchor in den 80er Jahren des 20. Jahrhunderts. Der siebte Fußfall war das Hochkreuz auf Boxhard. Es wurde aus Anlass der Wiederauffindung der Kreuzpartikel der Altenahrer Kirche im Jahre 1728 aufgerichtet.

- Mutter-Anna-Bildstock oberhalb Laach im Laacherberg.
- Bildstock gegenüber der Bahnhofsbrücke.
- Johannes der Täufer-Bildstock auf Bungert, in den 1960er Jahren gestiftet von Hans Groß.
- Hochkreuz am Steinerberg. 1761 aufgerichtet mit Bild des hl. Matthias, gestiftet von Antonius Schriner/Rech, geschaffen von Antonius Haffner von Hanbach.
- Heiligenhäuschen mit Flucht nach Ägypten. Unterhalb des Hochkreuzes am Steinerberg. Darstellung in Tuffsteinrelief von Antonius Haffner, 1761.
- Kreuzweg um die Pfarrkirche. Erbaut um 1910 mit dem Kirchenneubau. Die einzelnen Stationen wurden von Mayschoßer Familien gestiftet.
- Bildstock am Lochmühlerberg. An der Straße oberhalb der Lochmühle gelegen, von 1728 aus Basaltlava.

Mutter-Anna-Bildstock im Laacherberg.
Foto des Verfassers, 2006

Bildstock gegenüber der Bahnhofsbrücke.
Foto des Verfassers, 2006

Johannes der Täufer-Bildstock auf Bungert.
Foto des Verfassers, 2006

164 Pfarrarchiv Mayschoß, Nr. B.2.6.

Hochkreuz am Steinerberg.
Foto des Verfassers, 2006

Heiligenhäuschen „Flucht nach Ägypten“ am Steinerberg. *Foto des Verfassers, 2006*

Station des Kreuzweges um die Pfarrkirche.
Foto des Verfassers, 2006

Bildstock am Lochmühlerberg.
Foto des Verfassers, 2006

Fronleichnamsstationen.

1. Station – Kapelle der Schmerzhaften Mutter an der Fürstlichen Verwaltung.
2. Station – Muttergotteskapelle am Waag.
3. Station – Josephsbildstock am Fuhrweg (heute neuer Straßenaltar).
4. Station – Heiligenhäuschen an der Kirchgasse. Bis 1916 Nikolausheiligenhäuschen. Nach dessen Zerstörung im 1. Weltkrieg bis 1945 Sebastianusheiligenhäuschen bis auch dieses 1945 von Bomben zerstört wurde (heutige Fronleichnamsstation neuer Straßenaltar).

Kapelle der Schmerzhaften Mutter an der Fürstlichen Verwaltung. *Foto des Verfassers, 2006*

Muttergotteskapelle am Waag.
Foto des Verfassers, 2006

Josephsbildstock am Fuhrweg.
Foto des Verfassers, 2006

Alter Kirchpfad (Kirpet) nach Dernau. Antoniusheiligenhäuschen – am Beginn des alten Kirchpfades, aus dem 18. Jahrhundert.[165]

Antoniusheiligenhäuschen im Oberdorf, am Beginn des alten Kirchpfades. *Foto des Verfassers, 2006*

Michaelsheiligenhäuschen – am ehemaligen Kirchpfad unterhalb der Waldgrenze gelegen. Die Michaelsfigur, die heute in der Pfarrkirche ist, befand sich bis vor dem 2.Weltkrieg in diesem Bildstock. Da die Figur durch brennende Kerzen an der unteren Hälfte starke Brandschäden aufwies, wurde sie durch eine Figur des Bildhauers Karl Damian ersetzt. Für die beschädigte Figur errichtete man einen kleinen Bildstock auf dem Dernauer Berg. Im Jahre 1969 erbaute dann eine Gruppe Mayschoßer das heutige Heiligenhäuschen. Nach einer Renovierung der alten Holzfigur im gleichen Jahr durch Erich Knieps, kam diese in die Pfarrkirche und wurde durch eine andere ersetzt, die jedoch kurz danach gestohlen wurde. Das Heiligenhäuschen am Kirchpfad wurde im Jahre 2002 von Mayschoßer Bürgern instandgesetzt.

Michaelsheiligenhäuschen am ehemaligen Kirchpfad nach Dernau. *Foto des Verfassers, 2006*

Bornhofener Kapellchen – Bildstock auf dem Dernauerberg mit der Schmerzhaften Muttergottes.

Südlich des Bornhofener Kapellchen steht auf der Anhöhe die 1969 neuerbaute Michaelskapelle mit einem von Dieter Ernst aus Mayschoß gemalten Bildnis der alten Michaelsfigur.

Unterhalb an der Martinsnück wurde von den Kriegsheimkehrern das „Tempelchen“ früheres Ausschichtstürmchen des Eifelvereins, als neue Michaelskapelle umgestaltet.

Sebastianbildstock oberhalb des Hauses Görres, gestiftet von der Familie Görres im Jahre 2005.

Rochusbildstock in der Mitte des Mönchberges gelegen.

165 Ebd.

Bornhofener Kapellchen auf dem Dernauerberg.
Foto des Verfassers, 2006

Michaelskapelle auf dem Dernauerberg.
Foto des Verfassers, 2006

Sebastianbildstock, oberhalb des Hauses Görres.
Foto des Verfassers, 2006

Rochusbildstock im Mönchberg.
Foto des Verfassers, 2006

Neue Michaelskapelle an der Martinsnück. *Foto des Verfassers, 2006*

Pfarreinkommen

Ein wichtiger Bestandteil des früheren Pfarreinkommes waren die Zehntabgaben aus den Weinbergen. Hierüber gab es mindestens seit 1743 Streit zwischen dem Kloster Marienthal und der Mayschoßer Pfarrei.[166] Am 17.7.1787 kam es in dieser Sache zu einem Vergleich, als im Rahmen einer Begehung der strittigen Distrikte, namentlich Laach , Hinter der Lochmühle, Kalte Herberge, Vor Weinscheid, Auf der Gerst und Ottenhard, Kirpat, Klemerich, Mönchberg, eine neue Aufteilung vorgenommen wurde (Auszüge aus dem Original siehe Anhang Nr. 6). Anwesend waren der Marienthaler Prior Kemling, Pastor Keyser von Mayschoß, Amtmann Eichas, die Schöffen Kolborn, Josten und Gieler sowie der Marienthaler Hofschultheiß Johann Josten.[167]

In einem späteren, jedoch undatierten Verzeichnis[168] der unbeweglichen Güter werden erneut neun Weinzehntdistrikte, vier eigene Weingärten, fünf Teilweingärten, fünf Felder sowie eine Rahmhecke aufgeführt.

Im Jahre 1822 werden an Erträgen 10 Taler aus Weineinnahmen, 31 Taler von den Wiesen und 214 Taler von Kapitalien genannt.[169]

1867 gab es folgende Pfarrländereien: Weinberg 1 Morgen, 49 Ruthen, Acker 7 Morgen, 35 Ruthen, Wiesen 1 Morgen, 51 Ruthen, Wald 19 Morgen, 17 Ruthen. Alle Ländereien waren verpachtet. Das Kapital betrug 6064 Taler.[170]

Das aus dem Kirchenwald gewonnene Holz wurde an den Meistbietenden versteigert.

---

166 Schug, Peter, (wie Anm. 11), S. 305.

167 Pfarrarchiv Mayschoß, Nr. B.14.1.

168 Ebd., Nr. B.6.2., In einem Nachtrag wird der Neubau des Pfarrhauses von 1790 erwähnt.

169 Schug, Peter, (wie Anm. 11), S. 303.

170 Ebd.

So am 19.1.1839 im Mayschoßer Schulhaus.[171] Zum Verkauf kamen Lose aus den Bereichen in Ottenhart, am Schäfers Thal, in der Tankenbachshart, in Stallen. Es handelte sich dabei um *Kopfholz gemischt mit Reiser, Gestrüpp, Knüppelholz.*
Die Verpachtung von Kirchengut wurde in der Mitte des 19. Jahrhunderts nach öffentlicher Bekanntmachung vom Bürgermeister vorgenommen Die Pachtdauer für Weinberge betrug 15 Jahre, für die übrigen Flächen drei, sechs, neun Jahre (siehe Anhang Nr. 8).[172]
Im Jahre 1921 bestand *das für die Kultusbedürfnisse bestimmte Vermögen* der Pfarrei nach Ausweis des Lagerbuches aus folgenden Posten:
Das Grundeigentum setzte sich zusammen aus 6 Weinbergen (insgesamt 29,73 ar), 10 Äckern, 1 Wiese, 1 Weide mit einer Gesamtfläche von 270 ar, 38 m² sowie 4 Parzellen Holzung mit insgesamt 462 ar, 33 m².
Grundzinsen – 1 Acker war an einen Mayschoßer Bürger verpachtet, 8 Äcker, 1 Wiese, 1 Weide und 2 Waldparzellen waren an den Pfarrer (Hilterscheid) verpachtet.
Aktiv Kapitalien – 5.650 Mark waren an 4 Privatpersonen verliehen, 16.400 Mark in Kriegsanleihen, 1.353 Mark bei der Kreissparkasse angelegt. Die Einlage bei der Sparkasse brachte 4%, die restlichen Anlagen 5 % Zinsen. Die Gesamtsumme betrug 23.403 Mark.
Passiv Kapitalien – 7.200 Mark waren für 4% beim Mayschoßer Winzerverein geliehen (1915 – 1944), 9.000 Mark aus dem eigenen Kapitalstock (Pfr. Leinensche Stiftung) ebenfalls zu 4% (1915 – 1944).[173] Die Fläche des kirchlichen Grundbesitzes beträgt im Jahre 1954 10 ha, 78ar, 03 qm.[174]

Pfarrstelleneinkommen

Wie aus der Beschreibung der ehemaligen Wirtschaftsgebäude vor dem Pfarrhaus ersichtlich, betätigte sich der Landpfarrer bis zum 19. Jahrhundert für seinen Unterhalt zusätzlich als Ökonom. Er bewirtschaftete entweder selbst seine Flächen oder verpachtete sie und hielt sich auch Vieh. Nach dem Wegfall der Zehnteinnahmen mit der Besetzung der Rheinlande durch die französischen Truppen und der Beschlagnahme der geistlichen Besitzungen durch den Staat im Jahre 1802 (die Pfarrgüter waren davon allerdings ausgenommen) glich dieser den Einnahmeverlust durch Geldzahlungen aus.[175] Damit ging die Bedeutung der Landwirtschaft im Pfarrstelleneinkommen zurück und der jeweilige Pfarrer konnte es sich erlauben, die vormals selbstbewirtschafteten Agrarflächen zu verpachten. Seine überwiegenden Einkünfte bestritt er nun aus dem Kirchenetat, den Stiftungen und Stolgebühren.

---

171 Pfarrarchiv Mayschoß, Nr. B.14.8.
172 Ebd., Nr. B.14.5.
173 Ebd., Nr. C.3.
174 Ebd., Nr. B.6.3.
175 Prothmann, Ottmar, (wie Anm. 149), S. 199.

Insgesamt zahlte die Pfarrei aus den Kircheneinnahmen im Jahre 1859:

	Thl.	Sgr.	Pf.
An den Pfarrer wegen Anniversarien[176]	109	18	
An den Vikar wegen Abhaltens der Frühmesse	68	13	5
an den Küster Gehalt wegen Stiftung	14	26	8
an den Organisten Gehalt wegen Stiftung	10	6	8
an den Calkanten	4	22	6
an den Chorsänger	4		
an den Kirchenrath	2		

Neben dem Staatsgehalt in Höhe von 109 Talern, 7 Silbergroschen und 3 Pfennigen erhielt der Pfarrer eine Zulage von 69 Taler. Des Weiteren bezog er die Einnahmen der Stolgebühren (Pfarramtsnebenbezüge). Diese setzten sich zusammen aus:

	Th.	Sgr.	Pf.
An Stolgebühren von einer Taufe mit Aussegnen		8	
Von der Beerdigung einer kleinen Leiche		10	
Von der Beerdigung einer großen Leiche mit 2 hl. Messen	2	13	6
Von 3 Ehe-Proklamationen ohne Trauung	1		
mit Trauung	1	15	
mit Trauung und hl. Messe	2	6	
von einem Lese-Anniversarium		8	
von einem Sing-Anniversarium		13	
von einem besonders bestellten Hochamte		20	

Das ergab für 1859 ein Gesamteinkommen des Pfarrers von 321 Thaler 29 Sgr. 4 Pf.[177] Im Jahre 1867 waren es 377 Taler und im Jahre 1884 bereits 600 Taler.[178]

1959[179] bezog der Pfarrer ein Jahresgehalt von insgesamt 1624,27 DM, bestehend aus:

	DM
Ertrag des Wittums (verpachtet)	26,–
Traubenerlös 1958	1009,27
Staatsgehalt	362,–
Frühmesse (Bination)	125,–
Stiftungen (Ämter, Lesemessen)	52,–
Stolgebühren etwa	50,–

176 Jahrgedächtnisse.

177 Pfarrarchiv Mayschoß, Nr. B.6.3.

178 Schug, Peter, (wie Anm. 11), S. 303.

179 Pfarrarchiv Mayschoß, Nr. B.6.3.

Kirchliches Leben
Stiftungen / Gottesdienste

Aus der Vielzahl der Stiftungen sollen hier einige exemplarische Beispiele aufgeführt werden. Als älteste Messstiftung ist für das Jahr 1640 eine Samstagsmesse überliefert, die aber bereits 1738 durch eine Donnerstagsmesse (wurde noch 1889 gehalten) abgelöst wurde.

Im Jahre 1730 kam es anlässlich der Einsegnung der neuerbauten Kirche zu einer Stiftung der Einwohner für eine Frühmesse mit einem Stiftungsvermögen von 1020 Talern. Aus den jährlichen Zinsen in Höhe von 51 Talern und 41 Albus sollte der jeweilige Frühmesser bezahlt werden. Diese Stelle sollte bevorzugt mit Einheimischen besetzt werden. Fand sich allerdings keine geeignete Persönlichkeit, konnte auch ein Auswärtiger genommen werden. Vergeben wurde die Stelle durch den Bürgermeister oder Amtmann und die Gerichtsschöffen. Eine dauernde Besetzung der Stelle ist nicht nachweisbar.[180]

Im Jahre 1743 gab es, neben den üblichen Messen an Jahrgedächtnissen, 29 Ämter (Messen mit Gesang). Für die Stiftung einer wöchentlichen Donnerstagsmesse von den Eheleuten Reiner Ulrich und Anna Maria Giesen werden im Jahre 1751 13 Grundstücke per Testament überschrieben.[181] 1796 wurde eine aloysianische Andacht gestiftet.[182]

1867 sind es 106 fundierte Singämter, 96 Lese (stille Messen ohne Gesang) und 79 Segenmessen.[183]

Nach einem Verzeichnis der alten Messe-Stiftungen der Pfarrkirche Mayschoß von 1889 gab es 76 Stiftungen für Lese/Singmessen überwiegend aus dem 17./18. Jahrhundert.[184]

Die älteste Lesemesse mit namentlich bekanntem Stifter war von Wienand Giesen 1657 mit einem Stiftungskapital von 11 ½ Reichstalern errichtet worden, woraus der Pfarrer 1921 noch 1,50 Mark an Gebühren erhielt. Noch älter war die Stiftung von 25 Lesemessen aus der Zeit vor 1637 mit unbekanntem Stiftungskapital. Eine Lesemesse von Caecilia Steffens aus dem Jahre 1704 war mit einem Weinberg fundiert. Die Einkünfte des Pfarrers aus den Lesemessen betrugen zwischen 1,20 und 1,70 Mark. 24 Lesemessen mit Segen wurden zwischen 1738 und 1855 errichtet. Die Gebühren für den Pfarrer betrugen hier 2,20 bis 2,50 Mark.

Da ausgeliehene Kirchenkapitalien nicht mehr wie früher 5% Zinsen erbrachten, beschloss der Kirchenvorstand im Jahre 1884 das Kapital zur Stiftung eines Amtes auf 160 Mark und zur Stiftung eines Singamtes auf 200 Mark zu erhöhen.[185]

1 Singmesse mit Segen, errichtet von den Geschwistern Gottsacker im Jahre 1896

---

180 Schug, Peter, (wie Anm. 11), S. 306.
181 Pfarrarchiv Mayschoß, Nr. B.10.3.
182 de Lorenzi, (wie Anm. 27), S. 98.
183 Schug, Peter, (wie Anm. 11), S. 306.
184 Pfarrarchiv Mayschoß, Nr. B.10.9.
185 Ebd., Nr. C.2., 31.8.1884.

mit einem Kapital von 300 Mark, erbrachte an Gebühren für den Pfarrer 4,75 und 2,70 für den Organisten. Von 22 Singmessen, die älteste von Johann von Saffenburg und Ehefrau 1674 für 78 Reichstaler errichtet, erhielt der Pfarrer 1,30 Mark. Darunter befand sich auch eine Messe für die Sebastianus- und Matthiasbruderschaft.
Alle diese aufgeführten Messstiftungen (Hochämter und Lesemessen) wurden im Jahre 1931 auf ein Amt und drei Lesemessen bei der Pfarrkirche und auf zwei Lesemessen bei der Frühmesse pro Jahr reduziert.[186] 1946 bestanden insgesamt 18 Messstiftungen, 1948 waren es noch 6 Stiftungen.

Caritas[187]

Beispiele der Armenfürsorge vom 16. bis 20. Jahrhundert
Erste Nachrichten über die Armenfürsorge in Mayschoß erhalten wir aus einem Buch mit dem Titel „Bruderschaft von der Todesangst Christi, der schmerzhaften Mutter Maria und dem heiligen Sebastian und Register der Armen Renten 1604.“[188] Darin war festgelegt, dass die Abgabe des Spendbrotes[189] an die Armen des Dorfes jährlich an drei festgelegten Terminen erfolgen sollte. Dies waren der Kirmestag am Sonntag nach dem 11. November, Osterabend und der sogenannte *speer Cronentag*, der übernächste Freitag nach Ostern. Bei dem Spendbrot handelte es sich um eine Stiftung in Form von Broten zur Unterstützung der Armen. War diese Stiftung einmal errichtet, wurde sie im Register eingetragen und lag dann wie eine Grundschuld auf einer zur Sicherheit benannten Parzelle. Bei Verkauf oder Vererbung des Grundstücks ging sie auf den neuen Besitzer über. Verwaltet wurden diese Stiftungen im Armenbuch.[190] Dieses Register wurde am 3. Januar 1681 „renoviert“, das heißt es handelt sich um eine aktualisierte Fassung eines älteren Verzeichnisses. Eine weitere Aktualisierung erfolgte im Jahr 1732 durch den damaligen Pastor Wilhelm Schop. Im gleichen Jahr beliefen sich die Einnahmen auf insgesamt 76 Brote.
Die Ursprünge dieser Armenstiftungen reichen in Mayschoß in das 16. Jahrhundert zurück, so auch die älteste datierte Stiftung vom 4. November 1591. In ihr vermachten die Familien des Merten Schmitt und seines Sohnes aus Scheuren den Armen von Mayschoß 30 gemeine Thaler. Der Zinsertrag dieses Kapitales sollte an Osterabend in Form von Brot oder Geld den Armenmeistern zum Verteilen zur Verfügung gestellt werden. Neben dem Spendbrot verwaltete der Armenmeister die Zinseinkünfte (*Pensionen*) des Stiftungskapitales der Armenkasse. Wer eine Summe auslieh, musste dafür Grund- oder Hausbesitz als Sicherheit stellen. Das Geld blieb oft über mehrere Jahre ausgeliehen, der Zinssatz betrug 5 %.

186 Ebd., Nr. C.3.
187 entnommen aus: Schmitz, Sebastian, Caritas in Mayschoß 2003.
188 Bistumsarchiv Trier, Abtl. 71, 152 Nr. 58. Besagtes Buch enthält keine Eintragungen über die Bruderschaft, sondern nur die Register der Armenrenten von 1604 bis circa 1650.
189 Ursprünglich „Spinbrod“ steht Spendbrot wohl für gespendetes Brot.
190 Gemeindearchiv Mayschoß.

Einen detaillierten Einblick in die Armenfürsorge erhalten wir durch die Rechnungen des Armenfonds.[191] Einmal jährlich zu Martini legte der Armenmeister im Beisein des Pfarrers und mehrerer Sendschöffen Rechnung über die vergangenen 12 Monate ab. Die Aufgabe der damaligen Armenverwaltung bestand darin, das Vermögen aus Stiftungen, Testamenten und Schenkungen in Form von Brotspenden, Geldern oder Weinbergen zu verwalten und aus den Erträgen Leistungen für die Armen zu erbringen.
Bei der Einnahmenseite jeder Jahresrechnung wurde zuerst das Guthaben aus dem Vorjahr verbucht, dann folgten Rückzahlungen geliehener Gelder, Zinszahlungen, Schenkungen, Zuwendungen aus Testamenten sowie Erlöse aus verkauftem Wein.
Auf der Ausgabenseite waren es ausgeliehene Gelder, aber auch nicht unerhebliche Betriebskosten. Den Erträgen vom Armenwein standen Kosten für Fassbinden, Eichen, Transport, Fässerkauf und Abstechen des Weines gegenüber. Weiter entstanden an festen Kosten unter anderem die Entlohnung des Armenmeisters, des Knechtes sowie Unkosten bei der Besichtigung der Armenweingärten. Ein weiterer Ausgabenposten war das Schulgeld für die Kinder der Dorfarmen. Diese wurden nach Abschluss der Schule auch in der Ausbildung eines Handwerks durch Zahlung eines Lehrgeldes finanziell unterstützt.
Größter jährlicher Kostenfaktor bei den Sachleistungen war das Brot. Je nach der Bedürftigkeit der Armen schwankte die Zahl der Ausgabetermine von zum Beispiel drei Terminen im Jahr 1727/28 bis 12 Ausgaben 1759, wo 11 Malter Korn verbacken wurden. Dazu musste je nach Marktlage Korn auf der Grafschaft gekauft und an Backlohn je Malter 24 Albus entrichtet werden. Erkrankte einer der Ortsarmen, war es üblich, ihm ein Quantum Wein zukommen zu lassen. Ebenso unterstützte man die Armen in Notfällen mit kleinen Geldbeträgen und medizinischer Betreuung. Im Sterbefall übernahm die Armenkasse die Unkosten für den Sarg sowie die Bestattung. Eine häufige Unterstützung bestand in Schuhwerk, Tuch für Bekleidung sowie den jeweiligen Macherlohn für den Schneider.
Im Jahre 1805 wurden nach einem Verzeichnis aus der Armenkasse folgende Leistungen erbracht: *Die Todtenladen für Arme Unvermögende, die Begräbnis und die Exequien für selbe.* Das Schulgeld, nötige Bücher und Schreibmaterialien der Armenkinder, Unkosten bei der Besichtigung der Weingärten, für das Einsammeln des Brotes und der Trauben. Im gleichen Verzeichnis wurde die Lage der Armenweingärten mit „Auf der Trappen, vor Weinscheid und am Durst“ angegeben. Die Broteinnahmen betrugen circa 85 Brote.[192]
Nach dem Ende der französischen Besatzungszeit im Jahre 1815 wurden die Strukturen der französischen Armenverwaltung (Vereinigung aller Armenstiftungen eines Kantons in einem Wohltätigkeitsbüro in Ahrweiler) im Jahre 1817 aufgehoben. Infolgedessen wurde auf jeder Bürgermeisterei eine Kommission aus fünf Personen ernannt. Diese hatte auch die Aufgabe, über die Verteilung neuer Stiftungen zu wachen. So vermachte der Winzer Peter Joseph Kreps von Mayschoß im Jahre 1834 den größten

191 Pfarrarchiv Mayschoß, B. 12.1, Rechnungen über den Armenfond 1727 – 1758.
192 Pfarrarchiv Mayschoß, Nr. B.12.2.

Teil seines Vermögens den Armen von Mayschoß und Dernau. Hierzu wurde für die *Krepsische Armenstiftung* 33 Morgen Weinberg, Ackerland, Holzung und Wiese öffentlich an den Meistbietenden versteigert. Im Jahre 1882 betrug das aus der Stiftung hinterlassene Vermögen 8401 Mark, wobei im Folgejahr die Armen von Dernau 210 Mark und die Armen von Mayschoß 180 Mark aus dem Zinsertrag erhielten. Weitere namhafte Stiftungen kamen von zwei ehemaligen Pfarrern. Zum einem war es die *Pfarrer Leinen`sche Stiftung* von 1912.[193] Aus ihr erhielt unter anderem die Pfarrkirche von Mayschoß ein Kapital von 1000 Mark als Krankenunterstützungsstiftung, um mit den jährlichen Zinsen arme Kranke zu unterstützen. Eine weitere Stiftung errichtete Dechant Peter Naekel aus dem ihm zugefallenen Erbe des Pfarrers Josef Naekel. Sie hieß *Pfarrer Josef Naekel`sche Stiftung.*[194] Ihr Zweck war *in Notfällen würdige Arme der kath. Pfarrgemeinde durch Geldbeträge zu unterstützen.* Der Wert der Stiftung betrug etwa 15.000 Reichsmark. Zur Unterbringung mittelloser Dorfarmer befand sich bis zur Jahrhundertwende 19./20. Jahrhundert ein als Armenhaus[195] bezeichnetes Wohnhaus mit Hofraum und Stall im Besitz der Zivilgemeinde. Es handelte sich um das Haus Nr. 70 *an der Leyen* mit einer Grundfläche von 83 m².
Während im 20. Jahrhundert der Staat es sich zur Aufgabe gemacht hatte, mit einem Sozialsystem menschliche Notlagen zu lindern, gab es im Dorf weiter kirchliche Unterstützungen für Notleidende. Für die Zeit von 1934 bis 1969 wurden diese Unterstützungen in einem Caritasheft von dem jeweiligen Pfarrer dokumentiert. Die jährlichen Einnahmen im Erfassungszeitraum schwankten von 110,11 Mark im Jahre 1934 bis 3217,21 Mark für das Jahr 1946. Sie setzten sich zusammen aus Straßen- und Haussammlungen, Geldern aus dem Opferstock sowie der Caritaskollekte. Hinzu kamen größere Einzelspenden unter anderen vom Theaterverein. In den 60er Jahren des 20. Jahrhunderts erbrachten die Haussammlungen mit über 500 DM über 50% der Einnahmen der jeweiligen Jahre ein.[196]
Bei den Ausgaben zeigt sich das vielfältige Gesicht der Not. Diese versuchte man mit kleinen Gaben zum Beispiel 1935 2 Mark für Brot, 5 Mark für Kinderkleidung, für den Metzger oder 5 Zentner Brikett zu mildern. Hinter dem jeweiligen Empfänger stehen auf der Ausgabenseite des Heftes Zusätze wie *Krank, für kleine Kinder, Todesfall ihres Mannes.* Zum Ende des 2. Weltkrieges waren es Unterstützungen wegen *Bombenschaden, Fliegergesch., Kriegsbesch.* 1949 waren es Gaben *an Flüchtlinge.* In den 50er Jahren des 20. Jahrhunderts kaufte man in den örtlichen Metzgereien Wieland und Damian Wurst und bei Jäckle Mehl *für Weihnachtspakete.* 1953 waren es unter anderem Ausgaben für Caritaspakete *in die Ostzone.* 1961 verzeichnete der Pfarrer zum Beispiel 82,70 DM *für alte Leute Feierstunde* und Beihilfen zur *Kindererholung.* Bis zum Ende der 60er Jahre waren es jährlich zwischen 13 – 16 Beihilfen, die gewährt wurden.

---

193 Ebd., Nr. B.10.7.

194 Ebd., Nr. B.5.4.

195 Gemeindearchiv Mayschoß, Lagerbuch.

196 Pfarrarchiv Mayschoß, Bestand B.12.3.

Bruderschaften
Sebastianus-Bruderschaft oder Herren Schützenbruderschaft

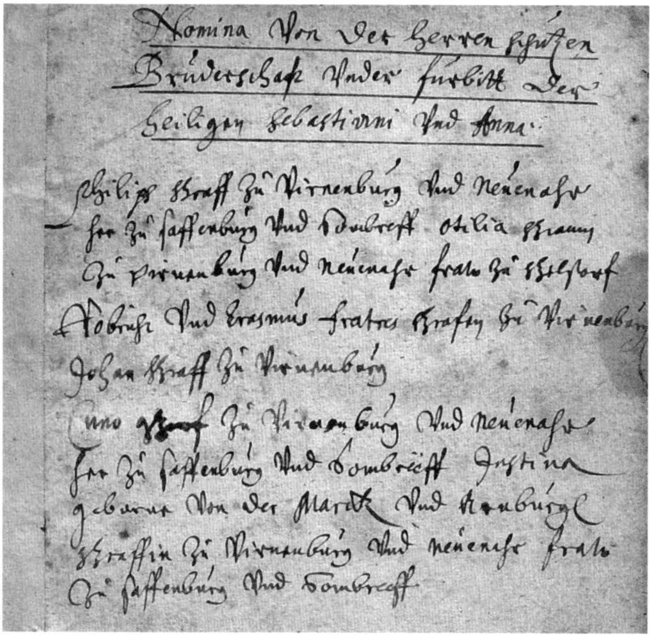
Nomina Von der herren schutzen
Bruderschafft Under furbitt der
heiligen Sebastiani Und Anna.

Namenverzeichnis der Sebastianus- oder Herren Schützenbruderschaft. *Pfarrarchiv B.11.1*

Durch das Namenverzeichnis der Mitglieder der Bruderschaft, in dem unter anderen sieben Angehörige des Virneburger Grafenhauses erwähnt sind, kann das Alter der Sebastianusbruderschaft in die Zeit 1528 bis 1536 gelegt werden.[197] Damit fällt die Gründung der Bruderschaft in die Schlussphase der Virneburger auf der Saffenburg, bevor das Geschlecht 1545 mit dem kinderlosen Grafen Kuno ausstarb. Die Bezeichnung Herren Schützenbruderschaft legt die Vermutung nahe, dass neben der Adelsfamilie auch die 1639 erwähnten Herrenschützen Mitglieder der Bruderschaft waren. Die Bruderschaft stand unter der Fürbitte der hl. Anna, und die Herrenschützen hatten das Recht auf St. Annatag zu fischen.[198]

Neben den jeweiligen Burgherren und den Herrenschützen werden im 17. Jahrhundert unter anderen Pastor Sengersdorf, der Lehrer Jakob Leyendecker aus Rech sowie der Vogt Bruck und seine Frau genannt. Im Jahre 1692 liehen sich die Eheleute Steffens von Laach 15 Reichstaler aus dem Vermögen der Bruderschaft. Davon stammten 8 Reichstaler aus dem Herbst und sieben von neu eingetretenen Mitgliedern. Die Leitung der Bruderschaft oblag dem Pastor, einem Brudermeister und dem Bruderknecht als Vorstandsmitglieder.[199] Im Jahre 1705 wurden unter dem Pastor Jacob Becker die alten Register aus dem Jahr 1664 im Beisein des Brudermeisters Weinant Ulrich und vier weiterer Bruderschaftsmitglieder erneuert. Im Jahre 1775 gab es Streitigkeiten zwischen Pastor Hartmann und der Bruderschaft, die durch den Brudermeister Matthias Ley vertreten war. Im gleichen Jahr gab Amtmann Schleicher dem Landboten Johan Weingard ein Schreiben für die Brüdermeister in

197 Am 4.2.1528 werden Graf Philipp von Virneburg und seine künftige Gattin Ottilie in einer Urkunde genannt (Renger/Mötsch, wie Anm. 4, Nr.1075). Im Jahre 1536 wird Ottilie in einer anderen Urkunde bereits als Witwe erwähnt (Frick Hans, wie Anm. 6, Nr. 1050).

198 Stramberg, Christian von, Rheinischer Antiquarius, Abtl.III, Band 10, Koblenz 1864, S. 160ff.

199 Schug, Peter, (wie Anm. 11), S. 305/306.

Dernau und Mayschoß, worin er „Die schäntliche aufführung welche voriges jahr Von einigen Sebastians Brüder im Kloster Mariendahl auf pfingstmontag geführt, und darin Bestanden, daß man daselbst nicht alß gesittete Nachbahren, sondern alß rotte ausgelaßener und Zügelloßer leuthe gleichfalß mit gewalt das Getränke verpraßet, und dießer gestalt darin Übernohmen daß einem Viehe gleich gleiche gebardet und betragen gefolget seyen," beklagte.

Unter dem Brudermeister Matthias Ley aus Laach mußten im Jahre 1782 die Register der Bruderschaft abermals erneuert werden. An Bodenbesitz besaß die Bruderschaft einen Wein- und Hausgarten an der Silbergasse sowie ein Feld an Ottenhart.[200]

Bruderschaft der Jungfrau Maria

Die zweitälteste Vereinigung ist die Bruderschaft B. virginis Maria aus dem Jahre 1637.[201] Von ihr blieb die Kopie eines auf der Saffenburg gefundenen Registers betreffend die Bruderschaft B. virginis Maria in Meyschoß aus dem Jahre 1637 erhalten. Unter anderem werden in dem Register folgende Mitglieder genannt: Graf Ernst von der Marck, seine erste Frau Sibilla von Hohenzollern, seine zweite Frau Anna Margaretha von Manderscheid sowie seine dritte Frau Katharina von der Marck. Ebenfalls aufgeführt ist Graf Johann Friedrich, der Sohn aus der ersten Ehe. Margareta Krummels von Nechtersheim, Meisterin des Klosters Marienthal, der Amtmann Johann von Saffenburg, der Mayschoßer Glöckner Thomas Bertram, die Laacher Schöffen Johann Steffens und Jakob Nietges, der Mayschoßer Faßbinder Clemens Gies, Anton im Berlich, der Mayschoßer Glöckner Herman Bertram, Winandt Lehnartz an der Glocke in Laach sowie die Sendschöffen Hermann Dropges, Thomas Ley im Mönchshof und Johannes Nietges aus Laach.

Christenlehrbruderschaft

Die Bruderschaft wurde am 15.4.1650 von den Jesuiten unter dem Namen Jesu und Maria gegründet. Ihre Ziele bestanden im katholischen Unterricht sowie in der Festigung ihrer Mitglieder in den katholischen Glaubenssätzen. Der Vorstand der Bruderschaft bestand aus: Lehrer (Pastor), Präfekt, 2 Assistenten, 8 Konsultoren, Sekretär, Schatzmeister, Ordens- oder Zuchtmeister, 3 Vorsänger. Kurz nach der Gründung erhielt die Bruderschaft 1652 ein Feld in Bongard und 1654 ein Weingarten geschenkt.[202]

---

200 Pfarrarchiv Mayschoß, Nr. B.11.1.

201 Ebd., Nr. B.11.2.

202 Schug, Peter, (wie Anm. 11), S. 305. Bezüglich des Gründungsdatums der Bruderschaft gibt Eckertz (wie Anm. 25) abweichend zu Schug das Jahr 1651 an.

Nach einer Jesuitenvisitation im Jahre 1687 wurden zwei jährliche Versammlungstage, am Dreifaltigkeitssonntag (Sonntag nach Pfingsten) und am 6. Dezember, dem Tag des Kirchenpatrones Nikolaus, eingeführt. An diesen Tagen fand auch eine Sakramentprozession bis an die Station *zu Portzen* auf Bungert statt. An jedem ersten Sonntag im Monat ging eine Prozession um die Kirche. Am Folgetag nach den Prozessionen wurde eine Singmesse für die verstorbenen Mitglieder der Bruderschaft gefeiert.[203] Im Jahre 1743 wurde jeden ersten Sonntag im Monat eine Andacht mit Opfergang gehalten. Aus dem Erlös bezahlte man für den kommenden Montag die Messe für die verstorbenen Mitglieder, und das übrige Geld wurde für Paramenten- und Wachsbeschaffung verwendet.[204] Das Bruderschaftsbuch verzeichnet die Namen der Mitglieder von 1650 bis zum Jahre 1836. Unter anderen werden genannt der Saffenburger Amtmann Johann von Saffenburg und seine Frau Irmgart Felicitas sowie der Saffenburger Rentmeister Johan Augustin Schmidt und seine Frau Maria Elisabeth Reimbach. Im Jahre 1865 bestand die Bruderschaft nicht mehr.[205]

Matthiasbruderschaft

Nach der Übertragung einer Reliquie des hl. Matthias am 9.1.1644 vom Kloster Marienthal zur Mayschoßer Pfarrkirche erfolgte im Jahre 1698 die Errichtung einer gleichnamigen Bruderschaft.[206] Zu Beginn des 19. Jahrhunderts, zu Zeiten des Pastor Müller (1812 – 1819), wurden für die Bruderschaft noch einige Messen gesungen.[207] Im Jahre 1869 wird die Bruderschaft noch in der Dorfchronik erwähnt.[208]

Bruderschaft vom hl. Herzen Maria

Von dieser Bruderschaft ist das Einführungsjahr 1846 bekannt.[209] Später wird sie noch im Jahre 1869 als *Bruderschaft zum h. Herzen Maria zur Bekehrung der Sünder* in der Dorfchronik erwähnt.[210]

---

203 Eckertz, Gottfried, (wie Anm. 25), S. 104.
204 Schug, Peter, (wie Anm. 11), S. 305.
205 Eckertz, Gottfried, (wie Anm. 25), S. 120.
206 Schug, Peter, (wie Anm. 11), S. 306.
207 Eckertz, Gottfried, (wie Anm. 25), S. 120.
208 Schmitz/Klein, (wie Anm. 34), S. 113.
209 Eckertz, Gottfried, (wie Anm. 25), S. 120.
210 Schmitz/Klein, (wie Anm. 34), S. 113.

Weitere religiöse Vereinigungen

Missionsbruderschaft
Wird für das Jahr 1869 in der Dorfchronik genannt und diente zur Unterstützung auswärtiger Missionen. Als Gründer wird Joh. Lösch erwähnt.

Bonifaciusverein
Im Jahr 1869 in der Dorfchronik erwähnt. Er hatte die Unterstützung von Katholiken in protestantischen Gegenden zum Ziel. Er wird noch 1966 erwähnt, hatte etwa 40 Mitglieder. Leiter war der Pfarrer.

Borromäusverein
Wird 1869 in der Dorfchronik als bestehend erwähnt und diente *zur Verbreitung guter Bücher*. Stifter des Vereines war Joh. Lösch. Die Mitgliederzahl stieg von 26 im Jahre 1921 auf 109 im Jahre 1956. Sein Buchbestand umfasste 667 Bände, wovon 49 im Jahre 1955 neu beschafft wurden. Die Bücherei wurde von der ehemaligen Lehrerin Fr. Marg. Marx betreut. Nach der Auflösung des Klosters in Mayschoß im Jahre 1965 wurde im Erdgeschoss ein Raum als Pfarrbücherei eingerichtet. Im Jahre 1966 war der Buchbestand auf ca. 800 Bände gestiegen. Der Verein hatte etwa 100 Mitglieder.

Neger-Verein
Der Negerverein wird 1869 in der Dorfchronik als bestehend erwähnt und hatte den *Loskauf armer Negerkinder* zum Ziel.

Marianische Frauen-Congregation
Im Jahre 1912 wurde die Marianische Frauen-Congregation errichtet.[211] Hierzu schrieb Pfarrer Leinen: „Es haben sich gegen 60 Frauen aus hiesiger Pfarrei zur Gründung einer Marianischen Congregation in der hiesigen Pfarrkirche gemeldet. Dieselbe soll den Titel: „Maria von der immerwährenden Hülfe" haben und unter dem Schutze der hl. Mutter Anna stehen. Deshalb sollen auch die entsprechenden beiden Festtage, 27. Mai und 26. Juli bzw. die danach folgenden beiden Sonntage in besonderer Weise jährlich feierlich begangen werden. Die Organisation dieser Congregation soll so gestaltet sein, daß letztere unter der Leitung des jeweiligen Pfarrers von Mayschoss steht und ein Vorstand gewählt wird, der aus einer Präfektin und 2 Assistentinnen besteht. Als Statuten der Congregation mögen folgende Bestimmungen gelten:

1. Mitglieder können alle Frauen der Pfarrei werden, die ein wahrhaft christliches Leben führen wollen.
2. a) Die Mitglieder sollen versprechen, täglich morgens das Gebet „Sei gegrüßt, o Königin" nebst der guten Meinung und abends „Unter deinem Schutz und

211 Pfarrarchiv Mayschoß, Nr. B.11.5.

Schirm" nebst Reue und Vorsatz zu beten.

b) jeden Monat oder längstens alle 2 Monate zu den hl. Sakramenten zu gehen;

c) den von Zeit zu Zeit mit Gebet und Vortrag stattfindenden Versammlungen möglichst regelmäßig beizuwohnen;

d) an den gemeinschaftlichen Kommunionen, die wenigstens zweimal jährlich, am Sonntag nach dem 24. Mai und dem 26. Juni stattfinden, sich möglichst zu beteiligen;

e) bei dem Tode eines Mitgliedes 3 Vater Unser für dessen Seelenruhe zu beten."

Nach den Visitationsberichten von 1921 – 1966 gab es in diesem Zeitraum folgende Vereine:
Verein der hl. Familie, Kindheit-Jesu-Verein, Bonifatiusverein, Borromäusverein, Caritasverein, Franziskus-Xaverius-Missionsverein, Volksverein für das kath. Deutschland, Kirchenchor, Euchariuswerk, Verein der hl. Familie, Jünglingverein, Mütterverein, Jungfrauenverein.[212]
1961 gab es für die Weltmission das Päpstliche Werk der Glaubensverbreitung, das Päpstliche Werk der heiligen Kindheit und Christi Reich.

Volksmissionen, religiöse Betätigung

18. und 19. Jahrhundert
Zum Zweck der religiösen Erneuerung und Stärkung des christlichen Lebens wurden im 18. Jahrhundert bevorzugt von Jesuiten sogenannte Volksmissionen gehalten.[213] In Mayschoß wurden in den Jahren 1731, 1735, 1740, 1749, 1754 und 1763 von Jesuiten betreute Missionen durchgeführt. So heißt es dann in einer späteren Beurteilung der Verhältnisse: „ Daher war der Pastor 1743 mit seiner Herde zufrieden und berichtete, daß alle zur Kirche gingen und ihre Ostern hielten, daß die Christenlehre gut besucht würde und ihm zeitig die Kranken gemeldet würden. Dem Einfluß der Söhne des hl. Ignatius wird auch die hohe Verehrung des hl Aloisius zuzuschreiben sein, dessen Reliquien mit einer Authentik vom 1.6.1749 heute noch vorhanden sind. Die sogenannten sechs aloisianischen Sonntage mit besonderer Nachmittagsandacht und Segen wurden 1796 dem Pastor gestattet; die Eheleute Jakob Kaspar Ley machten eigens eine Stiftung (1804) von 100 Talern zur Aufrechterhaltung dieser Sonntage. Fräulein Maria Anna von Gruben in Gelsdorf vermittelte 1807 dem Pastor die Reliquien der heiligen Aloisius und Stanislaus Kostka. Das erfreuliche Bild religiösen Eifers ist 1867 getrübt: wohl ist der Kirchenbesuch gut, in der Advents-, Fastenzeit und in der Oktav von Fronleichnam Rosenkranz, sechsmalige Generalkommunion der Jugendlichen jährlich; aber einige gehen auswärts zur hl. Messe, nur selten zur

212 Ebd., Nr. B.1.7.

213 Prothmann, Ottmar, (wie Anm. 149), S. 51.

hl. Kommunion, einige sind sogar ungläubig. Durch die 48er Jahre und erst recht durch den Kulturkampf war viel Gleichgültigkeit hier eingezogen, gänzliche Entfremdung bei 2–3 Männern, die eine Mission 1884 sehr notwendig machten. Die nächste folgte 1894, mit der der Pastor sehr zufrieden war. Doch 4 Männer schlossen sich den frommen Übungen nicht an.“ [214]

20. Jahrhundert
1913 vom 24. Mai bis 2. Juni Mission von zwei Pallottinerpatres aus Limburg.[215]
1934 vom 2. Dezember bis 9. Dezember Mission von zwei Franziskanerpatres.[216]
1950 vom 22. November bis 10. Dezember Mission von zwei Redemptoristenpatres.[217]
1952 vom 21. März bis 27. März Mission von zwei Redemptoristenpatres.[218]

Prozessionen

Rochusprozession
Seit den Zeiten der Pest im Jahre 1636 wurde am Fest des hl. Rochus eine Sakramentsprozession gehalten. Im Jahre 1787 erteilte Papst Pius VI. allen, „die nach

Vollkommener Ablaß,
am nächsten Sonntag nach dem Fest des
Heiligen Beichtigers Rochus
in der Pfarrkirche zu Meyschoß.
PIUS PAPA VI.

Ad perpetuam rei memoriam. Ad augendam fidelium religionem, & animarum salutem cœlestibus Ecclesiæ Thesauris pia charitate intenti, omnibus, & singulis utriusque sexus Christi fidelibus vere pœnitentibus, & confessis, ac sacra Communione refectis, qui Ecclesiam Parochialem loci Meyschoss coloniensis Diœcesis die festo S. ROCHI, si cadat in Dominicam, sin minus Dominica immediate sequenti a primis Vesperis, usque ad occasum Solis Dominicæ hujusmodi singulis annis devote visitaverint, & ibi pro christianorum Principum concordia, hæresum extirpatione, ac S. Matris Ecclesiæ exaltatione pias ad DEUM preces effuderint, Plenariam omnium peccatorum suorum indulgentiam, & remissionem misericorditer in Domino concedimus. In contrarium facientibus non obstantibus quibuscunque. Præsentibus perpetuis futuris temporibus valituris. Datum Romæ apud S. Petrum sub Annulo Piscatoris die XXII Junii MDCCLXXXVII. Pontificatus nostri anno decimo tertio.

Supradictas indulgentias perpetuas vidimus, & ad normam ordinationis de 4ta 8bris 1742. publicari permittimus. Sig. Coloniæ 12 Junii 1787.

R. CARD. BRASCHIUS DE HONESTIS.

Joh. Philipp de Horn-Goldschmit. Vic. Gen.

M. J. Leinen, Protonot. in spiritualibus.

Nächstkünftigen Sonntag, welcher ist der Tag des Monates Augusti wird in der Pfarrkirche zu Meyschoß feyerlich gehalten werden das Fest des heil. Beichtigers Rochus, eines sonderbaren Patronen wider Pest, und schädliche Seuchen; an welchem Tage Ihro Päbstliche Heiligkeit allen, und jeden beyderley Geschlechtes Kristglaubigen, welche nach vorheriger reumüthiger Beicht, und empfangener h. Kommunion besagte Pfarrkirche von der ersten Vesper, bis zum Sonnen-Untergang gemeldeten Sonntags besuchen, und aldort für Friede, und Einigkeit kristlicher Fürsten, und Potentaten, Ausreutung der Ketzereyen, und Erhöhung der h. Mutter der katholischen Kirche zu Gott ihr andächtiges Gebeth verrichten werden vollkommenen Ablaß.

Zu welchem Gnadenschatz alle Kristglaubige freundlichst eingeladen werden.

Ablass für Rochuspilger in der Mayschoßer Pfarrkirche aus dem 18. Jahrhundert. *Pfarrarchiv B.9.1*

214 Schug, Peter, (wie Anm. 11), S. 307.
215 Mayschoßer Schulchronik, S. 125.
216 Pfarrarchiv Mayschoß, Nr. B.8.1.
217 Mayschoßer Schulchronik, S. 326.
218 Ebd., S. 332.

Empfang der hl. Sakramente am Feste des hl. Rochus die Pfarrkirche besuchten und dort um Friede und Einigkeit unter den christlichen Völkern, um Ausrottung der Ketzereien und Erhöhung der hl. Kirche beteten, einen vollkommenen Ablaß."[219]
Ebenfalls seit der Pestzeit, kommt eine Rochusprozession von Wormersdorf/Gelsdorf nach Mayschoß. Der Zeitpunkt wurde in jüngerer Zeit auf den „Bettag" am 15. September verlegt.[220]

Fronleichnamsprozession

Seit altersher findet die Fronleichnamsprozession statt. Dazu wird der Prozessionsweg von der ersten Station Kapelle/Bildstock an der Fürstlichen Verwaltung über die zweite Station Bildstock am Waag zur dritten Station Altar am Fuhrweg und vierten Station, Altar am Pfarrhaus, geschmückt. Zusätzlich wird von den Nachbarschaften an jeder Station ein großer Motivteppich aus Blumenblüten geschaffen. Neben dem bis zum heutigen Tage geschaffenen Triumphbogen aus Tannengrün auf Höhe des Kriegerdenkmales gab es früher weitere Triumphbögen an der Gasse zum alten Berg sowie auf Höhe des Hauses Naekel, vor dem Fuhrweg und am Eingang Kirchgasse. Auch waren an jeder Gasse ein kleiner Altar und an vielen Fenstern zur Straße hin Hausaltäre.

Fronleichnamsprozession vor der dritten Station, dem Josephsbildstock am Fuhrweg vor dem zweiten Weltkrieg.
Karl Hubert Bertram

219 Schug, Peter, (wie Anm. 11), S. 306.
220 Schmitz, Sebastian, (wie Anm. 71), S. 16.

In früheren Jahren fanden neben der Markusprozession am 25. April noch drei Bittgänge an den drei Tagen vor Christi Himmelfahrt statt. Am ersten Tag ging man nach Rech bis an die Brücke, am zweiten Tag nach Laach und am dritten Tag am Tankenbach vorbei zum Tiergarten. Weitere Prozessionen in den Weinbergsfluren sind: Die seit 1982 stattfindende Prozession zur Anna Statue im Laacherberg (am Tag der Anna Kirmes), am Michaelstag eine Prozession zur Michaelkapelle, sowie die traditionelle Bittprozession am Montag vor Christi Himmelfahrt zum hl. Rochus im Mönchberg.[221]

Wallfahrten

Überliefert sind seit 1652 Wallfahrten am Fest Kreuzauffindung und am Freitag nach Weißen Sonntag zum Kalvarienberg. 1867 werden Wallfahrten nach Trier, Bornhofen, Kevelaer und Waldorf/Ahr genannt. 1952 waren Kevelaer und Pützfeld bevorzugte Pilgerziele.[222] In der heutigen Zeit finden jährlich eine Wallfahrt nach Banneux, Kevelaer, Bornhofen, Langenfeld und Pützfeld statt.[223]

Jodokus-Pilgergemeinschaft in Mayschoß [224]
Erste Nachrichten über eine Wallfahrt zu dem bekanntesten Wallfahrtsort für den Kirchenheiligen Jodokus in Deutschland, nach St. Jost bei Langenfeld, erhalten wir im Jahre 1907. In diesem Jahr heißt es: *Alljährlich geht eine Prozession von hier nach dem Wallfahrtsorte St. Jost in der Pfarrei Langenfeld.*[225] Die Pilgergemeinschaft könnte aber auch nach einer Mitteilung aus dem Jahre 1917[226] bereits vor 1895 bestanden haben. Nach den Aufzeichnungen des ältesten erhaltenen Pilgerbüchleins werden für die Jahre 1909 bis 1911 57 Teilnehmer an der Langenfelder Prozession verzeichnet. Die Einnahmen der Gemeinschaft zur Deckung ihrer Ausgaben stammten aus Beiträgen, Kollekten und Vermächtnissen, beliefen sich im Durchschnitt in den Anfangsjahren zwischen 10–30 Mark. An regelmäßigen Ausgaben wurden kleinere Beträge für den Fahnenträger, ab 1936 für den Brudermeister, für Segen und Pilgermesse in Langenfeld sowie für Segen und Messen für verstorbene Pilger in Mayschoß aufgelistet. Als erster Brudermeister wird Johann Schmelzer im Jahre 1917 genannt. Bis zum Jahre 1932 sank die Teilnehmerzahl bis auf einen Pilger, stieg wieder an und erreichte am Ende des 2.Weltkrieges mit 65 Teilnehmern einen Höchststand. Bis

221 Ebd.

222 Schug, Peter, (wie Anm. 11), S. 306.

223 Schmitz, Sebastian, (wie Anm. 71), S. 16.

224 Die Gemeinschaft weist mit ihrem Totengedenken (Messe für verstorbene Pilger), dem Brudermeister und dem Brudermeisterstab auf Traditionen der alten christlichen Bruderschaften.

225 Pfarrarchiv Mayschoß, Nr. B.10.8.

226 Im Pilgerbuch der Gemeinschaft heißt es für das Jahr 1917 *„am 6. Oktober auf der Wallfahrt nach St. Jost schweres Schneegestöber, bisher in 22 Jahren um die Zeit noch nicht erlebt."*

auf das Jahr 1944, als *wegen Bomben und Bombengefahr die Prozession aufgehoben* war, fand in jedem Jahr eine Prozession statt. Seit 1939 beteiligten sich auch Pilger aus Rech. Die ursprüngliche Pilgerstrecke führte über Steinerberg – Kesselinger Tal – Hohe Acht – St. Jost nach Langenfeld. Nach dem 2. Weltkrieg wurde bis Adenau mit dem Zug gefahren und die folgende Wegstrecke zu Fuß zurückgelegt. Von 1957 an sammelten die Pilger für eine neue Fahne, die im Jahre 1962 für 800 DM angeschafft werden konnte. Im Folgejahr 1963 wurde neben der Fußgruppe für 21 Pilger erstmals eine Buswallfahrt organisiert. Aus Sammlungen unter den Mitgliedern erhielten der Mayschoßer Pastor sowie Pater Stodden Spenden. Ab 1977, wurde nach dem Pilgerbuch *das erste Mal in Langenfeld nicht übernachtet* sondern mit dem Auto zur hohen Acht gefahren. Dann folgte ein Fußweg von etwa drei Stunden bis St. Jost. Bis zum heutigen Tag wird jährlich am letzten Samstag im September die Jodokuswallfahrt nach Langenfeld gehalten. Derzeitiger Brudermeister ist Karl Hubert Bertram. Im Jahre 2003 beteiligten sich 12 Personen an der Wallfahrt.

Kirchenchor

Erste Nachrichten über den Kirchenchor erhalten wir aus dem Schreibbuch des Peter Joseph Kutscher.[227] Dort heißt es „anno 1823 den 1ten junius habe ich den chorsänger ½ maß prantewein vor die kirch gegeben noch 13 stüber vor weiß brod zusammen 12 blaffert 1 stüber. Dieses muß von der kirch bezahlt werten." Gegründet wurde der Kirchenchor von dem in den 40er Jahren des 19. Jahrhunderts verstorbenen Lehrer Peter Mönch. 1847 übernahm der Lehrer Franz Hömig den Chor. Über ihn heißt es: „Auch er war ein Gesang freund und Gesang Kenner. Er fand geübte Sänger und brachte durch seine Bemühungen den Gesang zur höchstmöglichen Stufe der Vollendung, in so weit dieses bei Landleuten möglich ist."[228]
Zwistigkeiten mit der Jugend werden wohl Anlass gewesen sein für die Ordnung des Kirchenchores aus dem Jahre 1860.[229] Darin heißt es: „Um ferneren Unordnungen beim Chor vorzubeugen, hat die Kirchenverwaltung folgende Verordnung festgesetzt:

§ 1 Chorsänger können nur die sein, welche vom Kirchenvorstand dazu ernannt sind. Für jetzt sind es folgende: Joh. Silv. Damian, Jos. Nücken, Jos. Appel, Jod. Ley, Pet. Jos. Ley, Reinhard Fuhrmann, Joh. Jos. Fuhrmann, Joh. Jos. Kolborn, Joh. Hub. Adeneuer, Ant. Schmitz, Nicol. Jacob Gottsacker, Jacob Loesch, Stefan Damian, Alois Damian, Pet. Hub. Damian, Sebastian Coßmann, Jacob Coßmann, Ant. Jos. Ley, Lambert Schmitz, Ant. Coßmann, Joh. Pet. Coßmann.

§ 2 Dem Herrn Lehrer steht es frei, die älteren Schulknaben mit in den Chor zu nehmen, jedoch darf die Zahl derselben nicht über sieben gehen.

227 Schreibbuch des Peter Joseph Kutscher 1806 bis 1843, Mayschoß, Privatbesitz.
228 Schmitz/Klein, (wie Anm. 34), S. 113.
229 Pfarrarchiv Mayschoß, Nr. B.7.2.

§ 3 Die Schulknaben müßen den älteren Sängern die ersten Plätze frei laßen.

§ 4 Frauenzimmer ist der Zutritt aufs Mannhaus (Empore) ohne Ausnahme untersagt.

§ 5 Zuchtmeister sind die von den Sängern selbst gewählten: Jod. Ley und Joh. Pet. Coßmann.

Also festgesetzt heute den 22ten März 1860. Diese Anordnung soll am nächsten Sontag am 29ten durch den Hr. Pastor in der Kirche bekannt gemacht werden."

Nachdem Pastor Zender 1860 in den Ruhestand getreten war, wurde Joh. Peter Coßmann Küster und Chorleiter. Daraufhin wohl gründete Lehrer Hömig im Jahre 1861 den „Männer-Gesangverein Concordia."[230] Am 27.12.1864 bittet die Chorgesellschaft den Kirchenrat um eine höhere Zulage „für die jährliche Chorzeche, weil jetzt die Chorgesellschaft zahlreicher ist wie früher, und auch, wie bekannt, bei weitem größere Leistungen und deshalb auch mehr Uebung im Gesange von jedem Chor verlangt wird. Auch erhält kein Chor der Nachbarschaft so wenig wie wir."[231] Ziel der Bitte war, die jährliche Zuwendung von vier Talern auf sechs Taler zu erhöhen. Das Nebeneinander beider Gesangvereine führte in den ersten Jahren zu einigen Reibereien. Aber bereits 1869 berichtet der damalige Dorfchronist „auch jetzt noch

Der Kirchenchor mit seiner neuen Fahne im Jahre 1900. *Foto des Verfassers*

230 Festprogramm zum 60jährigen Stiftungsfest des MGV „Concordia" Mayschoß vom 4.9.1921, freundlicherweise zur Verfügung gestellt von Sascha Neuert, Mayschoß.

231 Pfarrarchiv Mayschoß, Nr. B.7.2.

bestehen beide Vereine, aber es herrscht die intimste Eintracht unter den Mitgliedern. Beide Vereine leisten Großes." Über die Qualität des Kirchenchores führt er aus, „was den Choralgesang betrifft, so glauben wir mit Recht sagen zu dürfen, daß der Mayschoßer Chor von keinem aus der Gegend übertroffen wird."[232] Wahrscheinlich gab Johann Peter Coßmann mit dem Küsteramt im Jahre 1898 auch die Chorleitung ab. Sein Nachfolger wurde sein Neffe Jacob Nietgen. Im Jahre 1900 erhielt der Kirchenchor eine neue Fahne, die noch heute geführt wird.[233] Im Jahre 1901 übernahm Heinrich Ulrich die Chorleitung. 1921 beschloss der Kirchenchor neue Statuten. Sie lauten:

„Statuten des Kirchenchor's Mayschoß.

§ 1 Der Kirchenchor muß es sich zur ersten Aufgabe machen, sein Bestes zur Verherrlichung des Gottesdienstes beizutragen durch die Pflege des Gesanges.

§ 2 Der Vorstand wird von der Versammlung auf drei Jahre gewählt. Er besteht aus dem Vorsitzenden, Dirigenten, Kassierer, Schriftführer und zwei Beisitzern und hat den Chor zu vertreten. Der jeweilige Pastor ist Ehrenvorsitzender des Kirchenchors.

§ 3 Neu eintretende Mitglieder haben sich einer Prüfung durch den Dirigenten zu unterziehen und einen Beitritt von drei Mark zu zahlen. Jugendliche Mitglieder sind mit 18 Jahren stimmberechtigt.

§ 4 Von allen Mitgliedern wird ein Jahresbeitrag von zwei Mark erhoben. Die Beiträge im § 3 und 4 können durch Beschluß der Versammlung geändert werden.

§ 5 Wer durch Alter oder Krankheit an der pünktlichen Pflichterfüllung gegenüber dem Kirchenchor verhindert ist, wird auf eignen Antrag oder auf Anregung vom Vorstand zum Ehrenmitglied ernannt.

§ 6 Beim Begräbnis eines Mitgliedes hat sich der Chor vollzählig zu beteiligen. Eine Entschuldigung muß in diesem Falle vom Vorstand anerkannt sein, oder der Säumige hat eine Strafe von 10 Mark zu zahlen.

§ 7 Von den Angehörigen eines Mitgliedes werden die Frau sowie die Eltern unter Mitwirkung des Kirchenchores beerdigt. Beim Fernbleiben ist, wie im § 6 angegeben, zu verfahren. Angehörige, welche nicht in Mayschoß beerdigt werden, können nicht berücksichtigt werden.

§ 8 Wer durch ein öffentliches Ärgernis, ob in religiöser oder sittlicher Hinsicht, sich verfehlt, schließt sich vom Chor aus.

§ 9 Wünscht ein Bürger oder eine Bürgerin des Ortes die Beteiligung des Kirchenchores beim Begräbnis, so sind dreihundert Mark an den Verein zu entrichten. Die Verpflichtung für die Sänger sind dieselben wie § 6.

Mayschoß den 15. Januar 1921. Paul Schick, Vorsitzender.[234]

Am 29. April 1922 feierte der langjährige Vorsitzende Johann Schmelzer sein 50-jähriges Jubiläum als Chormitglied und aktiver Sänger. Zu diesem Anlass schickte

---

232 Schmitz/Klein, (wie Anm. 34), S. 114.

233 Schmitz, Sebastian, (wie Anm. 71), S. 15.

234 Protokollbuch Kirchenchor Cäcilia Mayschoß 1921 – 1944.

auch der Gesangverein Concordia eine Abordnung, gratulierte ihm im Namen des ganzen Vereines und überreichte dem Jubilar mehrere Flaschen Mönchberger.[235]
Im Jahre 1924 beschloss der Kirchenchor angelehnt an die Tradition der alten Bruderschaften, das bei längerer Krankeit eines aktiven Sängers, die Mitglieder des Chores unentgeltliche Hilfe leisten sollten. In der Folgezeit erklärten sich für 11 Erkrankte jeweils bis zu fünf Chormitglieder bereit, Arbeitsleistungen zu übernehmen. 1931 wird der Kirchenchor mit 45 Mitgliedern und dem Leiter Küster/Organist Heinrich Ulrich genannt. 1933 führte ein Rückgang der Disziplin zu einer Änderung der Statuten des Chores: „Nachtrag der Statuten am 20.10.1933. Wegen der großen vernachlässigung der Gesangstunden war der Vorstand gezwungen, folgende Änderung der Statuten zu treffen. Um die hohen Aufgaben, die sich der Chor gestellt hat, mehr zu fördern, verpflichten sich die unterzeichneten Mitglieder, außer zu den bekannten Statuten, noch zur Beobachtung folgende Punkte.

1) sich an den angesetzten Übungsstunden pünktlich zu beteiligen.
2) an sämtlichen Gesängen des Chores soweit wie möglich teilzunehmen, seinen Platz vor der Orgel einzunehmen und nicht eher die Orgelbühne zu verlassen, bis der Priester vom Altar geht.
3) Wer dreimal innerhalb dreier Monate unentschuldigt fehlt, schließt sich selbst aus dem Chore aus. Obige drei Punkte gelten als Paragraph 10 der Kirchenchorstatuten.[236]
   1935 werden die Statuten um einen weiteren Paragraphen erweitert:

§ 11 Auf Anregung unsers hochverehrten Herrn Präses, des Hochw. Herrn Pastors Mais, wurde unterm Heutigen folgendes Vereinsstatut nachgetragen.

Am Fest der hl. Cäcilia, unserer hohen Schutzpatronin, oder am nachfolgenden Sonntag geht der Chor gemeinsam zum Tisch des Herrn und soll sich kein Mitglied ohne trifftigen Grund dessen ausschließen.“
Seit dem 1.10.1935 wurde Leo Ley als Küster und seit 1.5.1939 als Organist und Chorleiter beschäftigt. Für das Jahr 1941 gibt es im Protokollbuch des Kirchenchores eine Arbeitsliste im Kriege, nach der acht Chormitglieder von jeweils bis zu fünf anderen Chormitgliedern Hilfsleistungen erhielten. 1941 leisteten fünf Chormitglieder bei der Witwe eines früheren Chormitgliedes einen Arbeitstag. Nach der Machtübernahme durch die Nationalsozialisten wurden die Proben in der Schule verboten und mussten in deren Kellerräumen abgehalten werden.[237] Die Fahnen des Chores und der katholischen Jugend wurden vom Chorleiter im Kirchturm versteckt. Im Dezember 1945 verstarb der langjährige Dirigent und Chorleiter Heinrich Ulrich. Vorübergehender Organist war Hauptlehrer i.R. Johann Ballat. Er leitete einen Mädchenchor. Durch den kriegsbedingten Ausfall an Sängern sah man sich gezwungen, von dem bislang traditionellen Männerchor zu einem gemischten Chor überzugehen. Im Jahre 1946 wurde Herr Königs als Vertreter des sich in Gefangenschaft befindlichen Chorleiters

---

235 Ebd.

236 Ebd.

237 Aus einem Gedächtnisprotokoll des Kirchenchores.

Leo Ley angestellt. In den Jahren 1947 und 1948 gab der Chor im April jeweils ein Chor- und Instrumentalkonzert (1948 unter Mitwirkung des Kurorchesters Bad Neuenahr) im Saal des Winzervereines. Nach der Rückkehr von Leo Ley 1948 kam es durch Streit mit dem bisherigen Chorleiter Königs zu einer Spaltung des Chores. In diesem Zusammenhang erfolgte die Neugründung des Gesangsvereines Concordia, welcher bis zum Jahre 1973 bestand. Leo Ley übernahm nach einer Unterbrechung durch Militärdienst/Kriegsgefangenschaft von 1940 bis 1948 den Kirchendienst am 1.5.1948.
Vorsitzender des Chores war von 1926 bis 1967 Alois Damian. Nach 41 Jahren wurde er zum Ehrenvorsitzenden ernannt. Nachfolger wurde sein Sohn Karl Hubert Damian. Im Jahre 1967 hatte der Chor 66 aktive Mitglieder. Seit 1966 ist es Tradition, dass der Chor am 2. Januar einen „Aufräumtag" unternimmt, wobei bevorzugt Kulturdenkmäler in der Gemarkung gepflegt und instandgesetzt werden. 1978 wählte der Chor Albert Krätz zum 1. Vorsitzenden. Nachfolger von Leo Ley als Chorleiter wurde im Jahre 1981 sein Sohn Eberhard Ley. 1982 hatte der Chor 50 aktive und 73 inaktive Mitglieder. Nachfolger des im Jahre 2001 verstorbenen Vorsitzenden Albert Krätz wurde Leo Baltes. Am 4. September 2004 verstarb im Alter von 93 Jahren der langjährige Chorleiter, Küster und Organist Leo Ley.

Leo Ley mit seinem Sohn und Nachfolger im Kirchenamt Eberhard Ley im Jahre 1998. *Eberhard Ley*

Gegenwärtige Aktivitäten des Kirchenchores.
Im Januar wird jeweils eine Generalversammlung im Pfarrsälchen abgehalten. Traditionell findet am Tag nach der Generalversammlung der sogenannte „Aufräumtag" statt. Dabei führt der Kirchenchor Aufräum- und Verschönerungstätigkeiten im Bereich der Gemeinde Mayschoß durch. Weitere Termine sind die Mitgestaltung

der Altenfeier, ein Ständchen am Namenstag des Präses, ein Gesangvortrag zur Eröffnung des Weinblütenfestes und Teilnahme am Festzug. Ende November am Cäcilienfest gibt es ein gemütliches Beisammensein im Pfarrsälchen. Einige weibliche Mitglieder des Chores engagieren sich auf dem Weihnachtsmarkt für einen sozialen Zweck mit einem Suppenstand. Am ersten Advent findet seit 1994 (vorher am 1. Januar) die Chorzeche statt. Weiter gibt es im jährlichen Wechsel einmal ein Spießbraten-Essen bzw. einen Ausflug. Eine wesentliche Aufgabe des Chores ist die Gestaltung der Festgottesdienste. Zur Vorbereitung finden jährlich zwischen 40-50 Proben statt. Bei Goldhochzeiten singt der Chor in der Messe und bringt dem Jubelpaar ein Ständchen. Gegenwärtig (2/2006) hat der Chor 39 aktive Mitglieder.[238]

Der Mayschoßer Kirchenchor. Vorne v.l.n.r., der Vorsitzende Leo Baltes, der Präses Pastor Lothar Anhalt und der Chorleiter Eberhard Ley. *Foto des Verfassers, 2006*

Küster, Glöckner, Organist

Bis in die zweite Hälfte des 19. Jahrhunderts war das Küsteramt mit der Lehrerstelle verbunden. Die Besoldung des Offermann genannten Küsters setzte sich entsprechend seiner verschiedenen Tätigkeiten aus mehreren Entgelten zusammen. Im Jahre 1743 bezog er 16 Taler und 3 Malter 1 ½ Sester Korn von der Gemeinde. Als

238 Für Auskünfte über den Kirchenchor sei an dieser Stelle der derzeitigen Schriftführerin Anette Kalt gedankt.

Lehrer erhielt er pro Kind 4 Albus sowie einen Taler von der Gemeinde. Für die Sonntagsschule erhielt er 17 Albus und für das tägliche Rosenkranzbeten 2 ½ Taler. Desweiteren bekam er von jeder Messe und jedem Jahrgedächtnis 8 Albus. In diesem Amte werden namentlich genannt: 1653 Heinrich Horin, 1660 Johann Gotzacker bzw. Bockshecker, 1669 und 1670 Jakob Leyendecker aus Rech, 1695 Heinrich Sturm, 1700 -1705 Johann Weyer (gestorben 1728), 1710 Winand Schauff, 1717–1724 Heinrich Schock, 1730-1737 Michael Dreiser (gestorben 1737), 1739 Gaudentius Niessen. Mit letzterem war der Pastor 1740 unzufrieden; 1743 jedoch war er mit dem von ihm und der Gemeinde angestellten, namentlich nicht genannten Küster und Lehrer zufrieden.[239] Eine detailierte Beschreibung der Arbeitsbedingungen erhalten wir mit der Küsterordnung aus dem Jahre 1848 (siehe Anhang Nr. 9).

Im Jahre 1860 erhielt der Lehrer neben seinem Lehrergehalt von 120 Talern aus der Gemeindekasse für seine Tätigkeit als Küster insgesamt 37 Taler 29 Groschen 8 Pfennig aus der Kirchenkasse, sowie 24 Taler 27 Groschen 2 Pfennig als Organist, ebenfalls aus der Kirchenkasse.[240]

Die Tätigkeit als Glöckner wurde bis zum Ende des 19. Jahrhunderts mit einer Kornrente entlohnt. Dieses sogenannte *Glockenkorn* war eine auf einzelnen Grundstücken haftende Abgabe, die bei Vererbung oder Verkauf der Parzelle auf den neuen Besitzer überging. Dieser hatte dann für die Übertragung in dem Heberegister eine gewisse Schreibgebühr zu entrichten. Von Zeit zu Zeit wurden das *Glockenkorn-Register* renoviert, so unter anderem im Jahre 1788. Durch Ablösung dieser Abgaben mittels einer größeren Einmalzahlung sowie durch die Realteilung bei der Vererbung kam es zu ständigen Veränderungen und damit auch zu Streitigkeiten über die Abgabenpflicht. So gab es unter anderem im Jahre 1829 Streitigkeiten, weil einige Einwohner des Ortes die Abgaben verweigerten.[241] Später wurde die Rente auf dem Zwangswege eingetrieben. Im Glockenkorn-Register von 1835 sind insgesamt 103 Personen benannt. Diese werden mit 1 bis 14 abgabenpflichtigen Grundstücken erfasst.[242] Die Abgabenlast schwankte zwischen 1/20 bis zu 3 Mühlfass. Im Laufe des 19. Jahrhunderts ist festzustellen, dass die meisten Einwohner des Dorfes durch Ablösung mittels einer Einmalzahlung sich von der Abgabe befreiten. Im Jahre 1881 wurde das Register letztmalig mit 23 Personen geführt. Eine Erneuerung 1886 enthielt keine Eintragungen mehr. Diese Entwicklung von der Naturalabgabe zum Bargeld wurde in der 2. Hälfte des 19. Jahrhunderts von Küster Coßmann als nachteilig beklagt. Als Nachfolger für den seit 1860 tätigen Küster Joh. Peter Coßmann trat sein Neffe Jakob Nietgen am 3. August 1898 die Küsterstelle an.

1894 betrug das Organisten-Gehalt, welches der Lehrer Rochus Gottsacker aus der Kirchenkasse bezog, jährlich 87 Mark.[243] Als er am 1. April 1901 aus dem Amte schied, beschloss der Kirchenvorstand, den Organistendienst dem Küster Jakob

---

239 Schug, Peter, (wie Anm. 11), S. 307/308.

240 Pfarrarchiv Mayschoß, Nr. B.7.2.

241 Ebd., Nr. B.14.4.

242 Ebd., Nr. C.1.

243 Mayschoßer Schulchronik, S. 5.

Nietgen zu übertragen.[244] Am 15. Oktober des gleichen Jahres legte der Kirchenvorstand fest „daß der Küster keinen Anspruch habe auf die durch Grasgewinnung mögliche Nutznießung des Kirchhofes, diese vielmehr dem Pfarrer zustehe und im Falle dessen Verzichtsleistung die Schwestern im Kloster diese Nutznießung haben sollen, wofür dieselben die Wege des Kirchhofes in Ordnung und Reinlichkeit werden erhalten lassen." Vom gleichen Gremium wurde am 18.4.1904 „über das Einkommen des Küsters und Organisten beraten und beschlossen, daß dasselbe vom 1. April 1904 an, außer den festgesetzten Stolgebühren, Trinkgeldern, Charwochgaben und Verdienst an Kerzen, abgeschätzt zu wenigstens 250 Mark, aus der Pfarrkirche und Frühmeßkasse zusammen betragen solle 350 Mark."[245] 1923 wurde dem Küster bewilligt, zur Gehaltsaufbesserung aus dem Kirchenwald ein Klafter Holz zu schlagen.[246]

Sendschöffen und Kirchenschweizer

Bei dem Send handelte es sich um ein kirchliches Sittengericht, welches jährlich abgehalten wurde. Alle erwachsenen Bewohner eines Dorfes, zumindest aber alle Männer, waren zum Erscheinen verpflichtet. Unter dem Vorsitz des Sendherren (Archidiakon, Landdechant oder Pfarrer des Ortes) brachten die Sendschöffen, welche ehrbare und unbescholtenen Männer sein mussten, sittliche oder religiöse Vergehen einzelner Gemeindemitglieder zur Anzeige. Nach einer Anhörung des Beschuldigten erfolgte gegebenenfalls eine Bestrafung, die von einer Verwarnung über Geld- bis zu Haftstrafen reichen konnte. Das Sendschöffenamt, obwohl Ehrenamt, war bei der Bevölkerung wie auch den Schöffen unbeliebt, weil diese durch Eid verpflichtet waren, alle ihnen im Laufe eines Jahres bekannt gewordenen Vergehen zur Anzeige zu bringen. Näheres regelten die von Ort zu Ort unterschiedlichen Sendschöffenordnungen. Im Laufe der Zeit wandelten sich dann die Aufgaben im Sendschöffenamt. Die Sittenwächterfunktion reduzierte sich auf eine Aufsicht über die Einhaltung der Kirchenordnung während der Gottesdienste.

In der Nachfolge der Sendschöffen für die Kirchenaufsicht steht das Amt des Kirchenschweizers. Am 31.8.1919 beschloß der Kirchenvorstand *für den neu einzusetzenden Kirchenschweizer* einen Lohn von 150 Mark pro Jahr.[247] Der letzte, der dieses Amt in der Mayschosser Pfarrkirche bis in die 60er Jahre des 20. Jahrhunderts ausübte, war Bernhard Asbach. Er trug einen roten Umhang und eine gleichfarbige Kopfbedeckung. Ausgestattet mit einem langen Stab, der oben einen goldenen Knauf hatte, achtete er auf angemessenes Verhalten während der Messe, weckte die eingeschlafenen Messbesucher und sammelte die Kollekten ein.

244 Pfarrarchiv Mayschoß, Nr. C.2.

245 Ebd.

246 Ebd.

247 Pfarrarchiv Mayschoß, Nr. C.2.

Kirchenordnung

Wenn in heutiger Zeit jeder unbeaufsichtigt in der Kirche Platz nehmen kann, wo er möchte, so sind dies Freiheiten aus jüngerer Zeit. Bis vor einigen Jahrzehnten gab es eine strikte Trennung der Geschlechter während des Gottesdienstes, wobei die Frauen auf der linken Seite und die Männer auf der rechten des Mittelganges die Bänke benutzten. Die vorderen kleineren Bankreihen waren für die Kinder bestimmt. Auf der Frauenseite hatten die Klosterschwestern mit der zweiten Erwachsenenbank eine eigene Bank. Die strenge Trennung nach Geschlechtern löste sich in den vergangenen drei Jahrzehnten allmählich auf, wobei aber auch heute noch deutlich mehr Männer auf der rechten Seite der Kirche zu finden sind. Neben dieser Sitzordnung wurde natürlich auch auf angemessene Bekleidung und Ruhe während der Gottesdienste geachtet. Über die vergleichsweise strenge Ordnung in früherer Zeit gibt uns eine Kirchenordnung aus dem 19. Jahrhundert Auskunft: „Kirchenordnung vom 25. May 1862.

1. Die Jünglinge bis zum vollendeten 18. Jahre nehmen Platz auf den Kniebänken hinter den Kindern.
2. Die Jünglinge bis zum vollendeten 24. Jahre in den 2 Kirchenstühlen vor dem „Herren-Stuhl", so viele hineingehen.
3. Die übrigen Jünglinge bis zum vollendeten 30. Jahre in dem Gange auf der linken Seite.
4. Es wird gewünscht, daß, wenn in der Kirche noch Raum, unter dem Thurm keiner Platz nehme; verboten ist dies aber den Jünglingen unter 30 Jahren, wie auch verboten, daß Jünglinge und Männer auf der Seite für die Weiber Platz nehmen, wenn in der Kirche noch Raum.
5. Sobald zusammengeläutet wird, ist es nicht gestattet, vor der Kirche noch stehen zu bleiben.
6. An der größern Thür gehen zuerst die Weiber, dann erst die Männer und Jünglinge hinaus; nur die unter dem Weihwasserkessel stehenden können vor den Weibern hinausgehen. – An der kleinen Thür gehen zuerst die Mädchen und danach die Männer und Jünglinge heraus.
7. Im Thurm und in der Kirche muß in der Mitte einen Raum für die, welche zu spät kommen oder herausgehen müssen, gelassen werden.

Um in der Kirche die Ordnung zu handhaben, ist Johann Knieps von hier als Sendschöffe ernannt und sind ihm für seine Mühewaltung fünf Thaler jährlich zuerkannt worden. Derselbe hat seinen Platz in dem Sendschöffen-Stuhl an dem größeren Eingange und muß die, welche sich in die vorgenannte Ordnung nicht fügen, zuerst mahnen, die Widerspenstigen aber dem Kirchenrath sofort anzeigen. Ferner hat derselbe die, welche auf die ein oder andere Weise in oder an der Kirche Unordnung oder Störung verursachen zur Anzeige zu bringen. Auch hat derselbe bei Prozessionen die Ordnung mit zu handhaben – besonders die Jünglinge zu beaufsichtigen und die, welche Unordnung machen, anzuzeigen."[248]

248 Pfarrarchiv Mayschoß, Nr. B.9.2.

Kirchenrechner

Aus dem früheren Amt des Kirchenmeisters, der für die Verwaltung der kirchlichen Einkünfte zuständig war, leitete sich im 19. Jahrhundert die Tätigkeit des Kirchenrechners ab. Von 1914 bis 1917 wurde das Amt von Heinrich Ulrich ausgeübt. Ihm folgte bis zum Jahre 1922 Josef Damian. Von 1922 an war Heinrich Hallerbach Kirchenrechner. Er legte im 76. Lebensjahr aus Altersgründen 1960 sein Amt nieder. Sein Nachfolger wurde Franz Gottsacker.[249] Er war der letzte Kirchenrechner der Pfarrgemeinde und legte sein Amt im Jahre 1979 nieder. Die Zählung der Kollekte wird seither von Mitgliedern des Pfarrverwaltungsrates übernommen.

Entwicklung der Pfarrei in der jüngeren Vergangenheit bis zur Gegenwart

Der 14. November 1987 war für die Mayschoßer ein besonderer Festtag. An diesem Tag vor 450 Jahren wurde Mayschoß zur eigenen Pfarrei erhoben. Aus diesem Anlass fand am 15. November eine feierliche Vesper in der Kirche statt. Anschließend war die Pfarrgemeinde in das neu gestaltete Pfarrheim eingeladen. Nach der Einsegnung des Raumes konnte bei Wein und Gebäck die zu dem Jubiläum geschriebene Festschrift erworben werden. Am 6. Dezember hatte Mayschoß anlässlich der Firmung bischöflichen Besuch. Am Abend fand im Rahmen der 450-Jahr-Feierlichkeiten in der Kirche ein festliches Konzert statt.[250]
Anlässlich der Firmung von 17 Recher und 27 Mayschoßer Firmlingen war Weihbischof Leo Schwarz am 8. Mai 1999 in Mayschoß.[251] Ende Juni 2002 wurde Dechant Josef Molzberger im Alter von 70 Jahren im Rahmen einer Feierstunde im Dernauer Weinbauverein in den wohlverdienten Ruhestand verabschiedet. Von 1970 an hatte er als Pastor die Pfarreien von Mayschoß und Rech betreut. Seit 1980 übernahm er zusätzlich die Dernauer Pfarrei. Nach kurzer Vakanz, währenddessen der Altenahrer Pastor Axel Spiller die Verwaltung übernahm, konnten die Pfarreien Dernau, Rech und Mayschoß mit dem 39-jährigen Pastor Lothar Anhalt neu besetzt werden. Im Rahmen einer Eucharistiefeier erfolgte am 22. September seine Einführung in der Pfarrkirche St. Johannes Apostel in Dernau. Am 29. September hielt er seinen Einführungsgottesdienst in der Pfarrkirche St. Nikolaus in Mayschoß.[252]
In den Monaten Mai und Juni des Jahres 2003 wurde das Dach des Pfarrhauses neu gedeckt. Mit der Entscheidung des Bistums, dem Wunsch des neuen Pastors Anhalt entsprechend, Mayschoß als Wohn- und Dienstsitz für die Pfarreiengemeinschaft Dernau-Rech-Mayschoß einzurichten, waren nach Abschluss der Dacharbeiten auch

249 Ebd., Nr. C.2.
250 Schmitz/Klein, (wie Anm. 34), S. 191.
251 Ortschronik 1999.
252 Ortschronik 2002.

umfangreiche Innenrenovierungsarbeiten des Pfarrhauses notwendig. Um die hierzu notwendigen Mittel aufzubringen (70% Zuschuss kommt aus dem Bistumshaushalt, 30% ist der Eigenanteil der Pfarrgemeinde) wurde im Juli 2003 ein Spendenaufruf an die Bevölkerung gerichtet. Im Laufe des Monats September konnte dann nach Abschluss der Innenrenovierung, deren Kosten 170.000 Euro betrugen, das Pfarrhaus durch Pastor Anhalt bezogen werden.

Pfarrverwaltungsrat, Pfarrgemeinderat, und ehrenamtlich Tätige in der Gegenwart

Pfarrverwaltungsrat
Dieses Gremium, früher Kirchenrat und später Kirchenvorstand genannt, ist zuständig für alle Finanzen und Immobilien der Pfarrgemeinde. Es vertritt die Kirchengemeinde und wurde früher direkt von den Pfarrangehörigen gewählt. Die heutigen Mitglieder wählt der Pfarrgemeinderat aus einer Liste von Vorschlägen aller Pfarreimitglieder.[253] Dem gegenwärtigen Pfarrverwaltungsrat gehören unter dem Vorsitzenden Pastor Anhalt folgende Personen an: Adolf Dohmen, Hans-Ulrich Jonas, Fritz Bölling, Wolfgang Hehle.

Pfarrgemeinderat
Die Aufgabe des Pfarrgemeinderates ist es, zusammen mit dem Pastor Fragen des pfarreilichen Zusammenlebens zu beraten und ihn in seinem Amt zu unterstützen. Dies sind im Besonderen Angelegenheiten des Gottesdienstes, der Ehe und Familie, der Erziehung, der Schule und der Jugendarbeit.[254] Der Pfarrgemeinderat besteht zur Zeit (Stand 2006) aus folgenden Mitgliedern: Pastor Anhalt und Gemeindereferentin Martina Gilles als „geborene Mitglieder", Petra Bertram (1. Vorsitzende), Charly Laux (2. Vorsitzender, Vertreter im Dekanatsrat), Petra Mardini (Schriftführerin), Maria Cramer, Jutta Görres, Hubertus Kunz, Ingeborg Naekel, Peter Naekel, Alfons Schmitt, Isolde Schurse.

Lektoren und Kommunionhelfer
Als Folge der Reformen des zweiten Vatikanischen Konzils von 1962 – 1965 können Laien mehr bei der Liturgie mitwirken.[255] Dies geschieht unter anderem dadurch, dass Laien während des Gottesdienstes liturgische Texte vorlesen und bei Austeilung der Kommunion mitwirken. Lektoren (L) und Kommunionspender (K) der Pfarrei Mayschoß sind derzeit (Stand 2006): Petra Bertram (L+K), Jutta Görres (L), Sebastian Görres (L), Hubertus Kunz (L+K), Charly Laux (L), Petra Mardini (L), Ingeborg Naekel (L+K), Maria Cramer (L), Rolf Weinand (K), Julia Helfmann (L).

---

253 Prothmann, Ottmar, (wie Anm. 149), S. 221ff.
254 Ebd., S. 222.
255 Ebd., S. 223.

Familienmesskreis

Zu den Aufgaben des Familienmesskreises gehört unter anderem die Vorbereitung der Familiengottesdienste, die Betreuung der Sternsinger sowie die Vorbereitung der Krippenfeier. Dem 1986 gegründeten Familienmesskreis gehören derzeit an: Martina Görres, Helga Helfmann, Walburga Mies, Ingeborg Naekel, Isolde Schurse, Elisabeth Zipser.

CantAHRe – Chor

Aus den ersten Familiengottesdiensten zu Beginn der 90er Jahre entwickelte sich eine mittlerweile 15 Mitglieder starke Gruppe, die unter der Leitung von Manfred Helfmann und Peter Naekel mit Gitarrenbegleitung zur Gestaltung der Familiengottesdienste und meditativer Andachten beitragen. Dieser Chor ist Pfarrei übergreifend, das heißt die Mitglieder kommen aus allen drei Pfarreien.

Im Rahmen der katholischen Erwachsenenbildung werden im Mayschoßer Gemeindehaus Mutter–Kind-Gruppen (für Mütter mit Kleinkindern bis 3 Jahre) sowie Gymnastik für Frauen/Seniorinnen jeweils einmal wöchentlich angeboten.

Messdiener

Die Hauptaufgabe der Messdiener besteht in der Mitwirkung der Gottesdienste, vornehmlich der Dienste am Altar. Die 47 Messdiener (Mädchen und Jungen im Alter von 9 – 18 Jahren) der Pfarrgemeinde werden von Guido und Maria Cramer betreut.

Gruppenbild der Mayschoßer Messdiener, mit Pastor Lothar Anhalt und den beiden Betreuern Maria und Guido Cramer. *Foto des Verfassers, 2006*

Es ist derzeit (2006) Tradition, dass sich die Gruppe zu einem Neujahrsfrühstück trifft und im Sommer einen mehrtätigen Ausflug veranstaltet. Zur Deckung der Unkosten für die gemeinsamen Aktivitäten findet unter anderem eine jährliche Türkollekte statt.

Die Pfarrer[256]

Johann Boelen (1537), gebürtig aus Mertloch, Diöz. Trier, Leiter der Vikarie, die am 14.11.1537 von Dernau gelöst und zur selbständigen Pfarrei erhoben wurde. Er war Mitglied des Stiftes Münstereifel.
Cyriacus Bungert.
Johann Limbach.
Martin Poelle (?).
Engelbert Poelle.
Hermann Ahr (1590 – 1632), starb am 18.8.1632 in Mayschoß.
Gerhard Rink (1632 – 1636), gebürtig aus Ahrweiler, studierte in Köln und war Mitglied der hl. Geistbruderschaft. Rink starb wohl an der Pest, denn nachdem er für die Zeit vom 5.3.1636 bis 10.5.1636 schon 26 Sterbefälle notiert hatte, setzen die Eintragungen im Sterbebuch aus.
Hilger Hildebrand (1640 – 1648), in sein Amt eingewiesen am 10.1.1640
Peter Rathscheid (1650 – 1651), starb am 29.1.1651.
Peter Sengersdorf (1651 – 1679), war vorher Pfarrer in Stadtkyll und wurde durch den Offizial in Bonn am 24.3.1651 in sein Amt eingewiesen.
Peter Ley (1679 – 1703), wurde im Jahre 1655 in Mayschoß geboren. Er übernahm am Tage seiner Primiz am 6.8.1679 die Pfarrei Mayschoß, die er bis zu seinem Tod am 11.4.1703 betreute.
Jakob Becker (1703 – 1729), geboren 1669 in Rech. Die Weihe erhielt er im Jahre 1695. Er wurde für Mayschoß präsentiert durch Maria Anna von Reiffenberg, die damalige Leiterin des Klosters Marienthal. Er starb am 20.1.1729.
Wilhelm Schop (1729 – 1759), geboren 1699 in Ahrweiler. Die Weihe erhielt er im Jahre 1723 in Köln. Er erbaute ein neues Pfarrhaus, für das er bis 1743 aus eigenen Mitteln 400 Taler aufbrachte. – Im Testament stiftete er ein Benefizium mit Frühmesse in Mayschoß, das jedoch nach Bachem bei Ahrweiler verlegt wurde. Er starb am 11.5.1759.
Heinrich Hartmann (1759 – 1786), geboren 1729 in Eckendorf. Die Weihe erhielt er im Jahre 1753. Er erhielt die Pfarrei durch Frau von Horst, damalige Leiterin des Klosters Marienthal, und starb in Mayschoß am 20.3.1786.
Johann Jos. Kayser (1786 – 1788), geboren 22.2.1734 in Mariaweiler. Die Weihe erhielt er am 26.3.1757. 1762 war er Pfarrer in Euskirchen. Im Jahre 1786 wurde

256 Die biographischen Daten der Pfarrer bis Ferdinand Ballat (1943 – 1959), der Hilfsgeistlichen sowie der Personen in geistlichen Berufen aus der Gemeinde Mayschoß sind, soweit nicht anders angegeben, entnommen aus: Schug Peter, (wie Anm. 11), S. 308/309.

er vom Prior in Marienthal zum Pfarrer von Mayschoß nominiert. Er starb am 1.12.1788.

Johann Constantin Custodis (1789–1812), geboren am 5.9.1762 in Gelsdorf. Die Weihe erhielt er am 24.9.1785. Er erhielt als letzter Pfarrer seine Stelle vom Kloster Marienthal. Johann Wilhelm Custodis erhielt am 5.3.1789 die landesherrliche Genehmigung und war seit dem 26. Mai 1789 Pfarrer in Mayschoß.[257] Er ließ das heutige Pfarrhaus erbauen und starb am 3.2.1812.

Johann Jos. Müller (1812–1819), geboren am 24.7.1762 in Münstereifel. Die Weihe erhielt er am 24.9.1785. Bevor er nach Mayschoß kam, war er Kaplan in Nievenheim und 1791 Pfarrer in Weingarten. Über Pastor Müller berichtet die Ortschronik: „Auch ist in diesem Jahr (1819) den 15ten Januar unser Hr. Pastor Joh. Jos. Müller wegen seiner unruhigen gemüthsart und weil ihm die Gemeinde seine begehren nicht willfahren konnte, von Mayschoß abgegangen und haben in diesem Jahr keinen Pastor gehabt. Doch ware der H. Pastor Michels von Rech als verwalter der Pfarrey Mayschoß gesetzt."[258] Nachdem Pastor Müller 1819 in den Ruhestand getreten war, lebte er bis zu seinem Tode am 15.12.1827 in Wadenheim (Bad Neuenahr).

Franz Georg Michels (1819–1820), geboren am 16.11.1778 in Antweiler. Die Weihe erhielt er am 19.12.1801 in Köln. Er war 15 Jahre Pfarrer in Rech und starb in Mayschoß am 1.12.1820.

Jakob Bröcher (1821–1840), geboren am 8.7.1758 in Lülsdorf. Die Weihe erhielt er am 14.7.1781. Er war seit 1793 Pfarrer in Adendorf und starb am 9.8.1840.

Philip C. Zender (1840–1860), geboren am 26.9.1798 in Ehrang. Die Weihe erhielt er am 1.6.1822 in Metz. Er trat im Jahre 1860 in den Ruhestand, lebte dann in Mertloch und starb am 10.10.1878.

Heribert Ockenfels (1860–1881), geboren am 24.2.1814 in Sinzig. Die Weihe erhielt er am 26.3.1840 in Trier und starb in Mayschoß am 27.8.1881. Bis zum Jahre 1884 blieb die Pfarrstelle infolge des Kulturkampfes für drei Jahre unbesetzt.

Johann Baptist Lebon (1884–1901), geboren am 19.4.1834 in Trier. Die Weihe erhielt er am 1.9.1860 in Trier und war anschließend Kaplan in Wittlich. 1864 war er Pfarrer in Fleringen und 1868 Pfarrer in Birkendorf. Am 1. November 1901 legte Pastor Lebon sein Amt als Pfarrer wegen seines gesundheitlichen Zustandes nieder und kam als Hausgeistlicher in das Dominikanerinnen-Kloster in Moselweis. Er starb am 28.11.1912. In der Zeit von November 1901 bis April 1902 versahen Patres des Franziskaner-Klosters von Remagen den sonn- und festtägigen Gottesdienst.[259]

Napoleon Leinen (1902–1913), geboren am 19.1.1839 in Stadtkyll. Die Weihe erhielt er am 31.8.1867 in Trier. Anschließend war er Kaplan in Boppard und Simmern sowie 30 Jahre Pfarrer in Niederheckenbach. In Mayschoß wurde Napoleon Leinen am 10. April 1902 als Pastor eingeführt. In seine Amtszeit fällt der jetzige Kirchenbau, zu dessen Errichtung er aus eigenen Mitteln einen erheblichen Beitrag leistete.

---

257 Pfarrarchiv Mayschoß, Nr. B.5.2.

258 Schmitz/Klein, (wie Anm. 34), S. 99.

259 Mayschoßer Schulchronik, S. 79.

Kurz vor seinem Tod ließ er im Jahre 1913 aus eigenen Mitteln den Kirchturm um vier Meter erhöhen. Er starb am 20.1.1914 und wurde in Mayschoß beerdigt.
Paul Hilterscheid (1914 – 1922), geboren am 6.4.1856 in Hümmel. Die Weihe erhielt er am 21.8.1881 in Speyer. Er war Kaplan in Ritterhart, Saarbrücken, Münstermaifeld und Pfarrverwalter in Monreal. 1890 war er Pfarrer in Dockweiler und 1896 in Ottweiler. Die Einführung in Mayschoß fand am 24. März 1914 statt. Pfarrverwalter bis dahin war Pastor Rahm aus Rech. Die Gottesdienste an den Sonntagen versahen die Franziskanerpatres vom Apollinarisberg.[260] Die Abschiedsfeier für den Pfarrer und Definitor Paul Hilterscheid fand am 25. Juni 1922 im Saal des Winzervereines statt.[261] Im gleichen Jahr ist er Pfarrer in Thörnich. Er starb am11.12.1943.
Josef Marx (1922 – 1923), geboren am 19.3.1870 in Trier. Die Weihe erhielt er am 28.10.1892 in Rom. Nach Kaplanstellen in Saarburg und Saarbrücken wurde er 1897 Pfarrer in Kastellaun, 1909 Pfarrer in Linz, 1914 Pfarrer in Koblenz. In Mayschoß wurde er am 3. Juli 1922 als Pfarrer eingeführt. Nach einem Jahr bereits musste er am 1. Juni 1923 wegen schlechtem Gesundheitszustand auf seine Pfarrstelle verzichten.[262]
Josef Wendling (1923 – 1930), geboren am 14.8.1864 in Buch. Die Weihe erhielt er am 2.4.1899 in Trier. Definitor Wendling bat wie sein Vorgänger aus gesundheitlichen Gründen bei seiner kirchlichen Behörde um den Abschied, der ihm zum 1. Februar 1930 gewährt wurde.[263] Er starb am 27.4.1931.
Franz Meis (1930 – 1943), geboren am 29.3.1872 in Laer. Die Weihe erhielt er am 11.8.1900 in Trier. Nach einer Kaplanstelle in Illingen war er 1905 Pfarrer in Karlshausen und 1914 Pfarrer in Hambuch. Die Einführungsfeier in Mayschoß fand am 23. März 1930 statt.[264] Er starb am 2.10.1943 und wurde in Mayschoß beerdigt.
Ferdinand Ballat (1943 – 1959). Am 1. Mai 1959 verzichtete Pastor Ballat aus gesundheitlichen Gründen auf die Pfarrstelle.[265] Er starb am 21.9.1961 und fand seinem Wunsche entsprechend in Mayschoß seine letzte Ruhestätte.[266]
Johannes Thomas (1959 – 1969). Am Dreifaltigkeitssonntag 1959 wurde Pastor Thomas in sein Amt in Mayschoß eingeführt. Nach zehnjähriger Tätigkeit wurde er am 1.5.1969 in den Ruhestand versetzt und kehrte dann in seine Heimat zurück.[267]
Peter Schnepp (1969 – 1977). Am 20. Juli 1969 wurde Pastor Schnepp in sein Amt eingeführt. Er zog vorläufig in das Kloster, da das Pfarrhaus renoviert werden musste.[268] Im Jahre 1977 trat Pastor Schnepp in den Ruhestand.
Josef Molzberger (1977 – 2002). Am 2. Oktober 1977 fand die Einführung des neuen Pastors Josef Molzberger statt. Nach 25 Jahren seelsorgerischer Tätigkeit in Mayschoß,

---

260 Ebd., S. 130.
261 Ebd., S. 180.
262 Ebd., S. 186.
263 Ebd., S. 202.
264 Ebd., S. 203.
265 Ebd., S. 349.
266 Ebd., S. 357.
267 Ebd., S. 379.
268 Ebd., S. 381.

wobei er zusätzlich die Nachbarpfarreien Rech und Dernau betreute, ist Dechant Molzberger im Alter von 70 Jahren am 30.6. 2002 in den Ruhestand getreten.
Lothar Anhalt (seit 2002). Die Einführung von Pastor Anhalt für die Pfarreien Dernau, Rech und Mayschoß fand am 22.9.2002 in der Pfarrkirche St. Johannes Apostel in Dernau statt. In Mayschoß stellte sich Pastor Anhalt im Rahmen der Eucharistiefeier am Sonntag dem 29.9.2002 vor.

Die Hilfsgeistlichen[269]

Johann, als Geistlicher der Katharinenkapelle 1382 erwähnt.
Th. Schoemann (1477), Vikar und Student der Rechte in Köln.
Ludwig Becker, geboren 1683 in Rech. Im Jahre 1713 approbiert zur Hilfe seines Bruders in Mayschoß. Gestorben in Mayschoß am 10.11.1717.
Peter Assemacher, geboren 1715 in Ahrweiler. Als Weihetitel hatte er 56 Taler Einkommen in Mayschoß, wofür er zwei Wochenmessen halten musste.
Heinrich Hoffmann, geboren 1731 in Olef. Er war 1756 als künftiger Subsidiar vorgesehen.
Servas Koep, geboren 1716 in Kronenbergerhütte. Die Weihe erhielt er 1744, war 1779 in Mayschoß und zuletzt Vikar in Rech. Er starb am 19.10.1785 in Dernau und wurde in der dortigen Kirche beerdigt.
Gottfried Hartmann, geboren 1746 in Eckendorf. Die Weihe erhielt er 1771. Durch das Testament seines Bruders Heinrich, Pfarrer in Mayschoß, vom 18.3.1786 wurde er erster Inhaber des errichteten Personats mit einer Verpflichtung von 3 Wochenmessen. Er starb am 28.11.1822.
Paas Gottfried, geboren 12.7.1794. Ordiniert am 28.5.1825. 1828 wird er zum Kaplan in Daun ernannt, tritt die Stelle jedoch nicht an. 1839 und 1848 als Vikar in Mayschoß genannt.[270]

Geistliche Berufe aus der Pfarrei[271]

Peter Ley, geboren am 11.4.1655. Die Weihe erhielt er am 30.7.1679 in Köln. Schon vor der Weihe wurde er durch das Kloster Marienthal zum Pfarrer von Mayschoß bestimmt. Er betreute nur diese Pfarrei und starb am 11.4.1703.

Wilhelm Chrys. Schmidt, geboren am 25.4.1688. Er war der Sohn des Rentmeisters Johann August Schmidt. 1708 war er Student in Köln und erhielt 1712 ein Kanonikat in Münstereifel. Die Weihe erhielt er am 21.9.1715.

---

269 Schug, Peter, (wie Anm. 11), S. 309/310.
270 Ebd., S.280. Ein weiterer Beleg findet sich in: Öffentlicher Anzeiger zum Amtsblatt der Königlichen Regierung zu Koblenz, Nr. 56, vom 19.10.1848, S. 661. (freundlicher Hinweis von Ottmar Prothmann, Oeverich).
271 Die biografischen Daten bis Josef Naekel sind entnommen aus: Schug Peter, (wie Anm. 11), S. 310.

Johann Ley, geboren am 23.7.1740. Die Weihe erhielt er am 20.4.1766. Zu seinem Weihetitel gehörte eine Wochenmesse in Rech und Dernau. 1770 war er Vikar in Ahrweiler und starb vor dem 11.3.1798.

Jakob Appel, geboren am 12.6.1744. Er studierte 1763 in Köln. Die Weihe erhielt er am 27.10.1767. Weihetitel 75 Taler. 1781 war er Frühmesser in Mayschoß und starb am 12.4.1810.

Jakob Schorn, Ordensname Mellitus, OFM. Er wurde 1747 im Ortsteil Bungert geboren, 1767 Student in Köln, Profeß 1768, Weihe 1772. Er starb in Koblenz am 22.11.1783.

Nikolaus Ley, geboren am 26.2.1759. Die Weihe erhielt er am 7.2.1790. 1794 war er Vikar in Kaldenborn-Rosbach und Subsidiar in Hilberath und Dernau, 1797 Pfarrer in Kirchsahr, 1812 Pfarrer in Iversheim. Er starb im Jahre 1833.

Heinrich Rössel, geboren am 14.3.1869. Die Weihe erhielt er am 10.8.1895 in Trier. Später war er Kaplan in Losheim und Dillingen, 1899 Pfarrer in St. Katharinen, 1926 Pfarrer in Hammerstein (Dechant), gestorben am 6.3.1942.

Peter Johann Hubert Naekel, geboren am 30.8.1874. Die Weihe erfolgte am 31.3.1900 in Trier. Später war er Kaplan in Saarburg, 1905 Pfarrer in Bundenbach, 1909 Pfarrer in Kirchberg, 1917 Pfarrer in Könen, 1936 Dechant, gestorben am 16.2.1945 in Mayschoß durch einen Fliegerangriff.

Ignatius Josten, geboren am 27.12.1878. Die Weihe erhielt er am 28.3.1903 in Trier. Später war er Kaplan in Merzig , Rektor in Olewig, 1907 Pfarrer in Dusemond, 1917 Pfarrer in Waldrach, 1936 Pfarrer in Hatzenport, gestorben am 22.5.1948, beerdigt in Hatzenport.

Josef Naekel, geboren am 21.2.1890. Die Weihe erhielt er am 7.8.1915. Später war er Kaplan in Trier-St. Martin, 1931 Rektor im städtischen Hospital, Hospitalspfarrer in Trier-St.Irminen, gestorben am 18.4.1944, beerdigt in Trier-St. Paulin.

Rudolf Stodden, geboren 26.10.1928, geweiht 8.12.1959, seit 1961 als Steyler Missionar in Papua Neu-Guinea.

Robert Görres, geboren 19.6.1954, geweiht 8.7.1979, seit 2000 Pfarrer in Ringen und Leimersdorf.

Mechtilde Naekel, Ordensname Schwester Amata, geboren am 24.6.1923. Arme Dienstmägde Christi, Dernbach.

Die Schule

Vor der Errichtung einer Schule in Mayschoß mussten die Kinder den beschwerlichen Weg zur Pfarrschule nach Dernau über den Berg zurücklegen. Erst nach der Genehmigung des Kölner Generalvikars am 18.11.1652 konnte in Mayschoß eine eigene Schule errichtet werden.[1] Dies geschah wohl spätestens 1656, denn beim Abriss der alten Schule (gemeint ist das Gebäude vor dem Neubau von 1844) fand man einen Balken mit der Inschrift *1656 Gott bewahre mich und diese Schule vor Unglück.*[2] Am 3. Februar 1673 stiftete der Mayschoßer Johan Josten 33 Reichstaler für die Mayschoßer Schule. Die Zinseinkünfte sollten für den Schulbau wie auch für arme Kinder verwendet werden deren Eltern kein Schulgeld aufbringen konnten.[3] Auch Pfarrer Ley (1655 – 1703) gab 10 Taler zu dem gleichen Zweck.[4] Zu dieser Zeit war das Küsteramt mit der Lehrertätigkeit verbunden, und der Küster erhielt zu seinem Gehalt pro Monat und Kind 4 Albus und einen Taler von der Gemeinde. Für die Sonntagsschule gab es weitere 17 Albus. Als Lehrer werden genannt: 1653 Heinrich Horing, 1660 Johann Gotzacker (Bockshecker), 1669 und 1670 Jakob Leyendecker aus Rech, 1695 Heinrich Sturm, 1700 bis 1705 Johann Weyer, 1710 Winand Schauff, 1717 bis 1724 Heinrich Schock, 1730 bis 1737 Michael Dreiser, 1739 Gaudentius Niessen. Mit letzterem war der Pastor als örtlicher Vorgesetzter 1740 unzufrieden, 1743 war er jedoch mit dem von ihm und der Gemeinde angestellten Küster und Lehrer zufrieden. Der Visitator fand die Jugend wohl unterrichtet, bemängelte aber den Zustand des Schulhauses. Dieselbe Klage wurde noch 1765 erhoben.[5]
Über den Bildungsstand der Schullehrer im Jahre 1783 äußerte sich der Statthalter des Herzogs von Arenberg, Heinrich Bornschlegel, nachdem er die Schulen der Herrschaft Saffenburg visitiert hatte, nach Brüssel: „Die Schullehrer sind alle Ignoranten, die selbst nicht einmal schreiben können."[6] Bei einem weiteren Besuch im Jahre 1786 entrüstete sich Bornschlegel: „Keine gemeind in denen herzoglich deutschen landen hat so wie mayschoss und Dernau das glück, eine freie schul zu haben, und nirgendwo finde ich mehrer kinder binnen der schulzeit auf der gassen herumlaufen als eben zu Dernau und Mayschoss (...) Der scholmeister soll die kinder mit Güte behandeln und bei allerfalsiger mißhandlung der eltern besonders der mutter sich in keinen wortstreit einlassen, sondern geziemend bey der obrigkeit anbringen." [7]

---

1 Schug, Peter, Geschichte der zum ehemaligen kölnischen Ahrgaudekanat gehörenden Pfarreien der Dekanate Adenau, Ahrweiler und Remagen, Trier, 1952, S. 307.

2 Aus Günter Ohligs Tagebuchheften 1937 – 1938, gedruckt in : Schmitz, Sebastian Wolfgang, Mayschoß – Beiträge zur Geschichte eines Dorfes im Saffenburger Ländchen, Band III, Mayschoß 1984, S. 20.

3 Eckertz, Gottfried, Chronik und Weistum von Mayschoß an der Ahr, in: Annalen des Historischen Vereins für den Niederrhein, 1865, S. 42.

4 Schug, Peter, (wie Anm. 1), S. 307.

5 Ebd., S. 308.

6 Neu, Peter, Die Arenberger und das Arenberger Land, Band 3, Koblenz 1995, S. 521.

7 Ebd., S. 538.

In einem Schreiben von Bornschlegel vom 10. Oktober 1787 an die Schöffen von Mayschoß heißt es. „Euer schulmeister, der so gewohnt ist, nach seiner alten leyer zu tanzen und dem wenig zu ende des jahres daranliegt, ob seine kinder was gelernt haben oder nicht, verliert vorschriften, die ich ihm gegeben habe, dringt nicht auf anschaffung ordentlicher bücher und lasset halt so gehen wie es gehet. Darum bin ich aber nich zufrieden. Mir liegt ob, darauf zu sehen, daß eure jugend unterwiesen wird und der staat nützliche bürger bedenke. Ich werde mich also keine mühe gereuen lassen und auch nicht nachlassen, bis ich es mit der jugend in eurem schönen und guten ländgen zu jener vollkommenheit gebracht habe, worin ich mehrere schulen im herzogtum täglich zu sehen das vergnügen habe (...) Euer schulmeister kann nicht schreiben, deswegen geht auch das schreiben bey euren kindern so schlecht. Eure kinder werden ohne den schulmeister schreiben lernen, wenn ihr nur selbe mit mehrerem papier wie bis hiehin und mit besseren federn versehen werdet (...) Macht ihnen bücher von 5,6 bogen stark, so kann man sehen, wenn sie diese bücher einmal vollgeschrieben haben, ob sie sich gebessert haben oder nicht. Lasset inen nach beygehenden vorschriften die buchstaben, so wie ich es ihnen gezeigt habe, zwischen zwei linien schön nachmalen, und ihr werdet sehen, wie sie in kurzer zeit zunehmen und durch vielfältiges schreiben es dahin bringen werden, daß sie alle möglichen druck und alle möglichen schriften zu lesen im stande sind. Glaubt mir ihr guten leute, und folgt, es wird euch nicht gereuen. Schicket eure kinder fleißig in die schul und sagt ihnen, sie sollen vor meiner nicht bang sein, denn obgleich meine stimme etwas laut und nachdrucksam ist, so meine ich es doch nicht übel, sondern von herzen gut mit ihnen.“ [8]

Im Jahre 1809 verließ der Schullehrer Johann Adolf Kramer nach 19 Jahren Tätigkeit die Mayschoßer Schule und ging nach Rech. Zum Ende seiner Lehrerzeit in Mayschoß war er gleichzeitig Bürgermeister, was zu einigen Schwierigkeiten führte. Bald hieß es, dass er sich „in vielen Sachen bekümmerte welche ihn nicht angiengen, daher wurde man seiner überdrüßig, obschon er anfang ein guter lehrer gewesen, dem ongeachtet wurde er abgedanck.“ [9] Sein Nachfolger wurde Philip Jacob Holler. [10]

Gab es für das 17. und 18. Jahrhundert nur wenig Nachrichten über das Schulwesen, so änderte sich dies zum Ende des 19. Jahrhunderts grundlegend. Nach einer Verfügung der Königlich Preußischen Regierung von 1872, in der es hieß „der Lehrer hat eine Schulchronik zu führen“, sowie einer weiteren Verfügung der Königlichen Regierung in Koblenz von 1894 begann die Mayschoßer Schulchronik am 1. April 1895 durch den damaligen Lehrer Peter Rochus Gottsacker. In einem Rückblick schrieb er: „Vor dem Jahre 1844 bestand das damalige hiesige Schulhaus einschließlich Wohnung für den Lehrer nur aus einem sehr dürftigen, einstöckigen Gebäude, weshalb die betreffende Lehrer-Wohnung, bestehend nur aus zwei kleinen Zimmern, seit langen Jahren nicht mehr benutzt werden konnte und sich der Lehrer eine Woh-

---

8 Neu, Peter, S. 539.

9 Schmitz/Klein, Schatzbuch und Chronik der Gemeinde Mayschoß, Mayschoß 1998, S. 92.

10 Ebd.

nung mieten mußte. Der Schulsaal – sehr niedrig und gestützt - konnte die damaligen Schulkinder, durchschnittlich 120 bis 130 zählend, nicht mehr fassen, weshalb die größeren vormittags und die kleineren denn nachmittags je 3 Stunden die Schule besuchten. Wegen dieses mangelhalften Schulbesuches hat die Gemeinde denn in den Jahren 1844 – 1845 ein neues Schulhaus mit Einschluß einer besseren Lehrerwohnung bauen lassen, weshalb denn auch der hiernach zunächst dahier angestellte Lehrer Franz Hömig seine Wohnung in dem neuen Schulhause nahm. Dieses geschah aber erst am 1. Juli 1848.“[11]

Schulgebäude aus dem Jahre 1844. *Foto des Verfassers, 2006*

Zum Bau des neuen Schulgebäudes 1844, dessen Grundsteinlegung am 26. August erfolgte, stiftete der König Friedrich Wilhelm IV. 600 Taler und Fürst Peter von Arenberg 300 Taler, wofür er von allen anderen Leistungen befreit war.[12]
Lehrer Hömig wurde im August 1869 auf eigenen Wunsch in den Ruhestand versetzt und lebte im Dorf bis zu seinem Tod im Jahre 1889. Bis Oktober 1869 verwaltete Lehrer Schell aus Rech die Schule, dann wurde der am 1.8.1837 in Mayschoß geborene Peter Rochus Gottsacker an die hiesige Schule versetzt. Im Jahre 1872 erfolgte

11 Maychoßer Schulchronik S. 2 – 3.
12 Eckertz, Gottfried, (wie Anm. 3), S. 72.

die Einrichtung einer Lehrerinnenstelle.[13] Von da an betreute Maria Linden die Mädchen der Schule alleine. Die einzigen gemeinsamen Stunden mit den Jungen war der Gesangunterricht. Im Jahre 1894 hatte Gertrud Kraus die Lehrerinnenstelle inne.[14] Über die Entwicklung der Besoldung berichtet Lehrer Gottsacker, beginnend mit dem Antritt seiner Stelle am 1. Oktober 1869 „betrug das betreffende Einkommen der Lehrerstelle mit Einschluß des Organisten-Gehaltes jährlich blos 600 Mark, wurde jedoch nach und nach derart aufgebessert, daß es seit dem 1. Oktober 1894, mit Ausschluß des Organistengehaltes – welches letztere 87 Mark betrug – bis zu 1063 Mark erhöht worden ist. Das pensionsberechtigte Einkommen wurde damals festgesetzt zu: Gehalt aus der Gemeindekasse 513 Mark, Zuschuß aus der Staatskasse 550 Mark, und Gehalt aus der Kirchenkasse 87 Mark. Die Wohnung wurde zu einem Mietwerte von 200 Mark taxiert. Gemäß der damals aufgestellten und genehmigten Kompetenz soll die Wohnung bestehend: aus 4 Schlafstuben 3 heizbaren und 3 nicht heizbaren Kammern, 1 Küche, 1 Keller, 1 Bodenraum und einem Ökonomiegebäude, enthaltend Raum für 2 Kühe, 1 Stück Jungvieh und 1 Ziege nebst dem dazu gehörigem Futterraum."[15] Am 1. Oktober 1894 hatte die Schule 150 Schüler und zwar 79 Knaben und 71 Mädchen. Bis zum Jahre 1897 erhöhte sich die Schülerzahl auf 176

Gruppenbild der Jahrgänge 1886, 1887 und 1888 der Mayschoßer Schule mit Lehrer Peter Rochus Gottsacker. Aufnahme um 1895. *Anita Ohlig*

13 Mayschoßer Schulchronik. S. 3.

14 Ebd., S. 5.

15 Ebd., S. 5.

(89 Knaben u. 87 Mädchen).[16] Im Folgejahr stieg der Stand auf 185 Schüler. Diese wurden nun verteilt zur oberen Knabenklasse mit 60 Schülern, der oberen Mädchenklasse mit 61 Schülerinnen und einer gemischten Unterklasse mit 64 Kindern.[17]
Am 31.3.1901 trat der 63-jährige Lehrer Peter Rochus Gottsacker nach 31-jähriger Tätigkeit im Ort in den Ruhestand und verstarb am 4.11.1903 in Mayschoß. Sein Nachfolger wurde der erst 20-jährige Lehrer Anton Schwall aus Kaifenheim Kreis Cochem. Die Zahl der Schüler betrug 1901 insgesamt 187. Das Drei-Klassensystem mit zwei Lehrkräften bestand aus Klasse 1a mit 65, 1b mit 63 und Klasse 2 mit 59 Schülern. Am 5. April 1902 wurde die frühere Lehrerwohnung für 4563 Mark versteigert. Käufer war Michel Gottsacker, der Sohn des pensionieren Lehrers.[18]
Zum Bau eines dritten Schulsaales und zweier Lehrerwohnungen wurde hinter dem alten Schulhaus für 4000 Mark ein Grundstück erworben. Die Grundsteinlegung erfolgte am 26. Juli 1903. Der Bau wurde von den hiesigen Maurermeistern, den Gebrüdern Knieps und Phillip Meurer, ausgeführt. Der Kostenvoranschlag belief sich auf 23.600 Mark, wozu die Regierung in Koblenz einen Zuschuss von 14.000 Mark gewährte. Am 1. September 1903 wurde eine dritte Lehrkraft an der Mayschoßer Schule angestellt. Ein Jahr später am 1. September 1904 war der neue Schulbau fertigestellt, und am Folgetag konnte die Einweihung des Gebäudes erfolgen. Über den Ablauf der Einweihungsfeier sowie eine Beschreibung der neuen Örtlichkeiten berichtet die Schulchronik ausführlich:
„Zunächst sprach Herr Pfarrer Leinen über die Bedeutung der kirchlichen Weihe eines Schulhauses, nachdem ein gemeinsam gesungenes Morgenlied die Feier eröffnet hatte. Dann vollzog der Herr Pfarrer den Weiheakt. Da die Feier am Sedanstag abgehalten wurde, folgte nun eine kurze Sedansfeier, bei der Herr Lehrer Schwall das Kaiserhoch ausbrachte. Zur eigentlichen Einweihungsfeier leitete ein von der Oberklasse gesungenes zweistimmiges Lied mit Harmoniumbegleitung, betitelt: „Der Einzug", über. Es folgte ein Begrüßungsgedicht, dem sich acht Sprüche anschlossen. In diesen gelobten acht Kinder im Namen der Mitschüler im neuen Schulsaale besonders acht Tugenden üben zu wollen. Eine Schülerin der Oberstufe sprach nun eine Ermahnung zur Befolgung dieser Tugenden an die Kleinen. Dieser schloß sich ein Lied als Bittgebet für die Kleinen an. Dasselbe sang die gemischte Oberstufe. Die folgende Nummer des Programms bildete die Festrede über die Aufgaben unserer Volksschule, gehalten vom Lehrer der neuen Klasse. Dieselbe klang aus in einem von der Unterstufe gesungenen Liede, in dem die Kleinen um Gottes Hilfe im neuen Schulsaale baten, denn für die gemischte Unterklasse war der luftige Saal bestimmt. Das mit froher Begeisterung gesungene „Großer Gott wir loben Dich" schloß die Feier, als Herr Bürgermeister Freiherr von Korff ein Hoch auf die Preußische Regierung mit nachfolgendem „Ich bin ein Preuße" ausgebracht hatte. Bei der nun folgenden gemütlichen Nachfeier in der neuen Lehrerwohnung hielt Herr Ortsvorsteher Jöbgen

16 Ebd., S. 48.
17 Ebd., S. 62.
18 Ebd., S. 79.

eine kleine Ansprache. Damit sollte die Feier ihr Ende finden. Am folgenden Tage begann der Unterricht im neuen Schulsaale. Recht praktisch ist der Schulhausgang durch eine Verbindungstür von dem Hausgang der Lehrerwohnungen, welche einen besonderen Eingang besitzen, getrennt. Von den beiden Wohnungen hat jede vier Zimmer (inklusive Küche) und zwei Mansarden. Eine im Keller eingerichtete Waschküche ist zum Gebrauch für die drei Lehrpersonen bestimmt. Gleichzeitig mit dem Schulhausneubau schritt man zum Neubau von Aborten und Pissoireinrichtungen. Die neben dem alten Schulhause stehenden Aborte wurden niedergelegt. Damit verschwand auch ein Holzställchen. Zum Ersatz für dasselbe sowie für den Holzvorrat der Lehrer soll das neben den neuen Aborten errichtete Ställchen dienen. Den Turn- und Spielplatz friedigte man auf den Schulbach hin mit einem Bretterzaun, an den übrigen Seiten durch einen Drahtzaun ein. Mehrere Lindenbäumchen sind berufen, den so nötigen Schatten im Sommer uns später zu geben.“ [19]
Die neu errichtete zweite Lehrerstelle war seit dem 1.9.1903 mit dem Schulamtskandidaten Theodor Sandkaulen aus Rübenach, Kreis Koblenz-Land, besetzt. Am 1.2.1905 wurde er zum Lehrer ernannt und übernahm die gemischte Unterklasse bis zu seiner Versetzung nach Kettig am 1.6.1907. Nach mehreren Vertretungen erhielt der Sohn des Försters Schäfer aus Krälingen, Peter Hubert Schäfer, am 1.10.1907 die hiesige 2. Lehrerstelle. Mit dem 1.4.1908 wurde Lehrer Schwall mit einer Zulage von 150 Mark zum Hauptlehrer an der Mayschoßer Schule ernannt. In einem Rückblick über die früheren Wohnbedingungen der Lehrpersonen führt er aus: „Bezüglich der Lehrerinnenwohnung möchte ich hier noch folgendes bemerken. Die 1 Lehrerinnenstelle wurde 1872 errichtet. Bis dahin war in dem alten Schulhause unten Lehrerwohnung und oben der Schulsaal. Jetzt (1872) wurde aus der Lehrerwohnung ein Mädchenschulsaal geschaffen.[20] Für den Lehrer aber hat die Gemeinde eine Wohnung nebst Scheune und Stallung in der Nähe der Schule angekauft.[21] Ein Raum der oben genannten Lehrerwohnung in der Schule blieb noch bestehen, der als Küche für die Lehrerin dienen sollte. (Die Küche war also ein Teil des jetzigen Mädchenschulsaales). Dazu hatte die Lehrerin noch 2 Räume a) das Wohnzimmer bildete das jetzt noch bestehende Zimmer neben dem Knabenschulsaale, b) aus diesem Zimmer führte eine jetzt noch vorhandene Tür in das Schlafzimmer, welches durch eine Bretterwand vom Knabenschulsaal getrennt war. Dieser Raum gehört jetzt zum Knabenschulsaale. Die drei angegebenen Räume bildeten die Wohnung der Lehrerinnen von 1872 bis 1887. Im Jahre 1887 wurde dann endlich die jetzige Lehrerinnenwohnung neben das alte Schulhaus gebaut. Der Bau wurde von dem Maurer Ap. Knieps zum Kostenpunkte von 2900 Mark übernommen.“ [22]
Über drei tragische Sterbefälle von Schülern berichtet die Schulchronik aus dem Jahre 1908: „Am 6.3.1908 wurde der Schüler Hubert Rößel (8 Jahre alt), Sohn von

19 Ebd., S. 82 – 85.
20 Ebd., S. 88.
21 Ebd., S. 4.
22 Ebd., S. 88.

Joseph Rößel beerdigt; dem folgte am 11.4.08 Apollinar Appel (in demselben Alter), Sohn der Witwe Syl. Appel. Schon am folgenden Tage starb der Schüler Engelbert Braun (11 Jahre alt), Sohn des Schreiners Karl Braun. Dieser beteiligte sich noch als Kerzenträger an dem Begräbnis des Ap. Appel. Ja selbst nachmittags war der Knabe noch Reben raffen. Erst im Laufe des Nachmittags klagte der Schüler, und am folgenden Mittag schon verschied er, infolge von Gelenkrheumatismus, der ins Blut übergegangen war. Die beiden Erstgenannten starben an Gehirnentzündung. Mögen sie alle drei aus des lichten Himmelshöhen fürbittend auf uns herniedersehen."[23]

Am 20. November 1920 wurde in Mayschoß eine ländliche Fortbildungsschule eingerichtet. Dieser Unterricht von vier Stunden pro Woche, den sich die beiden Lehrer teilten, fand nur im Winter statt. Über 40 Schüler nahmen daran teil, jedoch wurde von den Lehrern eine mangelnde Regelmäßigkeit des Unterrichtsbesuches beklagt.[24]

Im Juni 1910 schenkte die Lehrerin Gertrud Kraus der Schule eine neue Schulfahne. Im Folgemonat, am 16. Juli 1910, feierte sie ihr 25-jähriges Dienstjubiläum. Dies wurde, wie der zeitgenössische Bericht zeigt, von der Dorfbevölkerung ausgiebig gewürdigt. „Dieser Tag wurde auf das festlichste begangen. Am Vorabende bewegte sich ein imposanter Fackelzug durch das Dorf hinauf zur Schule, um der allverehrten Jubilarin die herzlichsten Ovationen darzubringen. Veranstaltet wurde die Feierlichkeit von sämtlichen hiesigen Vereinen – Kriegerverein, Männer- Gesangverein Concordia, Kirchenchor Cäcilia, Junggesellenverein (Maigelog) und die Sanitätskolonne."[25]

Nachdem seit 1914 das Dorf mit elektrischem Licht versorgt wurde, ließ die Gemeinde in jeder Lehrerwohnung fünf und in der Lehrerinnenwohnung drei Lampen anbringen. Ebenso kamen wegen der ländlichen Fortbildungsschule zwei Lampen in Klasse 1a und eine Lampe auf die Treppe.[26]

In den ersten Monaten des Kriegsjahres 1917 herrschte strenge Kälte mit Temperaturen von bis zu –20° Celsius. Daher wurden wegen der Kohlennot auf Befehl des VIII. Armeekorps alle Volkschulen, höheren Schulen und Theater geschlossen. So wurde auch die Mayschoßer Schule vom 8. bis 19. Februar geschlossen. Wegen der Einberufung des Hauptlehrers Schwall brauchte der Unterricht aber nur in zwei Klassen gehalten zu werden, und so konnten 50 Zentner Kohlen aus dem Schulkeller an bedürftige Einwohner aus der Gemeinde verkauft werden.[27] Im Rahmen des Durchzuges der 7. Armee durch das Ahrtal wurden am 21. November 1918 die Schulsäle zur Unterbringung der Soldaten geräumt. Kurz nachdem die eigenen Truppen abgezogen waren, rückten bereits am 8. Dezember amerikanische Besatzungstruppen ins Ahrtal vor und quartierten sich in die Säle der Schule ein. Nachdem die amerikanische Besatzung die Unterrichtssäle am 13. Januar 1919 freigegeben hatte, konnte der Unterricht wieder aufgenommen werden.

---

23 Ebd.

24 Ebd., S. 90.

25 Ebd., S. 90.

26 Ebd., S. 133.

27 Ebd., S. 136.

Nach der Versetzung des Hauptlehrers Schwall am 1.12.1919 nach Rohrerhof bei Metternich, übernahm Lehrer Schäfer die Geschäfte des Hauptlehrers. Am 1. Juni 1920 übernahm er die Klasse 1a. Die Klasse 2 übernahm als Neubesetzung Herr Brühl aus Ettringen.
Zu Ostern 1921 gab es eine neue Klasseneinteilung. Bisher bestand an hiesiger Schule die Klasseneinteilung 1a. (Jungen 3. – 8. Schuljahr), 1b. (Mädchen 3. – 8. Schuljahr) und 2. (gemischte Unterklasse). Ostern 1921 wurden 4 Klassen eingerichtet: 1a. (5. – 8. Schuljahr, 30 Jungen), 1b. (5. – 8. Schuljahr, 20 Mädchen), 2. gemischte Mittelklasse 3. – 4. Schuljahr, 18 Jungen und 16 Mädchen, 3. gemischte Unterklasse mit 19 Jungen und 27 Mädchen. Insgesamt gab es 130 Schüler, 67 Jungen und 63 Mädchen.

Gruppenbild der Lehrer und Schüler der Mayschoßer Schule um 1926. Die Aufnahme wurde auf der Dorfstraße in Höhe des Pfarrhauses gemacht. Im Hintergrund die beiden im 2. Weltkrieg zerstörten Fachwerkhäuser.
Sammlung des Verfassers

Mit dem 1. April 1927 ging die Lehrerin Gertrud Kraus in den wohlverdienten Ruhestand. Nach einer Vertretungszeit übernahm ab 1. Oktober die Tochter des Lehrers a. D. Herrn Peter Jung von Dernau, Katharina Jung, die hiesige Mädchenklasse. Nach Ostern 1932 wurde an der Schule eine 4. Klasse eingerichtet. Am 1. Oktober feierte Hauptlehrer Schäfer sein 25-jähriges Ortsjubiläum.
Wie intensiv sich die Stimmung der Zeit in die Schule übertrug, spiegelt ein Bericht über den Tag der Parlamentseröffnung in Potsdam wieder „Der Tag der Parlamentseröffnung in Potsdam am 21. März 1933 wurde auch in unserer Schule festlich begangen. Ein daselbst aufgebauter Lautsprecher übertrug die Feierlichkeiten des Vormittags aus der Garnisonskirche. Unsere Schüler waren versammelt, um teilzunehmen an dem großen Geschehen, dass sich in den letzten Wochen abgespielt hat, um teilzunehmen an einer großen nationalen Feier, die aus Anlaß des Zusammen-

Klassenzimmer der Mayschoßer Schule um 1928. *Sammlung Peter Schreiner*

tritts des deutschen Reichstages in Potsdam, in Berlin, im ganzen Reiche, ja in allen Dörfern stattfinden. Ja, heute sollte den Schülern so recht zum Bewußtsein kommen, daß eine große Zeit angebrochen, eine Zeit, in der sich die Mehrheit des deutschen Volkes zusammengefunden hat zu einer großen nationalen Einheit. Heute sollten sie erkennen, daß dieser Tag ein Markstein in der deutschen Geschichte ist, wo sich viele Millionen, Stämme und Stände, zusammengefunden haben, um wahr zu machen die Worte des Dichters: „Nimmer wird das Reich zerstört, wenn ihr einig seid und treu." Die begeisterte Teilnahme unserer gesamten Schuljugend an den Veranstaltungen zu den nationalen Festlichkeiten am 21. März veranlaßte Herrn Hotelbesitzer Sautmann, Lochmühle, dieser eine ganz besondere Feierstunde zu bereiten. Alle Kinder, über 160 an der Zahl, waren zu Kaffee und Kuchen eingeladen."[28]

Diesem Tag folgte alsbald der Tag der nationalen Arbeit, wobei die Schulberichte von 1933 zeigen, dass die Schulkinder zunehmend dem Einfluss der politischen Machthaber ausgesetzt waren.
„Tag der nationalen Arbeit 1.5.1933. Der Tag der nationalen Arbeit wurde auch an unserer Schule festlich begangen. Nach gemeinschaftlichem Kirchgang gingen Schulkinder, die Mitglieder der NSDAP und die andren Ortsvereine zum Gefallenendenkmal, unter anderem brachten auch die Schulkinder dort einen Sprechchor und andere Gedichte zum Vortrag. Dann sammelten sich die Kinder im Saale des Winzervereins. Hier wurde allen ein „Weck" verabreicht, und Hauptlehrer Schaefer gedachte in einer Ansprache des Tages der nationalen Arbeit."[29]

---

28 Ebd., S. 207.
29 Ebd., S. 208.

Gleiches galt für die sportlichen Aktivitäten, die ebenfalls von der Reichsführung instrumentalisiert wurden, wie ein Bericht über die Reichsjugendkämpfe zeigt: „Reichsjugendkämpfe. Der 21. Juni 1933 war ein Sporttag für die hiesige Jugend. Morgens fanden die Reichsjugendwettkämpfe auf unserem Sportplatz, ausgetragen von Schulen aus Mayschoß und Rech statt. Es wurde gekämpft im Ballweitwurf, Sprung und Lauf. Es wurden recht gute Leistungen erzielt." Die Ansprache an die Schüler endete mit den Worten: „Des Leibes Kraft zu mehren, der Weichlichkeit zu wehren, das Vaterland zu lieben und frei die Tugend üben. Das sei Euer Wahlspruch fürs Leben. Und nun Kinder, legt aufs Herz die Hand, Sieg Heil dem Vaterland. Ja, dem geliebten Vaterlande, dem ehrwürdigen Reichspräsidenten von Hindenburg und seinem jungen Volkskanzler Adolf Hitler ein dreifaches Sieg – Heil. Mit dem Deutschlandlied und dem Horst–Wessellied fand die Feier ihr Ende. Am Nachmittage desselben Tages veranstaltete der Volksbund für das Deutschtum im Rahmen des Festes der Jugend einen Volksdeutschen Staffellauf. Auf vielen Strecken überbrachten die Staffeln eine Botschaft, die der Verbundenheit der deutschen Jugend im Reiche und im Auslande Ausdruck verleihen sollte. Unsere Jugend beteiligte sich an der Ahrstaffel, die von Adenau ausging und in Sinzig in die Rheinstaffel einmündete (...). Am Abend des großen Turn- und Sporttages fand auf der Martininück in Altenahr die Sonnenwendfeier statt. In geordnetem Zuge marschierten die Schulkinder, SA und SS, HJ und BDM und andere Vereine unter den Klängen der Musik dorthin. Es beteiligten sich daran die Bürger der ganzen Bürgermeisterei." [30]

Mit dem 1. Juli 1934 trat die Lehrerin Katharina Jung in den Ruhestand. Im gleichen Monat gab es mit den gemischten Klassen 1, 2 und 3 eine neue Klasseneinteilung. Am 6. August 1937 starb der Lehrer Albert Brühl. Zum 1. Dezember 1937 wurde Peter Graf Lehrer an der hiesigen Schule. Am 31. März 1938 trat Hauptlehrer Peter Schaefer in den Ruhestand, nachdem er 30 Jahre und 4 Monate an der hiesigen Schule gewirkt hatte. Ab 1. April 1938 wurde der Lehrer von Vinxt, Kreis Ahrweiler, Herr Stein, zum Hauptlehrer in Mayschoß ernannt. Da die Schule nur über bescheidene Mittel verfügte, schritt man bezüglich der Anschaffung von Turngeräten zur Selbsthilfe. An den freien Nachmittagen arbeitete Hauptlehrer Stein mit einigen der älteren Schüler in der Schreinerwerkstatt Marner. Die Lehrerin Kopp nähte mit den älteren Mädchen Bälle, Fähnchen und Schärpen. So gelangte die Schule mit geringen Kosten zu dem imposanten Bestand an Gerätschaften, bestehend aus: 6 kleinen Sprungkästen, 4 Staffelstäben, 2 großen vierteiligen Sprungkästen, 2 Schwebekanten, 30 Turnstäben, 1 Sprungbock, 8 Paar Hürden, 4 Medizinbällen, 1 Absprungbalken, 1 Tag- u. Nacht-Spielscheibe, 4 Vollbällen, 1 Spielgerät für Diebschlagen, 12 kleinen Bällen, 4 Eilbotenfahnen, 2 Schlaghölzer, 4 Eckfahnen mit Eisenspitzen, 1 langen Schwingseil, 12 Bandschärpen, 2 Sprungständern, 15 Stofasteinen.[31]

Um der drohenden Gefahr einer Kartoffelkäferplage entgegenzuwirken, wurden am 21.7.1938 auch die Schüler der hiesigen Volksschule herangezogen. In einem Bericht

30 Ebd., S. 211.

31 Ebd., S. 220.

hierzu heißt es: „Ein 10-jähriger Junge, Martin Meurer, entdeckte an einer Kartoffelstaude im „Tiergarten“ die erste Larve des Kartoffelkäfers. Wir lasen 17 Larven ab und fanden beim Sieben des Bodens weitere 40. Nachmittags suchten die Fortbildungsschüler. Wir fanden einen zweiten Herd in dem Felde unterhalb des Hauses Rennenberg an der Straße; mehr als 100 Larven fanden wir vor. Am nächsten Tage kam eine 3. Fundstelle im Felde von Domerque an der Saffenburg mit 78 Larven und 8 Puppen des Käfers hinzu. Sofort wurden Bekämpfungsmaßnahmen ergriffen. Die befallenen Felder wurden öfters mit Kalkarsen bespritzt. Kaum 14 Tage später fand man an der zweiten Fundstelle über 100 Jungkäfer. Im nächsten Jahre werden alle Kartoffelfelder, genau wie die Weinberge, laufend mit Kalkarsen gespritzt werden müssen.“ [32]

Neben den Reichsjugendwettkämpfen, die seit Jahren von der Hitlerjugend durchgeführt wurden, wurde im Jahr 1938 erstmals ein Herbstsportfest der Volksschule durchgeführt.[33] Im gleichen Jahr wurde die Fußballmanschaft der Volksschule Mayschoß Meister des Amtes Altenahr. Die ländliche Fortbildungsschule wurde seit den Jahren 1938/39 auf das ganze Jahr verteilt. Im Sommer wurden 40 und im Winter 120 Stunden Unterricht erteilt.

Mit dem Kriegsausbruch am 26.8.1939 wurde Hauptlehrer Stein eingezogen. Die Verwaltung der Schule übernahm Herr Graf. Am 27. April 1940 verstarb im hiesigen Kloster die seit 1927 im Ruhestand lebende frühere Lehrerin Gertrud Kraus.[34]

Im Jahre 1942 fand erstmals keine Schulentlassungsfeier statt. Sie wurde verbunden mit der am folgenden Tage abgehaltenen „Verpflichtungsfeier der deutschen Jugend.“ Im folgenden Jahr wurden 19 Schüler entlassen. Von den 9 Jungen kamen zwei im Handwerk unter, die übrigen 7 gingen in die elterlichen Winzerbetriebe. Die 10 Mädchen blieben größtenteils im elterlichen Haushalt.[35]

1944 waren die Volksschulen und das Lehrpersonal in der Zeit vom 17. – 29. Juli im Rahmen eines Ferieneinsatzes zu einer Sammelaktion von Heilkräutern, Tee und Beeren aufgerufen. Am 14. September wurde wegen Fliegergefahr, auf Anordnung der vorgesetzten Behörde, der Schulbetrieb eingestellt. In der Folgezeit gab es mehrfach Einquartierungen im Schulgebäude. Nach dem Einmarsch der Amerikaner gab es am 8. März 1945 Einquartierung amerikanischer Truppen. Der seit dem 14.9.1944 ruhende Unterricht wurde erst am 1. Oktober 1945 unter französischer Besatzung wieder aufgenommen. Die Lehrpersonen mussten Fragebögen ausfüllen, die einer Kommission zur Prüfung vorgelegt werden mussten. Die Lehrerin der Schule *die Parteigenossin war und besonders im BDM tätig war, wurde ihres Amtes enthoben* (später auf ein Gesuch hin wieder zum Dienst zugelassen). *Hauptlehrer Stein war noch in Gefangenschaft, und so konnte über ihn noch nicht befunden werden.*[36] Über das erste Schuljahr nach dem 2. Weltkrieg schreibt der Lehrer Peter Graf: „Trotz

---

32 Ebd., S. 222.

33 Ebd., S. 225.

34 Ebd., S. 232.

35 Ebd., S. 259.

36 Ebd., S. 299.

aller Not und allen Entbehrungen wurde das Schuljahr begonnen und durchgeführt. Es fehlte leider an allem: Büchern, Heften, Tafeln usw.; mit nichts wurde begonnen, mit Wenigem weitergeführt und zeigte die Vollendung ziemlich gute Ergebnisse, sowohl im Deutsch wie im Rechnen. Die Schullokalitäten befinden sich zwar immer noch in dem durch den Krieg hervorgerufenen primitiven Zustande. Es fehlt überall nicht blos an dem Nötigen, sondern vor allem an dem guten Willen unserer Gemeindeväter. Noch nie ist für die Schule so schlecht gesorgt worden, als gerade jetzt, wo sie der Fürsorge am meisten bedurft hätte. Bei allen Leuten, auch denen, die verantwortlich sind, ist leider ein krasser Egoismus eingekehrt. Jeder nur für sich, andern kann es noch so schlecht gehen. Wer Wein hat, hat alles, wer keinen hat, hat nichts und bekommt auch nichts. Dieser Zustand färbt sich auch auf die Schule ab. Es gibt Kinder, die Butterbrote in überreichem Maße mit zur Schule bringen und daneben andere, die noch nicht einmal eine trockene Brotrinde haben. Um so dem größten Übelstande in etwa abzuhelfen, setzte ab 12. August (1946) von Bad Neuenahr aus eine Schulspeisung ein. Es erhält 3 x wöchentlich – Montag – Mittwoch – Freitag jedes Kind ½ l Suppe. Im ganzen wird die Schule mit 120 Portionen beliefert, je Portion 25 Pfg. Für minderbemittelte Kinder übernimmt die Gemeinde die Kosten. Die Mittel zur Schulspeisung liefert die Schweiz. Zur Entlassung (am 31.8.46) kommen 10 Kinder: 5 Knaben und 5 Mädchen, wovon 1 Mädchen schon auf Antrag Ende April entlassen wurde. Die Kinder wurden nicht an Ostern, sondern erst 31. August entlassen. Das war einigen scheinbar zu lange u. zu unbequem und so schwänzten viele oft den Unterricht. Zum Schlusse wurden einige von den Eltern krank gemeldet und wurden von diesen aber zu Feldarbeiten gebraucht. In meinen 40 Dienstjahren ist mir solches noch nicht vorgekommen. Die letzten Wochen vor der angesetzten Entlassung streikten alle und blieben dem Unterricht fern. Ebenso machten es die Schüler der ländl. Berufsschule, die größtenteils schon seit Wochen vom Unterrichte fernblieben, trotzdem auf die Arbeitslage weitgehend Rücksicht genommen wurde. Der Unterricht fand statt nur an einem Wochentage u. zwar von 17 Uhr ab.“[37] Mit Beginn des neuen Schuljahres am 2.9.1946 kamen 4 Kinder zur Aufnahme. Insgesamt wurden an der Schule 113 Kinder unterrichtet. Im strengen Winter 1946/47 musste die Schule wegen Kälte und mangelndem Brennmaterial von den Weihnachtsferien bis zum 3. März geschlossen bleiben. Ab dem 1. Oktober 1949 wurde nach dem Ausscheiden der Frau Stodden Frau Regina Graf von der Volksschule Altenahr nach Mayschoß versetzt.[38]

1950 wurde der Fußboden im oberen Saal der I. Klasse durch den Schreiner Gies erneuert. „Das unter der Bombenzeit sehr gelittene Schuldach wurde nun endlich überholt. Es war die höchste Zeit, denn überall drang der Regen durch. Die Decken der Mansarden waren heruntergefallen, ja es regnete durch bis zur 1. Etage, sogar im Schlafzimmer bis aufs Bett.“[39]

---

37 Ebd., S. 302/303.

38 Ebd., S. 322.

39 Ebd., S. 325.

Am 31.3. 1951 trat Hauptlehrer Peter Graf nach 45 Jahren Schuldienst in den Ruhestand. Die Stelle wurde mit dem neuen Lehrer Geis aus Aremberg besetzt. Mit seinem Dienstantritt vermerkte er in der Schulchronik: „Schulgebäude, Dienstwohnungen u. Schulinventar sind sehr im Unstande. Es hat den Anschein, als ob jahrelang nichts erneuert, repariert u. angeschafft worden ist. Obwohl die Schule 3 Schulsäle in 2 Gebäuden hat, hat man den besten Schulsaal verkommen lassen. Er dient jetzt als Abstellraum für alte Schulmöbel."[40] 1951 wurde in den Pfingstferien der Schulhof planiert, mit einer Makadamdecke versehen und festgewalzt. Auf der Ostseite des Schulhofes baute man zur Einfriedung eine 1,50 Meter hohe Betonmauer. Vor der Entlassung der Schüler fand im August des Jahres ein Einkehrtag im Kloster statt. Am 2. Weihnachtsfeiertag führte die Schule ein Märchenspiel im Saal des Winzervereins auf. Mit dem Reinerlös sollte ein Ausflug nach Trier gemacht werden. In den Pfingstferien 1952 wurden an den Schulgebäuden Reparaturen und Umbauten im Umfang von 5.800 DM ausgeführt. Unter anderem erhielt das alte Schulgebäude ein neues Dach.[41] Am 2. Weihnachtstag führte die Volksschule im Saale des Winzervereins ein Singspiel mit Musik und Reigen von W. A. Mozart mit dem Titel „Dornröschen" auf.[42] Im Laufe des Jahres 1953 wurden unter dem neuen Schulsaal neue Toilettenanlagen für die Schüler errichtet. Die beiden Lehrerdienstwohnungen erhielten 2 Bäder. Nach der Versetzung des bisherigen Hauptlehrers Geis in den Kreis Mayen und

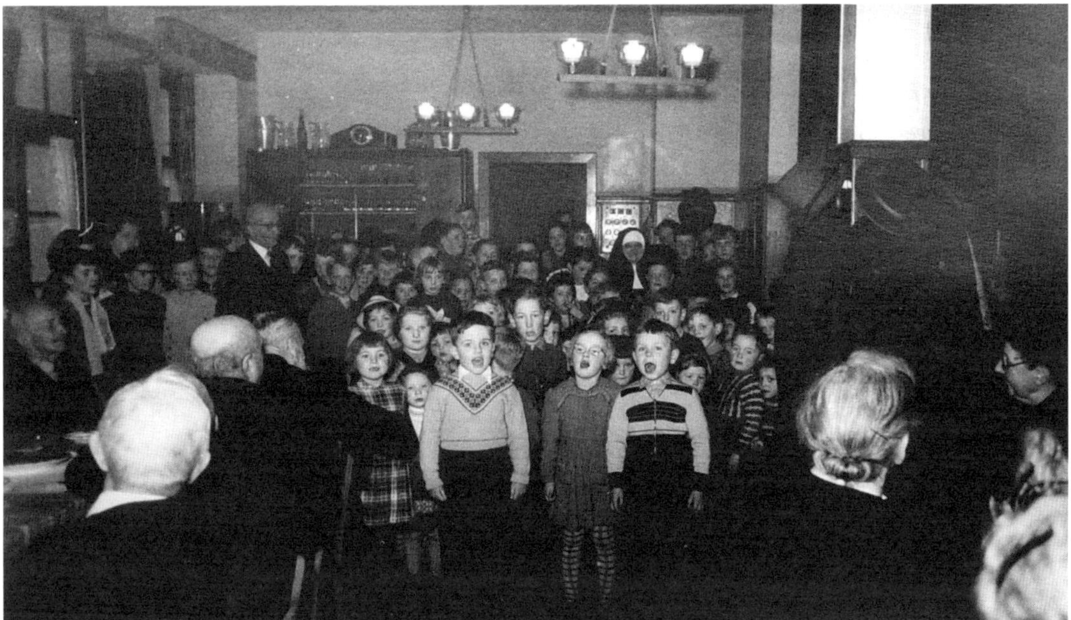

Schulkinder mit Lehrer Schlömer singen auf der Altenfeier im Winzervereinrestaurant, 1950er Jahre.

Luise Kunz

40 Ebd., S. 330.
41 Ebd., S. 333.
42 Ebd., S. 334.

einer kurzen Vertretungszeit trat am 15. Januar 1954 Herr Schlömer die Stelle als erster Lehrer der Mayschoßer Schule an. Im Laufe des Jahres wurde die ländliche Berufsschule nach Ahrweiler verlegt. Wie bereits erstmalig im Vorjahr gestaltete die Schule eine Krippenfeier vor Beginn der Mette in der Kirche. 1956 führten die Schulkinder in der Vorweihnachtszeit zum ersten Male eine Sammlung (Kleidungs- und Wäschestücke sowie haltbare Lebensmittel) für die Diasporahilfe Paderborn durch. Am 26.9.1957 verstarb der bei seiner Tochter im Ruhestand lebende Lehrer Peter Graf. Er war von 1937 bis 1951 Lehrer in Mayschoß und hatte sich besonders in der Heimatforschung (Mayschoß und Saffenburger Ländchen) verdient gemacht. Im Laufe des Jahres 1958 wurde der Schulhof neu gestaltet und eine neue Holztreppe im alten Schulhaus errichtet. Im Rahmen einer Busfahrt des Herbstausfluges 1958 besuchten die Kinder der Oberstufe Frankfurt a. M. (Zoo und Flughafen). Im August 1963 besetzte Herr Heinz Klein die dritte Lehrerstelle und bezog die von der Gemeinde instandgesetzten unteren Räume der leerstehenden Lehrerinnendienstwohnung. Der dritte Schulraum wurde ebenfalls renoviert und mit neuen Schulmöbeln ausgestattet. Die neue Klasseneinteilung ergab:

Kl. 1	Lehrerin Fr. Graf	1. – 2. Schuljahr
Kl. 2	Lehrer Klein	3. – 4. Schuljahr
Kl. 3	Lehrer Schlömer	5. – 8. Schuljahr

Im gleichen Jahr wurden die bisherigen Kohleheizöfen in den Klassenräumen gegen Ölöfen ausgetauscht. Nach zwölf Jahren Dienst an der Mayschoßer Schule trat Hauptlehrer Schlömer am 31. März 1966 in den Ruhestand. Mit der Einschulung Ostern 1966 stieg die Schülerzahl auf 120 Kinder. Da für den verabschiedeten Hauptlehrer keine neue Schulkraft eingestellt wurde, übernahm Frau Graf das 1. bis 4. Schuljahr mit 65 Kindern und Lehrer Klein das 5. bis 8. Schuljahr mit 55 Kindern. Mit der Eröffnung der neuen Mittelpunktschule in Dernau fuhr ab 10. Januar 1967 die Oberklasse, bestehend aus dem 5. – 9. Schuljahr, mit dem Bus nach Dernau zum Unterricht. An der Mayschoßer Schule verblieben 63 Schüler. In den folgenden Monaten wechselte neben der Schulleiterin Frau Graf mehrfach die Lehrkraft (Frau Ueing, Frau Sebastian, Herr Klein). Zum 1. Februar 1968 wechselte Herr Klein zur Sonderschule. Als Nachfolgerin übernahm Frau Sebastian, die bisher in Dernau unterrichtet hatte, die zweite Planstelle. Seit Mai 1967 wurde die Schule mit Schulmilch und Kakao versorgt, die die Kinder wöchentlich bezahlten. Vor der Anschaffung eines Wärmeschrankes im Februar 1968 wurde die Milch im Winter bis zu der 10 Uhr Pause an die Öfen gestellt. Im Dezember 1968 begann erneut eine Zeit der Vertretungen für die zweite Lehrerplanstelle (Frau Lange, Frau Möller, Frau Mockenhaupt). Mit dem 22. April 1969 übernahm Frau Mockenhaupt die zweite Planstelle. Auf Wunsch der Lehrpersonen wurde im November 1969 der untere Schulsaal geräumt und als Turnklasse hergerichtet, so dass im Winter und bei schlechtem Wetter regelmäßige Turnstunden stattfinden konnten. Bereits im August 1970 erfolgten erneute Wechsel der zweiten Planstelle (Herr Langrock, Frau Scharmer). Am 6. Februar 1972 feierte die Schulleiterin Frau Graf ihr 25-jähriges Dienstjubiläum. Mit Frau Panse gab es erneut einen Wechsel bei der zweiten Planstelle. Zum 1. August 1973 erfolgte dann die

Zuführung der Klassen 1 – 4 der Grundschulen in Mayschoß und Rech nach Dernau. Auf Seite 386 enden die Eintragungen der Mayschoßer Schulchronik mit folgendem Text: „Die Kinder und ich fangen schon an, uns von unserer Schule zu verabschieden. Wir machen alles zum letzten Mal hier. Trotz allem „Abschiedsschmerz" muß noch tüchtig gelernt werden. Die Zeugnisse sollen doch gut werden für die neue Schule. – Hoffentlich wird das Zusammenarbeiten der drei Schulen ein gutes Verhältnis. Mir fällt der Abschied auch nicht leicht. Seit Oktober 1949 bin ich hier an dieser Schule und wohne auch noch in diesem Lehrerhaus. Ich denke noch gerne an all das Schöne zurück. Es gab auch mißliche Dinge und schwere Zeiten. Ich erinnere mich auch gerne an die gute Zusammenarbeit mit meinen Kollegen, bes. an meinen Vater, mit dem ich noch zwei Jahre zusammen an der Schule war. Und nun schließen wir die Schultüre zu: am 30. Juni 1973 in Dankbarkeit und nach den Ferien mit frischem Mut und Gottvertrauen für die neue Schule. Regina Graf, Mayschoß, den 30. Juni 1973."

Im Vordergrund das Schulgebäude von 1844 mit dem Schulhof. Im Hintergrund das zweite Schulgebäude aus dem Jahre 1904. *Foto des Verfassers, 2006*

Weinbau und Winzerverein

Erste gesicherte Nachrichten über Weinanbau im unteren Ahrtal finden sich in einer Urkunde aus dem Jahre 770, in der ohne nähere Ortsangaben Weinbergschenkungen *ad aram* erwähnt sind.[1] Im mittleren Ahrtal sind es Aufzeichnungen im Güterverzeichnis der Benediktinerabtei Prüm. Im Prümer Urbar werden für das Jahr 893 in der Mittelahrregion Kreuzberg (einen Weinberg für 1 Fuder Wein) und Dernau (einen Weinberg für 3 Fuder Wein) als Orte mit Weinkultur erwähnt.[2] Für Mayschoß ist es ebenfalls klösterlicher Besitz, der einen ersten Hinweis auf Weinanbau gibt. Im Jahre 1106 verzeichnen die Annales Rodenses der Abtei Klosterrath, dass Embrico, ein reicher Dienstmann des Grafen Adalbert von Saffenberg, sich mit seiner Frau, beiden Kindern und all ihren Gütern in das 1104 gegründete Kloster begab. In dem nunmehr klösterlichen Besitz befand sich unter anderem *ein Gut bei Meinscozen mit seinen Besitzungen, Äckern und Weinbergen.*[3] Dieses Gut wurde in einer Urkunde vom 28. August 1140, nach dem Umzug der Schwestern von Klosterrath nach Marienthal, dem dortigen Kloster zur Nutzung zur Verfügung gestellt.[4] In einer anderen Urkunde aus der Zeit um 1200 werden Weinberge an der Saffenburg genannt.[5] Im Jahre 1252 überließ Wilhelm von Saffenberg in einem Vergleich seinem Verwandten, dem Edelmann Friedrich, Herr von Blankenheim, *einige Weinberge bei Saffenberg.*[6] Am 2. Januar 1303 erwarb der Kölner Bürger Bruno Goyschlim von den Eheleuten Rulo von Porze und Jutta ½ *Morgen Weinberg auf der Eynartshart unterhalb der Saffenburg gegen jährliche Lieferung des halben Ertrages.* Desgleichen verkaufte die zu Mayschoß wohnende Agnes, Witwe Johann von Eidisbach, an Bruno ½ Morgen am *Weschilberg.*[7] Bei der Erwähnung des Weinberges auf *Eynartshart* handelt es sich um die älteste Steillagennennung in der Gemarkung Mayschoß.[8]

Aus einer Urkunde des Jahres 1408 erfahren wir erstmals detailliert, wie Wein von den Dörfern der Ahr als Jahreszins in Zeiten knapper Kassen verwendet wurde. Am 21. Januar des Jahres liefern die Dörfer Mayschoß und Rech dem Münstereifeler

---

1 Goerz A. D., Mittelrheinische Regesten,Teil I, Koblenz 1876, S. 78/79.

2 „anno verbi incarnati DCCCXCIII conscriptum" Im Jahre des Herrn 893 geschrieben. 1100 Jahre Prümer Urbar, Festschrift, Trier 1993, S. 49.

3 Heidbüchel/Kramer, Annales Rodenses, in: Heimatblätter des Kreises Aachen, 1990, S. 32.

4 Bous/Klein, Quellen zur Geschichte der Stadt Ahrweiler, Bad Neuenahr-Ahrweiler 1998, S. 39.

5 Gudenus Valentin Ferdinand, Codex diplomaticus sive anecdotorum res moguntinas..., Bd. 2, Frankfurt/Leipzig 1747, Nr.III, (S. 934), in: Herborn Wolfgang, Der Weinbau an der Ahr im frühen und hohen Mittelalter, S. 44, Schriften zur Weingeschichte, herausgegeben von der Gesellschaft für die Geschichte des Weines, Heft Nr. 146, Wiesbaden 2004.

6 Frick, Hans, Quellen zur Geschichte von Bad Neuenahr, Bad Neuenahr 1933, S. 82.

7 Schmitz, Ferdinand, Urkundenbücher der Geistlichen Stiftungen des Niederrheins, II Abtei Heisterbach, Bonn 1908, S. 271.

8 Dabei handelt es sich entweder um die heutige Flur *Im Etshardsberg* direkt unterhalb der Saffenburg oder um die am gegenüberliegenden Berghang gelegene Flur *In Einetzen* oberhalb der Weinbergslage *Vor Weinscheid.*

Vogt Johann Elreborn für bereits erhaltene 155 rheinische Gulden jährlich sieben Ohm Wein aus ihrem besten Gewächs. Nach dem Herbst war der Vogt unverzüglich zu informieren und konnte dann binnen acht Tagen aus den besten Weinen der Gemeinde auswählen. Dabei ging er oder sein Beauftragter mit einem Vertreter der Gemeinde von Haus zu Haus, um die Weine zu probieren. Vorher durfte kein Wein verkauft werden. War der Wein transportfähig gemacht, musste er unverzüglich nach Münstereifel ausgeliefert werden. Wurden mehrere Fässer mit einer größeren Menge als sieben Ohm ausgewählt, so hatte der Vogt den Überschuss zum gleichen Preis, den auch die Gemeinde zahlte, zu bezahlen. Eine Ablösung der Schuld war jeweils im Herbst mit 155 in Münstereifel zu zahlenden Gulden möglich.[9] Durch ein solches Geldgeschäft könnte auch der Jude Abraham aus Schweinheim zu seinem Wingert vor Weidenhard gelangt sein, der für das Jahr 1581 im Mayschoßer Schatzbuch belegt ist.
Niedergeschriebenes Gewohnheitsrecht im Weistum von 1586 gibt erstmals einen Einblick in Arbeitswelt und Lebensbedingungen der damaligen Winzer. Dabei handelt es sich unter anderem um Vorschriften für die Bodenbearbeitung, Regeln über den Weinhandel sowie um Bestimmungen für die Weinbergsschützen.[10] Der Mönchhof in Mayschoß besaß ebenfalls ein seit dem Jahre 1594 niedergeschriebenes Gewohnheitsrecht.[11] Hofherr war, wie im Weistum ausgeführt das Kloster Marienthal. Die Bezeichnung Mönchhof für den Hof eines Nonnenklosters wie auch Mönchberg für die beste Weinbergslage im Ort leiten sich von der Abtei Klosterrath ab, die seit 1106 Grundbesitz in Mayschoß hatte und der das Kloster Marienthal unterstand.[12]
Legt bis zum 13. Jahrhundert die Bezeichnung „rubellum" für Weine im Ahrtal eine Dominanz der roten Weine nahe, so wird für das Jahr 1490 in den Ahrweiler Stadtrechnungen Rot- und Weißwein aufgeführt.[13] *„Item geschenckt mynen hern van virnenburg 2 fleschen roitz und 1 flesch wijß der rode 22 heller und der wijß 2 albus."* [14] In den Jahren 1590/91 weisen die Saffenburger Weinverzeichnisse (siehe Kapitel Die Herrschaft Saffenburg) höhere Einkünfte an Weißwein aus. Im Verzeichnis von 1591 taucht für den Rotwein erstmals die Bezeichnung Bleichart auf.[15] Im Mayschoßer Schatzbuch erfolgte erstmals im Jahre 1664 die Erwähnung von rotem und weißem Wein.[16]

---

9 Mötsch, Johannes, Regesten der Urkunden im Archiv der Fürsten von Metternich im staatlichen Zentralarchiv zu Prag, Veröffentlichungen der Landesarchivverwaltung Rheinland-Pfalz, Band 90, Teil 2, Koblenz 2001, Nr. 250.

10 Siehe Kapitel: Die Herrschaft Saffenburg, Gewohnheitsrecht, Abgaben und Lebensbedingungen.

11 Ebd.

12 Gegen die in früherer Zeit vermutete Verbindung Mönchberg zu der Mönchniederlassung in Kesseling, welche im Jahre 762 Prüm unterstellt wurde, spricht, dass im Güterverzeichnis der Abtei Prüm aus dem Jahre 893 kein Grundbesitz in Mayschoß erwähnt ist.

13 Welter, Klaus, Der Ahrweinbau in Geschichte und Gegenwart, Dissertation, Heimersheim 1975, S. 249.

14 Stadtarchiv Bad Neuenahr-Ahrweiler, A 271, S. 32.

15 Der Begriff Bleichart bezog sich auf die hellrötlich-bleiche Farbe, die der Rotwein damals hatte, weil er vor der Gärung gekeltert wurde. Im Schatzbuch der Gemeinde wird der Begriff im Jahre 1772 erstmals verwendet.

16 Schmitz/Klein, Schatzbuch und Chronik der Gemeinde Mayschoß 1528 – 1998, Mayschoß 1998, S. 23.

Die im Weistum von 1586 erstmals genannten Weinbergsschützen werden seit dem Jahr 1688 im Mayschoßer Schatzbuch namentlich nach der Nennung von Bürgermeister, Knecht und den Schatzmeistern aufgeführt.[17] 1688 waren es Johann Simonß, Jakob Ley am Fuhrweg, Joist Blanckart, Lambret Heinen, Peter Coßman, Johann in der Gassen, Jochem Creutzbergh. Eine in diesem Zusammenhang gemachte Bemerkung *Diß Jahr seint die Frantzoßen ins Reich kommen. Coblentz belagert, Bischthom Colln eingenohmen* läßt die Vermutung zu, dass die Bewachung der Fluren vorher ruhte und wegen unsicherer Zeiten wieder aufgenommen wurde.[18] Aus dieser Zeit (etwa 1676 – 1677) besitzen wir vom Wadenheimer Jesuitengut an der Unterahr einen detaillierten Bericht über die jährlich anfallende Weinbergsarbeit.[19] Demnach begann der Arbeitszyklus nach der Traubenlese mit dem Ausfahren des Sommermistes, um ihn mit der Wintergrabung untergraben zu können. Vor Lichtmess (2. Februar) war man mit Waldarbeit, dem Rahmenmachen beschäftigt, wobei diese viel dünner als die heutigen Weinbergspfähle waren und nach kurzer Zeit (2 Jahren) ausgewechselt werden mussten. Bis Gründonnerstag wurde im Wingert geschnitten, gestickt und gegürtet (mit Weiden und Stroh). Anschließend wurde der Wintermist eingetragen und nach Ostern untergegraben. Das Setzen der neuen Reben (man unterschied zwischen Setzreben und Senkreben) geschah in der zweiten Maihälfte, wenn keine Fröste mehr zu erwarten waren. Nach Abschluss der Traubenblüte nach Johanni (24. Juni) wurden die überflüssigen Triebe ausgebrochen und die stehengebliebenen gebunden. Des Weiteren lockerte man den Boden und beseitigte das Unkraut. Im August und September wurde überflüssiges Laub entfernt. War das Arbeitsaufkommen jedes Jahr nahezu gleich, so kam es doch witterungsbedingt zu starken Schwankungen in den Erträgen im Weinberg. Diese schlugen sich sofort im Preis nieder. So stieg der Weinpreis von 7 Reichstaler um Weihnachten 1694 im Folgejahr 1695 auf 24 Reichstaler. Im Misswachsjahr 1696 kostete die Ohm Wein bereits nach dem Herbst 20 Reichstaler.[20] Minderjahre oder Fehljahre in den Erträgen mögen mit ein Grund dafür gewesen sein, wenn von 1701 an in der Herrschaft Saffenburg die Kurweinabgabe in Form eines Geldbetrages entrichtet wurde.[21] Auch in der Folgezeit gab es starke Ertragsschwankungen, so 1708 als eingefallene Maifröste und schlimme Gewitter in der Blütezeit kaum den zehnten Teil des vorigen Herbstes ermöglichten. 1709 herrschte ab dem 6. Januar eine derartige Kälte für drei Wochen, dass in Berg und Tal neben den Weinstöcken auch die Obstbäume erfroren.[22] Die witterungsbedingten Schäden fielen je nach Ort im Ahrtal sehr unterschiedlich aus. Während in Ahrweiler und Dernau im Jahre 1777 starke Schäden durch Trockenheit

17 Ebd., S. 29.

18 Mit Ausnahme der Zeit von 1703 – 1709 und des Jahres 1734 werden die Weinbergsschützen bis zum Jahre 1802 namentlich erwähnt.

19 Frick, Hans, Weinbau und landwirtschaftliche Verhältnisse an der Unterahr in der zweiten Hälfte des 17. Jahrhunderts, in: Annalen des historischen Vereins für den Niederrhein, Heft 148, Düsseldorf 1949.

20 Schmitz/Klein, (wie Anm. 16), S. 31.

21 Ebd., S. 33.

22 Ebd., S. 36.

enstanden, gab es in Mayschoß noch eine ziemlich gute Rotweinernte.[23] Bei langanhaltenden Schlechtwetterperioden wurden in den Fluren des Dorfes Bittprozessionen für gutes Wetter abgehalten, und 1778, als es bis Anfang September nicht geregnet hatte, wurde von den Ahrdörfern gar eine Wallfahrt bis nach Köln unternommen.[24] 1787 erließ der Saffenburger Amtmann Eichas eine Verordnung, die unter anderem die Mindestabstände bei Pflanzungen und Bäumen neben Weingärten regelte. Diese betrugen für Weiden, Eschen und Kirschbäume drei Ruthen[25] und für Apfel- und Birnbäume zwei Ruthen Abstand.[26] Ende des 18. Jahrhunderts unterlag der Weinhandel starken Schwankungen. Während 1790 eine Ohm[27] Wein gleich nach dem Herbst 20 bis 24 Reichstaler kostete und die gesamte Ernte aufgekauft wurde, konnte im Folgejahr 1791 nur der zehnte Teil des Rotweines für 18 bis 20 Reichstaler je Ohm und gar kein Weißwein verkauft werden.[28] 1792 war der Ertrag an Weißwein so gering, dass viele Winzer kaum den Dienstwein[29] aufbringen konnten.[30] Neben den Unbilden des Wetters waren es unsichere Zeiten, die den Handel beeinflussten. Nachdem im Herbst 1794 die Franzosen in das kölnische Land eingedrungen waren, heißt es im Folgejahr 1795, dass im Winter die Kaufleute aus Furcht vor den Franzosen keinen Wein einkauften.[31] Im Zuge der Rheinlandbesetzung durch Frankreich wurden zwar die alten Feudalstrukturen aufgehoben und kirchliche Besitzungen versteigert, den Winzern im Ahrtal bescherte dies aber keine Entlastung, denn anstelle der alten Abgaben setzten die Besatzer neue Kontributionen. Ähnliches passierte nach der Befreiung 1816, als die Königlich Preußische Herrschaft hohe Steuern zur Abzahlung von Kriegsdarlehen erhob. Missernten in den Jahren 1812 bis 1816 und ein Totalausfall der Ernte 1817, nach einem starken Frosteinfall am 24. Oktober, erschwerten die Lage für die Bewohner des Dorfes zusätzlich.[32] Geld war in dieser Zeit Mangelware und so versuchte der Winzer mit Naturaltausch und Borgwirtschaft in den Dörfern der Grafschaft Korn für das tägliche Brot zu erwerben. Zu diesem Zweck nutzte er den einzigen Weg, der am nordöstlichen Ausgang des Dorfes zur Grafschaft führte. Mit einer einrädrigen Handkarre, der „Dükkar“, transportierte er Wein in kleinen Ankerfässchen mit 36 Liter Inhalt zu den in zwei bis vier Stunden Entfernung wohnenden potentiellen Abnehmern.[33] Erschwerend wirkten ab 1819 die von der Königlich Preussischen Regierung eingeführten neuen Abgaben auf

23 Ebd., S. 60.

24 Ebd., S. 61.

25 1 Kölner Ruthe entspricht 4,5983 Meter.

26 Schmitz/Klein, (wie Anm. 16), S. 64.

27 1 Ohm Wein nach Ahrweiler Maß entsprach etwa 189 Liter.

28 Schmitz/Klein, (wie Anm. 16), S. 70.

29 Bei dem Dienstwein handelte es sich neben dem Kurwein um eine weitere Weinabgabe. Siehe Kapitel: Gewohnheitsrecht, Abgaben und Lebensbedingungen in der Herrschaft Saffenburg.

30 Schmitz/Klein, (wie Anm. 16), S. 75.

31 Ebd., S. 77.

32 Ebd., S. 97.

33 Ley, Anton, Der Mayschosser Winzer in den Jahren 1800 bis 1870 und die Gründung des Mayschosser Winzervereins am 20. Dezember 1868, in: Heimatkalender für den Kreis Ahrweiler 1926, S. 146 – 147.

Wein, Branntweinbrennen und Bierbrauen.[34] Trotz dieser mannigfachen Belastungen konnte sich in den ersten Jahren der preussischen Herrschaft durch den Wegfall der Binnenzollschranken der Weinhandel entwickeln und in Belgien ein neuer Markt erschlossen werden. Einen Einblick in den Aktionsradius eines Mayschoßer Winzers gibt uns das Schreibbuch des Anton Ley.[35] Er verkaufte unter anderem 1819/1820 Wein nach Adenau, 1822 nach Köln, Witterschlick sowie im Jahre 1825 nach Prüm, Bitburg, Neuenburg und Malmedy.

Die Traubenernten erfüllten in dieser Zeit meist die Erwartungen, und im Jahre 1828 konnte gar eine Rekordernte eingebracht werden. Einige Winzer mußten mangels Behältnissen die Trauben auf Stroh legen. In Mayschoß wurden wenigstens 3000 Ohm, was 567000 Liter entspricht, gekeltert.[36] Diese für die Winzer günstigen Verhältnisse änderten sich aber bereits im darauf folgenden Jahr. 1829 fielen im Sommer durch den preußischen Zollvertrag zwischen Nord- und Süddeutschland die Grenzen, und preiswerte süddeutsche Weine kamen auf den Markt. Zusätzlich erschwert wurde die Lage für den Ahrwein, als 1831 Nassau dem Zollvertrag beitrat und seine Weine auf den rheinpreußischen Markt brachte, während durch ungünstige Verträge der ehemals gute Markt Belgien fast völlig abgeriegelt wurde.[37] Dass so weit reichende Handelsbeziehungen überhaupt zustande kamen, ist umso bemerkenswerter, wenn man sich den Zustand der umliegenden Verkehrswege vergegenwärtigt. Vor der Erbauung der Provinzialstraße 1833 verband ein Feldweg die Dörfer, der allein im Umfeld der Saffenburg zweimal durch die Ahr führte. Je nach Wasserstand machte der Fluss den Weg schwer- oder unpassierbar. Als Transportmittel benutzte man die „Dükkar" oder eine Karre, in deren Schere eine Kuh ging.[38] Die veränderten politischen Rahmenbedingungen führten dazu, dass der Winzer nach guter Ernte und gutem Verkauf im Jahre 1834 in den beiden Folgejahre 1835 und 1836 auf dem regionalen härter umkämpften Markt keinen Absatz fand. Trotz sinkender Preise fand der Wein keine Käufer. Viele Familien hungerten, obwohl die Keller voll Wein lagen. Diese Not trieb manchen Winzer in die Trunksucht. Allein in Mayschoß starben in den dreißiger Jahren des 19. Jahrhunderts 40 Bewohner im Alter von 14 bis 40 Jahren.[39] 1836 erreichte der Traubenertrag nur die Hälfte des Vorjahres. Im folgenden Jahr 1837 reduzierte sich der Ertrag bei der Traubenernte nochmals um ein Drittel gegenüber dem Vorjahr. Auch die Qualität war schlecht, und dadurch ging der Erlös weiter zurück. Im Winter 1837/38 erfroren die meisten Weinstöcke. Was noch übrigblieb, wurde ein Opfer der Maifröste. Alle Weinstöcke

---

34 Schmitz/Klein, (wie Anm. 16), S. 99.

35 Schmitz, Sebastian Wolfgang, Antonius Ley Gastwirt, Faßbinder und Winzer zu Mayschoß über die Jahre 1804 - 1826, Maychoß 1995.

36 Eckertz, Gottfried, Chronik und Weistum von Mayschoß an der Ahr, in: Annalen des historischen Vereins für den Niederrhein, 1865, S. 100.

37 Schmitz, Sebastian Wolfgang, 125 Jahre Mayschoßer Winzerverein 1868-1993, Mayschoß, 1993, S. 8.

38 Ley, Anton, (wie Anm. 33), S. 147.

39 Coßmann, Joh. Pet., Chronik des ersten Winzervereins in Deutschland zu Mayschoß, Zeitungsartikel von 1882.

mussten bis zur Erde heruntergeschnitten werden.[40] Neben diesen periodisch auftretenden Unbilden der Natur versetzte die aufkommende Kunstweinproduktion dem Weinbau einen schweren Schlag. Bis zu den 1830er Jahren gab es zwischen dem produzierenden Winzer und den Wirten oder Endverbrauchern direkten Kontakt. Jedes Jahr kam man von Bonn, Köln, Münstereifel oder Aachen und deckte sich mit seinem Bedarf ein. Dies änderte sich mit dem aufkommenden Weinhandel Ende der 1830er Jahre. Dieser offerierte seinen Abnehmern die Lieferung von kleineren Gebinden und nahm sogar überschüssige Mengen zurück.[41] Je nach Wunsch bot der Handel seinen Kunden künstlich gesüßte und gefärbte, mit billigem Südwein verschnittene Produkte an und erreichte dadurch, dass die Winzer des Ahrtales auf ihren herberen Naturweinen sitzen blieben. Dies führte dazu, dass bei den Winzern das Geld immer knapper wurde und sie bei vollen Kellern die neue Ernte schon als Trauben an die Weinhändler verkaufen mussten. Diese, ihrer Position bewusst, kauften dann, nach vorher abgesprochenen Niedrigstpreisen die Trauben auf. Einen Einblick in die Abhängigkeiten dieser Zeit gibt das Büchlein „Die Ahr“ von Franz Raveaux aus dem Jahre 1844. Er schrieb: „Die Verfälschung des Ahrweines, der vor zwanzig Jahren einen so großen Ruf hatte, daß er sogar den Kranken als Medizin verordnet wurde, hat den großen Weinhandlungen im Rheinlande Veranlassung gegeben, ihre Einkäufe in andern Gegenden zu machen, weil sie mit den Fabrikanten der Ahr, welche ganz geringe Weine durch Zusatz von Farb- und Zuckerstoffen, so wie spirituöse Beimischungen zu einem dem Ahrweine ähnlichen Gemisch fabriciren, nicht konkurriren können. Als unmittelbare Folge hiervon bleibt den kleinen Winzern ihr unverfälschtes Produkt ohne Nachfrage und sehen sich die Meisten von ihnen in Folge ihrer Dürftigkeit genöthigt, zu Spott-Preisen an die Fabrikanten zu verkaufen, die den ganzen Handel an der Ahr in Händen haben.“[42] Bezeichnend ist der Mayschoßer Erntebericht aus dem Jahre 1852: „Am 16. Oktoper wurde die Traubenlese angefangen und einen mitelen wein gemacht, welcher außer Mayschoß schier auf der ganzen Ahr in den Trauben verkauft wurde, das virtl trauben wurde zu Ahrweiler für einen thaler und darunter verkauft, hier zu Mayschoß wurde das virtl rothe trauben bey wenigen zu 15 Sgr. verkauft. Der alte wein war auch noch der Mehreste hier vorhanden, daher große Geldnoth in unserer Gemeinde.“[43]
Die folgenden Jahre waren Jahre der Missernte. Erst die Jahre 1857 bis 1859 brachten nach jeweils trockenen Sommern gute Herbste.[44] Da sich aber der Weinverkauf nicht besserte, blieb die Lage weiter angespannt. Der junge Küster von Mayschoß, Johann Peter Coßmann, lernte durch seine Tätigkeit als Buchhalter beim Müller und Fruchthändler Unkelbach in der Lochmühle die Not der Dorfbevölkerung kennen.

40 Die Angaben über die Traubenernten 1836 – 1838 sind entnommen aus: Eckertz, Gottfried, Chronik und Weistum von Mayschoß an der Ahr, in: Annalen des historischen Vereins für den Niederrhein, 1865, S. 101.

41 Ley, Anton, (wie Anm. 33), S. 147.

42 Raveaux, Franz, Die Ahr, Köln 1844, S. 3 – 4.

43 Schmitz/Klein, (wie Anm. 16), S. 106.

44 Ebd., S. 110.

Diese musste sich immer mehr verschulden, obwohl die Weinkeller überfüllt waren. Im Jahre 1860 errichtete Coßmann mit einigen anderen ein Auskunftsbüro. Jeder zahlte wöchentlich 0,50 Mark für Annoncen, die Auskunft gaben, wo und zu welchem Preis Wein zu haben sei. Auch wurden auf Verlangen Proben zugesandt. Dies brachte aber nicht den gewünschten Erfolg.[45] Zwei Jahre später, im Herbst 1862, hielt der Wanderlehrer Gesell im Auftrag des landwirtschaftlichen Vereins in der Mayschoßer Schule einen Vortrag über Landwirtschaft. Im folgenden Jahr 1863 war er wieder zu Vorträgen in Mayschoß, wo ihm die Bevölkerung als Zeichen der Anerkennung einen silbernen Pokal schenkte.[46]
Wohl als Folge seiner Bemühungen gründeten am 15. November 1865 12 Winzer das Winzer-Casino von Mayschoß. Johann Lösch wurde als Präsident, Peter Gottsacker als Kassenführer und Joh. Peter Coßmann als Schreiber gewählt. Auf der ersten Sitzung des Winzer-Casinos am 26. November des Jahres hob der Vorsitzende in seiner Ansprache hervor „daß es Aufgabe des Casinos sei, an die Stelle der vielfach sich noch vorfindenden Unwissenheit und Gleichgültigkeit durch Belehrung in Wort und That mehr und mehr Aufklärung und Licht zu setzen." Dies geschah in den weiteren Sitzungen mit folgenden thematischen Schwerpunkten: Bereitung und Behandlung des Stalldüngers, des Kompostes, der Mistjauche sowie Verwendung des Kunstdüngers, Methoden der Bodenbearbeitung, der Weinbehandlung und das Anlegen von Lärchen-Rahmhecken. Es gab Vorlesungen über die Geschichte des Weinbaues oder eine Sitzung, auf der die Mitglieder eigene Weinproben mitbrachten, unter denen dann die beste ausgewählt wurde. Des Weiteren wurde auch die Viehzucht und die Futterfrage erörtert.[47] Die Mitgliedschaft des Winzers Divinich aus Rech und das Abhalten einer Sitzung im Nachbarort, an der fast die gesamte Gemeinde teilnahm, zeigen dass die Aktivitäten des Winzer-Casinos in der Folgezeit nicht auf Mayschoß beschränkt blieben. Im Jahre 1866 war die Mitgliederzahl auf 26 gestiegen. In der Zeit von November bis März fanden die Sitzungen jeden Sonntag Abend regelmäßig statt. Von April bis November wurden sie an jedem ersten Sonntag des Monats abgehalten. Bald kamen aber aus den eigenen Reihen des Winzer-Casinos kritische Stimmen auf, die wünschten, das Winzer-Casino solle sich um einen besseren Weinabsatz bemühen. Es hieß: "Der Präsident hatte blos Belehrung aus Büchern und Schriften über Wein und Ackerbau im Auge. Mehrere Mitglieder verlangten mehr: sie verlangten, der Verein solle Wege anbahnen, worauf der gewonnene Wein besser und schneller verwerthet werden könne. Da dieses Ziel bei dem Präsidenten keine Unterstützung fand, so schmolz das Casino auf einige Mitglieder zusammen."[48]
Wie in den Vorjahren kündigte der Landwirtschaftliche Verein im Jahre 1868 seine Vortragsabende in den Landgemeinden an. Hierzu stand am 27. Oktober 1868 in der Ahrweiler Zeitung folgende Mitteilung: „Der Vorstand der Lokal-Abteilung hat

45 Coßmann, Joh. Pet.,Chronik des ersten Winzervereins in Deutschland zu Mayschoß, Zeitungsartikel von 1882.
46 Eckertz, Gottfried, (wie Anm. 36), S. 73.
47 Ahrweiler Zeitung Nr.41 vom 24. Mai 1866.
48 Schmitz/Klein, (wie Anm. 16), S. 114.

in seiner Sitzung über die fernere Verwendung des Wanderlehrers Herrberg folgende Bestimmung getroffen. Es sollen nachstehende Orte von demselben besucht und nach Einsicht der lokalen Verhältnisse daselbst Vorträge gehalten werden. U.a. Dernau-Rech Samstag 21. November, Mayschoß-Laach, Montag 23. November, Altenahr, Dienstag 24 November. Die Versammlungen finden an Sonntagen nach den Nachmittags-Gottesdiensten, an Werktagen je nach der zu Feldarbeiten günstigen oder ungünstigen Witterung an Nachmittagen oder Abenden in denjenigen Lokalen, die als geeignet ermittelt worden, nach vorhergegangener Bekanntmachung in den betreffenden Gemeinden statt. Vettelhoven, den 23. Oktober 1868. Der Direktor W. Krewel."[49]
Auf der am 23. November 1868 in Mayschoß stattfindenen Versammlung erklärte der Wanderlehrer Herrberg den anwesenden Winzern den Nutzen einer Winzergenossenschaft. Am Ende der Veranstaltung vertagte man sich auf den kommenden Sonntag. Am 29. November ergriff dann der frühere Schreiber des Winzer-Casinos, Johann Peter Coßmann, das Wort und entwickelte in einem Vortrag ein Programm zu einem Statut eines Winzer-Vereines.[50] In der anschließenden Diskussion hieß es dann auch: „Trauben haben wir genug; uns fehlt der Absatz." Getragen von dieser Erkenntnis schlossen sich am selben Abend 18 der anwesenden Winzer zusammen.[51] Es gelang ihnen in den nächsten Tagen, noch vier hinzuzugewinnen. So waren es 22 Winzer, die sich am 20. Dezember 1868 als erster Winzerverein im Ahrtal zum Mayschoßer Winzerverein zusammenschlossen. Joh. Pet. Coßmann schrieb dazu im Jahre 1882: „Nach vielen Mühen, die ich nicht alle schildern kann, gelang es mir im Jahre 1868 zweiundzwanzig Winzer zusammenzubringen. (...) Aber es fehlte an Geld, weshalb jedes Mitglied wöchentlich 0,50 Mark beilegen mußte. Zirkulare wurden drucken lassen und ganz Rheinland und Westfalen damit überschwemmt. Der junge Verein zahlte im ersten Jahr seines Bestehens 75 Taler an Porto und fast die gleiche Summe für Drucksachen. Es begannen aber auch die Kämpfe. Einzelne Familien standen dem Unternehmen absolut feindlich gegenüber. Andere klug sein wollende Winzer spotteten, als bedeutende Kundschaft auf sich warten ließ. Da hieß es, als der Vorstand durchs Dorf ging, um den Wein zu probieren und zu taxieren – denn jedes Mitglied hatte seinen Wein noch im eigenen Keller – „Die Leute sind reif für das Narrenhaus." Auch der damalige Pfarrer Ockenfels war gegen das Unternehmen aus Furcht, die Leute möchten mit blutenden Köpfen auseinandergehen."[52]
Am 15. August 1869 beschloss der Winzerverein, sich unter den Schutz des Vereinsgesetzes von Norddeutschland zu stellen, verabschiedete ein entsprechendes Statut und wählte sich bis Anfang 1870 einen Vorstand. Zum Präsidenten bestimmten die anwesenden Mitglieder den Gemeindevorsteher Nikolaus Naekel. Stellvertreter wurde Anton Coßmann, Beisitzer Anton Josef Hubert Ley, Schriftführer Johann Peter

49 Ahrweiler Zeitung Nr. 126 vom 27. Oktober 1868.

50 Schmitz/Klein, (wie Anm. 16), S. 114/115.

51 Ley, Anton, (wie Anm. 33), S. 149.

52 Coßmann, Johann Peter, Chronik des ersten Winzervereins in Deutschland zu Mayschoß, Zeitungsartikel von 1882.

Coßmann und Kassierer Anton Josef Josten. Auf der Generalversammlung am 12. September 1869 berichtete der Präsident, dass der Vorstand am 7. des Monats in Koblenz gewesen sei und den Verein unter der Bezeichnung *Winzer-Verein zu Mayschoß Eingetragene Genossenschaft* in das Handels und Genossenschaftsregister habe eintragen lassen (dabei handelte es sich um die erste Eintragung eines Winzervereines in das Genossenschaftsregister in Deutschland). Als zweiten Tagesordnungspunkt beschloss die Versammlung probeweise, das Vorstandsmitglied Anton Josef Hubert Ley als Handlungsreisenden für drei Wochen reisen zu lassen. Er musste über die Reise und seine Kosten Tagebuch führen und anschließend Bericht erstatten. Bei Erfolg wollte man die Reisezeit verlängern. Als Dotierung wurden 15 Silbergroschen pro Tag festgelegt. Bei der abschließenden Frage, ob der Verein Geld aufnehmen solle, votierten von den 35 anwesenden Mitgliedern 32 mit „ja" und 3 mit „nein."[53] In der Folgezeit bemühte sich die junge Genossenschaft um einen Betriebskredit, der ihr aber versagt wurde. Daher nahm jedes Mitglied einen Kredit von 100 Talern auf, wobei man untereinander für die Summe bürgte und gemeinsam das Geld dem Verein zur Verfügung stellte.[54] Mit diesem Kapital wurden die ersten Anschaffungen gemacht und in dem Baasschen Hause – Baas war ein ehemaliger Vikar der Mayschoßer Pfarrkirche – ein kleines Büro errichtet, dessen Schriftführer der damalige Küster Johann Peter Ignaz Coßmann wurde.[55] Rat holten sich die Mayschoßer Winzer in dieser Zeit bei dem Landtagsabgeordneten und Gutsbesitzer Franz Bresgen und dem Genossenschaftsgründer Hermann Schulze-Delitsch. Zwischen August und Dezember 1869 fanden nicht weniger als zehn Generalversammlungen statt. Im Herbst wurde festgelegt, zum Preis von 20 Silbergroschen je Viertel (17 Pfund) Trauben von den Mitgliedern zu kaufen. Da sich zu viele meldeten entschied das Los.[56] Neben roten kaufte der Verein 8 Ohm weiße Trauben.[57] Weitere Fässer mussten angekauft und Kellerraum am Altenberg und von Brogsitter für ein Jahr angemietet werden. Mit dem Keltern wechselte man sich ab.[58] Mit einem Reisenden aus Kleinenbroich schloss die Genossenschaft einen Vertrag für ein halbes Jahr ab. Seine Reiseroute sollte künftig in drei Zeitungen annonciert, Etiketten auf alle zu versendenden Flaschen aufgeklebt und Plakate in Restaurationen und Bahnhöfen aufgehängt werden. Auf seinen Vorschlag hin wurden 3000 Exemplare einer Werbeschrift gedruckt, die man an alle Geistlichen und sonstigen Kunden im Rheinland versandte. Am 15. Mai 1870 beschloss man, in Zukunft im August ein Stiftungsfest zu feiern. Die Veranstaltung endete mit dem Trinken eines Ankers vom besten Wein.[59] Im Oktober des Jahres legte man fest, „alle aufzunehmenden Trauben werden gewogen; die die bestimmten

53 Protokollbuch des Mayschoßer Winzervereins, beginnend 1869, S. 1 – 2.

54 Görtz, Ignaz, Wir hatten Wein genug, aber kein Brot, in :Heimatjahrbuch Kreis Ahrweiler 1969, S. 87.

55 Ley, Anton, (wie Anm. 33), S. 149 – 150.

56 Protokollbuch des Mayschoßer Winzervereins, General-Versammlung, 28. Okt. 1869.

57 Ebd., Gen.-Vers. 7.11.1869.

58 Ebd., Gen.-Vers. 23.11.1869.

59 Ebd., Gen.-Vers. 15.5.1870.

Grade nicht haben werden nicht angenommen."[60] Auf der folgenden Sitzung im gleichen Monat legte man unter anderem fest: „Es werden keine Trauben angenommen, die nicht 69 Grad erringen. Der Preis der Trauben, die als Einlage geliefert werden, ist festgesetzt, für die rothen Trauben a Viertel (69 Grad erringend) 18 Sgr., für weiße Trauben 15 Sgr., Trauben die mehr als 69 Grad erringen, werden für je 2 steigende Grade mit einem Sgr. bezahlt. Die gekauften Trauben werden bezahlt, die rothen zu 16 Sgr., die weißen zu 13 Sgr. (auf Credit). Der Vorstand hat das Recht, den Wein ohne Rücksicht auf etwaige Kosten so zu behandeln, daß er ein preiswerter Artikel bleibt. Gegen Neujahr miethet der Verein seinen eigenen Küfer."[61] 1871 bestimmte man Engelbert Josten zum Füllen der Fässer und N. Coßmann als Fahrer. Für einen Transport erhielt er je Ohm 9 Silbergroschen bis Ahrweiler.[62] Im März des gleichen Jahres bestellte der Verein Reis, Kaffebohnen, Stockfisch und Guano für seine Mitglieder.[63] Am 2. Mai wurde auf der Vorstandssitzung die Fuhrtaxe nach Altenahr mit 1 Anker – 2 ½ Sgr, 2 Anker – 3 Sgr., 3 Anker – 4 Sgr., 4 Anker – 5 Sgr. usw. festgelegt. Im Mai des Jahres wurde ein Warenangebot aus Bielefeld erörtert, wobei ein Lieferant Leinenzeug, Arbeitshemden, Blousen und Kittel gegen Wein anbot.[64] Am 11. und 12. Mai wurde eine Weinprüfung mit anschließendem Weinkauf abgehalten. Von den anwesenden 21 Personen wurden als beste Qualitäten die Weine von Johann Peter Coßmann, Reinhard Fuhrmann (2 Fäßer), Anton Josef Gottsacker (1 Faß), Engelbert Josten und Wilhelm Brogsitter anerkannt. Die Weine wurden von der Prüfkommission von 17 – 27 Taler je Ohm taxiert. Während die meisten Winzer den vorgeschlagenen Preis akzeptierten, war einigen Winzern der Preis zu gering. Andererseits konnte auch die Prüfkommission einen Wein als *alt säuerlich; nicht taxiert* ablehnen. Als im August 1871 nur noch 150 Ohm an eigenen Weinbeständen vorhanden war, ermächtigte man den Vorstand, auch bei Nichtmitgliedern Weine zu kaufen.[65] Auf zwei Generalversammlungen Anfang November 1871 wurde beschlossen, dass die Trauben der Mitglieder bis zu 64 Grad abwärts gekauft werden sollten. Ferner beschloss man, für Kirmes eine Kuh zu kaufen *zum Aushauen*.

In drei Generalversammlungen im Juli/August 1872 behandelten die Mitglieder, nach ersten Jahren der Bewährung, die Frage, unter welchen Bedingungen der Verein fortbestehen sollte. Folgende Bestimmungen wurden unter anderem beschlossen:

1) Der Reingewinn wird nach der Einlage monatlich verteilt.
2) Ein Reservefond von 20 Talern je Mitglied wird gebildet.
3) Die Mitgliedschaft ist nicht übertragbar.
4) Ein Mitglied soll nicht mehr als eine Stimme haben.
5) Mitglied kann nur ein hier wohnender Winzer werden.
6) Neue Mitglieder zahlen 25 Taler Eintrittsgeld.

60 Ebd., Gen.-Vers. 16.10.1870.
61 Ebd., Gen.-Vers. 23.10.1870.
62 Ebd., Gen.-Vers. 2.1.1871.
63 Ebd., Gen.-Vers. 20.3.1871.
64 Ebd., Gen.-Vers. 3.5.1871.
65 Ebd., Gen.-Vers. 27.8.1871.

Die Überprüfung der Aktiva ergab 9700 Taler an Wein, Guthaben und Inventar etc., an Passiva 6600 Taler. An Reingewinn verblieben also 3100 Taler, was auf den Taler Einlage 13 Sgr., 6 Pfennige ergab. Bei den anstehenden Vorstands- und Prüfungskommissionswahlen wurden alle Mitglieder bestätigt. Für die Zukunft legte man vierteljährliche Prüfungen der Einnahmen und Ausgaben wie auch der Keller fest. Weiter beschloss man, am 16. August jedesmal einen Anker Wein zu trinken. Da dies im Schulsaal nicht gestattet war, legte man nach einer Debatte fest, wechselweise die Säle der Mitglieder Schäfer und Gottsacker zu nutzen. Zum Reisenden wählte man Josef Schäfer. Er erhielt vier Prozent vom Geschäft und die Erstattung der Eisenbahnkosten. Zum Kellermeister ernannte man Anton Josten. Da der Verein sich wirtschaftlich gut entwickelte, legte man fest, „in Erwägung, daß Gott unser Geschäft sichtbar gesegnet, übernimmt der Verein das Vergolden eines Altares." Die Beschlüsse der drei Versammlungen, von 80 Mitgliedern unterzeichnet, sollten für sechs Jahre bindende Kraft haben.
1873 wurde Johann Peter Gottsacker zum Präsidenten der Winzergenossenschaft gewählt.[66] Im Oktober des Jahres beschloss man, einen großen Keller zu bauen.[67] Im darauffolgenden Monat November des Jahres wurden Bedingungen für die Aufnahme neuer Mitglieder festgelegt, und „unter Vorbehalt der zu leistenden Zahlung (50 Taler) oder Bürgschaft wurden von den 37 Personen, die sich gemeldet, 33 angenommen." 1874 legte man fest, „es ist keinem Mitglied gestattet, Wein mit nach Haus zu nehmen. Der Wein der gegeben wird, wird in der Gesellschaft getrunken. Am Stiftungsfest jedoch darf jeder, der Wein zu viel hat, sein Quantum mitnehmen, muß aber dann die Flasche mitbringen."[68] Im gleichen Jahr kaufte die Genossenschaft von Peter Josef Ley von Rech seinen am Altenberg gelegenen Weinkeller für 150 Taler und 1/8 Weißwein.[69] Im gleichen Jahr wurde im Bongard mit dem Bau eines eigenen Gebäudes mit Kellern begonnen.[70] Vor dem Herbst legte man unter anderem fest, dass durch den Konsumverein gemeinschaftlich Guano bezogen werden sollte. Außerdem wurde festgelegt, dass alle Trauben von den Mitgliedern aufgenommen würden. „Dieselben werden von den Winzern ungestoßen an das Vereinsgebäude gebracht, dort klein gestoßen und mit der Mostwaage geprüft. Dann werden sie gewogen, und es muß jedes Mitglied die Trauben selbst ausschütten helfen."[71] Da im Herbst die eigenen Fässer nicht ausreichten, wurden die Mitglieder gebeten, für einen Taler Zins ihre Fässer zur Verfügung zu stellen.
1875 ernannte die Winzergenossenschaft Johann Peter Coßmann zum ersten Restaurateur (Wirt) des Vereinsgebäudes. Er erhielt als Entlohnung 2 ½ Silbergroschen von jeder Flasche und 2% von den Weinen, die im Gebäude bestellt wurden. Wein für die Kutscher stellte der Verein. Der Präsident sollte die Wirtschaft einmal täglich

66 Ebd., Gen.-Vers. 18.8.1873.
67 Ebd., Gen.-Vers. 19.10.1873.
68 Ebd., Gen.-Vers. 1.1.1874.
69 Ebd., Gen.-Vers. 14.6.1874.
70 Görtz, Ignaz, (wie Anm. 54), S. 88.
71 Protokollbuch des Mayschoßer Winzervereins, Gen.-Vers. 15.9.1874.

Winzerinnen und Winzer im Herbst bei der Arbeit. Aufnahme um 1875. *Familie Ley*

besuchen, wofür er von Coßmann entschädigt wurde.[72] Vor dem anstehenden Herbst erfolgte eine Beratung wegen der Lese, wobei festgelegt wurde, alle Trauben anzunehmen. Jedes Mitglied konnte nach eigenem Ermessen so viel für sich behalten, wie es wollte. Allerdings war es keinem gestattet, selbst 75er Wein zu verkaufen. Den Traubenpreis wollte man nach der Lese festlegen.[73]
Nachdem auf einer Generalversammlung am 29. Januar 1876 festgelegt worden war, dass Coßmann die Wirtschaftsannoncen selbst bezahlen sollte, wurde mit Steffens ein neuer Wirt gewählt. Reibereien zwischen dem Präsidenten Gottsacker und dem Schriftführer Coßmann führten am 21. Juni 1876 zu einer außerordentlichen Generalversammlung. Am 16. November des Jahres legten die Mitglieder unter anderem fest: „Wer durch lärmendes Spektakel und Schimpfen und dergleichen Fremde belästigt und mißhandelt, der wird zu 10 Thaler außer Schadenersatz gestraft, so bald nachgewiesen wird, daß der Betreffende an der Sache Schuld trägt. Im Wiederholungsfalle erfolgt Ausschluß aus dem Vereine."
Zur Ausdehnung seiner Geschäftsaktivitäten lieh sich der Verein auch Geld bei privaten Personen. So bescheinigte, der Vorstand des Winzervereines im Jahre 1877,

72 Ebd., Gen.-Vers. 18.3.1875.
73 Ebd., Gen.-Vers. 17.10.1875.

dass er dem Distriktarzt von Kempenich, Herrn Gottsacker, die Summe von 10.800 Mark bei einem Zinzsatz von 5 % schuldete. 1878 beschloss man, wegen günstiger Herbstaussichten noch im gleichen Jahr einen Keller nebst Remise zu bauen. Hierzu beabsichtigte man von Schaefer ein Grundstück für 450 Taler anzukaufen.[74] Für die anstehenden Maurerarbeiten sollten die Steine aus dem Bruch von Johann Peter Gottsacker bezogen werden. Im Notfall wollte man auch Steine von der ehemaligen Laacher Kapelle verwenden.[75]

1879 beschlossen Vorstand und Verwaltungsrat „in Folge der großen Kälte und in der Voraussetzung, daß die Weinreben erfrohren sind“ eine Erhöhung der Weinpreise. Rotwein wurde im Versand in drei Qualitäten zu 0,80, 1,00 und 1,20 Mark angeboten. In der Wirtschaft kostete er 0,90, 1,20 und 1,60 Mark. Weißwein gab es im Versand in zwei Qualitäten zu 0,75 und 0,95 Mark. In der Wirtschaft kostete er 0,90 und 1,20 Mark. Die neuen Preise galten in der Wirtschaft ab Neujahr 1880. Der Branntwein stieg ebenfalls um 10 Pfennig je Liter.

Auf der am 15. Juni 1880 stattfindenden Generalversammlung erreichten die seit längerem bestehenden Spannungen zwischen dem Schriftführer Coßmann und dem Präsidenten Gottsacker ihren Höhepunkt. „Gegenstand der Tagesordnung war: Die zwischen dem Präsidenten und dem Schriftführer entstandenen Differenzen zu schlichten und die auf der Tagesordnung angesetzte Enthebung des bisherigen Schriftführers Coßmann von seinem Amte oder die Ergänzungswahl des Präsidenten vorzunehmen. Nach beendeter Debatte wurde zur Abstimmung geschritten, und das Resultat der Wahl war: Für Enthebung des Schriftführers waren 45 und dagegen 34 Stimmen. Bei Neuwahl des Schriftführers, welche nachher aufgenommen wurde, erhielten Anton Joseph Hubert Ley 41, und Steffens 29 Stimmen. Grund zur obiger angesetzter Tagesordnung war vorzüglich der, daß Präsident Gottsacker von Schriftführer und Frau an dem ihm zustehenden Rechte, das Vereinslokal und sämtliche (Räume), ohne die vermietheten, zu jeder Zeit zu betreten, in verletzender Weise daran zu stören und überhaupt das Recht hierzu demselben abzusprechen suchten, und die oftmals seitens des Schriftführers vorgekommenen Unordnungen und Überschreitungen im Amte.“ Im August des gleichen Jahres erklärte Johann Peter Coßmann seinen Austritt aus dem Verein.

Am 30. September 1880 wurde das Weinfahren zur Bahnstation Ahrweiler unter mehreren Anbietern an Johann Schick vergeben. Er erhielt je Ohm 75 Pfennig. Für mitzubringende Waren zahlte man ihm je Zentner 25 Pfennig. Unter 50 Pfund betrug der Transportlohn 10 Pfennig. Weiter erhielt er für jede Fracht 1 Spezial Wein.[76] Im Jahre 1880 führte man neben den bestehenden Weinpreisen und Weinklassen die Auslese zum Preis von 1,50 Mark je Liter im Fass und Versand ein.[77] Im folgenden Jahr 1881 beschloss man, auf dem Vereinsgebäude eine St. Rochus-Statue

74 Ebd., Gen.-Vers. 30. 6.1878.

75 Ebd., Vertrag vom 15.7.1878.

76 Ebd., Gen.-Vers. 30.9.1880.

77 Ebd., Vorstandssitzung 7.10.1880.

Winzervereinskolonne von 1883. *Familie Gottsacker*

aufzustellen.[78] Im Laufe des Jahres 1881 nahm der Verein insgesamt 57 neue Mitglieder auf.[79] 1882 gab es erneut Bautätigkeiten, und im Januar 1883 konnten bereits die Schreinerarbeiten, wie Herstellung der Pforte an der neuen Remise auf Bungert und Fertigung neuer Sitzbänke, vergeben werden.[80] Um diese Arbeit bewarben sich die hiesigen Schreiner Gies, Braun und Jakob Gottsacker.[81]
Wie jedes Jahr erfolgte auch 1883 die Versteigerung des Tresters sowie die Vergabe des Brandweinstochens. Hierzu wurden 22 Lose zu je 18 Kesseln versteigert und das Ergebnis in das Mitgliederbuch eingetragen.[82] Der Lohn für das Stochen entsprach dem des Vorjahres und betrug für das erste Stochen pro Tag 1,80 Mark nebst Trunk und 2,40 Mark nachts ohne Trunk. Für das erste Stochen wurden Johann Fuhrmann, Schöster und Anton Hallerbach gewählt. Der Taglohn für das zweite Stochen betrug 1,50 Mark mit Trunk und für die Nacht 1,80 Mark ohne Trunk. Das zweite Stochen übernahmen Heinrich Poppelreuter, Johann Schick und Heinrich Simons. Weitere benötigte Tagelöhner erhielten 1,50 Mark pro Tag und 1,80 Mark je Nacht als Lohn.[83]

---

78 Ebd., Gen.-Vers. 17.8.1881.
79 Ebd., Gen.-Vers. 22.8., 18.9. und 10.10.1881.
80 Ebd., Gen.-Vers. 19.1.1882.
81 Ebd., Vorst. Sitz. 25.1.1883.
82 Ebd., Gen.-Vers. 13.11.1883.
83 Ebd., Gen.-Vers. 14.11.1882.

1884 beschloss die Generalversammlung, den Lohn für die Tagelöhner beim Traubentragen auf 3 Mark pro Tag festzusetzen.[84] Nach der Aufnahme von 8 neuen Mitgliedern auf der Generalversammlung am 18. August 1885 hatte der Verein 158 Mitglieder. Auf der Generalversammlung am 14. Januar 1886 wurde Anton Josef Josten zum Präsidenten gewählt. Zur Führung des Konsumgeschäftes ernannte der Verein 1886 eine Kommission, der neben dem Präsidenten zwei weitere Mitglieder angehörten.[85] Im gleichen Jahr wurde den Mitgliedern ein Warenkredit bis 50 Mark im Konsum Verein eingeräumt.[86] Zum Kellermeister wählte die Generalversammlung im August 1886 Aloys Hallerbach. Als Lohn für die Kellergehilfen wurden für den ersten 2,50 Mark und für den zweiten 1,60 Mark pro Tag festgesetzt. Die zwei Warenverteiler erhielten 1,20 bzw. 0,80 Mark für den halben Tag. Die beiden Beitzer erhielten je 1,60 Mark.[87]

Von 1887 an erhielten die Mitglieder einen Kredit von 50 % des Ertrages vom vorigen Herbst.[88] 1888 beschloss man den Aufbau eines Stockwerkes auf der Remise.[89] Alle in der Winzergenossenschaft mit Ämtern betrauten Personen mussten sich jährlich zur Wahl stellen. 1889 waren dies: der Präsident, ein Stellvertreter, drei Beisitzer, ein Schriftführer, ein Kassierer, ein Kellermeister, zwei Gehilfen, zwei Beitzer, zwei Warenverteiler, ein Bote sowie die Prüfungskommission.[90]

Im Jahre 1890 wechselte die Niederlassung der Winzergenossenschaft im Oberdorf vom Präsidenten Josten zu Kellermeister Hallerbach.[91] Ein Jahr später, 1891, betrug die Mitgliederzahl 178 Personen.[92] In der Bilanz des Jahres 1892 mit einer Aktiva von 369.661,88 Mark betrug der Anteil an Waren im Konsum 11.418,63 Mark.[93] Vor dem Herbst 1892 vereinbarte man, „wie auch in den vorigen Jahren betont, die Trauben in bestem Zustande, also von allen verdorbenen oder unreifen Körnern zu entfernen, einzuliefern. Wie bisher wird auch die Controle über die eingelieferten Trauben ausgeführt.“[94]

Am 30. August 1894 feierte der Verein sein 25-jähriges Stiftungsfest. Zu diesem Anlass hatte man ein 4.000 Liter haltendes Fass angeschafft dessen vorderer Boden sinnreiche Sprüche und schöne Verzierungen aufwies. Am Festtag wurde von den Mitgliedern und Gästen unter voranziehender Musik ein Rundgang durch die etwa 400 Fuder haltenden beleuchteten Keller unternommen.[95] Über den Ablauf der damaligen Stiftungsfeste haben wir einen Bericht aus dem Jahre 1895: „Es darf hier

---

84 Ebd., Gen.-Vers. 19.10.1884.
85 Ebd., Gen.-Vers. 14.1.1886.
86 Ebd., Gen.-Vers. 14.3.1886.
87 Ebd., Gen.-Vers. 18.8. und 22.8.1886.
88 Ebd., Gen.-Vers. 28.7.1887.
89 Ebd., Gen.-Vers. 3.7.1888.
90 Ebd., Gen.-Vers. 14.8.1889.
91 Ebd., Gen.-Vers. 20.8.1890.
92 Ebd., Gen.-Vers. 23.12.1891.
93 Ebd., Gen.-Vers. 17.8.1892.
94 Ebd., Gen.-Vers. 18.10.1892.
95 Schmitz/Klein, (wie Anm. 16), S. 132.

Die Mitglieder des Winzervereines beim 25-jährigen Jubiläum 1894. *Luise Kunz*

auch erwähnt werden, daß seit dem Bestehen des genannten Winzer-Vereins auch alljährlich am letzten Mittwoch des Monats August das Stiftungsfest gefeiert wird. Dann ist des Morgens zuerst ein feierliches Singamt zu Ehren des Kirchenpatrons – heiliger Rochus –, an welchem schönen Gottesdienste alle Mitglieder im Sonntags-Anzug teilnehmen. Nach eingenommenem Kaffee oder Frühstück finden dann im Winzerverein die nötigen Ergänzungs- resp. Wiederwahlen des Präsidenten, des Vorstandes, des Aufsichtsrates und der nötigen Arbeiter statt, worauf dann die Bilanz des verflossenen Geschäftsjahres seitens des Präsidenten vorgelesen oder bekannt gemacht wird. Nachdem die Mitglieder dann zu Hause ihr Mittagsmahl zu sich genommen haben, erscheinen alle wieder samt deren eventuellen Weibern oder auch sonstigen Hausgenossen. Im Winzerverein angelangt, erhält dann jedes Mitglied gratis 2 Liter Wein und einen Imbiß, bestehend aus 1/8 kg Käse und des nötigen Brotes. Dieses ist dann für alle Versammelten ein wahrer Freudentag. Es ist dabei auch niemandem benommen, irgend eine passende Festrede zu halten. Auf diese Weise freuen sich die sämtlichen Winzer bis spät in die Nacht hinein. Musik – bisher von der Dorfkapelle Mayschoß selbst gehalten – fehlt hier gewiß auch nicht."[96]
Nachdem 1896[97] der Aufbau der Remise auf Hostert beschlossen worden war, konnte

96 Mayschoßer Schulchronik S. 8 – 9.

97 Protokollbuch des Mayschoßer Winzervereins, Gen.-Vers. 21.7.1896.

im Februar 1897 die Ausführung dem Bauunternehmer Schöneberg aus Ahrweiler für 25000 Mark vergeben werden.[98] Um den Weinabsatz zu verbessern – mittlerweile lagerten in den Kellern 935 Fuder Wein –, genehmigte die Generalversammlung 1897 den Vorstandsbeschluss, in Berlin ein Lokal mit Ausschankräumen und Kellern zu mieten. Gleichzeitig sollte dort ein ständiger Vertreter mit einem Gehilfen zum Weinvertrieb im Lokal und auswärts angestellt werden.[99] Im Dezember beschloss der Vorstand, auf Empfehlung des rheinischen Vereines, in Berlin einen Vertreter mit einem fixen Jahreseinkommen von 2.000 Mark anzustellen. Im Folgemonat erfolgte, nachdem Präsident Josten in Berlin war, die Auswahl des anzumietenden Lokales (mit einem jährlichen Pachtpreis von 5.600 Mark) und der Beschluss, es zum 1. April 1898 anzumieten.[100] Vor der Eröffnung schickte man von sämtlichen roten Weinsorten im Ganzen 28 Ohm per Waggonladung nach Berlin.
Auf der Vorstands- und Aufsichtsratssitzung am 16.3.1898 wurden die Preise der Weine für den Ausschank, wie für den Flaschenverkauf außer dem Hause folgendermaßen festgesetzt:

1.	Ahrbleichart per Fl.	0,60 Mark	im Schnellche (1/4 Ltr.)	zu 20 Pf.
2.	Treppenberger a Ltr.	0,80 Mark	im Schnellche	zu 25 Pf.
3.	Schieferleier a Ltr.	1,00 Mark		
4.	Laacherberger a Ltr.	1,20 Mark		
5.	Mönchberger a Ltr.	1,50 Mark		
6.	Auslese a Ltr.	1,80 Mark		

Im April 1898 beschloss die Generalversammlung, die neue Remise auszubauen und die Remise neben dem Winzervereinsgebäude und Jakob Schmelzer zu einem Versammlungs- und Vergnügungslokal umzugestalten.[101] Im gleichen Jahr kaufte der Winzerverein das Haus des Nikolaus Kraus und der Anna Steffen zur Vergrößerung und Verschönerung des Gartens am Winzervereinsgebäude.[102] 1902 wählte man zwei Mitglieder, die auf die Dauer von drei Jahren für den Verein als Geschäftsreisende tätig sein sollten.[103] In Anbetracht des bevorstehenden Herbstes erfolgten im Jahre 1903 umfangreiche Bauarbeiten in den Vereinsgebäuden unter anderem der Ausbau von vier neuen Traubenbehältern, von den Kellerarbeitern Särge genannt, sowie der Vertiefung der Keller 6 und 7.[104]
1904 beschloss die Generalversammlung eine neue Festsetzung der Saalmiete auf 10 Mark für Tanzmusiken und andere große Festlichkeiten. Gläser, Flaschenbruch und beschädigte Möbel, welche Eigentum des Vereins waren, mussten vom Festgebenden ersetzt werden.[105] Auf Wunsch von Pastor Leinen wurde 1906 sein Guthaben bei der

98 Ebd., Gen.-Vers. 19.2.1897.
99 Ebd., Gen.-Vers. 15.11.1897.
100 Ebd., Vorst. Sitz. 23.1.1898.
101 Ebd., Gen.-Vers. 22.4.1898.
102 Mayschoßer Schulchronik S. 54.
103 Protokollbuch ds Mayschoßer Winzervereins, Gen.-Vers. 8.9.1902.
104 Ebd., Gen.-Vers. 18.8.1903.
105 Ebd., Gen.-Vers. 23.7.1903.

Genossenschaft dem Kirchenbaufonds (zum Neubau der Mayschoßer Kirche) überwiesen. Die Genossenschaft beteiligte sich in ähnlicher Höhe (etwa 3500 Mark).[106] In der Generalversammlung vom 29.8.1906 wurde der Sohn des alten Präsidenten Peter Rochus Josten zum neuen Präsidenten gewählt.
Zur Lese im Jahre 1906 legte man fest, das zur Überprüfung der angelieferten Trauben im täglichen Wechsel ein Vorstands- bzw. Verwaltungsratsmitglied anwesend sein sollte. Demselben war es gestattet, jede fünfte Bütte umschütten zu lassen. Zu den notwendigen Kellerarbeiten im Herbst sollten wieder der Dorfreihenfolge nach die Mitglieder herangezogen werden können.[107] 1907 wählte die Generalversammlung Engelbert Schmitz mit einem Tageslohn von drei Mark für ein Jahr zum Kellermeister. Als Küfer wurde Aloys Kläs zum Lohn von 2,80 Mark pro Tag wiedergewählt, ebenso Anton Poppelreuter als Kellerarbeiter für 2,50 Mark je Tag. Im weiteren wurden noch fünf feste Kellerarbeiter zu einem Tageslohn von 2,20 bis 2,40 Mark bestimmt. Der Schuster Arnold Sebastian blieb weiter Bote.[108] Zu Beginn des Jahres 1908 stellte der Verein während des Kirchenneubaues den großen Saal zur Abhaltung der kirchlichen Feierlichkeiten zur Verfügung.[109] Wegen Platzmangels beschloss man in diesem Jahr, auf das Stiftungsfest zu verzichten und gab den Mitgliedern als Ersatz des üblichen Brotes mit Käse statt vier nun fünf Flaschen Wein.[110] Im gleichen Jahr beschloss die Genossenschaft, dass die Bütten nicht schwerer als 125 kg sein durften.[111] Nach der Ernte 1908 legte man folgende Preise fest:

Rot	Mittelgrad	Pfg. je Pfund	steig./fallend
Früh/Spätburgunder	81	24	1 Pfg.
Portugieser	81	22	1 Pfg.
Weiß			
Klemer, Riesling	50	10	½ Pfg.
Ortslieber	54	10	½ Pfg.

Im darauffolgenden Jahr 1909 beschloss der Vorstand, wegen der schlechten Weinernte von einer üblichen Traubenversendung an die bessere Kundschaft Abstand zu nehmen.[112] Der Herbst 1910 blieb mit 76 Fuder roter Trauben und 6 Fuder Weißwein deutlich hinter den Erwartungen zurück. Von drei Mitgliedern, die ihre Trauben nicht abgeliefert hatten, wurden zwei, die an Händler verkauft hatten, von der Genossenschaft ausgeschlossen. Das dritte Mitglied, welches seinen kleinen Ertrag als Haustrunk verwenden wollte, durfte bei Einhaltung seiner Aussagen weiter Mitglied bleiben.[113]

106 Ebd., Gen.-Vers. 11.3.1906.
107 Ebd., Gen.-Vers. 16.10.1906.
108 Ebd., Gen.-Vers. 1.9.1907.
109 Ebd., Vorst. Sitz. 23.1.1908.
110 Ebd., Gen.-Vers. 23.7.1908.
111 Ebd., Gen.-Vers. 8.10.1908.
112 Ebd., Vorst. Sitz. 21.10.1909.
113 Ebd., Vorst. Sitz. 20.10.1910.

Winzerinnen hinter der Schule um 1915.

Sammlung Peter Schreiner

Der Winzerverein, der bisher den Vereinen des Ortes bei Festen im Saal Fässer zum Selbstabfüllen überlassen hatte, ging ab 1911 zur Abgabe von vom Winzerverein selbstabgefüllten Flaschen zum laufenden Literpreis über.[114] Im folgenden Jahr 1912 wurde zur Abhaltung der Fastnachtsmusik vereinbart, dass wie bisher der Winzerverein den ersten Abend die Musik ausrichtete und für den zweiten Abend die hiesige Karnevalsgesellschaft den Saal für 10 Mark Miete zur Verfügung gestellt bekam.[115] Ebenfalls 1912 wurde das elektrische Licht eingeführt. Lieferant war Baurat Stuhl von der Lochmühle.[116]
Im Sommer beschlossen Vorstand und Aufsichtsrat die Einführung eines Eintrittsgeldes für den Kellerbesuch und einer Weinprobe von 25 Pfennig pro Person. Kundschaft blieb von dieser Zahlung ausgenommen. Mit einem Teil des Ertrages sollten für die Zeit vom 1. April bis 1. Oktober den Kellerarbeitern das Krankengeld und die Versicherungsklebemarken gezahlt werden.[117] Am 12. Dezember 1912 nahmen Vorstand und Aufsichtsrat eine Weinprüfung vor. Bei derselben wurden wie üblich sämtliche Keller begangen und aus einzelnen Fässern Stichproben entnommen.[118] Im Frühjahr 1913 wird die Geschäftsbeziehung mit dem Vertreter der Berliner Niederlassung beendet.[119] Nachdem die Genossenschaft im Jahre 1914 für verwundete Soldaten 600 Flaschen Wein gestiftet hatte, beschloss man, jedem Mayschoßer Soldaten mit der Post eine Flasche Hefebranntwein oder Cognac zuzusenden.[120] In Anbetracht des zu erwartenden guten Herbstes beschloss man im Sommer 1915, noch acht Traubenbehälter (Särge) zu bauen.[121] Vor dem Herbst legte man fest, für die Herbstarbeiten wegen Arbeitermangel 20-25 kriegsgefangene Russen zu beschäftigen. Zu deren Beköstigung wurde auf dem Saal für die Zeitdauer

114 Ebd., Vorst. Sitz. 31.1.1911.
115 Ebd., Vorst. Sitz. 15.2.1912.
116 Ebd., Gen.-Vers. 28.3.1912.
117 Ebd., Vorst. Sitz. 13.6.1912.
118 Ebd., Vorst. Sitz. 12.12.1912.
119 Ebd., Vorst. Sitz. 21.3.1913.
120 Ebd., Vorst. Sitz. 12.10.1914.
121 Ebd., Vorst. Sitz. 15.7.1915.

Bei der Traubenlese oberhalb der Lochmühle um 1917. *Luise Kunz*

der Arbeit (bis Dezember 1915) eine Küche eingerichtet.[122] Nach der Beendigung des Kelterns Anfang Dezember 1915 blieben vier Kriegsgefangene weiter im Winzerverein beschäftigt, die anderen arbeiteten bei Mayschoßer Winzern.[123] (Im August 1918 werden noch 2 russische Arbeiter im Winzerverein erwähnt).

Im Jahre 1917 wechselte der Winzerverein den Stromlieferanten und beschloss, vom 1. Juli des Jahres ab das Licht von Berggeist in Brühl zu beziehen.[124] Da an männlichen Arbeitskräften in der Genossenschaft während der gesamten Kriegzeit Mangel herrschte, erfolgte im August 1917 die Einstellung von zwei Mädchen.[125] Im April 1918 bemühte sich der Winzerverein mit mehreren Eingaben um den Erhalt wenigstens eines Branntweinkessels. Da dieses abgelehnt wurde, gab man bei der Firma Loos in Offenbach einen neuen gußeisernen Kessel in Auftrag, um wenigstens im Herbst den Trester brennen zu können. Ebenso wurde die Bitte um Freigabe von 2 – 3 Liter Branntwein von dem im Keller lagernden beschlagnahmten Hefe und Trester für jedes Mitglied abgelehnt. Der Branntwein mußte restlos abgeliefert werden.[126]

Die Generalversammlung am 28. August 1918, anlässlich des 50-jährigen Jubliäums des Mayschoßer Winzervereines, stand im Zeichen des Krieges und konnte daher nicht in dem Maße gefeiert werden, wie es dem Tag entsprochen hätte. Während der Versammlung bekam jedes Mitglied ½ Flasche 1915er Mönchberger. Nachmittags machten die Mitglieder eine kleine Familienfeier, bei der jedes Mitglied 4 Flaschen Wein erhielt. Nach einem Rundgang durch den Keller gab es für jeden ein Glas aus

122 Ebd., Vorst. Sitz. 12.9.1915.
123 Ebd., Vorst. Sitz. 5.12.1915.
124 Ebd., Vorst. Sitz. 15.3.1917.
125 Ebd., Vorst. Sitz. 12.7.1917.
126 Ebd., Vorst. Sitz. 18.4.1918.

Das Winzervereinsgebäude im Jahre 1920. *Sammlung Peter Schreiner*

Vier alte Mayschoßer beim Wein im Winzervereinsgarten. Aufnahme aus den 1920er Jahren. *Familie Bertram*

dem Jubiläumsfass. Als neuer Kellermeister stellte die Genossenschaft Ende des Jahres 1918 Ferdinand Großgarten aus Dernau ein (er blieb bis 1923 in Mayschoß).[127] Da die großen Lagerfässer fast alle unbrauchbar waren, beschloss der Vorstand, im Frühjahr 1922 im neuen Keller zwei Felder mit Zementfässern von circa 10.000 Litern Inhalt von dem Rhein-Ahr Betonwerk in Sinzig bauen zu lassen.[128]

In der Generalversammlung vom 4.11.1923 wurde Hubert Bungart zum Präsidenten gewählt. Drei Wochen später legte dieser sein Amt nieder, so dass auf der General-

127 Ebd., Vorst. Sitz. 26.11.1918.

128 Ebd., Vorst. Sitz. 16.3.1922.

versammlung am 25.11.1923 in Abwesenheit Franz Clemens junior zum Präsidenten gewählt wurde. Da dieser sein Amt nicht angenommen hatte, musste am 2.12.1923 erneut eine Generalversammlung zur Präsidentenwahl stattfinden. Auf ihr wählte man Heinrich Ulrich zum Präsidenten. Da 1924 der Versand von Wein ziemlich gering war, stellte man, wie vor dem Krieg, einen Reisenden ein und nahm für den Bereich Bonn und Umgebung einen in Bonn wohnenden Vertreter. Weiter wurde beschlossen, zusammen mit dem Recher Winzerverein, in Köln ein Auto zu kaufen, welches allerdings bereits nach zwei Jahren wieder verkauft wurde.[129] In der Generalversammlung vom 15.2.1925 wurde Hubert Bungart zum Präsidenten gewählt. Bei guten Herbstaussichten beschloss man 1925 den Bau von sechs weiteren Zementsärgen zur Aufnahme der Traubenmaische. Diesselben wurden bei Mayschoßer Maurern zum Preis von 1800 bis 2000 Mark in Auftrag gegeben.[130] 1926 wurden die roten Trauben mittels Motormühlen entrappt, um einen besseren Wein zu erzielen.[131] Neuer Kellermeister wurde Herr Wacker aus Ahrweiler.[132]

Für das Jahr 1927 legte die Genossenschaft die Weinpreise neu fest:

1 Fl. Treppenberger oder	
1 Fl. Kleinberger	1,30 Mark
1 Fl. Schieferleyer	1,70 Mark
1 Fl. Laacherberger oder	
1 Fl. Riesling	2,00 Mark
1 Fl. Silberberger[133]	3,00 Mark
1 Fl. Mönchberger	3,50 Mark
1 Fl. Mönchberger 21er	4,00 Mark
Tresterbranntwein pro Fl. ohne Glas	3,00 Mark
Hefenbranntwein	3,40 Mark
Weinbrand	3,00 Mark

Für die Kirmesfeier am 13. und 14. November 1927 sollten die Mitglieder von Vorstand und Aufsichtsrat die Aufsicht über die Kasse, die Ausgabe des Weines und das Einsammeln des Tanzgeldes übernehmen.[134] 1928 gab es größere Ausbauarbeiten am Vereinssaal.[135] Für die anschließende Nutzung beschloss man eine neue Festsetzung der Saalmiete für die örtlichen Vereine. Nach Beratung der Fragen wurde die Saalmiete für Tanzfestlichkeiten, Konzerte und Theatervorstellungen

129 Ebd., Vorst. Sitz. 8.5. und 15.5.1924.

130 Ebd., Vorst. Sitz 30.7.1925.

131 Ebd., Gen.-Vers. 18.10.1926.

132 Ebd., Gen.-Vers. 25.8.1926.

133 Die alte Marke Mönchberger II wurde nach einem Vorstandsbeschluss vom 6.7.1927 in Silberberger umbenannt.

134 Protokollbuch des Mayschoßer Winzervereins, Vorst. Sitz. 7.11.1927.

135 Ebd., Vorst. Sitz. 19.11. und 14.12.1927, 21.1., 13.2. und 28.2.1928.

Traubenlese an der Saffenburg. Aufnahme aus den 1920er Jahren. *Luise Kunz*

mit Saalbeleuchtung auf 30 Mark festgesetzt.[136] Wegen einer herrschenden Grippe-Epidemie erfolgte von der Genossenschaft 1929 eine unentgeltliche Ausgabe von Tresterbranntwein an ihre Mitglieder. Ferner wurde festgesetzt, an den zwei ersten Fastnachtstagen bei den Tanzvergnügen im Vereinssaale kein Tanzgeld zu erheben, sondern an dessen Stelle pro Person 0,50 Mark Eintrittsgeld zu verlangen.[137] Für den Rebschutz schlug der Vorstand zwei Mitglieder für die Leitung bei Herrichten und Ausgabe der Kupferkalkbrühe vor. Dieselben sollten ferner die vom Staat gelieferten Spritzen an die Bedürftigen leihweise abgeben und die Rechnungsführung über die Kosten und Bezahlung der Brühe übernehmen.[138] In der Generalversammlung vom 28.8.1929 wurde Nikolaus Meurer zum Präsidenten gewählt. Da voraussichtlich für den Herbst 1929 nicht genügend Fässerraum zur Verfügung stehen würde, beschloss der Vorstand, von der Firma Rhein-Ahr-Betonwerk Sinzig ein Faß von zirka 30.000 Liter anfertigen zu lassen und den Vereinigten Faßfabriken Aktiengesellschaft Kassel 3 Lagerfässer mit dem Inhalt von 7 – 8.000 Litern in Auftrag zu geben. Auch sollte ein Angebot für neue Fuderfässer eingezogen werden, da die im Keller befindlichen infolge ihres Alters vielfach reparaturbedürftig waren.[139] 1929 verkaufte die Genossenschaft ihr Gebäude am Alten Berg.[140] Für 1930 wurde beschlossen das Spritzen

136 Ebd., Vorst. Sitz 13.5.1928. Theatervorstellungen veranstalteten in dieser Zeit der Gesangverein „Concordia“ und der Kichenchor „Cäcilia“.

137 Ebd., Vorst. Sitz. 4.2.1929.

138 Ebd.

139 Ebd., Vorst. Sitz. 30.8.1929.

140 Ebd., Vorst. Sitz. 28.12.1929.

Leo Ley als junger Winzer bei der Traubenlese um 1930.
Luise Kunz

der Weinberge wieder gemeinschaftlich zu veranlassen und das nötige Kupfervitriol und den Kalk einzukaufen.[141] Ebenfalls 1930 beschloss man die Anschaffung eines Kraftwagens.[142] 1932 mietete die Genossenschaft in Düsseldorf ein Ladenlokal als Filiale an.[143] Im gleichen Jahr beschäftigte die Genossenschaft neben Joseph Knieps als neuem Kellermeister fünf Arbeiter im Keller. Weitere acht Arbeiter wechselten sich wochenweise mit je vier Mann ab.[144] Um am wachsenden Fremdenverkehr zu partizipieren, ließ die Genossenschaft 1933 von einer holländischen Firma Preislisten und Broschüren in holländischer Sprache drucken.[145]

In der Generalversammlung vom 28. August 1935 wurde Lorenz Mies zum Präsidenten gewählt. Die Patenstädte von Mayschoß, Hamburg-Altona und Stettin, erhielten von der Genossenschaft 1935 je eine von Fritz von Wille gemalte Ortsansicht als Anerkennung für die von Mayschoß bezogenen Weine als Geschenk.[146] Gute Wirtschaftsjahre erforderten bereits 1936 eine Vergrößerung der Kapazitäten. Mitte des Jahres bestellte die Genossenschaft wegen der großen Nachfrage nach Traubensüßmost zwei Drucksüßmosttanks mit je 20.000 Liter Inhalt.[147] 1937 schaffte man zusätzlich vier Zementglasfässer von je 4.000 bis 6.000 Liter und ein Lagerfass aus Holz für 12.000 Liter an.[148] Nachdem die Firma Kupferberg aus Mainz bereits in den vergangenen Jahren größere Weinmengen erworben hatte, kaufte sie 1938 20.000 Liter Schieferleyer Riesling.[149]

Im Jahre 1938 kam es zu einem neuartigen Einsatz gegen die Auswirkung der Maifröste. Zu diesem Zweck hatte man in den tief gelegenen Weinbergen 2000 mit Heizwolle,

141 Ebd., Vorst. Sitz 25.3.1930.
142 Ebd., Vorst. Sitz. 18.6.1930.
143 Ebd., Vorst. Sitz. 11.4.1932.
144 Ebd., Gen.-Vers. 5.9.1932.
145 Ebd., Vorst. Sitz. 30.3.1933.
146 Ebd., Vorst. Sitz. 28.11.1935.
147 Ebd., Vorst. Sitz. 16.7.1936.
148 Ebd., Vorst. Sitz. 14.7.1937.
149 Ebd., Vorst. Sitz. 10.2.1938.

Anton Cossmann beim Abliefern der Trauben im Jahre 1933. *Anita Ohlig*

Winteransicht von Mayschoß gemalt von Fritz Wille. 1935 erhielt die Patenweinstadt Altona das Gemälde als Geschenk von der Genossenschaft. Ansichtskarte 1930er Jahre. *Sammlung des Verfassers*

Im Winzerverein bei der Öchslemessung. Aufnahme aus den 1930er Jahren. *Sammlung des Verfassers*

Kellerarbeiter beim Umschichten der Traubenmaische in den „Särgen“ genannten Betonbehältern. Aufnahme 1930er Jahre. *Sammlung des Verfassers*

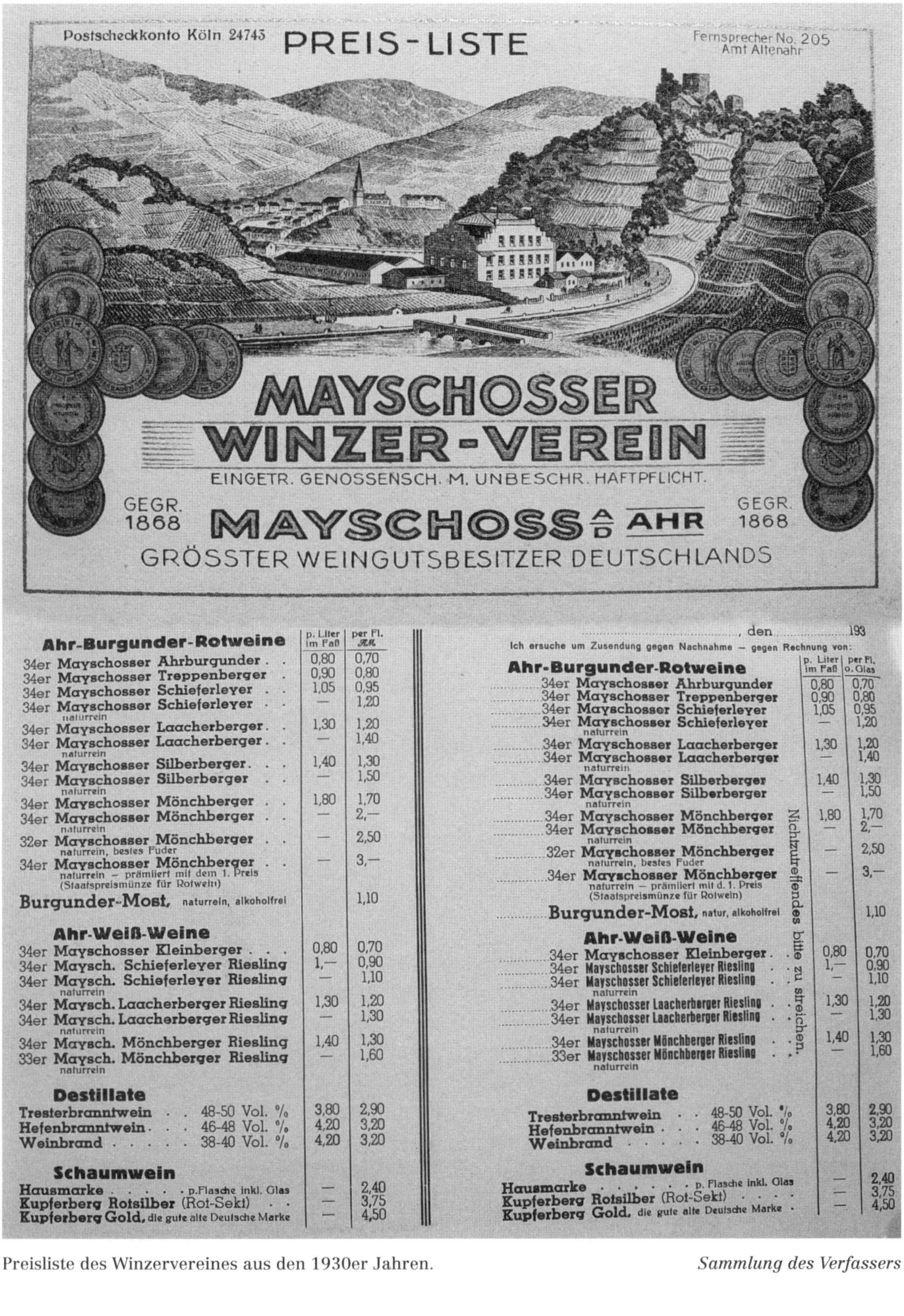

Postscheckkonto Köln 24745 — PREIS-LISTE — Fernsprecher No. 205 Amt Altenahr

MAYSCHOSSER WINZER-VEREIN

EINGETR. GENOSSENSCH. M. UNBESCHR. HAFTPFLICHT.

GEGR. 1868 — MAYSCHOSS A/D AHR — GEGR. 1868

GRÖSSTER WEINGUTSBESITZER DEUTSCHLANDS

Ahr-Burgunder-Rotweine	p. Liter im Faß	per Fl. RM
34er Mayschosser Ahrburgunder	0,80	0,70
34er Mayschosser Treppenberger	0,90	0,80
34er Mayschosser Schieferleyer	1,05	0,95
34er Mayschosser Schieferleyer naturrein	—	1,20
34er Mayschosser Laacherberger	1,30	1,20
34er Mayschosser Laacherberger naturrein	—	1,40
34er Mayschosser Silberberger	1,40	1,30
34er Mayschosser Silberberger naturrein	—	1,50
34er Mayschosser Mönchberger	1,80	1,70
34er Mayschosser Mönchberger naturrein	—	2,—
32er Mayschosser Mönchberger naturrein, bestes Fuder	—	2,50
34er Mayschosser Mönchberger naturrein – prämiiert mit dem 1. Preis (Staatspreismünze für Rotwein)	—	3,—
Burgunder-Most, naturrein, alkoholfrei		1,10
Ahr-Weiß-Weine		
34er Mayschosser Kleinberger	0,80	0,70
34er Maysch. Schieferleyer Riesling	1,—	0,90
34er Maysch. Schieferleyer Riesling naturrein	—	1,10
34er Maysch. Laacherberger Riesling	1,30	1,20
34er Maysch. Laacherberger Riesling naturrein	—	1,30
34er Maysch. Mönchberger Riesling	1,40	1,30
33er Maysch. Mönchberger Riesling naturrein	—	1,60
Destillate		
Tresterbranntwein . . 48-50 Vol. %	3,80	2,90
Hefenbranntwein . . 46-48 Vol. %	4,20	3,20
Weinbrand . . . . 38-40 Vol. %	4,20	3,20
Schaumwein		
Hausmarke . . . . p.Flasche inkl. Glas	—	2,40
Kupferberg Rotsilber (Rot-Sekt)	—	3,75
Kupferberg Gold, die gute alte Deutsche Marke	—	4,50

.................................., den 193

Ich ersuche um Zusendung gegen Nachnahme – gegen Rechnung von:

Ahr-Burgunder-Rotweine	p. Liter im Faß	per Fl. o. Glas
.... 34er Mayschosser Ahrburgunder	0,80	0,70
.... 34er Mayschosser Treppenberger	0,90	0,80
.... 34er Mayschosser Schieferleyer	1,05	0,95
.... 34er Mayschosser Schieferleyer naturrein	—	1,20
.... 34er Mayschosser Laacherberger	1,30	1,20
.... 34er Mayschosser Laacherberger naturrein	—	1,40
.... 34er Mayschosser Silberberger	1,40	1,30
.... 34er Mayschosser Silberberger naturrein	—	1,50
.... 34er Mayschosser Mönchberger	1,80	1,70
.... 34er Mayschosser Mönchberger naturrein	—	2,—
.... 32er Mayschosser Mönchberger naturrein, bestes Fuder	—	2,50
.... 34er Mayschosser Mönchberger naturrein – prämiiert mit d. 1. Preis (Staatspreismünze für Rotwein)	—	3,—
.... Burgunder-Most, natur, alkoholfrei		1,10
Ahr-Weiß-Weine		
.... 34er Mayschosser Kleinberger	0,80	0,70
.... 34er Mayschosser Schieferleyer Riesling	1,—	0,90
.... 34er Mayschosser Schieferleyer Riesling naturrein	—	1,10
.... 34er Mayschosser Laacherberger Riesling	1,30	1,20
.... 34er Mayschosser Laacherberger Riesling naturrein	—	1,30
.... 34er Mayschosser Mönchberger Riesling	1,40	1,30
.... 33er Mayschosser Mönchberger Riesling naturrein	—	1,60
Destillate		
Tresterbranntwein . . 48-50 Vol. %	3,80	2,90
Hefenbranntwein . . 46-48 Vol. %	4,20	3,20
Weinbrand . . . . 38-40 Vol. %	4,20	3,20
Schaumwein		
Hausmarke . . . . . p. Flasche inkl. Glas	—	2,40
Kupferberg Rotsilber (Rot-Sekt)	—	3,75
Kupferberg Gold, die gute alte Deutsche Marke	—	4,50

Nichtzutreffendes bitte zu streichen.

Preisliste des Winzervereines aus den 1930er Jahren. *Sammlung des Verfassers*

Winzervereinsgebäude. Aufnahme aus den 1930er Jahren. *Carlo di Carlo*

Naphtalin und Brikett gefüllte Heizöfen aufgestellt. Als am zweiten Maisonntag die Temperatur auf – 2 Grad sank, kamen die aus jungen Winzern gebildeten Kolonnen der „Räucherwehr" zum Einsatz und entzündeten die Heizöfen um die Talluft zu erwärmen.[150] Im Juni 1938 konnten größere Umbaumaßnahmen im Winzerverein abgeschlossen werden. Hierbei wurde das genossenschaftseigene Hotel-Restaurant umgestaltet. Dabei wurde auch der Gastraum für die örtlichen Winzer, im Volksmund „Hölle" genannt, in den ersten Stock verlegt. Diesen Umstand kommentierte man dergestalt, dass die Hölle dem Himmel nähergekommen sei.[151] Die Aufwärtsentwicklung der Genossenschaft endete 1939. Mit dem zweiten Weltkrieg erfolgten in den 40er Jahren massive staatliche Eingriffe. Die von der Preisbindungsstelle für das Ahrgebiet 1942 vorgeschriebenen Höchstpreise erregten den Unmut der Mitglieder. So konnte man nicht verstehen, dass im Assmannshäuser Gebiet für das Pfund Spätburgunder 0,50 Mark bezahlt werden durfte, im Weinbaugebiet Ahr es für die höchsten Mostgewichte aber nur 0,31 Mark gab. Ähnliche erhebliche Benachteiligungen gab es bei weißen Sorten gegenüber anderen Anbaugebieten.[152] Die Leitung der Genossenschaft hatte aber vorerst keine andere Möglichkeit, als den festgelegten Preis zu zahlen. Als sich Mitte des Jahres ein durch den niedrigen Traubenpreis bedingter

---

150 Mayschoßer Schulchronik S. 219.

151 Ebd., S. 221.

152 Protokollbuch des Mayschoßer Winzervereins, Gen.-Vers. 24.1.1942.

Gewinn von etwa 200.000 Mark abzeichnete, konnte man diesen als Warenrückvergütung den Mitgliedern auf die eingelieferten Trauben des 41er Herbstes gutschreiben. Dies geschah durch zusätzliche Zahlung von 15 Pfennig/Pfund bei roten und 10 Pfennig/Pfund bei weißen Trauben.[153] Im Jahre 1942 waren die Weinvorräte derart geschrumpft, dass auf der Generalversammlung im August die Mitglieder gebeten wurden, mit Rücksicht auf die geringen Bestände und die Fehlernte in diesem Jahr, ihren Verbrauch an Alkohol auf das geringste Maß einzuschränken, damit auch für die zur Wehrmacht eingezogenen Winzer und Winzersöhne nach ihrer Rückkehr in die Heimat noch ein gewisses Quantum Wein vorhanden sei.[154] Nach einer Anfrage der Genossenschaft wegen Bindeweiden teilte die entsprechende Firma mit, der Be-

Fasskeller des Mayschoßer Winzervereines. Undatierte Aufnahme. *Sammlung des Verfassers*

zug sei noch nicht von der Beschlagnahmestelle in Berlin genehmigt.[155] Im Sommer 1943 sah sich der Vorstand genötigt, den Betrieb im Mitgliederzimmer zu regeln. „Um die unhaltbaren Zustände in dem Mitgliederzimmer an Sonn- und Feiertagen abzustellen, beschloß der Vorstand und Aufsichtsrat, den Pächter Möncks anzuweisen, keine Nichtmitglieder mehr auf dem Mitgliederzimmer zu dulden. Zugelassen sind Mitglieder und Mitgliedersöhne, welche im väterlichen Betrieb arbeiten, sowie Soldaten aus dem Ort Mayschoß, welche sich auf Urlaub befinden. Weiter können

153 Ebd., Vorst. Sitz. 28.6.1942.
154 Ebd., Gen.-Vers. 26.8.1942.
155 Ebd., Vorst. Sitz. 23.12.1942.

Winzervereinsrestaurant. Aufnahme aus den 1950er Jahren. *Carlo di Carlo*

zugelassen werden, örtliche Beamte, Handwerker und Kellerarbeiter, welche dem Pächter namentlich angegeben werden. Der Ausschank für Mitglieder an Sonn- und Feiertagen wurde auf höchstens 2 Flaschen und für Nichtmitglieder auf 1 Flasche begrenzt.“ [156] Im Jahre 1943 wurde wegen des Krieges auf eine offizielle 75-Jahrfeier verzichtet. Desweiteren gab es wegen der Weinknappheit einen Apell an die Mitglieder, ihren Weinverbrauch einzuschränken, um auch die Kunden weiter beliefern zu können.[157] Wegen Arbeitskräftemangel im Herbst ermächtigte der Vorstand den Vorsitzenden, die Mitglieder bis zu einem Alter von 65 Jahren nach Bedarf zu den notwendigen Kellerarbeiten heranzuziehen.[158] Da die Weinknappheit weiter anhielt, beschloss man, um den Weinverbrauch durch die Mitglieder einzuschränken, die Konten der Mitglieder über die Weinabnahme zu prüfen und bei Übertretungen die Weinkonten der betreffenden Mitglieder zu sperren.[159] Im Dezember des Jahres sah man sich genötigt, die Belieferung der örtlichen Wirte zu kürzen. 30 Weinkonten von Mitgliedern wurden geschlossen. Ein großer Teil von weiteren Mitgliedern wurde verwarnt.[160] 1944 wurde die Genossenschaft verpflichtet, an zwei große Hotels in der Umgebung je ein Fuder guten Rotwein zu liefern. Im Gegenzug erhielt sie zwei Fuder guten Mosel-Riesling.[161] In der Generalversammlung vom 29.8.1945 wurde Franz

156 Ebd., Vorst. Sitz. 29.7.1943.
157 Ebd., Gen.-Vers. 26.8.1943.
158 Ebd., Vorst. Sitz 26.9.1943.
159 Ebd., Vorst. Sitz. 1.11.1943.
160 Ebd., Vorst. Sitz. 3.12.1943.
161 Ebd., Vorst. Sitz. 21.2.1944.

Asbach zum Präsidenten gewählt. Nach Beendigung des Krieges fand im Jahre 1946 keine Generalversammlung statt, da die Militärregierung für die Genossenschaften vorläufig ein Versammlungsverbot verhängt hatte, welches erst im Januar 1947 aufgehoben wurde. Bis zum Ende des Jahres 1946 mussten 325.000 Liter Wein an die Besatzungstruppen geliefert werden.[162]
Im Jahre 1954 wurde Josef Graeff als neuer Kellermeister angestellt.[163] Im gleichen Jahr erfolgte der Bau von Betonfässern mit einem Fassungsvermögen von 95.000 Liter.[164] Bereits 1958 wurden für weitere 100.000 Liter Betonfassraum gebaut.[165]
Zwei Jahre später, 1960, genehmigte die Generalversammlung die Übernahme des Bad Neuenahrer Winzervereines.[166] Mit der Vergabe des Neubaues von Ausschankkellern 1965[167] konnten im Zeitraum 1953 bis 1968 fünf Ausschankkeller gebaut werden.

Die Mitglieder des Winzervereines beim 100-jährigen Jubiläum im Jahre 1968. *Sammlung des Verfassers*

162 Ebd., Vorst. Sitz 6.11.1946.
163 Ebd., Vorst. Sitz. 7.2.1954.
164 Ebd., Vorst. Sitz. 10.8.1954.
165 Ebd., Vorst. Sitz 4.8.1958.
166 Ebd., Gen.-Vers. 8.1.1960.
167 Ebd., Vorst. Sitz 7.7.1965 u. 22.9.1965.

1968 feierten die 240 Mitglieder der Mayschoßer Winzergenossenschaft ihr 100-jähriges Jubiläum. Zu diesem Anlass fertigte Erich Knieps aus Mayschoß drei mit Weinmotiven beschnitzte Holzfässer an. Äußerer Lohn für die Mayschoßer Winzer war, dass von der Landwirtschaftskammer Koblenz im Jubiläumsjahr von fünf zur Prämierung vorgestellten Weinen drei mit der goldenen und zwei mit der silbernen Preismünze ausgezeichnet wurden.

Um die Gaststätte zu erweitern, beschloss man 1972 den Bau eines neuen Saales.[168] Der alte Saal sollte zu einem notwendig gewordenen Flaschenlager umgestaltet werden. In der Generalversammlung vom 30.8.1972 wurde Hugo Coßmann zum Präsidenten gewählt. 1974 schaffte man eine neue Abfüllanlage mit einer Leistung von 2.000 Liter/Stunde für circa 130.000 DM an.[169] Im Sommer des Jahres trat Michael Ley die Stelle als Kellermeister der Genossenschaft an. 1976 erwarb die Genossenschaft das zum Verkauf stehende, lange als Postgebäude dienende Wohnhaus Josten. 1977 begannen größere Umbauten an der Remise auf Bungert. Zur Unterbringung der zur Maischeerhitzung notwendigen Anlagen sowie zum Einbau einer automatischen Traubenannahmeanlage war die Aufstockung und die Erneuerung des gesamten Dachstuhles notwendig.[170] Um die Lagerkapazität zu erweitern, wurde im März des Jahres beschlossen, mit Edelstahltanks den Fassraum um 220.000 Liter zu erweitern.[171] 1978 beschloss man, den Raum neben der Eingangsremise als Probierstube und Verkaufsraum umzubauen.[172] In der Generalversammlung vom 29.8.1979 wurde Rudolf Mies zum Präsidenten gewählt. Ebenfalls 1979 verkaufte die Genossenschaft den ehemaligen Bad Neuenahrer Winzerverein.[173] 1980 erwarb die Genossenschaft das Bahnhofsgelände und nahm größere Umbauten an dem Vereinsgebäude vor.[174] Neben dem Saal, der in ein Weinlokal umgestaltet wurde, errichtete man ein neues Tank- und Flaschenlager. Nach dem Abriss der alten Toiletten und des Brennereigebäudes entstand im Eingangsbereich ein neues Gebäude mit Fachwerkfassade. Für die Baumaßnahmen, zusätzliche Edelstahltanks und eine neue Abfüllanlage investierte die Genossenschaft insgesamt 3,65 Millionen Mark.[175]

Nachdem sich die Mitglieder der Winzergenossenschaft Altenahr bereits am 11. März 1982 mit großer Mehrheit für eine Fusion ausgesprochen hatten, fand in Mayschoß am 22. März 1982 eine außerordentliche Generalversammlung statt. Auf ihr wurden den Mitgliedern die Vorzüge einer Fusion für beide Genossenschaften dargestellt: für Altenahr in erster Linie, um mit der Verarbeitung des Lesegutes in Mayschoß erhebliche Kosten zu sparen und für Mayschoß, mit Altenahr einen guten Absatzmarkt zu erhalten. Der Antrag auf Vereinigung der beiden Genossenschaften unter

---

168 Ebd., Gen.-Vers. 6.6.1972.
169 Ebd., Vorst. Sitz. 23.1.1974.
170 Ebd., Vorst. Sitz. 9.3.1977.
171 Ebd., Vorst. Sitz. 23.3.1977.
172 Ebd., Vorst. Sitz. 11.1.1978.
173 Ebd., Vorst. Sitz. 11.10.1979.
174 Ebd., Vorst Sitz. 7.2.1980.
175 Ebd., Vorst. Sitz. 29.4.1980.

dem Namen Winzergenossenschaft Mayschoß-Altenahr Genossenschafts-Weinkellerei e.G. Mayschoß-Ahr erzielte in Mayschoß ein einstimmiges Ja. Die nun 280 Winzer der Genossenschaft erwirtschaften auf 120 ha Anbaufläche eine durchschnittliche Jahresproduktion von 900.000 Litern. Mit Herrn Drockenmüller hatte die Genossenschaft seit 1983 einen neuen Kellermeister.[176] 1987 tauschte die Genossenschaft das Postgebäude gegen ein Nachbargrundstück (Hallerbach) ein.[177] Seit 1988 ist Rolf Münster Kellermeister in der Winzergenossenschaft.[178] 1989 beschloss man, ab Dezember in der Brennerei Altenahr wieder Weinhefenbranntwein herzustellen.[179] 1992 investierte man 1,9 Millionen DM in neue Kellertechnik, so dass die Genossenschaft über eine Lagerkapazität von insgesamt 2,5 Millionen Liter verfügte.[180] Ebenfalls 1992 wurde in Altenahr die an das dortige Winzervereinsgebäude grenzende Villa Johanna verkauft.[181]

Das Weingut Deutzerhof konnte am 4. Oktober 1992 einen Spätburgunder mit 222,6 Grad Öchsle ernten. Dies war der höchste Öchslegehalt der bisher in Deutschland erreicht wurde. Geerntet wurden 30 Liter des Spitzentropfens in der Lage Altenahrer Eck.[182]

Das zentrale Ereignis im Jahre 1993 war das 125-jährige Jubiläum des Mayschoßer Winzervereines. Nachdem am Mittwoch, dem 25. August, das Stiftungsfest in traditioneller Weise gefeiert worden war, lud Rudolf Mies, der Präsident der Winzergenossenschaft, am Freitag, dem 27. August, Gäste und Mitglieder zum Festkommers in das große Festzelt am Bahnhof ein. Neben dem Weinbauminister Karl Schneider war eine große Zahl von Gästen aus Politik und Wirtschaft zu dem Ereignis angereist, um den Winzern des Dorfes zu ihrem Jubiläum zu gratulieren. Jeder Festteilnehmer erhielt eine von Sebastian Schmitz verfasste Broschüre über die Geschichte der ältesten Winzergenossenschaft Deutschlands überreicht. Umrahmt von Beiträgen des Mayschoßer Kirchenchores war neben vielen Grußadressen die Festrede von Dr. Ruland, einem Kenner der Mayschoßer Weingeschichte, der Höhepunkt der Veranstaltung. Gleichfalls neben dem Jubiläum des Winzervereines feierte der Winzerstammtisch sein 25-jähriges Bestehen. Neben der Winzergenossenschaft gibt es zur Zeit noch drei selbstvermarktende Weingüter in Mayschoß. Dies sind das Weingut Bäcker, das Weingut Deutzer Hof und das Weingut Mönchberger Hof. Das Weingut Deutzer Hof konnte am 11. November 1993 einen Spätburgunder mit dem Rekordergebnis von 230 Grad Öchsle ernten.[183]

Anfang Juni 1995 erfolgte der erste Spatenstich für die notwendigen Baumaßnahmen im Flurbereinigungsverfahren Mayschoß-Mönchberg. Die vorgesehenen

176 Ebd., Vorst. Sitz. 24.8.1983.
177 Ebd., Vorst. Sitz. 6.10.1987.
178 Ebd., Vorst. Sitz. 7.11.1988.
179 Ebd., Vorst. Sitz. 31.10.1989.
180 Ebd., Gen.-Vers. 8.5.1992.
181 Ebd., Vorst. Sitz. 1.7.1992.
182 Schmitz/Klein, (wie Anm. 16), S. 201.
183 Ebd., S. 204/205.

Heinz Ley und ein Gast in der Probierstube des Winzervereines.

Foto des Verfassers, 2006

Gesamtkosten für das 78 ha umfassende Teilgebiet beliefen sich auf circa 6 Millionen DM. Diese Kosten wurden zu 90 % von Bund und Land und zu 10 % von den Eigentümern übernommen.[184] Mit einem Kostenvolumen von circa 1,4 Millionen DM wurde 1996 im Bereich Mönchberg ein Weg von Langenland bis Tankenbach fertiggestellt.[185] Zu Beginn des Monats Mai 1997 konnten im Winzervereinsgebäude die Umbauarbeiten für den neuen Verkaufsraum abgeschlossen werden. Er wurde auf 300 m² vergrößert und bietet nun den Kunden neben 47 Verkaufsregalen eine neue 17 Meter lange Theke. Die Kosten betrugen 700.000 DM. Mit weiteren 300.000 DM im Kellerbereich investierte die Genossenschaft so 1 Million DM innerhalb dieses Geschäftsjahres. Im Rahmen der Wegebaumaßnahmen im Flurbereinigungsverfahren Mayschoß wurden im Jahre 1997 vier neue Wirtschaftswege geschaffen. Dies sind im einzelnen ein Weg im Bereich Mönchberg oberhalb des Mönchberghofes, ein Weg unterhalb des Klosters mit Anschluss an die Altenberggasse und einer Weiterführung oberhalb des Friedhofes in den alten Kirchpfad nach Dernau. Außerdem ein Stichweg an Ottenhard, unterhalb des Rotweinwanderweges, sowie ein Stichweg an Junkerheck unterhalb Büchel.[186] Auf der Bungert zugewandten Seite des Burgberges begann man im Februar 1998 mit dem Bau einer Monorakbahn, um die dortigen Weinbergterrassen besser zu erschließen. Nach der Fertigstellung der Monorakbahn Burgberg wurde am 26. des Monats mit dem Bau einer zweiten Monorakbahn begonnen, um die Steilterrassen im Ahrbogen unterhalb Mayschoß Richtung Rech leichter bewirtschaften zu können.

Traditionsgemäß wählten im Juni des Jahres jeweils zwei Vertreter der Ortsvereine und der Ortsteile die Weinkönigin. Die jeweilige Weinkönigin wird am 1. Oktoberwochenende, dem Beginn der Mayschoßer Weinwochen, feierlich in ihr Amt eingeführt. Die für Mayschoß noch junge Tradition begann im Jahre 1953.

184 Ebd., S. 206.

185 Ebd., S. 207.

186 Ebd., S. 209.

Um einen Überblick über die bisherigen Mayschoßer Ortsweinköniginnen zu geben seien sie hier vollzählig aufgeführt:

1953	Martha Knieps	1987/88	Bianca Krämer
1968	Magdalene Ley	1988/89	Silvia Josten
1970/71	Ingeborg Kunz	1989/90	Claudia Streich
1971/72	Annette Leyendecker	1990/91	Carmen Korb
1972/73	Gabi Schmitz	1991/92	Christa Naekel
1973/74	Irmtrud Tandler	1992/93	Monika Kühl
1974/75	Elke Kraus	1993/94	Alexandra Bäcker
1975/76	Hella Cossmann	1994/95	Britta Kläs
1976/77	Lydia Schütz	1995/96	Ursula Thiel
1977/78	Hubertine Rössel	1996/97	Natascha di Carlo
1978/79	Birgit Braun	1997/98	Monika Josten
1979/80	Andrea Krämer	1998/99	Elke Gabriel
1980/81	Annette Gies	1999/00	Nicole Cossmann
1981/82	Claudia Baltes	2000/01	Diana Josten
1982/83	Angelika Hilberath	2001/02	Karina Weinand
1983/84	Ursula Maur	2002/03	Desiree Dresen
1984/85	Corinna Cossmann	2003/04	Kathrin Ruckes
1985/86	Britta Dohmen	2004/05	Dorothee Ley
1986/87	Bärbel Krätz	2005/06	Claudia Ley

Gebietsweinkönigin:

1953	Martha Knieps
1969	Magdalene Ley
1980/81	Andrea Krämer
1984/85	Ursula Maur
1987/88	Bärbel Krätz
2003/04	Desiree Dresen

Deutsche Weinprinzessin:

1954 Martha Knieps

Deutsche Weinkönigin:

1984/85 Ursula Maur[187]

Die Mayschoßer Weinkönigin 2005/6 Claudia Ley.

Familie Ley

187 Ebd., S. 210 – 211.

Ankunft der Deutschen Weinprinzessin Martha Knieps, im Oktober 1954 in ihrem Heimatort Mayschoß.
Familie Burkardt

Die Deutsche Weinkönigin 1984/85 Ursula Maur.
Familie Maur

In der Generalversammlung 1998 wurde für den Herbst Folgendes beschlossen: „Es wird angestrebt in diesem Herbst nur Trauben zu ernten, die zu 100% gesund sind. Es wird eine gewisse Toleranz eingeräumt. Trauben deren Fäulnisanteil 20% nicht übersteigen, werden mit einem Zuschlag von 0,50 DM/Kg bezahlt; wie bei der Ernte 1997 bereits geschehen. Besonders stark angefaulte Traubenpartien werden mit einem Abschlag von 50% auf den Grundpreis bezahlt. Das sind Traubenpartien, auf deren Lieferscheinen ein Kreuz vermerkt ist. Spätburgundertrauben sollten mindestens 70 Grad Öchsle ausweisen, Partien, die darunter liegen, erhalten bei der Bezahlung drastische Preisabschläge. Bei der Ernte 1998 wird in jedem Fall für die Bezahlung der Trauben die Qualität mehr und mehr in den Vordergrund treten. Für alle Sorten ist eine Obergrenze von 140 Kg je ar Weinbergsfläche festgelegt.“[188] Im Juni 1999 wurde das Mayschoßer Bahnhofgebäude von der Winzergenossenschaft für 175.000 DM verkauft. Das Mayschoßer Weinfest an allen Oktoberwochenenden erschien 1999 erstmals in neuem organisatorischem Gewand. Die Mayschoßer Weinwochen standen in diesem Jahr für jede Woche unter einem anderen thematischen Schwerpunkt. Beginnend mit einem Erntedank- über ein Federweißer- zu einem Familienwochenende wurden erfolgreich neue Akzente gesetzt, die gleich im ersten Jahr deutlich steigende Besucherzahlen brachten. Die von der Winzergenossenschaft bei ihren Mitglie-

188 Protokollbuch des Mayschoßer Winzervereins, Gen.-Vers. 23.6.1998.

Außenansicht des Winzervereinsgebäudes. *Foto des Verfassers, 2006*

dern seit Jahren propagierten Maßnahmen und Programme zur Qualitätssteigerung schlugen sich regional wie auch überregional mit einer deutlichen Zunahme von Prämierungen nieder. Im Sommer erhielt der Winzerverein bei der DLG Bundesweinprämierung einen Bundesehrenpreis in Bronze. Krönender Abschluss für dieses Jahr war die Auszeichnung der Sieger der Weinprämierung 1999 der Landwirtschaftskammer Rheinland Pfalz. Die Winzergenossenschaft Mayschoß-Altenahr erhielt den Staatsehrenpreis in Bronze. Die Auszeichnung erhielt unsere Genossenschaft als erfolgreichster Betrieb bei der Prämierung. Die Genossenschaft erhielt für ihre Weine 21 goldene und 5 silberne Kammerpreismünzen sowie für ihre Sekte 4 goldene und 1 silberne Kammerpreismünze.[189] Der Winzerverein eröffnete am 14. April 2000 im Weinkeller ein Weinmuseum. Die dort ausgestellten 400 Exponate rund um den Weinbau und die Kellerwirtschaft stammen aus der Sammlung von Helmut Schuld aus Gimmigen. Im Flurbereinigungsverfahren Mayschoß Mönchberg wurde am 1. Dezember die Zuteilung der neuen Flurstücke vollzogen. Daraufhin wurde ein Anschlussflurbereinigungsverfahren für die Flurlagen Lehmerde, Finanzenbach und Grent eingeleitet.[190] Anfang April 2001 wurde die neue Lagerhalle der Winzergenossenschaft fertiggestellt. Ende 1999 waren schon die alten Kellereigebäude aus dem Jahre1888 abgerissen worden. Mitte Juli 2000 feierte man Richtfest. Nun beherbergt die für 2,2 Millionen DM errichtete Halle die neue Abfüllanlage, die mit 4 Personen 3000 Flaschen in der

189 Auszug aus der Ortschronik 1999.

190 Auszug aus der Ortschronik 2000.

Stunde abfüllen kann und 800.000 DM gekostet hat. Im Laufe des Jahres, verstärkt nach der Ernte im Herbst, wurden vorrangig in den Bereichen Mönchberg, Clemerich, Langenland, Ottenhard, Kirphard, Hinter der Kirche und Büngertchen Weinberge gerodet und zur Neupflanzung vorbereitet. Hierbei sind die Winzer der Empfehlung der Winzergenossenschaft gefolgt und haben verstärkt Rotweinreben angepflanzt. Der Ausbau des Wegenetzes wurde mit einem neuen Rundweg im Bereich Büngertchen abgeschlossen.[191] Auf der Generalversammlung 2001 wurde ein Beschluss aus dem Jahre 1989 aufgehoben, wonach Spätburgunder, Portugieser und Rieslingtrauben unterhalb der Gemeinde Dernau mit einem Abschlag von 3 Grad Öchsle belegt wurden.[192] Eine wichtige Weichenstellung für den Ahrweinbau ergab sich im Sommer 2004 durch die Agrarverwaltungsreform. Nach Schließung der Staatlichen Weinbaudomäne Marienthal übernahm eine Bietergemeinschaft, bestehend aus der Winzergenossenschaft Mayschoß/Altenahr und der Ahrwinzer Genossenschaft sowie dem Weingut Meyer-Näkel und der Unternehmensgruppe Brogsitter, den Traditionsbetrieb. Die vier neuen Besitzer nahmen am 1. September 2004 den Geschäftsbetrieb auf. Das neue Weingut trägt den Namen „Weingut Kloster Marienthal KG." Bei der Prämierung der Landwirtschaftskammer 2004 erhielt die Genossenschaft über 30 goldene Kammerpreismünzen und für ihren Frühburgunder Qualitätswein den „Siegerweinpreis von 2004". Bei der Prämierung der DLG 2004 wurde die Genossenschaft zum sechsten Mal innerhalb von acht Jahren mit dem Bundesehrenpreis ausgezeichnet.

Die Belegschaft der Winzergenossenschaft mit Geschäftsführer Rudolf Mies und Kellermeister Rolf Münster im Jahre 2005. *Foto Winzerverein Mayschoß*

191 Auszug aus der Ortschronik 2001.

192 Protokollbuch des Mayschoßer Winzervereins, Gen.-Vers. 29.8.2001.

Chronik der Weinjahre

Die Ernteergebnisse wurden im Wesentlichen der Mayschoßer Ortschronik (Schatzbuch) entnommen. Es wurde die zeitgenössische Schreibweise beibehalten.

1658 Mißwachstumb des weins.[193]
1663 Ist kein Wein gewachßen.[194]
1674 geringem Gewachß.[195]
1675 Höchster Mißwachs.[196]
1681 Ist der weinstock verdorben, deilß im winder, deilß in der blut, ist gut gewechß gewesen, daß sexte deil vom guten herpst.[197]
1683 Ist ein völlig Jahr gewesen an wein.[198]
1684 die Weinstock verkaltt.[199]
1696 Ist ein Miß wazs gewesen.
1697 der Wein, so Anno 1696 gewackssen.
1706 Ist gewesen ein reichlich Weinjahr.
1707 Das Weinjahr ist kaum das 1/10 Deill des vorigen Wacksdum gewesen.
1708 Disses Jahr ist alles verfroren.
1711 Disses ist ein fruchtbahres Jahr gewesen an Wein.
1712 Disses Jahr ist gewessen an Wein wenig undt zimlich schlegt.
1713 Disses Jahr am Weingewacks ungefehr ½ Jahr zugeleght.
1727 Der Herbst ist aber vollkommen gewesen.
1728 In diesem Jahr ist Gott sey Lob an Weinwachs ubeflusig gewesen.
1730 Das Wacksdum betreffent ungefehr 1/3 Teil so vill als voriges Jahr.
1733 In diessen Jahr ist auch der Weinstock von einem Herbst zum anderen 3mahl bey gröhenen Lauff erkahlt.
1740 Im diesem Jahr ist auch der Weinstock erkahlt und keinen Herbst gemacht.
1751 In diessem Jahr haben wir den 25. Octobris angefangen, die Druben zu lessen.
1752 In diessem Jahr haben wir den 14. Octobris angefangen, Druben zu lessen.
1763 In diesem Jahr ist ein so schlechter Herbs gewessen.
1764 Noch ist dieses Jahr mittelmäßiger Wein gewachßen auch deß sehr wienig.
1769 Dießes Jahr ist ein schlechter Herbst geweßen.
1771 Dießes Jahr ist ein sehr schlechtes Jahr geweßen.

---

193 Eckertz, Gottfried, (wie Anm. 36), S. 110.
194 Schmitz /Klein, (wie Anm. 16), S. 22.
195 Ebd., S. 25.
196 Eckertz, Gottfried, (wie Anm. 36), S. 42.
197 Ebd., S. 85.
198 Ebd.
199 Schmitz/Klein, (wie Anm. 16), S. 28. Die Chronik der Weinjahre von 1684 bis 1915 ist aus dem Mayschoßer Schatzbuch entnommen.

1772 Dießes Jahr ist es sehr unterscheitlig mit dem Herbst gegangen. Zu Sti. Michelstag hatt man noch sehr winnig reiffer Traupen gefunden, der Wein ist doch noch gut worden.

1777 Dießes Jahr hatt sehr winnig gegeben, der Rothe ist doch noch zimlich guth worden wegen der Drockenheit, der Weiße gar nichts nutz.

1778 Dießes Jahr hatt doch noch guthen Wein gegeben.

1779 Dießes Jahr ist sehr guthen Wein gewachßen, daß von Jahr 1753 keiner beßer gewachßen ist.

1780 Der Wein ist guth worden, auch mehr Bleichert gegeben, als wir gedenken, die Halbscheit an Wießen zu rechenen.

1781 Es hatt ungefehr halb so viel Bleichert gegeben als daß vörig Jahr, an weißen Wein hatt es ungefehr noch so viel gegeben.

1784 So viel Wein gewachsen, daß der Herbst der 8ten Theil eines gutten Herbst gerechent worden. NB. Dieser Wein ist an denen Stöcken gewachsen, welche 1783 abgeschnitten worden undt zimlich gutt worden.

1785 Der Wein ist noch zimlich guth worden.

1787 Der Wein ist noch zimlich guth worden, der Weiß ist beßer worden als der Roth.

1788 Einen guthen und reichen Herbst gegeben.

1789 Dieses Jahr ist ein sehr schlechtes Weinjahr gewesen, es hatt kaum am rothen Wein so viell firtel gegeben als voriges Jahr Ahmen.

1790 Ist der Rotwein noch zum Theil guth worden. Der Weiße ist wegen der Drocken nicht recht guth worden.

1791 Es hatt doch so viel Wein gegeben, ungefehr als im Jahr 1788.

1792 Dießes Jahr ist sehr wienig Wein gewachßen, doch mehr Roden als Weißen, so wienig Wießen, daß ihrer etliche kaum den Dienstwein bekommen haben.

1793 Noch mit zimlichen guthen Bleichert geseeg.

1794 Anno 1794 ist nicht viel Wein gewackßen und gar wienig weissen Wein, ist aber gutt worden.

1795 In diesem Jahr ist ein so schlechter Herbs gewessen, das kein Dinstwein und kein Schötzwein ist gehoben worden.

1796 In diesem Jahr ist ein so schlechtes Weinjahr gewessen, das gar wienig Wein gewachsen und der rotten Wein ist mässig gutt geworden.

1797 In diessen Jahr ist wienig Wein gewaschen, aber guth.

1799 Ist der Weingart, Berg und Thal, verkahlt mit der Wintterkält, und keinen Wein gewachßen.

1800 Es hat nicht viell wein gegeben, aber doch recht guten.

1801 Ist nicht viel Wein gewachßen, so daß der beste Bürger kaum 3 oder höchstens 4 Ahmen roten Wein bekommen hat. Der Wein war nicht so gut als im vorigen Jahr.

1802 In diesem Jahr ist ein sehr kostbarer Wein gewachßen. Die höchste Berge und die früheste Weinberg erkalteten und die in den Gründen liegenden Weingarten blieben ganz unverletzt, so daß einige Bürger ziemlich viel und die Andere wenig Wein bekamen.

1803 Die weisse Trauben seint schlegt worden, und ist zwar trankbar worden. Der rotte Wein ist waß besser geworden.
1804 Es gabe dieses Jahr ziemlich viel, auch guten Wein.
1805 Ist keinen Wein gewachsen.
1806 Nicht viel Trauben an den Stöcken, in den Späten Weingärten war nichts, in den frühen wenig doch waren selbige recht zeitig.
1807 Einen guten und zimlich vielen Wein.
1808 Sehr vielen und guten Wein geben, der Wein ist bei 2800 Ahmen Weißen und Rothen gerechnet.
1809 Ziemlich viele Trauben an den Stöcken, waren aber noch nicht recht reif, desto ehenter erkalteten Sie. Es daher sauren Wein gab von den Trauben.
1810 Wenig Trauben. Der Rothe Wein war Stark von Farb und Geschmack.
1811 Es gabe vielen Wein, beinahe wie 1808, aber besser ware er.
1812 Es hat dieses Jahr nicht viel Wein gegeben, auch nicht rechten gutten.
1813 Es waren wenige Trauben gewachsen auch schlecht zeitig worden, daß wenig und schlechten Wein gegeben hat.
1814 Es gab dieses Jahr wenig Wein, die mehrsten Trauben waren erkaltet.
1815 Wenig Wein, welche aber gut war.
1817 Gar keinen Wein gewachsen, zwar war noch in den dreyen vorherigen Jahren noch ein wenig Wein gewachsen, dieses Jahr aber gar keinen.
1818 Dieses Jahr ist viel Wein gewachsen.
1819 Viel und guten Wein gegeben.
1828 Ein außerordentlich gutes Weinjahr.
1846 Hat es einen so guten Herbst gegeben, daß nicht wohl ein Mensch in Mayschoß war, der einen so guten Herbst erlebt hat, es waren blos in Mayschoß ohne Laach 36 Hundert Ohm dekeliriert, ohne die Trauben die im Herbst verkauft wurden.
1847 Die Trauben ware nicht gehörig zeitig geworden, gegen den von 1846 nur ein geringer Wein.
1848 Ein gutes Weinjahr.
1849 Ebenfalls ein gutes Weinjahr.
1850 – 1856 kein gutes Weinjahr.
1857 Der Wein dieses Jahres kann mit zu den besten dieses Jahrhunderts gerechnet werden.
1858 Guter Wein.
1859 Guter Wein.
1860 – 1864 Fast kein Wein. 1862 und 1863 wenig, aber sehr guten Wein.
1865 Guter Wein.
1866 An Quantum und Qualität ziemlich günstig.
1867 Wie im Vorjahr.
1868 Viel und guter Wein.
1869 Mit dem Wein muß man sowohl in qualitativer als auch besonders in quantitativer Hinsicht zufrieden sein.

1870 Wein - wenig und schlecht.
1871 Durchaus schlechter Wein – dabei wenig.
1872 Wenig Trauben – wenig Wein.
1874 Der Wein war sehr gut und viel.
1875 Einen guten halben Herbst gegeben und der Wein war sehr gut.
1876 Ein zimlichen Herbst gegeben auch gut.
1877 Die meisten Trauben erfroren.
1878 Es gab in diesem Jahr hier einen guten Herbst.
1879 Es würde hier noch 1/3 Herbst gegeben haben, wenn nicht der Frost bis auf die besten Weinbergslagen alles vernichtet hätte.
1880 Die Leute, welche 85 Jahre alt sind, gedenken eines solchen schlechten Weinjahres nicht.
1881 Die Ernte war eine mittle.
1882 Die Trauben waren mittelgut.
1883 Das Jahr war für den Winzer ein gutes.
1884 Das Jahr war für uns in jeder Hinsicht ein gutes.
1885 Das Jahr war für den Winzer ein Mitteljahr.
1886 Das Jahr war für den Winzer ein schlechtes.
1887 Die meisten Trauben erfroren. Es wurden vom Winzerverein mehr Trauben zu Brandwein gebrannt als wie zur Weinbereitung genutzt.
1888 Das Jahr war für den Winzer ein schlechtes.
1889 Man erwartete einen ausgezeichneten Wein, welche Hoffnung aber durch auftreten einer Blätterkrankheit sowie durch Frost getrübt wurde.
1890 Das Jahr war in jeder Hinsicht ein gutes.
1891 Schlechter Austrieb sowie am 29. Juni Hagel, wobei Weinberge stellenweise sehr Schaden litten.
1892 Das Jahr war für den Winzer wieder ein schlechtes.
1893 Das Jahr 1893 war für den Winzer wieder ein schlechtes.
1894 Die Trauben wurden nicht reif.
1895 Die Weinstöcke erfroren über dem Schnee bei 20 bis 22 Grad Kälte.
1896 Nach fünfjährigem Hoffen ist dieses Jahr wieder ein guter Herbst (wenigstens auf Quantität) eingetreten. Eine solche Menge Trauben werden wohl noch nicht geerntet worden sein wie in diesem Jahre.
1897 Das Jahr war für den Winzer wieder ein gutes.
1898 Das Jahr 1898 war für den Winzer wenig günstig.
1899 Das Jahr war für den Winzer ein mittelgutes.
1900 360 Fuder Trauben, Mittelgrad 82.
1901 250 Fuder Trauben, Mittelgrad 1. Lesewoche 70, 3. Woche 76 bis 78 Grad.
1902 Das Jahr war für den Winzer ein mittel Jahr. 500 Fuder, Mittelgrad 71 – 72.
1903 Das Jahr war in jeder Hinsicht ein gutes. ca. 600 Fuder Trauben, Mittelgrad 78.
1904 Ein trockenes Jahr mit Frost welcher in der Ebene ziehmlichen Schaden anrichtete. 660 Fuder Trauben, Mittelgrad 75.

1905 Viel Wein und wieder Wein. 650 Fuder Trauben, Mittelgrad 76.
1906 Ein gutes Jahr, obschon es nicht so viel gab, dafür waren die Trauben aber besser. 360 Fuder Trauben, Mittelgrad 78.
1907 Das Jahr war wieder ein gutes in jeder Beziehung. 260 Fuder entrappte Trauben, Mittelgrad Rot 81.
1908 Das Jahr war für den Winzer wieder ein Gutes.
1909 Das Jahr 1909 war für den Winzer ein schlechtes. Das erste seit 1896. 105 Fuder Trauben und diese waren schlecht.
1910 Das Jahr war für den Winzer wieder ein schlechtes. Der Winzerverein hat 60 Fuder gekeltert. Gesamternte in Maychoß 70 Fuder Wein.
1911 Das Jahr war für den Winzer ein besseres, ca. 310 Fuder Trauben (WV), insgesamt 360 Fuder, in der Ebene 85 bis 90 Grad.
1912 ca. 400 Fuder Wein, Rot 64 bis 80 Grad.
1913 Das Jahr war für den Winzer seit 1896 das schlechteste, nur 30 Fuder Wein gekeltert.
1914 200 Fuder Trauben, Mittelgrad 82.
1915 Der Herbst war der Beste seit Menschengedenken. Ertrag in der Gemarkung Mayschoß ca. 800 Fuder Trauben, Mittelgrad 74.
1916 Die Trauben wogen, die roten 64 bis 94 Grad und die weißen 52 bis 70 Grad bei ein Viertel der Menge des vorjährigen Herbstes.[200]
1917 An Quantum gab es ein drittel Herbst, Mittelgrad 84.[201]
1919 Es gab einen viertel Herbst mit einem durchschnittlichen Mostgewicht.
1920 Ein gutes gesegnetes Weinjahr in Mayschoß 750.000 kg Trauben.
1921 Geringe Traubenernte, nur ¼ Herbst, Mittelgrad 87.
1922 Gute Traubenernte, 750-800 Fuder, Qualität gering.
1923 Die Weinernte war im Quantum sehr gering.
1924 Das Jahr war ein schlechtes Weinjahr.
1925 An Quantum ein ¾ Herbst, die Qualität war gut.
1926 gingen die Trauben durch die Pernospora verloren.
1927 Schlechtes Weinjahr durch die alles vernichtende Pernosporakrankheit.
1928 10./11. Mai eine Frostnacht hat die ganze Hoffnung vernichtet.
1929 Gute Traubenernte.
1930 ca. 400 Fuder Trauben bei mittlerer Qualität.
1931 ca. 340 Fuder Trauben bei guter Qualität.
1932 ca. 280 Fuder Trauben bei mittlerer Qualität.
1933 ca. 260 Fuder Trauben bei einer guten Mittelqualität.
1934 Im Mai 30% der Gemarkung erfroren, an den nicht betroffenen Stellen voller Herbst.
1935 Mengen- und gütemäßig gutes Ergebnis, ca. 600 Fuder Trauben.

200 Mayschoßer Schulchronik, S.135.
201 Schmitz/Klein, (wie Anm.16), Weinchronik von Mayschoß für die Jahre 1917 – 1945.

1936 Durch früh auftretenden Herbstfrost rote Trauben zum Teil, Riesling fast restlos erfroren.
1937 Die Traubenernte war mengen- und gütemäßig gut.
1938 Die Traubenernte war gut. Es wurden ca. 650 Fuder Wein geerntet.
1939 Die Traubenernte war reichlich und gut. Es wurden ca. 700 Fuder Wein geerntet.
1940 Die Traubenernte hatte ein gutes Ergebnis.
1941 Der Ernteertrag in den Weinbergen war mittel; ca. 300 Fuder.
1942 Der Herbst war sehr gering, 8-10% eines Normalherbstes.
1943 Wieder wenig Trauben.
1944 Infolge Spätfröste und Hagelwetter an Johannitag nur 1/3 Herbst.
1945 Ernte nicht besonders gut.
1946 Die Lese war zufriedenstellend. Der Burgunder ließ zwar zu wünschen übrig, jedoch desto besser waren Riesling und Portugieser.[202]
1947 Gutes Weinjahr.
1948 Gutes Weinjahr. 400 Fuder Wein, Mostgewicht Burgunder 82°, Riesling 81°.
1949 Etwa 350 Fuder, mittleres Mostgewicht Burgunder 80°, Riesling 70°.
1950 470 Fuder Wein geerntet, mittl. Mostgewicht Burgunder 81°, Riesling 75°.
1951 350 Fuder, mittleres Mostgewicht Burgunder 70°, Riesling 58°.
1952 480 Fuder, mittleres Mostgewicht Burgunder 77°, Riesling 72°.
1953 Geringe Ernte, nur 160 Fuder, jedoch gute Weinqualität mittl. Mostgewicht Burgunder 82°, Riesling 78°.
1954 320 Fuder Wein wurden geerntet, mittleres Mostgewicht Burgunder 71°, Riesling 56°.
1955 380 Fuder Wein, mittleres Mostgewicht Burgunder 75°, Riesling 65°.
1956 Ein schlechtes Weinjahr, nur 100 Fuder Wein, mittl. Mostgewicht Burgunder 66°, Riesling 46°.
1957 220 Fuder Wein, mittl. Mostgewicht Burgunder 68°, Riesling 64°.
1958 Gute Weinernte 640 Fuder, mittl. Mostgewicht Burgunder 69°, Riesling 65°.
1959 Ein hervorragendes Weinjahr, 480 Fuder Wein, mittl. Mostgewicht Burgunder 83°, Riesling 74°.
1960 Mengenmäßig sehr gutes Weinjahr mit 740 Fuder Wein, mittl. Mostgewicht Burgunder 72°, Riesling 62°.
1961 385 Fuder Wein, mittl. Mostgewicht Burgunder 74°, Riesling 50°.
1962 385 Fuder Wein, mittl. Mostgewicht Burgunder 74°, Riesling 50°.
1963 Sehr schlechtes Weinjahr mit 180 Fuder Wein, mittl. Mostgewicht Burgunder 69°, Riesling 66°.
1964 Rekordernte mit 785 Fuder Wein, mittl. Mostgewicht Burgunder 82°, Riesling 65°.
1965 395 Fuder Wein, mittl. Mostgewicht Burgunder 72°, Riesling 53°.
1966 455 Fuder Wein, mittl. Mostgewicht Burgunder 82°, Riesling 64°.

---

202 Mayschoßer Schulchronik, S. 306.

1967 Rekordernte mit 820 Fuder Wein, mittl. Mostgewicht Burgunder 69°, Riesling 64°.
1968 665 Fuder Wein, mittl. Mostgewicht Burgunder 67°, Riesling 56°.
1969 630 Fuder Wein, mittl. Mostgewicht Burgunder 77°, Riesling 72°.
1970 Rekordernte mit 545.000 Liter Weißwein und 456.000 Liter Rotwein, 66° im Mittelwert.
1971 Gutes Weinjahr.
1972 Schlechtes Weinjahr, nach Frost blieben etwa 50 ha Riesling hängen.
1973 705 Fuder Weiß, 343 Fuder Rot, Durchschnittsoechsle 73°.
1974 2/3 Herbst, mittlerer Qualität.
1975 Guter Herbst.
1976 Guter Herbst, hohe Mostgewichte.
1977 Mengenmäßig großer Herbst, aber geringe Mostgewichte.
1978 864.000 kg = 649.000 Liter, Durchschnittsoechsle Spätburgunder 69°, Riesling 60°.
1979 932.585 kg = 691.000 Liter, Oechsle Spätburgunder 77°, Riesling 64°.
1980 Ein halber Herbst.
1981 408.521 kg = 302.000 Liter, Oechsle Spätburgunder 82°, Riesling 72°.
1982 Guter Herbst, 1000 Fuder wurden geerntet.
1983 Sehr guter Herbst, 1.500.000 Liter Wein wurden geerntet.
1984 Geringe Qualität.
1985 Sehr schlechte Traubenernte, 120 Fuder Rot und 280 Fuder Weiß.
1986 1.253.074 kg = 928.000 Liter, Oechsle Spätburgunder 65°, Riesling 63°.
1987 810.000 Liter Wein, durchschnittliche Qualität.
1988 559.200 Liter Wein, Qualität gut.
1989 Überdurchschnittliche Menge mit 1.250.000 Liter Wein, Mittelgrad 66.
1990 1.120.000 kg Trauben, mittl. Mostgewicht bei Riesling 80°.
1991 825.000 kg = 600.000 Liter Wein, 2% Tafelwein und 98 % Qualitätswein.
1992 Ernterekord mit 1.630.000 Liter bei guter Qualität, erste Eisweinernte des Winzervereines mit 60 Liter Riesling zu 122° und 180 Liter zu 166° Öchsle.
1993 Durchschnittliche Ernte mit 1.039.000 Liter, 88% Qualitätsweine, 12% Prädikatsweine.
1994 1.139.000 kg Trauben = 843.000 Liter Wein, Qualität durchschnittlich.
1995 1.288.000 kg Trauben = 954.000 Liter Wein, Qualität hervorragend.
1996 846.000 kg Trauben = 632.000 Liter Wein, Qualität sehr gut.
1997 661.000 kg Trauben = 503.000 Liter Wein, Qualität überdurchschnittlich hoch.
1998 1.350.000 kg Trauben = 1.000.000 Liter Wein, Qualität sehr gut.
1999 1.497.000 kg Trauben = 1.095.000 Liter Wein, Qualität wie 1997/1998.
2000 1.000.000 Liter Wein mit durchschnittlicher Qualität.
2001 838.000 Liter Wein auf einer durch die Flurbereinigung reduzierten Ertragsfläche von 108,5 ha., durchschnittliches Mostgewicht 81° Oechsle.

2002 1.165.000 kg Trauben = 868.795 Liter, durchschnittliches Mostgewicht 77° Oechsle.

2003 855.000 kg Trauben = 645.000 Liter Wein, durchschnittliches Mostgewicht 95° Oechsle.

2004 1.290.000 kg Trauben = 975.000 Liter Wein, durchschnittliches Mostgewicht, Spätburgunder 86°, Riesling 82° Oechsle.

2005 1.166.000 kg Trauben = 879.600 Liter Wein, durchschnittliches Mostgewicht, Spätburgunder 84°, Riesling 83° Oechsle.

Der Konsumverein

Über den Zeitpunkt der Gründung und den Zeitraum, bis der Verein eine eigenständige Genossenschaft wurde, haben sich leider keine Originalakten erhalten. Eine Beschreibung dieser Phase findet sich aber in der Doktorarbeit von Anton Ley aus Mayschoß aus dem Jahre 1922. „Vom Winzerverein am 15.5.1870 ins Leben gerufen, setzte er sich den gemeinsamen Einkauf von Kunstdünger, Gemüsen, Waren und sonstigen in der Hauswirtschaft erforderlichen Verbrauchsgegenständen und Verbrauchsstoffen zum Ziel. Von den allgemeinen Vorteilen des Großeinkaufs z. B. Einschränkung der Transportkosten, Wegfall der Reklame, Erzielung von Provisionen, Kreditierung der Waren abgesehen, kam für den Mayschoßer Konsumverein vor allem die Förderung der Rebkultur durch Einführung besserer Arbeitsgeräte und die Sicherheit für die Qualität des für den Weinberg erforderlichen Kunstdüngers und des Kupfervitriols und Schwefels als Abwehrmittel gegen die Rebkrankheiten in Frage. Für billigen Absatz an die Vereinsmitglieder war dadurch gesorgt, daß der Konsumverein in den Räumen des Winzervereins untergebracht und an bestimmten Wochentagen der Präsident des Winzervereins auch den Verkauf der Waren vornahm. Infolge der Ausdehnung beider Vereine wurde 1878 ihre Geschäftsführung getrennt. Damit jedem Winzer der Eintritt erleichtert sei, wurde der Geschäftsanteil auf 50 Mark festgesetzt, von denen nur 10% sofort zahlpflichtig waren. Um anderseits auch Betriebsmittel in die Hand zu bekommen, wurden die Zinsen auf die Geschäftsguthaben solange nicht ausbezahlt, bis die Höhe des Geschäftsanteiles voll erreicht war. Der Reservefond, zur Deckung von Verlusten bestimmt, sollte satzungsgemäß auf mindestens ein Viertel der Gesamthöhe der Geschäftsanteile gebracht werden. Deswegen wurden ihm jährlich 1% des Reingewinns und 4% des Geschäftsguthabens zugeschrieben. Die übrigen Verfassungsbestimmungen deckten sich mit denen des Winzervereins. Die innige Verflechtung des Winzervereins und des Konsumvereins, die sogar bis zur Aufstellung einer einheitlichen Bilanz ging, begünstigte bei der häufigen Zahlungsschwierigkeit des Winzers das Borgwesen, erschwerte die Geschäftsführung und gab Anlaß zu unnötigen Reibereien. Die Steigerung der Lebensmittelpreise und die Zunahme der Bevölkerung auf der engbegrenzten Wirtschaftsfläche führten so allmählich zu unhaltbaren Zuständen. Deshalb bemühte sich der Vorstand seit Anfang der 1880er Jahre die unheilvolle Verkettung beider Vereine zu trennen. Im Jahre 1891 gelang es ihm nach vielen Anstrengungen, die Winzer aus ihrer Sorglosigkeit aufzurütteln und sie von den Gefahren zu überzeugen, die die Gemeinschaft der beiden Vereine auf die Dauer mit sich bringen würde; der Erfolg der Bemühungen war die Trennung der Bilanzen.“[1]

---

1 Ley Anton, Die Entwicklung der wirtschaftlichen Lage des Ahrweinbaues unter spezieller Berücksichtigung seines typischen Vertreters des Rotweinbaues zu Mayschohs, Dissertation, Freiburg 1922. Auszüge beschrieben in: Schmitz, Sebastian Wolfgang, Mayschoss Beiträge zur Geschichte eines Dorfes im Saffenburger Ländchen bis zum Jahre 1922 Band II „Von jedem jätt“, Mayschoß 1984, S. 59 – 73.

Auch die erste Nachricht in den erhaltenen Protokollbüchern des Winzervereines weist bereits auf die künftige Problematik zwischen verlockendem Warenangebot und den knappen Barmitteln hin. Im Mai 1870 heißt es: „Wer den durch den Verein erhaltenen Guano und Samen bis zum nächsten Sonntag nicht bezahlt hat, demselben wird er als auf Einlage erhalten angeschrieben.“[2] Im Folgejahr 1871 bestellte der Winzerverein Reis, Kaffeebohnen, Stockfisch und Guano für seine Mitglieder. Wer allerdings ein gewisses Guthaben (1/5 der Einlage) unterschritten hatte, musste die Ware bar bezahlen. Die Kunde, dass man mit den erfolgreichen Winzern Geschäfte machen konnte, bescherte die verschiedensten Angebote. So bot im Mai 1871 ein Herr Hammerschmidt aus Bielefeld „Leinenzeug, Arbeitshemden, Blousen und Kittel“ gegen Wein an und hatte Muster gesandt.[3] Im gleichen Monat beschloss man für die Mitglieder Reis und Kaffee zu kaufen.[4] Im Jahre 1872 übernahm der stellvertretende Präsident Ant. Jos. Gotsacker das Verteilen der Ware.[5] Seit 1874 geschah dies jeweils dienstags und freitags.[6] Auf der Generalversammlung des Winzervereines vom 15. Sept. 1874 beschloss man durch den „Consum-Verein“ gemeinschaftlich Guano zu beziehen.[7] Im Jahre 1886 beauftragte die Generalversammlung eine Kommission, der neben dem Präsidenten zwei weitere Mitglieder angehörten, mit der Führung des „Consum Geschäftes.“[8] Im gleichen Jahr wurde den Mitgliedern der Winzergenossenschaft ein Warenkredit bis 50 Mark im Konsum Verein eingeräumt.[9] 1886 erhielten die zwei Warenverteiler 1,20 bzw. 0,80 Mark für den halben Tag.[10] Von 1887 an erhielten die Mitglieder einen Kredit von 50% des Ertrages vom vorigen Herbst.[11] Im Jahre 1891 weist die Bilanz bei einer Gesamtaktivasumme von 404.940 Mark einen Anteil des Warenlagers im Konsum von 12.431 Mark aus.
Nach den eingangs beschriebenen negativen Erfahrungen einer wirtschaftlichen Verquickung erfolgte dann am 11. September 1900 die Gründung des „Mayschosser Konsumvereines eingetragene Genossenschaft mit unbeschränkter Haftpflicht zu Mayschoss.“[12] Zum ersten Vorstand wurden gewählt: Direktor: Joh. Jos. Heinen, Winzer, Geschäftsführer: Clemens Lang, Winzer, Stellvertretende Direktoren: Joh. Schick, Winzer, Hubert Damian, Winzer, Stephan Bell, Bäcker, Aufsichtsrat: Franz Clemens, Johann Sylvester Schreiner, Anton Hubert Stodden, Anton Rochus Steffens, Franz Hubert Ley.

2 Protokollbuch des Mayschoßer Winzervereins, General Versammlung 15.5.1870.
3 Gen. Vers. 3.5.1871.
4 Gen. Vers. 15.5.1871.
5 Gen. Vers. 7.1.1872.
6 Gen. Vers. 1.1.1874.
7 Dabei handelt es sich um die erste Erwähnung des Vereines in den erhaltenen Akten der Winzergenossenschaft.
8 Gen. Vers. 14.1.1886.
9 Gen. Vers. 14.3.1886.
10 Gen. Vers. 18.8. und 22.8.1886.
11 Gen. Vers. 28.7.1887.
12 Mayschoßer Konsumverein Protokollbuch für die Gen. Vers. 11.9.1900.

Auf einer Generalversammlung des Winzervereines am 22. Mai 1900 waren bereits die Gebrüder Franz und Josef Görres für ein Jahr als Fuhrleute zum Anfahren der Waren gewählt worden. Josef Görres bekleidete gleichzeitig das Amt des Boten. Auf der konstituierenden Versammlung des Konsumvereines vom 11. September 1900, die auch wie die künftigen im Winzervereinslokal abgehalten wurde, kam es dann zur Festsetzung und Annahme der Statuten sowie zur Anerkennung des gewählten Vorstands und Aufsichtsrates. Die Bilanz 1900 – 1901 ergab:

Aktiva		**Passiva**	
Kassenbestand	1669,50 M.	Schulden an Gläubiger	8863,42 M.
Ausstehende Forderungen	3437,30 M.	Geschäftsanteile	930,05 M.
Warenvorrat	8324,68 M.	Reservefonds	1050,55 M.
Geschäftsmobiliar	580,00 M.	Betriebsrücklagen	34,77 M.
	14011,48 M.	Reingewinn	3135,69 M.
			14011,48 M.[13]

Am 24.12.1900 beschloss der Vorstand des Konsumvereines, 1.500 Mark bei der Darlehenskasse Mayschoß aufzunehmen. Im Juli 1902 konnten die Mitglieder auf der Generalversammlung ihre Bestellungen von Kohlen und Briketts für den kommenden Winter aufgeben. Im gleichen Monat erteilte dann der Vorstand den Auftrag zur Bestellung der Kohlen beim Eschweiler Bergwerksverein. Am 11. November des Jahres wurden die Preise für den Herbstdünger festgelegt. Der Verkaufspreis für Ammoniak Superphosphat 7+9 wurde auf 7 Mark pro Zentner festgesetzt, der für Kainit auf 1,55 Mark und für Thomasschlacke auf 2,30 Mark. Zum Jahresbeginn 1903 wurden bei Herrn Nikolaus Mies aus Ahrweiler 200 Zentner Weinbergsschwefel bestellt.[14] 1906 wurde festgelegt, dass der Geschäftsführer Clemens Lang für die Ladenarbeit pro Tag 3 Mark „unter freiem Marken kleben und Krankenkasse" erhielt. Zum Aushelfen im Geschäft wurde Heinrich Ulrich zum Lohn von 2,50 Mark pro Tag einstimmig gewählt. Zum Warenanfahren, als Bote sowie für das Ausladen von Kohlen und Briketts wurde Johann Poppelreuter einstimmig gewählt.[15] 1907 legte man fest, dass die Mitglieder von den ausgestellten Rechnungen, welche sie vom Konsum Verein erhalten hatten, bei Nichtbezahlung nach drei Monaten, vom Tag des Ausstellungsdatums an, 5% Zinsen zu zahlen hatten.[16] Im Februar wurde beschlossen, für 240 Mark in Bonn einen Geldschrank zu bestellen.[17] Am 20. Juni wurde Joh. Schmelzer zum Direktor gewählt. Der Gewinn, der in diesem Jahr 13% betrug, wurde wie bisher an die Mitglieder verteilt. Künftig beabsichtigte man aber

---

13 Gen. Vers. 12.6.1901.

14 Vorst. Sitz. 20.2.1903.

15 Außerordentliche Mitgliederversammlung 26.6.1906.

16 Gen. Vers. 20.2.1907.

17 Vorst. Sitz. 8.3.1907.

die Warenpreise zu verringern und die Warenrückvergütung so abzusenken, dass in Zukunft in Anbetracht der anderen Geschäfte, welche am Schluss des Jahres an ihre Abnehmer ein Neujahrsgeschenk abgaben, die Mitglieder 5% Warenrabatt erhalten sollten.[18]

Bis zum Jahre 1925 befand sich das Konsumgeschäft im Haus Knieps in der Gasse am Alten Berg. *Änne Dreyer*

Im Jahre 1908 trat der Mayschoßer Konsum Verein aus dem Verband der rheinpreußischen Landwirt-Genossenschaften in Bonn sowie der Hauptgenossenschaftskasse für Rheinpreussen, ebenfalls in Bonn, aus, wobei schuldige Geldbeträge bei der Mayschoßer Darlehenskasse geliehen wurden.[19] 1910 setzte der Konsumverein den Preis für Schwefel auf 8 Mark pro Zentner und den für Vitriol auf 24 Mark pro Zentner fest.[20] Im Jahre 1913 erhielten die Mitglieder bei Barzahlung im Konsumgeschäft einen Rabatt von 7%.[21] 1915 wurde beschlossen, da sich viele Mitglieder im Krieg befanden, die anstehenden Neuwahlen von Vorstand und Aufsichtsrat erst bei Kriegsende durchzuführen.[22] Im gleichen Jahr wurde auf Antrag der Lohn des Geschäftsführers auf 1 Mark die Stunde festgesetzt. Ein Antrag, das Konsumgeschäft jeden Nachmittag zu öffnen, wurde abgelehnt. Es sollte weiter wie bisher an vier Nachmittagen, und zwar Montag, Dienstag, Donnerstag und Samstag, geöffnet sein.[23]

Wegen der hohen Preise beschloss der Vorstand am 4.9.1922, das Warenlager zu reduzieren. Dabei wollte man auf Manufakturwaren verzichten und in erster Linie für Le-

18 Gen. Vers. 20.6.1907.
19 Gen. Vers. 15.11.1908.
20 Vorst. Sitz. 20.7.1910.
21 Gen. Vers. 8.6.1913.
22 Gen. Vers. 17.1.1915. Die nächsten Wahlen fanden erst am 16.2.1919 statt.
23 Vorst. Sitz. 23.9.1919.

bensmittel sorgen. Der Geschäftsführer wurde gebeten, die noch am Lager befindlichen Waren zu rationieren, damit möglichst jeder noch billige Waren erwerben konnte. Am 4. Oktober bewilligte der Vorstand dem Geschäftsführer eine Lohnerhöhung, indem sich der Lohn der neuen Lohnregelung des Winzervereins anpassen sollte, der für den Kellermeister im Wert von 3 Fl. Laacherberger bestand. 1923 wurde der Konsum Verein in eine Genossenschaft mit beschränkter Haftpflicht umgewandelt. Die Haftsumme wurde auf 10.000 Mark festgesetzt.[24] Im gleichen Jahr mussten die Verkaufspreise der Geldentwertung angepasst werden. Waren wurden nur noch gegen sofortige Barzahlung abgegeben.[25] In der Vorstandssitzung vom 21. Juli des Jahres wurde der Antrag angenommen, bei der Kreissparkasse einen Kredit von 20 Milliarden zu beantragen. Am 2.1.1924 beschloss der Vorstand, die Waren zum Goldmarkpreise aufzunehmen. Im Laufe des Tages wurde ein Lager an Waren im Werte von 4240 Goldmark festgestellt. Im gleichen Jahr wurde beschlossen die Haftsumme der Genossenschaft auf zehn Goldmark festzusetzen.[26] Nachdem die Gemeinde auf dem Waag im Jahre 1923 ein Haus gebaut hatte, erwog der Vorstand des Konsumvereines im März 1925 sein Geschäft in dieses Gebäude mit zentralerer Lage zu verlagern. In Verhandlungen mit der Gemeinde erreichte der Konsumverein die Vereinbarung durch eigene Fertigstellung des Gebäudes, wozu sich die Gemeinde nicht in der Lage sah, eine Pachtzinsfreiheit von 17 Jahren zu erreichen.[27] Der Umzug in das neue Gebäude erfolgte am 1. Oktober 1925.[28] In der Nacht vom 23. zum 24. September 1927 wurde im Konsumgeschäft eingebrochen. Dabei entwendeten die Täter Waren im Wert von etwa 300 Mark. Im Jahre 1928 wurde Paul Schick als neuer Direktor gewählt, Geschäftsführer blieb Lorenz Mies. Am 18. Februar beschloss der Vorstand, den Mitgliedern bei Barzahlung 10% Rabatt einzuräumen. Dieser Rabatt sollte in Rabattbücher eingetragen und erst im Dezember in Form von Waren abgegeben werden. In der Zwischenzeit sollte der Verein mit dem zusätzlichen Kapital notwendige Güter wie Briketts, Kunstdünger, Vitriol und Schwefel beschaffen. Im Mai 1928 beschloss der Vorstand den Neubau eines Schuppens neben dem Geschäftshaus, zur Unterbringung von Futtermitteln, Kunstdünger, Schwefel und Vitriol.[29] Ende Juli 1928 war der Schuppen fertiggestellt. Die Baukosten beliefen sich auf 950 Mark.[30]

1929 brachte der Vorstand einen Antrag „auf Haltung eines Lehrjungen" ein. Aus fünf Bewerbern wurde in geheimer Wahl Franz Gottsacker gewählt. Es wurde ein Anfangslohn von 50 Mark pro Monat festgesetzt.[31] Auf der Generalversammlung vom 8.2.1931 wurde beschlossen, dass der Vorsitzende des Konsumvereines seine Tätigkeit ehrenamtlich versehen sollte. Bei der anstehenden Neuwahl wurde Sebastian

24 Gen. Vers. 21.1.1923.
25 Vorst Sitz. 23.6.1923.
26 Gen. Vers. 17.8.1924.
27 Vorst. Sitz. 27.7.1925.
28 Vorst. Sitz. 25.9.1925.
29 Vorst. Sitz. 17.5.1928.
30 Vorst. Sitz. 27.7.1928.
31 Vorst. Sitz. 4.2.1929.

Ley zum Vorsitzenden gewählt. Bedingt durch die angespannten wirtschaftlichen Verhältnisse sowie verschärfte Zahlungsbedingungen seitens der Lieferanten beschloss die Generalversammlung am 20. September 1931, Waren nur noch gegen Barzahlung abzugeben. Eine Ausnahme gab es für Winzervereinsmitglieder, die Waren bei der nächsten Geldausgabe des Winzervereines bezahlen konnten. Kunstdünger, Briketts und Kohlen mussten innerhalb 10 Tagen bezahlt werden und wurden erst abgegeben, wenn die vorherige Lieferung bezahlt war.

Straßenfront des alten Konsumgebäudes. Undatierte Aufnahme 1930er Jahre. *Sammlung des Verfassers*

Ein neues Rabattgesetz im Jahre 1934 erlaubte 3% Dividende auf die in den Rabattbüchern eingetragenen Waren.[32] Seit dem Frühjahr verfügte der Konsumverein über ein Telefon. Im gleichen Jahr wurde der Geschäftsführer ermächtigt, wenn es erforderlich wäre, seine Schwester Veronika Mies oder seine Tochter Klara Mies zur Aushilfe heranzuziehen.[33] Nachdem der bisherige Geschäftsführer Mies zum Vorsitzenden des Winzervereines gewählt worden war, beschloss der Vorstand und Aufsichtsrat den bisherigen Gehilfen Franz Gottsacker, da derselbe richtig eingearbeitet war, einstweilen mit der Führung des Geschäftes zu beauftragen.[34] Für die freie Stelle des Gehilfen einigte man sich, eine Bekanntmachung zu erlassen, wonach sich Bewerber für den Posten bis zum 8.11.1935 bei dem Vorsitzenden Ley melden sollten.[35] Aus fünf Bewerbern wurde nach Wahl durch Stimmzettel Fritz Rössel ausgewählt. Der Lohn für den Gehilfen wurde auf 75 Mark im Monat festgesetzt.[36] Im März 1937 verständigen sich Konsumverein und Gemeinde über den Verkauf des Konsumgebäudes von der Gemeinde an den Konsumverein für den Kaufpreis von 10.700 Mark.[37] Bei den anstehenden Neuwahlen im Jahre 1937 wurde Lorenz

32 Gen. Vers. 4.2.1934.
33 Vorst. Sitz. 23.8.1934.
34 Vorst. Sitz. 1.9.1935.
35 Vorst. Sitz. 2.11.1935.
36 Vorst. Sitz. 17.11.1935.
37 Vorst. Sitz. 25.3.1937.

Mies von der Generalversammlung zum Vorsitzenden gewählt.[38] Im November trat Franz Gottsacker nach zweijähriger Heeresdienstzeit die Geschäftsführerstelle wieder an. In der Zwischenzeit war Fritz Rössel Geschäftsführer. Im Jahre 1939 hatte der Konsumverein 216 Mitglieder. Nach der Rückkehr aus der Kriegsgefangenschaft übernahm Franz Gottsacker ab 1.1.1947 erneut die Geschäftsführung des Konsumvereines.[39] Auf der Generalversammlung vom 13.4.1947 wurde der Geschäftsführer Franz Gottsacker zum Vorsitzenden des Konsumvereines gewählt.
1948 wurden die Vereinsmitglieder gebeten, die von ihnen bebauten Weinstöcke zwecks Schwefelzuteilung anzugeben.[40] Im Sommer 1948 beabsichtigte man die am Gebäude befindlichen Kriegsschäden zu beheben.[41] Nach Beschluss des Vorstandes wurde 1949 in geheimer Wahl mittels Stimmzettel für die zu besetzende Lehrstelle Maria Coßmann aus mehreren Bewerberinnen gewählt.[42] Ein Einbruchsdiebstahl in der Nacht vom 12. zum 13.10.1950 verursachte einen Schaden von 3.044 Mark. Durch die im Jahre 1932 abgeschlossene Einbruchdiebstahlversicherung des Warenbestandes über DM 15.000,- war der Schaden gedeckt. Aus Anlass des 50-jährigen Bestehens der Genossenschaft beschloss der Vorstand 1951, den anwesenden Mitgliedern der Generalversammlung je 1 Flasche Wein auszugeben. Auf der Versammlung wurde die Brennstofflage vorgetragen und festgestellt, dass laut Schreiben des Landratsamtes auf Grund der eingereichten Brennstoffbezugsscheine je Haushalt 5 Zentner Briketts und 10 Zentner Kohlen für das Kohlenwirtschaftsjahr 1951 vorgesehen seien. Teillieferungen dieser Mengen wären im September und den folgenden Monaten zu erwarten, die nach Eintreffen anteilmäßig auf die eingereichten Bezugsscheine ausgegeben würden.[43] Im gleichen Jahr waren von den Mitgliedern 400 Zentner Pflanzkartoffeln bestellt worden.[44] Im Anschluss an die Generalversammlung 1952 wurden noch Fragen zu Saatgut und Pflanzkartoffeln besprochen. Es wurde den Mitgliedern angeraten, keinen Roggen oder Weizen zu säen, ohne das Saatgut vorher zu beizen, zumal die Trockenbeize bequem und zudem billig sei, auf jeden Fall aber in keinem Verhältnis zu dem möglichen Schaden stehe, der entstehen könnte, wenn ungebeiztes Saatgut gesät würde. Weiterhin wurde angeregt, dem Obstbau mehr Beachtung zu schenken als dies bisher der Fall war. Es wurde bekannt gegeben, dass die Genossenschaft in Zukunft alle Spritzmittel bereithalten würde, die zum Spritzen der Obstbäume erforderlich seien. Um das Spritzen zu erleichtern, hatte die Genossenschaft ein vier Meter langes Bambusrohr angeschafft, das an die interessierten Mitglieder leihweise abgegeben wurde.[45]

---

38 Gen. Vers. 21.2.1937.
39 Vorst. Sitz. 20.12.1946.
40 Gen. Vers. 2.5.1948.
41 Vorst. Sitz. 7.3.1948.
42 Vorst. Sitz. 22.4.1949.
43 Gen. Vers. 26.8.1951.
44 Vorst. Sitz. 9.11.1951.
45 Gen. Vers. 28.9.1952.

Von 1950 bis 1952 konnte der Warenumsatz des Vereines um 33.000 DM gesteigert werden. Er betrug im Geschäftsjahr 1952 242.079 DM. Die Mitgliederzahl stieg auf 268. Aufgrund dieser Entwicklung beschloss man, einen Lehrling einzustellen.[46] Aus den Bewerbern um die Lehrstelle wählte der Vorstand auf seiner Sitzung am 18.1.1953 Helmut Gaspers aus. Weitere Themen der Sitzung waren die zeitweilige Anmietung des Dreschschuppens von der Gemeinde, um die Kunstdünger- und Brennstoffvorräte unterzubringen. Weiterhin wurde beschlossen, mit dem Winzerverein Mayschoß zwecks Übernahme der Spritzbrüheanlage zu verhandeln. Die Gemeinde beabsichtigte, auf eigenem Grund und Boden einen für diesen Zweck aus eigenen Mitteln zu erstellenden Raum zur Herstellung der Spritzbrühe bezugsfertig zur Verfügung zu stellen. Die Herstellung und der Vertrieb der Brühe sollte ausschließlich Sache der Genossenschaft sein. Bezüglich der Spritzmittel sowie der Termine, zu denen die Spritzbrühe hergestellt würde, sollte engste Fühlung mit der Lehranstalt für Wein- und Obstbau in Ahrweiler gehalten werden. Am 7.5.1953 legte der Vorstand fest, mit der Herstellung der Brühe weiterhin Peter Borens und Atilio Sesenna zu beauftragen. An den Hauptverbrauchstagen sollte die Brühe von morgens 7 bis abends 8 ausgegeben werden. Am 4.6. wurde beschlossen, von Mittwoch dem 10.6. bis Samstag dem 13.6 einschließlich im Zapfhaus auf dem Waag und am Donnerstag dem 11.6. in Laach Spritzbrühe auszugeben. Zur Herstellung der Brühe sollte je 100 Liter 500 gr OB 21 und 200 gr. Netzschwefel verwandt werden. Wer sich die Brühe selbst herstellen wollte, konnte die erforderlichen Spritzmittel im Ladengeschäft abholen. An den Zapfstellen sollten keine Spritzmittel, sondern nur fertige Spritzbrühe ausgegeben werden. Auf der Vorstandsitzung vom 22. Juni 1953 wurde beschlossen, am 25., 26. und 30.6. am Zapfhaus auf dem Waag und am 26.6. in Laach Brühe auszugeben. 100 Liter sollten enthalten: 1 kg Vitriol, 500 gr. Kalk, 200 gr. Netzschwefel und 200 gr. Gesarol 50. Weiterhin wurde beschlossen, die Spritzbrüheanlage für 1.800 DM vom Winzerverein Mayschoß zu übernehmen.
Am 29.11.1953 wurden auf der Generalversammlung die Geschäftsanteile auf 50 DM erhöht. 1948 waren sie von Reichsmark auf DM in Höhe von 15 DM umgestellt worden. Die Geschäftsguthaben der Mitglieder sollten nun in der Weise aufgefüllt werden, indem von den auf das einzelne Mitglied entfallende Rückvergütung jährlich 5 DM hierfür abgezweigt würden, bis der Geschäftsanteil seine volle Höhe erreicht hatte. 1954 wurde von der Gemeindeverwaltung der Dreschschuppen für die Dauer von 10 Jahren gepachtet.[47] 1955 wurde für 450 DM eine gebrauchte Saatreinigungsmaschine angeschafft.[48] Ende 1959 beabsichtigte der Konsumverein, den von der Gemeinde gepachteten Schuppen käuflich zu erwerben.[49] Von der Bundesbahn wurde 1963 der Güterschuppen des Bahnhofsgebäudes mit 40 m² als Lagerfläche zur Pacht angeboten.[50] Im gleichen Jahr beabsichtigte der Konsumverein eine Erweiterung des

46 Vorst. Sitz. 8.1.1953.
47 Vorst. Sitz. 17.5.1954.
48 Vorst. Sitz. 13.3.1955.
49 Gen. Vers. 31.12.1959
50 Vorst. Sitz. 22.2.1963.

Das Konsumgebäude mit angrenzenden Schuppen für die Dreschmaschiene in den 1950er Jahren.

Elli Adenäuer

Ladenlokales und eine Modernisierung des Ladeninnern.[51] Im Laufe des Jahres 1968 nahm der Konsumverein einen Tausch von Grundstücken mit der Zivilgemeinde vor. Der Verein erwarb den bisher gepachteten Dreschschuppen und gab der Gemeinde eine angekaufte Fläche in der Weizenwiese.[52] Im gleichen Jahr wurde das Ladenlokal durch einen Umbau erweitert.[53] Am 6. Januar 1969 konnte das neue Ladenlokal eröffnet werden.[54] Im Dezember 1970 gab es im Konsum einen Einbruchsversuch, der Türrahmen wurde an einer Stelle beschädigt, während der Einbruch als solcher misslang.[55] 1971 beschloss man, um die vorkommenden Stauungen an der Kasse während der Hauptgeschäftsstunden abzubauen, einen zweizeiligen Kassentisch mit Rollband zu bestellen.[56] Im gleichen Geschäftsjahr konnte der Umsatz um mehr als 100.000 DM gesteigert werden. 1972 wurde beschlossen, an der Frontseite des Gebäudes eine Leuchtreklame anbringen zu lassen. Für eine fließendere Abwicklung an der Ladenkasse schaffte man einen automatischen Geldrückgeber an.[57] 1975 betrug der Warenbestand des Konsumvereines 80.326 DM und war damit um 22.790 DM höher

---

51 Gen. Vers. 26.5.1963.

52 Dort steht der jetzige Gemeindeschuppen.

53 Vorst. Sitz. 29.12.1968.

54 Gen. Vers. 2.2.1969.

55 Vorst. Sitz. 19.12.1970.

56 Vorst. Sitz.15.7.1971.

57 Vorst. Sitz. 9.8.1972.

als im Vorjahr.[58] 1977 reduzierte man die Ladenöffnungszeiten von bisher 50 Stunden auf 45 Stunden. Dies hatte zur Folge, dass am Mittwochnachmittag das Geschäft geschlossen blieb.[59] Nach 1978 fand die nächste Generalversammlung erst am 6.12.1981 statt. 1981 konnte für Warenrückvergütung der Betrag von 23.852 DM erwirtschaftet werden. Der Bilanzgewinn betrug DM 2.434,68. Er wurde der Reserve zugeführt.[60] 1982 betrug die Rückvergütung an die Mitglieder 9.188 DM. Am 22. November 1983 beriet der Vorstand die künftige Strategie des Konsums nach dem Ausscheiden des Vorstandsvorsitzenden und Geschäftsführers Franz Gottsacker.

Am 13. Dezember 1989 fand eine außerordentliche Generalversammlung des Raiffeisen- Konsumvereines statt. Diese war notwendig, da der Konsumverein sich nach dem Erweiterungsbau in einem finanziellen Engpass befand. Diesen wollte der Vorstand durch eine Erhöhung der Geschäftsanteile überwinden. Die dazu notwendige Stimmenmehrheit konnte auf der Sitzung nicht erreicht werden, was zur Folge hatte, dass entsprechende Bankzusagen zurückgezogen wurden und der Vertragspartner Himmelreich in den folgenden Tagen seine Waren zurücknahm. So boten sich den Kunden zum Jahresende zum Teil leer geräumte Regale. Trotz dieser Misere bemühte sich die Konsumbelegschaft, den Betrieb aufrecht zu erhalten. Zwei Genossenschaftsmitglieder gingen in den Tagen nach der Generalversammlung von Haus zu Haus und warben um die Zeichnung von Geschäftsanteilen. Zum Jahresende war die Zukunft des Konsums noch ungewiss. Im Jahre 1993 wurde auf der Generalversammlung des Raiffeisen- Konsumvereines am 4. März die Auflösung der Genossenschaft zum 15. April beschlossen. In den 123 Jahren seines Bestehens leistete der Verein mit seinem Lebensmittelgeschäft einen wesentlichen Beitrag zur Verbesserung der Lebensqualität der Dorfbewohner. In dieser Erkenntnis war es das Bestreben aller Verantwortlichen, dass auch nach der Auflösung der Genossenschaft der Konsum als Lebensmittelgeschäft auf privater Basis fester Bestandteil des Dorfes bleibt.[61]

Der langjährige Geschäftsführer des Konsumverein Franz Gottsacker. Aufnahme 1980er Jahre.
Familie Gottsacker

58 Vorst. Sitz. 22.12.1975.
59 Vorst. Sitz. 14.1.1977.
60 Vorst. Sitz. 5.6.1983.
61 Der Zeitabschnitt 1989 – 1993 ist aus der Ortschronik übernommen.

Die Mayschoßer Flurnamen

Flurbezeichnungen sind oft die ältesten schriftlichen und mündlichen Zeugnisse von menschlicher Besiedlung. Vom Beginn des 14. Jahrhunderts an haben sich im Einzugsbereich der Saffenburg einzelne Flurnamen bis in die heutige Zeit erhalten. Am 2. Januar 1303 berichtet eine Urkunde vom Verkauf eines Weinberges auf der *Eynartshart* unterhalb der Saffenburg. Diese alten Flurnamen, von Josef Dietz auch „Urkunden des Bodens“ genannt, sind sprachlich und kulturhistorisch von großer Bedeutung. Oft sind sie vor Ort die einzigen Zeugen eines untergegangenen Hofes wie der Kalten Herberge, des Mönchshofes oder des Vogtshofes. Wir erfahren durch Flurnamen von ehemaligen oder noch bestehenden Baulichkeiten wie im Kelters, am Pütz und an der Brücke. Sie beschreiben die Bodenverhältnisse (*an der Lehmerden*), den Bewuchs (*auf Buchholz, in der Dornhecke*) oder teilen auf treffliche Art (*am Durst*) mit, dass es hier häufig zu trocken ist. Sie geben Auskunft über die Geländeart, sei es Berg (*Dernauerberg*), Tal (*Kötgestal*), Gewässer (*Tankenbach, Im Auel, im Weyer*), den Tierbestand (*Eulental, im Hasenberg, Meisenhard*), den Besitzer (*Kirchenwieschen, Nonnenhard, Deutzerberg, Burgwiese*), berichten über ehemalige Zoll- und Richtstätten (*am Sperbaum, Krampengraben*) sowie Brauchtum und religiöses Leben (*Mertesnöck, in der Flucht nach Ägypten*).
Diese unvollständige Aufzählung mag einen Einblick in die Vielfalt der Flurnamen geben. Dieser, bis zum frühen 14. Jahrhundert zurückreichende schriftliche und mündliche Bestand, der im Laufe der Jahrhunderte natürlichen Wandlungen unterworfen war, wurde mit der preußischen Landvermessung, in Mayschoß von 1824 – 26, verringert und in eine feste Form gebracht. Dabei gab es allerdings auch unglückliche Wandlungen von Mundart in Amtssprache, wie das Beispiel *Fünantemech* (vor Nantenbach) in Finanzenbach zeigt.
Blieb bis zur Mitte des 20. Jahrhunderts der Bestand an Flurnamen stabil, so schwindet jetzt zu Beginn des 21. Jahrhunderts nach Flurbereinigungsmaßnahmen, der Schaffung von Weinbergsgroßlagen und dem Rückgang der Mundart deren Bedeutung. Mit dem „Überflüssigwerden“ der alten Ortsbezeichnungen ist zu befürchten, dass sie in Vergessenheit geraten und das Dorf und die umliegende Landschaft ein Stück ihrer Identität verlieren.
Um diese Zeitzeugnisse zumindest in Schriftform zu erhalten, soll daher an dieser Stelle der Versuch gemacht werden, die schriftlich wie mündlich überlieferten Flurnamen der Gemarkung Mayschoß zusammenzustellen, ihre Lage zu beschreiben, ältere Erwähnungen und wenn möglich ihre Bedeutung mitzuteilen.

Legende:
Flurnamen die nur in Mundart bekannt sind, werden in Kursiv geschrieben. Bei den übrigen Flurnamen wird die Mundartform in Kursivschrift beigefügt, wenn sie der Erklärung des Begriffes dient. Ältere Erwähnungen aus Urkunden und Handschriften sind ebenfalls in Kursiv gesetzt.
L. – Lage äE. – ältere Erwähnung B. – Bedeutung des Namens

Ahlberg, L. – Flur 12, grenzt an die Gemarkung Altenahr.
Am Ahlberg, L. – Flur 12, am Fuß des Ahlberges gelegen.
Am Altenberg, L. – Flur 5, Ortslage; ä.E.- 1549 *uff dem aldenberge,* 1580 *veltt auf dem Aldenberg.*[1]
Im Artshardsgrent, L. – Flur 7, Sportplatzbereich; ä.E.- 1623 *uff artzert und griendt.*[2]
Im Auel, L. – Flur 5, Ortslage; ä.E.- 1583 *veldt im Awell* [3]; B.- Aue – Grasfläche am Bach.[4]
In der Flucht nach Ägypten, L. – Flur 10, Bereich Steinerberg, grenzt an die Gemarkung Rech; B. – Standort des Heiligenhäuschens mit einer Darstellung der „Flucht nach Ägypten", Tuffsteinrelief von Antonius Haffner 1761.[5]
Am Awerck, ehemalige Flurlage, L. – Flur 4, im Bereich Mönchberger Hof; ä.E. – 1809 *weingarten am Awerck.*[6]

Auf der Bach, L. – eventuell gegenüber Junkerhecke, ä.E. – 1809 *Feld auf der Bach.*[7]
Am Bachsbröckelgen, Lage unbekannt, ä.E. – 1809 *Feld am Bachsbröckelgen.*[8]

Bei dieser Ansicht könnte es sich um die alten Flurlagen „Auf der Bach" bzw. „Am Bachsbröckelgen" handeln.
Sammlung des Verfassers

---

1 Schatzbuch der Gemeinde Mayschoß.
2 Ebd.
3 Ebd.
4 Dittmaier, Heinrich, Rheinische Flurnamen, Bonn 1963, S. 18.
5 Schmitz, Sebastian, 450 Jahre Pfarrei St. Nikolaus, Mayschoß 1987, S. 13.
6 Morgenbuch von Mayschoß, S. 101.
7 Ebd., S. 7.
8 Ebd., S. 36.

Am Banhaus, Lage unbekannt, ä.E. – 1809 *wies am banhaus.*[9]

An der Berlochshard, *Berlich* ; L. – Flur 6, Bereich Ahrbogen, grenzt an die Gemarkung Rech; ä.E. 1545 Bürgermeister *Pitter im Berlich*, 1741 *Berlochshart*[10] B. – Hinweis, dass der Bereich Berlich in der 1. Hälfte des 16. Jahrhunderts bewohnt war. Im Kölner Bereich bedeutete der Begriff Berlich einen Platz, wo einst Bärenhatzen stattfanden.[11] Hard – Wald, bes. Bergwald.[12]

An der Blecken, *Am Bleek* ehemalige Flurlage, L. – Flur 3, neben Junker Wiese gelegen; ä.E. – 1809 *Weingarten an der Blecken.*[13]

Auf Bungert, *op Bonged*, ehemalige Flurlage, L. – Flur 5, bis zu Beginn des 19. Jahrhunderts eigenständige Siedlung, heute Ortsteil von Mayschoß; ä.E. – 1309 *Vortlief von dem Bongarde*[14], 1551 *Thonis zo bugart*[15]; B. – Baumgarten.[16]

In der Bonhard, L .– Flur 10, Bereich Steinerberg, grenzt an die Gemarkung Rech.

An der Brücke, L. – Flur 5, gegenüber der Bahnhofsbrücke gelegen; ä.E. – 1575 *wingart an der brucken.*[17]

Auf Buchholz, L. – Flur 12, Bereich Ahlberg, grenzt an die Gemarkung Altenahr.

An der Burgwiese, L. – Flur 5, heutiger Campingplatz; B. – gehörte zum Besitz der Saffenburg.

Bürjelsche, L. – Flur 5, kleinere Anhöhe, der Etzhard vorgelagert; B. – kleine Burg.[18]

Auf dem Büchel, L. – Flur 3, Bereich Kirphard; ä.E. – 1562 *wyngarten auff dem buchell.*[19]; B. – leichte schildförmige Erhebung im Gelände.[20]

Im Bungert, *Böngetsche,* L. – Flur 5, vor der Kirche gelegen; B.-Wiese in der Nähe des Dorfes mit Obstbäumen bestanden, meist eingezäumt, stets von größerer Fläche.[21]

Im Clemerichsberg, L. – Flur 3, am Mönchberg gelegen; ä.E. – evtl. 1578 *wyngard auf Klennberg,* 1647 *felt ahn Kleumerich.*[22]

Auf dem Dernauerberg, L. – Flur 2 und 3, grenzt an die Gemarkung Dernau; ä.E. – 1623 *velts uff Dernawer berg*[23]; B . – von dem angrenzenden Ort Dernau abgeleitet.[24]

---

9 Ebd., S. 59.
10 Schatzbuch, (wie Anm. 1).
11 Dittmaier, Heinrich, (wie Anm. 4), S. 26.
12 Ebd., S. 101.
13 Morgenbuch, (wie Anm. 6), S. 13.
14 Renger/Mötsch, Inventar des herzoglich arenbergischen Archivs in Edingen/Enghien, (Belgien), Teil 2, Koblenz 1997, Nr.30.
15 Schatzbuch, (wie Anm. 1).
16 Schmitz, Sebastian, eigene Nachforschungen.
17 Schatzbuch, (wie Anm. 1).
18 Bisher wurden keine Belege für einen befestigten Bau an diesem Ort gefunden.
19 Schatzbuch, (wie Anm. 1).
20 Dittmaier, Heinrich, (wie Anm. 4), S. 43.
21 Ebd., S. 45.
22 Schatzbuch, (wie Anm. 1).
23 Ebd.
24 Schmitz, Sebastian, (wie Anm. 16).

Im Deutzerberg, L. – Flur 3 und 4, hinter der Schule gelegen; ä.E. – 1582 *wingardt ahm Deutzerbergh,*[25] B . – weist auf Bodenbesitz hin, der zum Deutzer Hof gehörte. Der „Summ Zettel“ der Gemeinde Mayschoß weist für das Jahr 1821 für den *Deuzer Hoff* 123 Ruthen und 2 Fuß Land aus.[26]

Links hinter der Schule ist die Flurlage „Im Deutzerberg“. Aufnahme vor 1912. *Sammlung des Verfassers*

In der Deutzerwiese, L. – Flur 5, zwischen Burgwiese und Mönchberg gelegen; ä.E. 1545 *wysen up der Dutzerwysen,* 1580 *wiesen auf der Deutzerwesen*[27]; B. – siehe Deutzerberg.

Im obersten Dorf, L. – Flur 5, zwischen Fuhrweg und Schule.

Unten im Dorf , L. – Flur 5, zwischen Kriegerdenkmal und Altenberggasse.

In der Dornhecke, L. – Flur 6, oberer Bereich des Ahrbogens, grenzt an die Gemarkung Rech.

In Dreiwegen, L. – Flur 11, vor Reimerzhoven, grenzt an die Gemarkung Altenahr; ä.E.- 1309 *Drynwegen*[28] (als Grenze der Herrschaft Saffenberg), 1788 *Dreiwegen.*[29]

Am Durst, L. – Flur 4, oberer Mönchberg, grenzt an Wehrholzhardt; ä.E. – 1556 *wingartgen im Dorst,* 1597 *wingartt am Durst;*[30] B. – sandige, wasserdurchlässige Geländestücke.[31]

---

25 Schatzbuch, (wie Anm. 1).

26 Summ Zettel der Gemeinde Mayschoß pro 1821.

27 Schatzbuch, (wie Anm. 1).

28 Renger/Mötsch, (wie Anm. 14), Nr. 30, 31.

29 Schatzbuch, (wie Anm. 1).

30 Ebd.

31 Dittmaier, Heinrich, (wie Anm. 4), S. 55.

Eierpütz, ***Eiespetz,*** L. – Flur 1, unterhalb Wehrholz gelegen; ä.E. – 1635 *Eyers Pütz.*[32]
Am Eierpütz, ***Eiespetz*** L. – Flur 3, in der engen Kurve, wo der Weg zum Langen Land abzweigt; ä.E. – 1615 *wingart und velt am Eyer pfeill;*[33] B. – das mundartliche *spetz* – spitz kann auf ein spitz zulaufendes Grundstück deuten, die Bezeichnung Pütz bedeutet Brunnen, kann sich aber auch auf eine Wasserstelle beziehen.[34]
In Einetzen, ***Ehnezet*** L. – Flur 6, vor dem Ahrbogen, oberhalb Weinscheid.
Auf Erschenberg, L. – Flur 8, Anhöhe hinter der Lochmühle, oberhalb Finanzenbach; ä.E. – 1537 *veld und wingart uff eschenberge,* 1547 *uff eschelberg,* 1586 *uf Erschenberch.*[35]
Am Escherberg, L. – (siehe Auf Erschenberg); B. – von Eschen be- oder umstanden.[36]
An der Etzhard, L. – Flur 5, der Etzhard vorgelagert im Bereich Fuhrweg; ä.E. – 1547 *veltgen an etzart,* 1604 *wingartt und velt an Ezhartt.*[37]
An der Etzhard oberm Waag, L. – Flur 5, Anhöhe *„Bürgelchen"*.
Im Etshartsberg, L. – Flur 7, unterhalb der Saffenburg, oberhalb des Sportplatzgebäudes; ä.E.- 1303 *Eynartshart unterhalb der Saffenburg,*[38] (kann sich auch auf die Lage Einetzen beziehen).
Im Eulental, L. – Flur 4, grenzt an die Gemarkung Altenahr; ä.E. – 1884 *Eulental*[39]; B. – Tal wo früher Eulen nisteten.[40]

Am Fall, L. – eventuell oberhalb Haus Görres, ä.E.- 1809 *Feld am faller.*[41]
Auf der Insel Finanzenbach, L. – Flur 8, grenzt an den Gemeindewald in Flur 6.
In der Finanzenbach, L. – Flur 12, hinter der Lochmühle.
Im Finanzenbach, L. – Flur 8, hinter der Lochmühle; ä.E. – 1586 *wingart vur Nantenbach;*[42] B. – Bei der Erstellung des Urkatasters in den Jahren 1824 – 26 wurde die mundartliche Bezeichnung *für Nantemech* in Finanzenbach umgewandelt.
Auf dem Forst, L. – Flur 3, grenzt an die Gemarkungen Dernau und Rech; ä.E. – 1598 *velt ufm Forst.*[43]
Im Fuhrholz, L. – Flur 5, grenzt an Deutzerberg.

---

32 Schatzbuch, (wie Anm. 1).
33 Ebd.
34 Dittmaier, Heinrich, (wie Anm. 4), S. 296.
35 Schatzbuch, (wie Anm. 1).
36 Dittmaier, Heinrich, (wie Anm. 4), S. 65.
37 Schatzbuch, (wie Anm. 1).
38 Schmitz Ferdinand, Urkundenbuch der Abtei Heisterbach, Bonn, 1908, S. 271.
39 Schatzbuch, (wie Anm. 1).
40 Schmitz, Sebastian, (wie Anm. 16).
41 Morgenbuch, (wie Anm. 6), S. 54.
42 Schatzbuch, (wie Anm. 1).
43 Ebd.

Ortslage „Am Fuhrweg". Aufnahme aus den 1930er Jahren.
Sammlung Peter Schreiner

Am Fuhrweg, L. – Flur 5, Ortslage; ä.E. – 1693 *am Forwech,* 1695 Schatzmeister *Jacob Ley am Fuhrwegh;*[44] B . – alter Fahrweg, der aus dem Ort auf die Grafschaft führte.[45]

In der Gassen, ehemalige Flurlage, L. – Flur 5, im Bereich des Ortsteiles Bongard gelegen; ä.E. – 1309 *Otto in der Gassen,*[46] 1547 *Thonis in der gassen* (1551 Bürgermeister), 1581 *Peter in der Gaßen zom Bongart,* 1648 *Weingart in der gassen.*[47]

In der alten Gasse, L. – Flur 8, im Bereich der Kalten Herberge.

Auf Gersten, L. – Flur 3, im Bereich Kirphard.

In Gotsackers Garten, Lage unbekannt, ä.E. – 1809 *Garten in gotsackers garten.*[48]

Auf dem Graben, Lage unbekannt, ä.E. – 1809 *weingarten auf dem graben.*[49]

Auf dem Grauen, Lage unbekannt, ä.E. – 1561 *uff dem grauen.*[50]

Im Grent, L. – Flur 8, Ahrbereich neben dem Bahnhof; B. – Grend - Kies, Flusssand, Geröll.[51]

An der Guckleien, ehemalige Flurlage, L. – Flur 8, Basaltkegel; ä.E. – 1809 *Weingarten an der Kuckleien.*[52]

Im Tal ober der Gürdchesleien, L. – Flur 11, vor Reimerzhoven, grenzt an die Gemarkung Altenahr.

Am Gürdesten, L. – Flur 3, Bereich Forst, grenzt an die Gemarkung Dernau.

Auf Gürtelstal, L. – Flur 6, Bereich Forst, grenzt an die Gemarkung Rech.

---

44 Ebd.
45 Schmitz, Sebastian, (wie Anm. 16).
46 Renger/Mötsch, (wie Anm. 14), Nr. 30, 31.
47 Schatzbuch, (wie Anm. 1).
48 Morgenbuch, (wie Anm. 6), S. 12.
49 Ebd., S. 88.
50 Schatzbuch, (wie Anm. 1).
51 Dittmaier, Heinrich, (wie Anm. 4), S. 94.
52 Morgenbuch, (wie Anm. 6), S. 54.

Flurlage „Im Grent". *Sammlung des Verfassers*

Hinter in der Hagen, L. – Flur 7, Bereich rechts vom Saffenburg-Tunnel am Bergischen Hof; ä.E. – 1741 *hinder Burg in der Hagen;*[53] B. – Hagen – ursprünglich eingezäunter Raum, also eingefriedigter Weideplatz oder Acker, ein eingehegter Wald.[54]
Vor in der Hagen, L. – Flur 7, Bereich links vom Saffenburg-Tunnel auf der Mayschoßer Seite.
Im Hasenberg, L. – Flur 11, Wald im oberen Laacherberg.
Im Hasenweingarten, L. – Flur 12, Weinbergslage am Fuß des Ahlberges.
Im Neuen Haus, L. – Flur 7, Bereich Kläranlage; ä.E. – 1417 *zom Nuwenhuyse*[55] unterhalb der Burg, 1741 *fohrt zu neuen Hauß.*[56]
Auf der Hecken, Lage unbekannt, ä.E. – 1809 *weingart auf der hecken.*[57]
In der Kalten Herberge, *Kalheleberich* L. – Flur 8, am Fuß des Steinerberges; ä.E.– 1537 *Kalderherberg*, 1677 Bürgermeister *Petter Heinen ihn der Kaltterherberich,* 1741 *in dießem Jahr ist auch die Kalteherberg das Gebau, Hauß und Hoff abgebrochen worden;*[58] B. – Hinweis auf ehemalige Herberge.
In Hermes Garten, Lage unbekannt, ä.E. – 1809 *Garten in Hermes garten.*[59]
In Hillesheim, ehemalige Flurlage, L. – Flur 8, vor dem grünen Weg gelegen; ä.E. – 1809 *Weingarten in Hillesheim.*[60]

53 Schatzbuch, (wie Anm. 1).
54 Dittmaier, Heinrich, (wie Anm. 4), S. 97.
55 Renger/Mötsch, (wie Anm. 14), Nr. 405.
56 Schatzbuch, (wie Anm. 1).
57 Morgenbuch, (wie Anm. 6), S. 30.
58 Schatzbuch, (wie Anm.1).
59 Morgenbuch, (wie Anm. 6), S. 47.
60 Ebd., S. 36.

An der Hostert im Bongarten, L. – Flur 5, rechts neben der Traubenannahme; B. – Bongarten siehe Bungert.
In der Hostert, L. – Flur 5, hinter der ehemaligen Schule; ä.E. – 1809 *weingarten in der Hostert;*[61] B.- Hostert – Ort an dem ein Hof stand, steht oder stehen soll.[62]
Im Hommental, L. – Flur 2, grenzt an die Gemarkung Dernau und Altenahr.
In der halben Hölle, L. – Flur 10, grenzt an den Mayschoßer Gemeindewald; B. – am ehesten von *holl* – hohl für Vertiefung, leichter Geländeeinschnitt, kleine Schlucht oder Hohlweg.[63]

Jüddehädsche, **Judenhard**, L. – Flur 3, im Bereich vor Weidenhard gelegen; B. – 1581 wird im Mayschoßer Schatzbuch *der Jud von Schweinheim, Abraham* mit einem *Wingard vur Weidenhardt* erwähnt. Von dem ehemaligen jüdischen Besitz leitet sich der mündlich überlieferte Flurname ab.

Im Vordergrund die Flurlage „Auf Junker Hecke". Aufnahme vor 1935. *Sascha Neuert*

Auf Junker Hecke, L. – Flur 3, rechts vom Ottenhardweg; B. – ein Grundstück das sich im Besitz eines Junkers befand.[64]
Auf Junker Wiese, L. – Flur 3, links vom Ottenhardweg; B. – siehe Junker Hecke.
Vor Juxhardt, Lage unbekannt, ä.E. – 1580 *vur Juxhart.*[65]

---

61 Ebd., S. 77.
62 Dittmaier, Heinrich, (wie Anm. 4), S. 116.
63 Ebd., S. 112.
64 Ebd., S. 124.
65 Schatzbuch, (wie Anm. 1).

Kauertzbusch, L. – Flur 1, oberhalb Wehrholz, grenzt an die Gemarkung Altenahr; B. – wohl von Kauwert – Eichhörnchen, also Eichhörnchenbusch.[66]
Kehsteck, L. – Flur 4, Mönchberg, oberhalb des Tankenbach-Heiligenhäuschen.
Im Kelters, L. – Flur 7, gegenüber dem Bahnhof unterhalb des Neckers; B. – Bereich in dem früher eine Traubenkelter stand.[67]
An der Kirche, L. – Flur 5, Ortslage.
Am Kirchenweinberg, L. – Flur 5, zwischen Deutzer Wiese und Mönchberg gelegen; ä.E. –1348 *Kirchwingart,*[68] 1571 *wingart an kirchweingart;*[69] B. – weist auf kirchlichen Besitz hin.[70]
Hinter der Kirche, L. – Flur 6; ä.E.- 1578 *weingardt hinder der Kirchen.*[71]
Unter der Kirche, L. – Flur 5, Ortslage.
An der Kirchnück, L. – Flur 3, Waldgebiet, grenzt an die Gemarkung Dernau; B. – siehe Kirchenweinberg.
Im Kirchenwieschen, L. – Flur 2, grenzt an die Gemarkung Dernau; B. – siehe Kirchenweinberg.
Kirped **– Kirchpfad**, L. – Flur 3, B.- alter Kirchpfad nach Dernau, der bis zur Erhebung als eigene Pfarrei im Jahre 1537 von den Mayschossern als Weg zur zuständigen Pfarrkirche über den Dernauerberg benutzt wurde.[72]
Kirphard ***Kirped***, L. – Flur 3; ä.E.- 1583 *wingardt ahn Kyrpadt;*[73] B. – das mundartliche *Kirped* steht auch für Kirchen(berg)wald.[74]
In Kirphardstal, L. – Flur 3, rechts von der Kirchnück gelegen.
Am Klauswag, ehemalige Flurlage, L. – Flur 12, am ehemaligen Mühlenwehr in Laach *am Kluus* gelegen; ä.E. – 1809 *Feld am Klauswag.*[75]
Auf dem Königsbüchel, L. – Flur 5, Anhöhe zwischen Thiergarten und Mühlenfeld; ä.E. – 1364 *Johann der Konnyngh*[76] (steht vielleicht in Beziehung zu der Flurbezeichnung?), 1580 *wingardt auf Koennincksbuchell*[77]; B. – vielleicht der Büchel des „Könning“ genannten Besitzers.[78]
Kramelsbusch, L. – Flur 1, oberhalb Wehrholz, grenzt an die Gemarkung Altenahr.
Unter dem Kr*empengraben, Krampegrawe,* L. – Flur 2, unterhalb des Waldgebietes „Im Hommental“; äE. *– 1756 ist von Dernaw Spastian Schuhmacher wegen veröbter Dieberrey den 16. April in Verhaft gezohgen worten undt den 30. Augusti mit dem*

---

66 Dietz, Josef, Die Bonner Flurnamen, Bonn 1973, S. 168.
67 Schmitz, Sebastian, (wie Anm. 16) .
68 Renger/Mötsch, (wie Anm. 14), Nr. 110.
69 Schatzbuch, (wie Anm. 1).
70 Schmitz, Sebastian, (wie Anm. 16).
71 Schatzbuch, (wie Anm. 1).
72 Schmitz, Sebastian, (wie Anm. 16).
73 Schatzbuch, (wie Anm. 1).
74 Schmitz, Sebastian, (wie Anm. 16).
75 Morgenbuch, (wie Anm. 6), S. 43.
76 Renger/Mötsch, (wie Anm. 14), Nr. 201.
77 Schatzbuch, (wie Anm. 1).
78 Dittmaier, Heinrich, (wie Anm. 4), S. 160.

Strang hingerich worden auff Weidenhart.[79] B. – *Krampe* bedeutet Haken und bezieht sich auf die ehemalige Richtstätte (Galgen) des Saffenburger Ländchens. Der Weg im Bereich Weidenhard wurde früher *Krampegrawe* genannt.[80]

Kötgestal, *Kötschesdall*, L. – Flur 1, dem Bereich Wehrholz vorgelagertes Tal; ä.E. – 1580 *Velder in Koetgesdaell,* 1631 *schiffelfelz in Kotgesthal.*[81]

Im Kuhschlat, L. – Flur 10, Bereich Steinerberg, oberhalb der Flucht nach Ägypten.

Auf der Küppen, L. – eventuell In Stallen; ä.E. – 1809 *wies auf der Küppen.*[82]

Im obersten Laacherberg, L. – Flur 11, Weinbergslage Laacherberg.

Im Langenland, L. – Flur 3, rechter Auslauf des Mönchberges; ä.E. – 1560 *uff dem langen lande.*[83]

Unter dem Lechen, Lage unbekannt, ä.E. – 1581 *wingardt unnder dem Lechen.*[84]

An der Lehmerden, L. – Flur 12, Hanglage Ahlberg; ä.E. – 1648 *wingartgen uff leimordten;*[85] B. – Bereich mit lehmhaltigem Boden.[86]

An der Leimkaul, *Lehmkul*; L. – Flur 5, am Fuß der Etzhard, gegenüber der Weizenwiese; ä.E. – 1809 *wies an der Leimkaulen;*[87] B. – ehemaliger Abbauort (Senke) mit lehmhaltigem Boden für den Hausbau.[88]

Am Lenzenhaus, L. – Flur 5, rechte Seite am Beginn der Sonscheidstraße; ä.E. – 1627 *hinter Mr. Lenzen haus;*[89] B. – bezieht sich auf das Wohnhaus des Meister Lenz, 1580 als Schneider erwähnt, 1582 wird ein Meister Lentz als Bürgermeister genannt.[90]

Im Lenzert, L. – Flur 5, linke Seite am Beginn der Sonscheidstraße.

An der Leyen, L. – Flur 5, Bereich *„Rötsch"*; ä.E. 1575 *wingart uff der leyen,* 1633 *wingarts an der leyen;*[91] B. – Hinweis auf felsiges Gelände.

In der Lützemich, L. – Flur 5, Ausläufer des Ümerich zum Königsbüchel; ä.E. – 1562 *wyngartt ahn Luzellberg,* 1562 *wingarten ahnn Luzenberch,* 1648 *velts an Leutzemich.*[92]

Martinsnücke - *Mertesnöck*, L . – Flur 6; B.- Anhöhe auf der das Martinsfeuer abgebrannt wurde.[93]

---

79 Schatzbuch, (wie Anm. 1), S. 53.
80 Schmitz, Sebastian, (wie Anm. 16).
81 Schatzbuch, (wie Anm. 1).
82 Morgenbuch, (wie Anm. 6), S. 17.
83 Ebd.
84 Schatzbuch, (wie Anm. 1).
85 Ebd.
86 Schmitz, Sebastian, (wie Anm. 16).
87 Morgenbuch, (wie Anm. 6), S. 20.
88 Schmitz, Sebastian, (wie Anm. 16).
89 Schatzbuch, (wie Anm. 1).
90 Schmitz, Sebastian, (wie Anm. 16).
91 Schatzbuch, (wie Anm. 1).
92 Ebd.
93 Schmitz, Sebastian, (wie Anm. 16).

An Meiers Pütz, Lage unbekannt, ä.E. – 1580 *Busch unnd Wiesgen ahn Meiers Putz,*1648 *Wiese am Meyers pütz.*[94]
Meisenhard, L. – Flur 4, im Mönchberg gelegen; ä.E. – 1580 *wingardt auf Meisart.*[95]
Mentzart, Lage unbekannt, ä.E. – 1741 *Mentzart* , 1800 *Menzhart.*[96]
Mittelbusch, L. – Flur 12, auf dem Ahlberg gelegen.
Ober Mittelbusch, L. – Flur 12, auf dem Ahlberg gelegen.
Am Mönchsberg, L. – Flur 4; ä.E. – 1556 *veltgen uff muntges berge,* 1627 *wingart im Mönigbergh;*[97] B. – Hinweis auf ehemaligen Besitz der Augustinerabtei Klosterrath.[98]
Im Mönchshof, L. – Flur 5, im Fuhrweg im Bereich des Hauses Luginger; ä.E. – 1554 *Thonis im monichove,* 1557 Bürgermeister;[99] B. – Ehemaliger Hof des Klosters Marienthal.[100]
An der Laach Mühle, L. – Flur 8, Bereich Lochmühle.

Abgebildet ist die Flurlage „An der Laach Mühle" mit der alten Eisenbahnführung nach Laach. Aufnahme vor 1910.
Rudi Josten

94 Schatzbuch, (wie Anm. 1).
95 Ebd.
96 Ebd.
97 Ebd.
98 Schmitz, Sebastian, (wie Anm. 16).
99 Schatzbuch, (wie Anm. 1).
100 Schmitz, Sebastian, (wie Anm. 16).

Hinter der Mühle, L. – Flur 8, hinter der Lochmühle gelegen; ä.E. – 1586 *hinder der Lochmullen.*[101]
Im Mühlenfeld, L. – Flur 8, Bereich zwischen Weinhaus Kläs und Lochmühle.
Im Münghoff Garten, Lage unbekannt, ä.E. – 1809 *Garten im Münhoff garten.*[102]
Unter Münzen, Lage unbekannt, ä.E. – 1809 *weingarten unter Münzen.*[103]

In der Nahmels, L. – Flur 10, Bereich Steinerberg, grenzt an die Gemarkung Rech.
Vor Nantenbach, *Für Nantemech,* L. –Flur 8, identisch mit der heutigen Lage Finanzenbach; ä.E. – 1586 *wingart vur Nantenbach.*[104]
Auf dem Neckers, L. – Flur 7, der Saffenburg vorgelagerte Weinbergslage; ä.E.- 1809 *weingard auf Nickers.*[105]
Am Neuenberg, Lage unbekannt, ä.E. – 1580 *zwehen Wingart ahm Neuenberg, einen unnder der Mauren, der ander darauf.*[106]
In der Nonnenhard, L. – Flur 1, zwischen Tankenbachsweg und Wehrholz gelegen, grenzt an die Gemarkung Altenahr; ä.E. – 1583 *busch ahn der Nonnenhardt;*[107] B. – Hinweis auf ehemals klösterlichen Besitz.[108]

An der Olligsmühlen, ehemalige Flurlage, L. – Flur 8, Ölmühle neben der Lochmühle, ä.E. – 1809 *weingart an der Olligsmüllen.*[109]
In Otten, L. – Flur 6, oberhalb der Kirche.
Ottenhard, L. – Flur 3, oberhalb der Kirche; ä.E. – 1537 *veld an ottenhart.*[110]
Im Paffenberg, L. – Flur 4, zentrale Mönchberglage; ä.E. – 1554 *paffenberge*, 1569 *wingart an dem paffenberche*;[111] B. – Hinweis auf Pfarr/Klosterbesitz.[112]
Zu Porzen, ehemalige Flurbezeichnung, L. – Flur 5, im Ortsteil Bongard gelegen; ä.E. – 1548 *Jan zo porzte,*[113] 1809 *weingarten auf porzen;*[114] B. – mundartlich für an der Pforte.[115]
Am Pütz, L. – Flur 5, am Fuhrwegplatz; ä.E. – 1536 *Pitter am Pütz* (Bürgermeister)[116] B. – am Brunnen.[117]

---

101 Schatzbuch, (wie Anm. 1).
102 Morgenbuch, (wie Anm. 6), S. 49.
103 Ebd., S. 43.
104 Schatzbuch, (wie Anm. 1).
105 Morgenbuch, (wie Anm. 6), S. 72.
106 Schatzbuch, (wie Anm. 1).
107 Ebd.
108 Schmitz, Sebastian, (wie Anm. 16).
109 Morgenbuch, (wie Anm. 6), S. 64.
110 Schatzbuch, (wie Anm. 1).
111 Ebd.
112 Schmitz, Sebastian, (wie Anm. 16).
113 Schatzbuch, (wie Anm. 1).
114 Morgenbuch, (wie Anm. 6), S. 84.
115 Schmitz, Sebastian, (wie Anm. 16).
116 Schatzbuch, (wie Anm. 1).
117 Schmitz, Sebastian, (wie Anm. 16).

An den Queckleien, L. – Flur 12, rückseitiger Hang am Laacher Basaltkegel.

1., 2., 3. Rast – ***Irz, zweit un dritt Raas***, L. – Flur 4 und 1; B. – Ehemalige Rastorte, wo man mit schweren Lasten oder Gefährten auf dem Tankenbachsweg zur Grafschaft anhielt und eine Pause einlegte.[118]
An der Rabenley, L. – Flur 6, oberhalb des Bergischen Hofs.
Am Regensberg, L. – Flur 12, rückseitiger Hang am Laacher Basaltkegel.
Auf dem Röllf, ***Röleff***, L. – Flur 4, Mönchberg; ä.E. – 1556 *Roloff*, 1562 *wingarten auff dem Roloff.*[119]
Rötsch, L.- Flur 5, An der Leyen; B. – *Rötsch* ist abgeleitet von rutschen. Auf dem früher unbefestigten steilen Pfad, der zum Bungert führte, konnte man leicht ausrutschen.[120]
Auf dem Rossen Garten, Lage unbekannt, ä.E. – 1809 *weingarten auf dem rossen garten.*[121]

Auf der Saffenburg, L. – Flur 7.
Im Schäfertal, L. – Flur 1, Wald, grenzt an die Gemarkung Altenahr.
An Scheuerleyen, Lage unbekannt, ä.E. – 1580 *ahn Scheuerleien.*[122]
Am Schieferstein, L. – Flur 6, grenzt an die Gemarkung Rech; ä.E. – 1537 *wingart an Schieferley.*[123]
Am Schlagbaum ***Am Schlachboom***, L. – Flur 3, B.- am oberen Ortsausgang gelegene ehemalige Wegesperre (bisher nur mündlich überliefert).[124]
Vor Schmitten, L. – Flur 12, Laach; ä.E. – 1809 *weingarten auf der schmitten.*[125]
Im Schnitzlerstal, L. – Flur 6, Steillage im Ahrbogen.
Auf der Schullenleien, Lage unbekannt, ä.E. – 1809 *weingarten auf der schullenleien.*[126]
Silbergasse ***Silewejass***, L. – Flur 5, auf Bungert gelegen; ä.E. – 1640 *wingart an der Silbergassen;*[127] B. – Eisenschlackenfunde aus römischer Zeit wurden im Volksmund in Silber umgewandelt.[128]
An Sonscheit, L. – Flur 5, auf Bungert gelegen; ä.E. – 1578 *weingardt ahn Sonscheit.*[129]
Im Spech, L. – Flur 8, neben dem Bahnhof gelegen; B. – evtl. von Spich – stehende

118 Ebd.
119 Schatzbuch, (wie Anm. 1).
120 Schmitz, Sebastian, (wie Anm. 16).
121 Morgenbuch, (wie Anm. 6), S. 99.
122 Schatzbuch, (wie Anm. 1).
123 Ebd.
124 Schmitz, Sebastian, (wie Anm. 16).
125 Morgenbuch, (wie Anm. 6), S. 120.
126 Ebd., S. 121.
127 Schatzbuch, (wie Anm. 1).
128 Mündliche Überlieferung aus dem 19. und frühen 20. Jahrhundert.
129 Schatzbuch, (wie Anm. 1).

Gewässer, die aus alten Flussarmen entstanden.[130]
Auf dem Spelzenfeld, ehemalige Flurlage, L. – Flur 3, oberhalb Langen Land; ä.E. – 1809 *Wies auf dem Spelzenfeld.*[131]
Im Sperbaum – ***Em Speerboom***, L. – Flur 5, Bereich Fuhrweg zur Weizenwiese; ä.E. – 1348 *Speirboum,*[132] 1559 *wingarten am sperbome;*[133] B. – entweder von Spirlingbaum oder von Sperrbaum – Schlagbaum abgeleitet.[134]
Auf Stallen, L. – Flur 4, Hanglage gegenüber Tankenbach.
In Stallen, L. – Flur 4, Waldgebiet oberhalb Stallen; ä.E. – 1545 *busch in stallen.*[135]
In der Steinkaule, L. – Flur 7, Steillage im Ahrbogen.
Am Strunck, Lage unbekannt, ä.E. – 1809 *wies am strunck.*[136]

In der Tankenbach, L. – Flur 4, Hanglage, Seitental des Mönchberges.
In der Tankenbachshard, L. – Flur 4, oberer Bereich des Tankenbachtales.
An der Teufelslei, L. – Flur 12, linke Seite am Laacherbergtunnel, grenzt an die Gemarkung Altenahr; B. – Benennung aus dem Volksglauben für verrufene Örtlichkeiten, an welchen es nicht geheuer ist.[137]
In der Thelsbach, L. – Flur 8, neben der Kalten Herberge; ä.E. – 1580 *wiesgen in der Tittelsbag.*[138]
Ober der Thelsbach, L. – Flur 7, Tal am Fuß des Steinerberges.
Im Thiergarten, L. – Flur 5, Zentrallage Bungert; B. – Tiergärten waren herrschaftliche Wildgehege.[139]
An der Trappen, L. – Flur 6, Steillage im Ahrbogen; ä.E. – 1537 *up der Trappen,* 1545 *wingart up der trappen;*[140] B. – *Trapp* ist mundartlich Treppe und bezieht sich auf steiles, nur durch Treppen begehbares Gelände.[141]
An Tröpges Haus, L. – eventuell an der Stelle des heutigen Winzerverein-Restaurants, ä.E. – 1809 *wingart an Tröpges haus.*[142]
Am Ümerich, L. – Flur 5; ä.E. – 1741 *Umberg.*[143]
Votzhof, L. – Flur 3, am oberen Ortsrand gelegen; ä.E. – 1582 *wingardt und gartten gnant Vogts hoff.*[144]

---

130 Dittmaier, Heinrich, (wie Anm. 4), S. 294.
131 Morgenbuch, (wie Anm. 6), S. 3.
132 Renger/Mötsch, (wie Anm. 14), Nr. 110.
133 Schatzbuch, (wie Anm. 1).
134 Dittmaier, Heinrich, (wie Anm. 4), S. 295.
135 Schatzbuch, (wie Anm. 1).
136 Morgenbuch, (wie Anm. 6), S. 20.
137 Dittmaier, Heirich, (wie Anm. 4), S. 314.
138 Schatzbuch, (wie Anm. 1).
139 Dittmaier, Heinrich, (wie Anm. 4), S. 314.
140 Schatzbuch, (wie Anm. 1).
141 Schmitz, Sebastian, (wie Anm. 16).
142 Morgenbuch, (wie Anm. 6), S. 7.
143 Schatzbuch, (wie Anm. 1).
144 Ebd.

Am Waag, L. – Flur 5, Dorfplatz.
Köche Wöjelche, L. – Flur 7, tiefe Stelle in der Ahr, an der Flur Hinten in der Hagen gelegen; B. – wöjelche stammt von wooch und bedeutet Waage bzw. eine waagerechte, glatte Wasseroberfläche, steht auch für eine tiefe Wasserstelle.[145]

Ahrbogen im Bereich der ehemaligen Flurlage „Am schwaze Wooch". *Rudi Josten*

Am schwaze Wooch, ehemalige Flurlage, L. – Flur 7, im Ahrbogen gelegene tiefe Stelle des Flusses; ä.E.- 1800 *unter dem schwarzen Waag;*[146] B.- *schwaz* steht für Tiefe bzw. nicht sichtbarer Boden des Flusses.[147]
In Wahlingen, ***an Walwäje***, L.– Flur 8, oberhalb der Lochmühle; ä.E. – 1562 *wingarten an walweg.*[148]
Am grünen Weg – ***Am groene Wäch***, L. – Flur 8, hinter der Lochmühle, Weg, der zu einer Badestelle an der Ahr führte; ä.E. – 1809 *Feld am grünen Weg,*[149] B. – grasbewachsener Weg.[150]
Auf Wehrholz, ***op Werelz,*** L. – Flur 4, auf dem Mönchberg; ä.E. – 1545 *under dem werhoiltz;*[151] B. – Ursprünglich das Nutzungsrecht des einzelnen Bauern an der Allmende (meist Wald und Weide), dann diese selbst.[152]
Auf dem Wehrholz, L. – Flur 1.

145 Schmitz, Sebastian, (wie Anm. 16).
146 Schatzbuch, (wie Anm.1).
147 Schmitz, Sebastian, (wie Anm. 16).
148 Schatzbuch, (wie Anm. 1).
149 Morgenbuch, (wie Anm. 6), S. 35.
150 Dittmaier, Heinrich, (wie Anm. 4), S. 95.
151 Schatzbuch, (wie Anm. 1).
152 Dittmaier, Heinrich, (wie Anm, 4), S. 333.

In der Wehrholzhard, L. – Flur 4.
Vor Weidenhard – ***Für Wegett***, L. – Flur 3, Fuß und Talsohle des Dernauerberges gegenüber dem Bereich Im Langen Land; äE. – 1581 *wingardt vur Weidenhardt;*[153] B. – Bergwald mit Weidenbestand.
Im Weiher – ***Em Weje***, L.- Flur 5, Bereich in der Weizenwiese; ä.E. – 1580 *Gertgen ahm Weier;*[154] B . – Fischteich, vor der Kanalisierung und Uferbefestigung des Auelsbaches waren in Bereich Weizenwiese früher häufig größere Bereiche überflutet.[155]
Im jungen Weingarten, ehemalige Flurlage, L. – Flur 7, oberhalb *Brünnchen*; ä.E. – 1809 *weingarten im jungen weingarten oben dem Kelterhaus.*[156]
Vor Weinscheid, ***für Wingschett***; L. – Flur 6; ä.E.1580 *wies vur wingschardt,* 1581 *wingardt vur Winschardt.*[157]
Auf der weiß Wiesen, L. – eventuell identisch mit der Weizenwiese, ä.E. – 1809 *wies auf der weiß wissen.*[158]
In der Weizenwiese, L. – Flur 5, dem Mönchberg vorgelagert.
In der mittelsten Wiese, ehemalige Flurlage, L. – Flur1 und 4, unterhalb der Lage Im Schäfertal; ä.E. – 1809 *wies in der mittelsten Wiese.*[159]
In der obersten Wiese, L. – Flur 1, oberhalb Tankenbachshard.
Vor Wintersweingarten, L. – Flur 12, dem Ahlberg vorgelagert; B . – Winters – von der Sonne abgewandt, Nordseite.[160]
Auf der Wolfskaule, L. – Flur 8, oberhalb der Kalten Herberge; ä.E. – 1590 *busch uff der Wolffskaulen;*[161] B. – bezieht sich oft auf eine Fanggrube.[162]

Im Zehnhaus, L. – unbekannt; ä.E. – 1809, *Garten im Zehnhaus.*[163]
An Zienau, L. – Flur 5, am Hang der Etzhard gelegen; ä.E. – 1741 *langs Ziegennahl.*[164]
Im Zehnhausgarten, ä.E. – 1809 *wies im Zehnhausgarten.*[165]

---

153 Schatzbuch, (wie Anm. 1).
154 Ebd.
155 Schmitz, Sebastian, (wie Anm. 16).
156 Morgenbuch, (wie Anm. 6), letztes Blatt.
157 Schatzbuch, (wie Anm.1).
158 Morgenbuch, (wie Anm. 6), S. 8.
159 Ebd., S. 24.
160 Dittmaier, Heinrich, (wie Anm. 4), S. 362.
161 Schatzbuch, (wie Anm. 1).
162 Dittmaier, Heinrich, (wie Anm. 4), S. 348.
163 Morgenbuch, (wie Anm. 6), S. 3.
164 Schatzbuch, (wie Anm. 1).
165 Morgenbuch, (wie Anm. 6), S. 121.

Gesinde im alten Mayschoß

Zur Bewältigung der täglichen Arbeit wurden in den Familien mit größerem Grundbesitz oft zusätzliche helfende Hände benötigt. Für vorübergehende arbeitsintensive Tätigkeiten wie Rebschnitt, dem Umgraben der Böden oder für die Erntezeit engagierte man örtliche Tagelöhner.

War aber kontinuierliche Hilfe notwendig „dingte“[1] man Mägde oder Knechte. Diese kamen entweder aus verwandtem oder bekanntem Umfeld, aber auch aus den höher gelegenen Regionen der Eifel, wo die kargen Böden nicht immer die vielköpfigen Familien ernähren konnten. War im ersten Fall private Vermittlung von Bekannten oder Angehörigen möglich, so kamen ansonsten Arbeitgeber und Arbeitnehmer auf den meist im Dezember stattfindenden Gesindemärkten wie zum Beispiel in Adenau in Kontakt. Dort wurden meist einjährige Verträge ausgehandelt. Die Vergütung bestand aus einem Anteil an Barlohn sowie aus Naturalien.

Zu Beginn des 19. Jahrhunderts erhielt ein Knecht 40 bis 50 Taler und eine Magd 15 bis 20 Taler Jahreslohn. Um das Jahr 1860 betrug der Barlohn für den Knecht etwa 80 bis 90 Mark und für eine Magd 60 bis 65 Mark. Um 1890 erhielt der Knecht 220 Mark und die Magd 130 bis 150 Mark. Um 1910 hatte sich der Gesindelohn bereits verdoppelt. Neben dem Bargeld bekam der Knecht häufig einen Anzug, Schuhe und Wäsche. Ebenso erhielt die Magd Kleider, Kleiderstoff und Wolle. Die neben dem Barlohn gegebenen Naturalien wurden in der Eifel „Alefenes“ genannt. Sie bestanden unter anderem aus Roggen, Weizen, Flachs, Wolle, Obst und Obstwein.[2]

Neben diesen für die Eifelregion gültigen Aussagen sind lokale Aufzeichnungen über Mägde und Knechte und deren Lebensbedingungen selten. In Mayschoß ermöglicht das Schreibbuch des Anton Ley einen Einblick in die Verhältnisse der Jahre 1804 bis 1826.[3] Anton Ley war Winzer, Gastwirt und Faßbinder. Für seinen Weinhandel, den er unter anderem bis Prüm und in das heutige Belgien trieb, die Arbeit in Wald und Flur, die Versorgung des Viehs brauchte er zusätzliche Hilfe. So „dingte“ er am 20. Januar 1806 Augustin Josten für zwei Tage in der Woche als Knecht. Als Lohn vereinbarte man 9 Reichstaler,[4] wovon am 24. September ein Teilbetrag von 3 Reichstalern ausgezahlt wurde. Zwei Jahre später im Jahre 1808 wurde Augustin Josten erneut für zwei Tage die Woche angestellt. Diesmal vereinbarte man 10 Reichstaler an Lohn. Darauf erhielt Augustin Josten abschlägig ¼ einer Kuhhaut im Wert von vier Talern, 11 Mühlfaß[5] Kartoffeln sowie 2 ½ Brabender Taler.[6] Im Jahr 1810 erhielt Augustin Josten zwei Geldzahlungen in Höhe von einem und von drei Brabender Talern.

---

1 Gedingt – angestellt.

2 Baur, Viktor, Vom Eifeler Gesinde, Eifeljahrbuch 1936, S. 78.

3 Schreibbuch des Anton Ley von Mayschoß mit 205 Seiten handschriftlicher Eintragungen über die Jahre 1804 bis 1826. Heute im Besitz der Familie Fuhrmann.

4 Rtl., Richl., Rchtlr., Richtlr. – Reichsthaler, 1 Reichsthaler neu – 2 Preußische Mark 31 Pfennig.

5 Mühlfaß – Hohlmaß, 1 Mühlfaß entsprach 4,8025 Liter zu Aremberg.

6 1 Brabender Kronenthaler – 4 Preußische Mark, 57 Pfennig.

Am 23. Januar 1812 „dingte“ Anton Ley Maria Veronika Kreutzberg als Magd. Sie erhielt als Lohn sieben Reichstaler und „alle lefnis wie es sich einer Magd gebührt und gebräuchlich ist.“ Darauf bekam sie zwei paar Schuhe und einige Bekleidungsstücke, darunter Mütze und Rock, für deren Fertigung Anton Ley dem Schneider 6 Blaffert[7] Lohn zahlte. Desweiteren zahlte Anton Ley abschlägig an Lohn drei Brabender Taler sowie 28 Blaffert dem Schuhmacher für das Besohlen sowie dem Schneider für das Fertigen von Hemden.
Am 26. Februar 1819 wurde Johann Matthias Blankart für „Halbzeit“[8] als Knecht angestellt. Er erhielt 16 Reichstaler Lohn und ein paar Schuhe. Bis zum Sommer erhielt er drei kleinere Geldzahlungen und kaufte dann Anton Ley eine Wanduhr im Wert von acht Reichstalern und 30 Stübern ab. Zur Herbstarbeit stellte Anton Ley am 10. Oktober 1819 mit Johann Jakob Poppelreuter einen zusätzlichen Knecht ein. Er erhielt 16 Reichstaler Lohn und „Liefnis wie es sich gebührt.“ Er erhielt ein paar Strümpfe, ein paar Schuhe, eine Kappe sowie vier Ellen[9] Tuch. Dies machte zusammen 5 ½ Reichstaler und 6 Stüber aus. Weiter zahlte Anton Ley für Leinentuch und dessen Verarbeitung zwei Reichstaler. Es folgten vier kleinere Geldzahlungen und ein Berliner Taler anlässlich einer Musik.
In der Folgezeit wird vom 16. November 1823 Maria Gertrud Ley für 10 Reichstaler und Johann Jakob Poppelreuter für Halbzeit mit 11 Reichstalern Lohn beschäftigt. 1824 war es Anna Maria Poppelreuter, die vom 10. November an für 6 Reichstaler und diverse Bekleidung beschäftigt wurde. Sie erhielt am 20. Februar zwei Hemden, zwei Ellen Stoff zum Ausbessern ihres Leinenrocks, ein paar Strümpfe, ein Schnupftuch, 3 ½ Ellen Wolltuch, zwei weitere Hemden sowie ein Jahreswamms und eine Jahresschürze.
Insgesamt sind im Zeitraum von 1804 bis 1826 im Schreibbuch des Anton Ley von Mayschoß 10 Anstellungen von Gesinde verzeichnet. Die angestellten Personen kamen aus dem örtlichen Umfeld, im Falle des Augustin Josten, der in den Jahren 1806 bis 1810 beschäftigt war, sind im Schreibbuch für die Jahre 1805 und 1807 Zinszahlungen für geliehene Gelder verzeichnet. Die Anstellung der Mägde erfolgte in Vollzeit, der Knechte neben Vollzeit auch in Halbzeit oder wie im Fall des Augustin Josten für 2 Tage in der Woche. Die Anstellungsmonate waren Oktober bis Februar. Der Barlohn betrug für Mägde 6 – 10 Reichsthaler. Für Knechte betrug er im Fall des Augustin Josten für 2 Tage die Woche 9 – 10 Rtlr., ansonsten erhielten Knechte für Halbzeit 11 – 16 Rtlr. Auf den vereinbarten Jahreslohn gab es im laufenden Jahr nach Bedarf abschlägige Zahlungen. Bei den Naturalgaben gab es, wie bei der Anna Maria Poppelreuter im Jahre 1824, Jahreswammes und Jahresschürze. Was das „Liefnis“ beinhaltete und ob darunter wie in der Eifel Lebensmittelgaben zu verstehen sind geht aus den Aufzeichnungen von Anton Ley nicht hervor. Ansonsten erhielten die Beschäftigten abzüglich vom Barlohn Stoff für Bekleidung, Hemden, Strümpfe oder Schuhe.

---

7 Silbermünze, 1 Blaffert – 12 Preuische Pfennig.

8 Halbzeit – Hälfte der üblichen Arbeitzeit.

9 Ehlen, Ehl – Elle – Tuchmaß, 1 Kölnische Elle – 0,5748 Meter.

Bewohner des Ahrtals, Jean Nicolas Ponsart. *Mayschoßer Privatsammlung*

Im Jahre 1857 waren nach Ausweis der Klassensteuerrolle[10] 11 Knechte und 10 Mägde im Dorf beschäftigt. Davon arbeiteten bei Michel und Severin Hallerbach (Wirt und Weinhändler in der Lochmühle) jeweils 2 Mägde und Knechte. Jeweils 1 Magd und 1 Knecht beschäftigten der Mühlenpächter Platte, der Rentmeister Franz Dommerque und die Winzerhäuser Naekel/Mauel, Hubert Hallerbach und Nikolaus Josten. Die verbleibenden 7 Mägde und Knechte waren einzeln tätig. Im gleichen Jahr gab es 42 Tagelöhner.

Im Tagebuch des Junggesellen-Vereines von Mayschoß wird erstmals im Jahre 1863 als gesteigertes Mädchen „Näkels Magd" genannt. 1890 werden „Gottsacker Magd, 2 Hallerbach Mägde, Ley Magd, Bell Magd, 2 Domerks Mägde, Koßman Magd" und „Näkel Magd" genannt.
Nach Auskunft von Leo Ley waren um 1930 bei dem Rentmeister Dommerque noch Knechte und Mägde beschäftigt. Gegenüber dem Pfarrhaus hatte der gutsituierte Winzer Krupp einen Knecht.

---

10 Kopie der Klassensteuerrolle von 1857 in der Sammlung von Sebastian Schmitz.

Handwerk und Gewerbe im alten Mayschoß

19. Jahrhundert[1]

Wer sich einen Eindruck vom Handwerk und Gewerbe im Mayschoß des 19. Jahrhunderts machen will, der sollte zuerst die äußeren Bedingungen kennenlernen. Im Jahre 1833 baute man den bis dahin bestehenden Fahrweg zur Provinzialstraße aus. 1861 gab es im Dorf den ersten vierrädrigen Handwagen und am 5. August 1884 wurde im Mayschoßer Bereich mit dem Eisenbahnbau begonnen. Vor dieser Zeit transportierte man Waren und die Früchte der Felder mit schwerfälligen Ochsenkarren, der Dükahr oder trug die Lasten auf dem Rücken. Wer etwas erwerben wollte, bekam es entweder im Dorf oder musste nach Ahrweiler oder Adenau gehen und in den dortigen Geschäften oder an Markttagen einkaufen. Um sich beschwerliche und lange Wege zu ersparen, kaufte man möglichst im Ort. Dies führte unter anderem dazu, dass es für heutige Verhältnisse eine erstaunlich vielfältige und große Anzahl von Gewerbebetrieben gab. Mehrere Schreiner, Schneider und Schuhmacher verteilten sich auf die einzelnen Ortsteile. Neben dem Gewerbe hatten die meisten allerdings noch ein Standbein in der Landwirtschaft und im Weinbau. Ein gutes Beispiel für die vielfältigen Aktivitäten der damaligen Ortsbewohner ist Anton Ley, der von 1783 – 1851 in Mayschoß lebte. Durch sein Schreibbuch,[2] worin er seine geschäftlichen Aktivitäten für den Zeitraum 1804 – 1826 notierte, erfahren wir von seiner Arbeit als Winzer, Gastwirt, Weinhändler und Faßbinder. Im gleichen Zeitraum weist der Summzettel[3] von 1821 folgende Handwerker für den Ort aus:

1 Balbierer	–	Anton Ley
2 Fassbinder	–	Jacob Josten, Anton Ley
1 Maurer	–	Peter Joseph Kosman
1 Müller	–	Michel Hallerbach
2 Schmiede	–	Anton Ley, Anton Kosman
4 Schneider	–	Jacob Josten, Peter Joseph Kolbor, Peter Schreiner, Jacob Ley
3 Schreiner	–	Johann Josten, Johann Joseph Schorn, Johann Ley
4 Schuster	–	Peter Joseph Gottsacker, Jacob Gottsacker, Johann Goepgen, Peter Gottsacker.

1 Teilweise entnommen aus: Schmitz Sebastian, Mayschoss-Beiträge zur Geschichte eines Dorfes im Saffenburger Ländchen, Band III, Mayschoß 1984, S. 43.

2 Schreibbuch des Anton Ley von Mayschoß mit 205 Seiten handschriftlicher Eintragungen über die Jahre 1804 bis 1826. Heute im Besitz der Familie Fuhrmann.

3 Gemeindearchiv Mayschoß, Verzeichnis des Bodenbesitzes in der Gemeinde Mayschoß im Jahre 1821, Handschrift, 34 Seiten.

Aus dem Anschreibebuch[4] der Wollweberei Wilbert in Holzweiler erfahren wir über die Zeit von 1837 bis 1851 über Personen aus Mayschoß, die Tuche verarbeiteten oder damit Handel trieben. Als erster und mit deutlichem Abstand häufigster Handelspartner der Wollweberei in Mayschoß wird Anton Ley genannt. Im Zeitraum 1837 bis 1851 kam es zu 53 getätigten Tuchkäufen. Der erste Eintrag ist am 19. November 1837. An diesem Tag kaufte Anton Ley ¼ Ellen dunkelblaues Tuch die Elle zu 22 Silbergroschen und 5 ½ Ellen feines graues Tuch die Elle zu 22 Silbergroschen zusammen für 13 Taler, 3 Silbergroschen und 3 Pfennig. In den folgenden Jahren zahlte Anton Ley die Tuchkäufe entweder bar, mit Branntwein oder Wein. Nach 1845 tätigte er drei Einkäufe, wie zum Beispiel am 19.4.1849 auf Rechnung des Armenfonds, wohl in seiner Funktion als Kirchenrat. Zwischen 1839 und 1848 kaufte der Leinenweber Jakob Appel im Fuhrweg insgesamt achtmal Tuche auf der Grafschaft. Als weitere Tuchkäufer werden genannt: 1839 der Schneidermeister Hubert Ley, 1841 Schneidermeister Koßman, 1841 Schreinermeister Schorn, 1841 Schuster Gottsacker, 1841 Nachtwächter Johann Heinen, 1842 Schneidermeister Kläs.

In den folgenden Jahrzehnten nahm die Anzahl der registrierten Berufe weiter zu. Für das Jahr 1857 erfasst die Klassensteuerrolle[5] 647 Einwohner des Dorfes, die in 205 Haushaltungen lebten. In der Auflistung der Handwerker und Gewerbetreibenden aus der Klassensteuerrolle von 1857 sind zur besseren innerörtlichen Orientierung die alten Hausnummern[6] beigefügt.

2 Bäcker und Krämer – Michel Bertram Nr. 63, August Damian Nr. 93.

3 Fischer – Joh. Poppelreuter Nr. 144, Joh. Jos. Schorn III Nr. 148, Augustin Josten Nr. 151.

1 Korbflechter – Vitus Bleis Nr. 1.

2 Küfer – Anton Caspary (wohnte bei Franz Simons Nr. 136), Johann Joseph Schmitz Nr. 142.

2 Maurer – Anton Coßman Nr. 5, Johann Knieps (wohnhaft bei Nicolaus Dung Nr. 145).

2 Näherinnen – A. Cath. Klaes (wohnte bei Loesch Nr. 117), Cath. Schmitz Nr. 124.

1 Schlosser – Peter Rochus Coßmann Nr. 84.

1 Schmied – Anton Coßmann Nr.152.

3 Schneider – Joh.Jos. Klaes Nr. 112, Hubert Ley Nr. 130, Peter Alois Klaes (auch Wirt) Nr. 161.

3 Schreiner – Anton Rochus Roeßel Nr. 24, Jos. Adeneuer Nr. 51, Joh. Jos Schorn geboren 1778, Nr. 31 und bei ihm tätig Lang Gottfried.

3 Schuster – Anton Schmitz (wohnte bei Michel Poppelreuter) Nr. 19, Jacob Gottsacker Nr. 74, Jacob Heinen Nr. 79.

4 Wirte – Hubert Nicolaus Ley Nr. 29, Anton Ley Nr. 95, Peter Alois Klaes Nr. 161, Severin Hallerbach Nr. 164.

---

4 Das Anschreibebuch der Wollweberei Wilbert in Holzweiler 1837 – 1851 wurde mir freundlicherweise von Herrn Ottmar Prothmann aus Oeverich zur Verfügung gestellt.

5 Kopie der „Klassensteuerrolle der Gemeinde Mayschohs" für das Jahr 1857, Sammlung Sebastian Schmitz.

6 Bei Haus Nr. 1 handelt es sich um das damals oberste Haus am Ortsende (jetziges Haus Lützenkirchen) und mit den Hausnummern 164 – 166 den Bereich Lochmühle.

Jahrhundertwende 19./20. Jahrhundert.[7]

Schmied – Der älteste Platz, auf dem eine Schmiede stand, an den man sich noch erinnerte, war im „Backes“ der jetzigen Bäckerei Münch. Der Schmied hieß damals Cossmann. Später stand die Schmiede auf Bungert, wo früher Margarethe Cossmann wohnte (das damalige Haus mit der Schmiede wurde im 2. Weltkrieg zerstört). Anton Cossmann blieb dort bis zum Jahre 1882 tätig. Dann wurde die Schmiede in die Dorfstraße (wo jetzt das Haus Nr. 14 steht) verlegt. Das früher dort stehende Haus stammte aus dem Jahre 1632 und wurde seinerzeit von der Familie Kolborn bewohnt. Als die Familie Cossmann dort einzog, wurde die Schmiede angebaut. Die Schmiede war ein Familienbetrieb und wurde von Vater und Sohn, die beide Anton Cossmann hießen, betrieben. Ihr Arbeitsbereich reichte vom Aufziehen der Wagenräder über das Herstellen von Ketten und Arbeitsgeräten bis zum Beschlagen von Pferden. Als der Vater Anton Cossmann 1913 starb, betrieb sein Sohn, der im Dorf „Schmotte Toni“ genannt wurde, das Handwerk seines Vaters weiter.

Der Schmied Anton Cossmann. Aufnahme von 1935. *Anita Ohlig*

Schuhmacher und Flickschuster – Ein Schuhmacher, der auch Schuhe herstellte, war Anton Thelen, der an der Dorfstraße auf dem Parkplatz oberhalb Haus Nr. 14 (im ehemaligen Haus Zorn) wohnte. Ein weiterer Schumacher war Johann Schöster, der am oberen Ende des Altenberges seine Werkstatt hatte. Als Flickschuster war der Bruder von Arnold Sebastian an Etzhard tätig.

Fuhrmann – Fuhrmann war in Mayschoß der Vater von Jacob Zimmer, Anton Zimmer. Im Weiteren wurden auch von den Fuhrleuten des Fürsten Lohnfahrten gemacht.

Kutscher – Anton Bleis fuhr gegen Entgelt Lochmühler Gäste durch die Gegend, und Nikolaus Ley betrieb zusätzlich zur Kutsche ein Fuhrwerk.

Weber – Bekleidung, Bettwäsche und Tuch wurde im Dorf aus Flachs zu Tuch verarbeitet. Dieses Handwerk wurde bis nach der Jahrhundertwende von den Geschwistern Cossmann im Fuhrweg ausgeübt. Dort arbeiteten Hubert, Sebastian und Johannes Cossmann an drei Webstühlen und stellten Leinen her. Samt wurde an der

7 Schmitz Sebastian, (wie Anm. 1), S. 47.

Dorfstraße von Stefan Damian (der im ehemaligen Haus von Nikolaus Appel wohnte) verarbeitet. Ihn nannte man den Samtweber.

Schreiner – Im Oberdorf (in „Miesse Jass“) arbeitete Johann Rössel. Am Altenberg war Wilhelm Gies und an der Etzhard Karl Braun tätig.

Metzger – Anton Wieland, der Urgroßvater des jetzigen Besitzers, besaß seit circa 1880 eine Metzgerei und betrieb gleichzeitig einen Kolonialwarenladen. Alois Damian, der Großvater des jetzigen Besitzers, übernahm von Winand Lehnen (Schwiegervater) nach dem Hausbau 1925, 1926 die Metzgerei, die Lehnen seit der Jahrhundertwende ursprünglich im nebenan liegenden Haus Radermacher (später „Gemütliche Ecke“) führte.

Bäcker – Karl Josten, der Urgroßvater von Rudi Josten, betrieb das Bäckerhandwerk schon im 19. Jahrhundert.

Schneider – Heinrich Gotsacker war Schneider und betrieb ein Kolonialwarengeschäft, das ursprünglich in der heutigen Bäckerei Münch (in den 1890er Jahren) und danach im Haus nebenan war.

Faßbinder – Reinhard Naekel arbeitete als Faßbinder.

Korbbinder – Reinhard Bleis stellte Körbe aller Art her und verkaufte sie auch über Land.

Fischer – Ein Nebenerwerb war der Fischfang und speziell der Rümpchesfang.[8] In Mayschoß weniger verbreitet, bildete er in Reimerzhoven und Laach eine wichtige Einnahmequelle.

1930 – 1940[9]

1 Anstreicher	–	Karl Knieps Nr. 81c.
1 Bademeister	–	Peter Schönberg (Strandbad).
4 Bäcker	–	Anton Bell Nr. 163, Mathias Haas Nr. 70, Phillip Josten, Franz Clemens und Michel Clemens Nr. 37/38.
1 Elektriker	–	Jos. Weber Nr. 69.
1 Fischer	–	(nebenberuflich) Michel Appel (älterer Bruder von *„Festesch Lisbeth“*).
1 Frisör	–	Konrad Kraus.

8 Es handelte sich hierbei um eine weithin bekannte Ahrspezialität. Rümpchen waren kleine Fische, die man in Salzwasser abkochte, in Baumrinde wickelte (woher auch der typische Geschmack kam) und so im Dorf und auf den Märkten verkaufte.

9 Zusammengestellt aus Gesprächen mit Zeitzeugen (unter anderen Leo Ley und Günter Ohlig) und dem Einwohnerbuch für den Kreis Ahrweiler Ausgabe 1936/37.

3 Fuhrmänner	–	Anton Bleis (genannt *Bleise Jong*) Nr. 2, Nikolaus Ley (nebenberuflich) Nr. 37, Peter Weinand Nr. 52.
11 Gastwirte	–	Franz Fuhrmann Nr. 10, Anton Bell Nr. 163, Rudolf Coßmann Nr. 74, Konrad Kraus Nr. 103d, Cornel Hallerbach, Sebastian Kläs, Peter Nietgen (Westfalenhof) Nr. 106, Karl Sautmann (Lochmühle), Jakob Koch Nr. 10 (Laach), Anton Lang Nr. 104, Joh. Habers Nr. 170.

Gastwirtschaft des Franz Hubert Fuhrmann im Oberdorf. Rechts neben der gepflasterten Dorfstraße ist noch der offene Dorfbach zu sehen. Zu den einzelnen Häusern führen große Schieferplatten. Aufnahme um 1920.

Sammlung Peter Schreiner

4 Händler	–	Heinrich Gottsacker (Kolonialwaren) Nr. 70a, Agnes Kreuz (Kolonialwaren) Nr. 69, Bernhard Marner (Lebensmittel) Nr. 7a, Peter Weinand Nr. 52.
1 Korbmacher	–	Reinhard Bleis Nr. 3.
9 Maurer	–	Cossmann (im Haus Raths), August Kolodzinski Nr. 92a, Franz Meurer Nr. 86, Peter Meurer und Phil. Meurer Nr. 84, Paul Schick Nr. 149, Johannes Zorn (Onkel von Berta Weiß), Anton Thelen, Joh. Schneider Nr. 150.
2 Metzger	–	Franz Wieland Nr. 41, Alois Damian Nr. 95b (vorher Wienand Lehnen) .
1 Müller	–	Anton Kläs (Lochmühle).
2 Näherinnen	–	Gertrud Knieps Nr. 81b, Anna Lösch Nr. 31.
1 Schmied	–	Anton Cossmann (genannt *Schmotte Toni*).

1 Schlossermeister	–	Nikolaus Lautwein Nr. 93 (nach 1918 in Mayschoß).
1 Schlosser	–	Sylvester Cossmann Nr. 51.
3 Schneider	–	Josef Görres, Adam Sesena, Wilhelm Schäfer Nr.6a (Laach).
1 Schreiner	–	Johannes Gies Nr. 37b (vor 1900 am Altenberg).

Der Schreiner Johann Gies (mit Schürze) vor seinem Haus. Er führte seinen Betrieb von 1905 bis circa 1950. Aufnahme 1930er Jahre. *Familie Gies*

4 Schuster/ Schuhmacher	–	Hubert Knieps Nr. 161a, Joh. Schäfer Nr. 94, Johann Schöster Nr. 157, Anton Thelen (ehemaliges Haus von Josef Zorn).
3 Weinhändler/ selbständige Winzer	–	Heinrich Rössel (Fuhrweg), Jak. Bungart Nr. 99, Alois Damian (genannt *Karisse,* Oberdorf).
1 Zimmermann	–	Peter Borenz Nr. 81b.

Vorrats- und Hauswirtschaft um 1900[1]

Aus Gesprächen im Jahre 1983 mit der damals ältesten Bewohnerin von Mayschoß Frau Margarethe Cossmann soll hier, nach übergeordneten Begriffen gegliedert, ein kleiner Einblick in das Leben und Arbeiten in Mayschoß um 1900 gegeben werden.

Winzerinnen auf Bungert vor 1900. *Familie Ley*

Vorratswirtschaft

Möhren legte man entweder draußen oder im Keller in Sand ein. Bei rotem, oder weißem Kappes, Wirsing und Endivien wurden die Strünke in die Erde gelegt und der Kopf mit Stroh abgedeckt. Birnen lagerten auf Stroh und hielten sich so bis Christtag, Äpfel bis März/April des kommenden Jahres. Um Obst länger haltbar zu machen, trocknete man es. Dazu wurden Birnen geviertelt, mit Schale, aber ohne Stiel, zum Brot in den Backofen gelegt. Anschließend holte man sie heraus zum Lüften. Diesen Vorgang wiederholte man dreimal. Genauso kamen Pflaumen zum Brot in den Backofen. Dazu mussten die Stielstellen nach oben gerichtet werden, damit die Pflaumen nicht ausliefen. Nachdem das Obst getrocknet war, hing man es in luftigen Säckchen aus Mull an die Decke, wo es dann bei Bedarf zum Verzehr oder zur Weiterverarbeitung heruntergeholt werden konnte.

Vom Brotbacken

Brot, das heißt Schwarzbrot, wurde in der dörflichen Großfamilie alle drei Wochen gebacken und hochkant in der *Kaus*[2] aufbewahrt. Einen Tag vor dem Backen ließ man in der Mühle einen Zentner Korn mahlen und setzte am Abend einen Sauerteig an. Am nächsten Morgen wurde der Teig zwei Stunden geknetet, dann formte man die Brotlaibe und ließ den Teig gehen. Bevor die Brotlaibe in den Backofen kamen, wurden sie mit einem feuchten Tuch abgewischt. Zwei Stunden ließ man das Brot backen. Zum Auskühlen legte

1 Schmitz Sebastian, Mayschoß – Beiträge zur Geschichte eines Dorfes im Saffenburger Ländchen, Band III, Mayschoß 1984, S. 4 – 15.

2 Truhe.

man es auf die Steine im Hof und wischte die Oberseite, damit sie später schön glänzte, nochmals mit einem feuchten Tuch ab. Am übernächsten Tag, nachdem es richtig ausgekühlt war, kam es dann in die vorher mit Essigwasser ausgewaschene Truhe.

Konservierung in Steintöpfen
Gemüse, wie zum Beispiel Bohnen (abgekocht) oder weißer Kappes (roh), wurde kleingemacht und mit der Hand in den Topf eingestampft. Das Gemüse wurde gesalzen (auf etwa 1 Zentner Kappes kamen 1 ½ Pfund Salz). Wichtig war, dass die Brühe über dem Gemüse stand, ansonsten musste das Salzwasser aufgefüllt werden. Zum Schluss beschwerte man das Gemüse mit einem entsprechenden Stein und deckte den Topf mit einem Tuch ab. Vier Wochen gärte es, und dann war das Gemüse brauchbar und hielt sich über ein Jahr.

Pökelfleisch[3]
Wenn nach der Schlachtung das Tier auseinandergenommen und das Fleisch geteilt war, musste es zuerst abkühlen. War das Fleisch kalt, wurde es in Traubenbütten eingelegt. Hierbei legte man den Schinken zuunterst, darauf den mageren Speck, dann folgte der fette Speck, und das kleine Fleisch bildete die oberste Schicht. Traubenbütten wurden daher gerne verwendet, weil von dem Holz ein feiner Holz-Traubengeschmack auf das Fleisch überging. Für die eigentliche Konservierung gab es mehrere Methoden:
Trocken salzen (*drüh salze)*
Hierbei ließ man am zweiten oder dritten Abend die gesammelte Menge Wasser, die aus dem Fleisch herausgetreten war, durch das Spundloch in eine Schüssel laufen und übergoss das Fleisch wieder damit. Dies wiederholte man täglich drei Wochen lang, wobei die Traubenbütte tagsüber mit einem Tuch abgedeckt war.
Feucht salzen (*füech salze*)
Bei dieser Methode wurden zunächst die Fleisch-, Schinken- und Speckstücke dick eingesalzen. Auf etwa zwei bis drei Zentner Fleisch kamen zehn Pfund Salz. Dann wurde zusätzlich Salzwasser abgekocht, abgekühlt und die Bütte damit aufgefüllt. In die Traubenbütte legte man ein Holzgerüst aus Latten und beschwerte es mit einem Stein, damit das Fleisch unter Wasser blieb. Speck nahm man nach 14 Tagen heraus und die sonstigen Fleischstücke nach Bedarf, so dass nach ein bis zwei Monaten der gesamte Vorrat verbraucht war.
Pökelfleisch, das zum Verbrauch aus der Lake kam, musste je nach Salzgehalt abgewaschen oder über Nacht in Wasser eingelegt werden. Dann wurde es entweder direkt verbraucht oder drei Tage trocknen lassen und anschließend geräuchert. Dazu kam es entweder in die Räucherkammer (*Röches*) oder wurde im Kamin an einem entsprechenden Balken aufgehangen.

---

3 Im Dialekt des Dorfes *Peckelsfleesch* genannt.

Milchverarbeitung
Nach dem Melken kam die Milch, zu der Zeit als es noch keine Zentrifugen gab, in circa zwei Liter fassende Steinguttöpfe. Dort ließ man sie ein bis drei Tage stehen, bis sich der Rahm oben abgesetzt hatte und er mit einem Löffel abgeschöpft werden konnte. Eine andere verbreitete Methode, Rahm von der Milch zu trennen, war die Satte. Dabei handelte es sich um eine große Steingutschüssel, die an der Seite einen Schieber hatte, wo man die noch dünne Milch ablaufen lassen konnte und der Rahm in der Satte blieb.
Klatschkäse.
Die verbleibende saure Milch stellte man zur Bereitung von Klatschkäse an den hinteren Rand des Ofens, wo es nicht zu kalt, aber auch nicht zu warm war. Dort ließ man sie so lange stehen, bis sich oben die gelbliche Molke absetzte. Dann kam sie in das Käsebecken und blieb dort solange beschwert stehen, bis sie als Klatschkäse gebraucht wurde. Es gab aber auch weiter gehende verfeinerte Arten der Klatschkäseverarbeitung.
Fauler Käse (*fuhle Käs*).
Hierzu musste der Klatschkäse trocknen. In einem Topf mischte man Pfeffer bei. Sehr beliebt war auch die Zugabe von Kümmel. Jeden zweiten Tag wurde der Käse im Topf umgerührt, damit sich die entwickelnde Edelfäule verteilte.
Faust Käse (*Fuuß Käs*).
Der getrocknete Klatschkäse erhielt hierbei nach der Würzung durch Kneten eine Kugelform. Die Käsekugeln stapelte man dann lagenweise, durch dünne Holzbrettchen getrennt, drei bis vier Tage zum Trocknen. Danach legte man die Kugeln in einen Steinguttopf. Nach weiteren drei Tagen schichtete man die untersten Kugeln nach oben. Während der Zeit war der Topf mit einem durchlöcherten Pergamentpapier abgedeckt. Nach etwa acht Tagen hatte sich um die Käsekugeln, die innen weiß blieben, eine dicke Schicht Edelfäule gebildet.
Dieser Faule- oder Faustkäse war sehr beliebt. Eine Mayschoßer Frau brachte ihn sogar zweimal wöchentlich auf den Markt nach Ahrweiler.

Butterherstellung
Etwa ein- bis zweimal in der Woche, je nach Anzahl der Kühe, wurde Butter hergestellt. Dazu gab man den Rahm in das hölzerne Butterfass. Dieses Fass besaß keine einheitliche Form. Es gab kleine und große Butterfässer, Standfässer und solche, die man auf das Knie legte. Bei den verbreiteten kleinen Fässchen war innen ein Schaufelrad, welches von einer Kurbel am seitlichen Rand gedreht werden musste. Je nach Kuh und Milch konnte die Zeit, in der die Butter fertig war, sehr unterschiedlich sein. Anschließend wurde sie noch im Fass gewaschen, geschwengelt und außerhalb des Holzfasses mit einem Löffel solange geknetet, bis sie kein Wasser mehr enthielt. Viele Mayschoßer gaben dann zum Verbrauch noch etwas Salz dazu. Die fertige Butter hielt sich so ungefähr 14 Tage.

Die Mahlzeiten

Das Frühstück.

Morgens gab es an den Wochentagen Schwarzbrot. An Sonn- und Feiertagen kaufte man bei den Bäckern Grau- oder Weißbrot. Dazu gab es Butter und Klatschkäse oder Marmelade.

Das Mittagessen.

Der Hauptteil der Mittagsmahlzeit bestand aus einer Schüssel Kartoffeln (*Komp Jrompere*). Dazu gab es an Sonntagen Fleisch, montags verwendete man die Fleischreste, die vom Sonntag übrig blieben. An den anderen Tagen gab es überwiegend eingemachtes Gemüse wie Bohnen und Kappes. Erbsensuppe und Eintöpfe lockerten das Mittagsmahl über die Woche auf.

Das Abendessen.

Abends gab es meist die ganze Woche eine Schüssel Kartoffeln mit Soße (*Zaus*). Die Soße bestand meist aus Rahm mit Speck.

Erste Häuser mit Restauration und Reiseandenken im Umfeld des Winzervereines um 1900. *Carlo di Carlo*

Einige typische Gerichte aus dem alten Mayschoß[4]

Bohnensuppe mit Pflaumen (*Köksjes Zupp mott Promme*).

Zutaten: Bunte Bohnen, Speck, Rahm, Kartoffeln, Fleischbrühe, gebackene Pflaumen (die vorher in Wasser eingeweicht wurden).

---

4 Aufgeschrieben nach Gesprächen im Jahre 1984 mit Margarethe Cossmann und meiner Mutter Agnes Schmitz.

Gerstensuppe mit gebackenen Pflaumen (*Jerschte Zupp mott jebackene Promme).*

Buttermilchsuppe (*Bottemelechs Zupp*).
Gekochte Kartoffeln wurden mit dem Wasser klein gemacht. Dann wurden Buttermilch und Rahm dazugegeben. Gewürzt wurde mit Pfeffer. Dazu wurden kleine Reibekuchen gegessen.

Restaurant zum Bahnhof (jetziges Hotel Kläs) vor 1910. *Wolfgang Kläs*

Kartoffel-Teufel (*Jrompere Däuwele*).
Rohe Kartoffel wurden klein gerieben. Dann gab man Eier und große Scheiben Speck dazu. Nun wurden daraus Klöße geformt, die anschließend in der Pfanne gebraten wurden.

Bohnensuppe (*Bunne Schlipp schlapp*).
Kartoffeln wurden gekocht und klein gestampft. Darunter mischte man gekochte Bohnen. Dazu kam dann ½ Liter Buttermilch, ein Stich Butter und ein Becher Sahne. Als Beilage gab es Mehlkuchen.

Weinsuppe mit Sago (*Wingzupp mott Sago*).
Der Sago wurde mit etwas Wasser aufgekocht, anschließend füllte man den Topf (1/3 bis 1/2) mit Rotwein auf. Je nach Geschmack wurde etwas Zucker dazugegeben.

Klöße mit Schwarzbrotkruste (*Knudele mott Schwatzbruetkauschte*).
Klöße aus Mehl, Eiern und Milch wurden im Wasserbad gegart. Die klein geschnittenen

Schwarzbrotkrusten wurden kurz in heißes Öl gelegt und dann mit dem Öl über die Klöße geschüttet.

Grießmehlfladen mit Rosinen (*Jreßmerlflaade mott Rosinge*).
Auf einen vorbereiteten ausgerollten Hefeteig wurde in gleicher Dicke wie der Hefeteig ein Milch-Grießmehlbrei mit Rosinen aufgestrichen. Danach wurde der Fladen im Ofen gebacken.

Gedrücktes Birnenkraut (*jedröck Birrekruht*).
Die gebackenen Birnen wurden vor Gebrauch in Wasser eingeweicht, dann gar gekocht und durch ein Sieb gerieben. Verwendet wurde das gedrückte Birnenkraut als Brotaufstrich oder Kuchenbelag.

Die Hauswäsche
Nach vier bis sechs Wochen, wenn genügend Wäsche zusammengekommen war, wurde in speziellen Holzbottichen (*Weuschbüdde*) gewaschen. Die Behälter, die 1 Meter hoch waren und einen Durchmesser von 1,25 Meter hatten – damit auch drei bis vier Personen gleichzeitig arbeiten konnten – füllte man mit der Schmutzwäsche und Sodawasser auf. Darin blieb die Wäsche meist von Samstag bis Montag liegen. Am Montagmorgen ließ man das Wasser ablaufen, füllte neues heißes Wasser ein und setzte eine Lauge aus Bleichsoda (das milder als das normale Soda war) und schwarzer Seife an. Jetzt wurde die Wäsche vorgewaschen. Nachdem man die Brühe abgelassen hatte, wurde eine Lauge aus Seifenpulver im Kessel zum Kochen gebracht und sechsmal über die Wäsche laufen gelassen.
Wenn dieser Waschvorgang beendet war, kam die Wäsche auf die Bleiche (*Bleech*), das heißt, sie wurde zum Beispiel im Weiher auf die Wiesen in Reihen ausgebreitet, so dass man einen Zwischenraum zum Durchgehen hatte. Wenn dann tagsüber die Sonne die Flecken weggebleicht hatte, wurde die Wäsche abends gedreht und nochmals gewässert. Dazu benutzte man eine Wasserstelle (*Kömpel),* woraus man mit einer Gießkanne das benötigte Wasser schöpfte. Am nächsten Nachmittag, wenn die Sonne auch die andere Seite gebleicht hatte, war die Wäsche zum Auswaschen fertig. Im Winter oder wenn die Sonne nicht schien, wurde die Wäsche gebeizt, das heißt mit kochendem Wasser ausgespült, bevor man sie auswusch. Zum Auswaschen brachte man die Wäsche dann (auch vom Oberdorf) zum Waag an die Ahr. Dort, wo sich eine Furt befand, war daneben eine tiefe Stelle, wo man die Wäsche abschließend in fließendem Ahrwasser hin- und herschwenkte und auswusch. Dabei war die Nachbarschaftshilfe, wie bei vielen anderen Haushaltstätigkeiten, selbstverständlich. Zum Trocknen wurden die kleineren Wäschestücke auf dem Dachboden (*Spiche*) oder im Garten aufgehängt. Größere Stücke, wie Bettlaken, spannte man zum Beispiel im Weiher auf Schnüren zwischen die Obstbäume. War die Wäsche getrocknet, wurde sie an Ort und Stelle gestrafft (*jereck*) und gefaltet.

Am rechten Ahrufer ist Wäsche zum Bleichen auf der Wiese ausgelegt. Aufnahme aus den 1930er Jahren.
Luise Kunz

Vom Bolzeisen zum Plätteisen

Zuhause wurde dann die frische Wäsche mit einem Bolzeisen gebügelt (bis etwa 1920). Das Bolzeisen war ein hohles Bügeleisen, in das ein glühender Bolzen, den man im Ofen erhitzt hatte, eingeschoben wurde. Dies geschah im Wechsel, das heißt ein Bolzen war im Bügeleisen, während der zweite im Ofen lag. Das Bolzeisen, wie das spätere Plätteisen fasste man mit einem aufklappbaren Holzgriff an. Ein Fortschritt war das flache Plätteisen insoweit, dass man es auf der Ofenplatte direkt aufwärmen konnte und es viel leichter als das Bolzeisen war.

Die Spülschüssel

Eine Rarität war um 1900 der Spülstein. Meist wurde im Dorf in der Spülschüssel, die wegen der längeren Haltbarkeit aus Zink war, abgewaschen.

Der Hausputz

Zum Hausputz nahm die Hausfrau den Putzlappen (*Botzlomp)*, den Schrubber, einen Eimer warmes Wasser und schwarze Seife. Damit wurden dann die Holz- wie Steinböden und Treppen gescheuert.

Die Hausbeleuchtung

Während im 19. Jahrhundert die Öllampe (in Form eines Schiffchens) neben der Kerze die einzige Lichtquelle war, gab es zu Beginn des 20. Jahrhunderts im Dorf bereits die Petroleumlampe. Sie stand oft nur in zwei Räumen des Hauses. Eine zum Beispiel als Wandleuchte in der Küche und eine weitere als Tischlampe in der Stube. In den anderen Räumen, wie Schlaf- und Vorratsräumen, standen Kerzen. Zusätzlich verwendete man im Stall die sogenannte Stalllampe. In den unteren dickbauchigen Teil der Petroleumlampe füllte man das Petroleum, welches man mit zwei Liter-Kannen im Konsum oder in einem Kolonialwarengeschäft kaufte. Zu diesem Zweck standen dort Fässer, an denen sich eine Handpumpe befand. An den bauchigen Teil der Lampe schloss sich eine runde Metallscheibe an, die das Licht in den Raum reflektierte. Vor der Scheibe war ein Glaszylinder, der jeden Tag geputzt werden musste, da das Petroleum stark rußte.

Dorfstraße vom Haus Marner bis zum Pfarrhaus um 1910.
Liesel Coßmann

Die Kerzen im Schlafzimmer benutzte man nur beim Ausziehen der Kleidung und zum morgendlichen Waschen, falls es draußen noch dunkel war. Zum Anzünden gab es die Schwedenhölzer und die etwas gefährlicheren Phosphorhölzer. Grundsätzlich war der Tagesablauf nach dem natürlichen Licht abgestimmt, und viele Dorfbewohner gingen zu Bett, wenn es dunkel wurde.
Dies änderte sich erst, als kurz vor dem Ersten Weltkrieg die Elektrizität im Dorf eingeführt wurde. Die Lochmühle war das erste Haus, welches Strom erhielt. Hier erzeugte man ihn selbst durch Wasserkraft. An das reguläre Stromnetz kam zuerst die Fürstliche Verwaltung und dann nach und nach die anderen Häuser. Den Auftrag führte ein Unternehmer von Euskirchen aus, da es im Umkreis von Mayschoß weit und breit keine entsprechende Firma gab.

Die Hausmannsglocke

In früherer Zeit, als die Leute selten aus dem Dorf heraus kamen und es weder Fernsehen noch Radio gab, besuchte man sich gegenseitig weitaus häufiger als heutzutage. Mehrmals in der Woche kam die Nachbarschaft oder die Verwandtschaft ins Haus. Nachrichten wurden ausgetauscht, Lieder gesungen und sich über Gott und die Welt unterhalten. Da am nächsten Morgen aber der Tag mit Arbeit anfing, war es ein ungeschriebenes Gesetz, dass der Besuch um 22 Uhr das Haus verließ. Diese festgeschriebene Zeit hieß im Dorf allgemein *Hußmannsjlock*.

Lebensverhältnisse und Brauchtum um 1930[1]

Winzeranwesen

Das eingeschossige Mayschoßer Wohnhaus des 19. und frühen 20. Jahrhunderts war im Erdgeschoss in Bruchstein und im ersten Stock in Lehmfachwerk ausgeführt. Der Hauseingang führte in den zentralen Raum des Erdgeschosses, die mit Bodenplatten geflieste Diele oder Flurküche. Von ihr waren alle Räume im Erdgeschoss (meist Küche und Stube) erreichbar. Ebenfalls führte von hier eine hölzerne Treppe in das *ovenop* genannte Obergeschoss. Unter dem Erdgeschoss gab es mindestens einen gewölbten Bruchsteinkeller, in dem Gemüse, Obst und Kartoffeln frostsicher aufbewahrt werden konnten. In diesen Keller gelangte man entweder über einen Abgang, der unter der Treppe zum Obergeschoss lag, oder über eine steinerne Treppe, die unter einer hölzernen Bodenklappe begann. War der Keller größer, verfügte er über einen zweiten Eingang vom Hof (für Rüben, Kartoffelsäcke oder sperrige

Das ehemalige Haus Ley (Tommesse) am Waag. Aufnahme 1980er Jahre. *Sammlung des Verfassers*

1 Ermittelt durch Befragung mehrerer Zeitzeugen, inbesondere durch Gespräche mit dem zur Zeit der Befragung 90-jährigen früheren Küster Leo Ley.

Gegenstände). Manche Häuser hatten aber auch einen separaten Weinkeller, entweder ebenfalls unter dem Wohnhaus oder auf dem Hofgelände. Gelegentlich, insbesondere bei felsigem Untergrund, befand sich der Hauskeller nicht völlig unter der Erdoberfläche. In diesem Fall war der darüber befindliche Wohnraum (häufig die Stube) zwei oder drei Treppentritte erhöht gelegen.
Das Wohnhaus war zweckmäßig und sparsam möbliert. In der Küche gab es außer dem Herd einen Tisch mit Bank und einigen Stühlen, ferner einen Schrank, *Schaaf* genannt, der oft in die Wand eingelassen war, sowie in begüterten Häusern noch eine Anrichte. In der Stube befanden sich ein Tisch, ein Sofa, ein Wandschrank und gelegentlich eine Wanduhr. An den Wänden hingen die Bilder der Eltern und Großeltern sowie Abbildungen mit meist religiösem Inhalt. Im ersten Obergeschoß lagen die Schlafräume. In diesen stand meist ein Bett mit Nachtkommödchen und ein Kleiderschrank. Die größeren Räume waren Eltern und Großeltern vorbehalten, die kleineren für die Kinder, wobei diese oft zu zweit im Bett schliefen. Im Flur des Obergeschosses, am zentralen Kamin, gab es einen Räucherschrank, in dem Wurst und Schinken konserviert wurde. Eine Holztreppe führte auf den *Spiche* genannten Dachboden. Dieser wurde zum Trocknen von feucht geerntetem Weizen und als Abstell- und Lagerraum genutzt.

Hof Mies neben dem früheren Postgebäude um 1908. *Adolf Dohmen*

Als wichtigstes Gebäude der Anbauten galt der Stall. Er war unterteilt in Kuh- und Schweinestall. Daneben befand sich die Scheune. Hinter dem hölzernen Tor stand der große Wagen zum Transport von Korn/Weizen, Kartoffelsäcken, Rüben oder im Herbst für die hölzernen Traubenbütten. Er hatte hölzerne, eisenbeschlagene Räder und vorne eine große Schere. In ihr zog morgens die Fahrkuh, oder wenn kein Zugtier vorhanden war, der Winzer das Gefährt auf die Höhe in die Weinberge. Abends, nach der Lese, ging der Winzer zwischen den Lenkstangen talwärts. In abschüssigem Gelände bediente eine weitere Person zusätzlich mittels Kurbel die *Hemm* genannten hölzernen Bremsklötze zum Bremsen der Hinterräder. An weiteren Fahrzeugen war üblich eine *Dükahr* und der Damenschoner genannte kleine Leiterwagen. Auf dem oberen Boden der Scheune lagerten Heu und Stroh getrennt. Neben der Scheune gab es häufig einen Schuppen für das Brandholz sowie ein Plumpsklo.

Wohnverhältnisse

War die Familie klein, hielt sie sich ausschließlich in dem einzig ständig geheizten Raum, der Küche, auf. Zahlenmäßig größere Familien heizten in der kalten Jahreszeit zusätzlich die Stube. In ihr wurde an den Winterabenden auch allerlei Arbeit, wie das Schneiden des Setzholzes, verrichtet. Als Brennmaterial wurden Brikett, Kohle und Holz verwendet. Brikett und Kohle wurde vom Konsumverein oder der Kolonialwarenhandlung Gottsacker, *Schneggesch* genannt, bestellt und mit einem Eisenbahnwaggon angeliefert. Am Bahnhof konnte dann am festgelegten Tag jeder die gewünschte Menge abwiegen lassen und erwerben. Die meisten Familien holten sich ihr Holz aus dem eigenen Wald. Wer keinen Wald besaß oder zusätzlich Holz benötigte, erwarb ein Holzlos im Gemeindewald. Dort konnte man in den markierten Bereichen die Arbeit selbst verrichten oder, was etwas teurer war, von den Gemeindearbeitern gesägte Meterstücke aufladen und nach Hause fahren. Die Heizperiode begann bei einsetzender kalten Witterung. Man war allgemein darauf bedacht möglichst Brand zu sparen. Morgens war es die erste Arbeit der Hausfrau mit etwas Rebschnitt und kleinen Holzstücken den Küchenherd zu beheizen. Brannte das Feuer legte sie Holzstücke auf und später Brikettstücke. Im allgemeinen war als zweiter Raum noch die Wohnstube beheizt. War jemand in der Familie erkrankt und bettlägerig schlief er entweder in der Wohnstube oder man beheizte mit einem kleinen mobilen Kanonenofen vorübergehend die betreffende Schlafkammer.

Beleuchtung

Mit dem Anschluss an den elektrischen Strom, war die Küche der erste Raum im Haus, der elektrische Beleuchtung erhielt. Erst später wurden Wohnstube und Schlafräume angeschlossen. Bis dahin verwendete man Petroleumlampe und Kerzen. Die Petroleumlampe nahm man für Wege innerhalb des Hauses, konnte sie aber auch an Haken als Wandleuchte benutzen. War der Vorrat an Petroleum verbraucht, ging man mit einer Kanne zum Konsum oder zu der Kolonialwarenhandlung Heinrich Gottsacker, wo man aus einem Fass Petroleum kaufen konnte. Benötigte man im Haus kein helles Licht zum Schreiben oder Lesen, begnügte man sich mit dem Feuerschein, der aus der offenen Ofentüre schien und sparte dann lieber den Brennstoff. Für die Wege außerhalb des Hauses, zum Stall oder im nächtlichen Dorf verwendete man große Petroleumleuchten. Nach dem Aufkommen der Straßenbeleuchtung[2]

2 Laut Gemeindeprotokollbuch 1891 – 1913 erfolgte im Jahre 1896 ein Beschluss zur Beleuchtung der Dorfstraße. *Nach reiflicher Überlegung beschließt der Gemeinderath an folgenden Stellen Laternen anbringen zu lassen. 1. Am Fuhrweg, 2. Auf dem Waag, 3. an der Gasse zu Bongart. Da in den Zwischenräumen Wirtschaften sind, so ist auf diese Weise die ganze Dorfstraße beleuchtet.*

gab es in den Dreißiger Jahren am Waag, an der Altenbergsgasse, am Fuhrweg, an der Kirchgasse eine Straßenlampe. Weitere Straßenlampen gab es an der Bungertstraße sowie an der Silbergasse.

Abendliche Straßenbeleuchtung an der Gasse zum Alten Berg.

Sammlung des Verfassers

Wasserleitung

Jedes Wohnhaus verfügte über einen Wasserhahn (meist in der Küche/Flurküche). Für weiteren Wasserbedarf standen die öffentlichen Brunnen (*Pötze*) zur Verfügung. Vom Oberdorf beginnend gab es an folgenden Stellen öffentliche Brunnen: vor dem Haus Jakob Radermacher, am Fuhrweg beim Haus Bäcker, an der Altenbergsgasse, auf dem Waag am Haus Schmidt. Die öffentlichen Brunnen wurden von der jeweiligen Nachbarschaft unterhalten. Über einen privaten Brunnen verfügte unter anderen das Haus Krupp (im Oberdorf), das Haus Josten (*Engelbertese*), Nikolaus Cossmann (*Sante Klos*), *Sensches* (früheres kleines Haus, am Platz der heutigen Metzgerei Wieland), das Haus Ley *Tommesse*. Die an der Ahr gelegenen Häuser verfügten meist über Grundwasserpumpen. Das für die Landwirtschaft und den Weinbau benötigte Wasser schaffte man in Fässern an Ort und Stelle.

Nachbarschaft

Der Kontakt zur Nachbarschaft, das heißt den Bewohnern der umliegenden Häuser, wurde intensiv gepflegt. Gab es eine Notsituation im Haus oder Stall war der erste Weg um Hilfe zum Nachbarn. Bei Bedarf an zusätzlichem Gerät und Fuhrwerk lieh man es sich in der Nachbarschaft. War keine Notsituation oder waren private Dinge-zu regeln, ging man eher zur Verwandtschaft im Dorf.

Geburt

Die Geburt war im Regelfall eine Hausgeburt. Nur wenn Komplikationen zu erwarten waren, begab sich die werdende Mutter in das Krankenhaus nach Ahrweiler.

Ansonsten wurde sie von einer der beiden *Häwens* genannten Hebammen[3] des Dorfes (Katharina Braun, Frau Adenäuer) betreut.

Kindheit und Jugend

Nach dem Kleinkindalter gingen die Kinder in den örtlichen Kindergarten im Kloster. Schulzeit war von Montag bis Samstag von 8 bis 12 Uhr und Montag, Dienstag, Donnerstag, Freitag von 14 bis 16 Uhr. Dienstag und Freitag war vor dem Unterricht Schulmesse in der Kirche. Die Erziehung der Kinder übernahmen im Haus die Eltern und in Schule/Kirche der Lehrer sowie der Pastor des Ortes. Der Lehrer achtete zusätzlich durch Rundgänge im Dorf darauf, dass nach der Abendglocke um 18 Uhr keine Kinder mehr auf der Straße waren. Zentraler Spielplatz war der Waagplatz. Der erste Sportplatz (etwa 1922) war auf dem Grent, am Damm der Eisenbahnlinie, die an der Lochmühle vorbeiführte. Nach einigen Jahren wurde der Sportplatz auf die Burgwiese am Ümerich verlegt. Die Kinder des Oberdorfes spielten an der *Pötzebröck* am Fuhrweg am Bach. Auf dem Schulhof spielten Mädchen und Jungen getrennt. Bei den Mädchen war Seilhüpfen, bei den Jungen das Spiel mit Murmeln, *Mürbele* genannt, und Ballspiele sehr beliebt. Wichtigster Schwimmplatz für die Dorfjugend war im Sommer *Köche wöjelche,* ein Bereich der Ahr vor dem Bergischen Hof. Zum Baden trugen die Mädchen ältere, bis zum Knie reichende Kleider. Im Winter ging man an *Kirpet*, an *Tankenmech* und *Stalle* zum Schlitten fahren. Die ersten Arbeiten zur Unterstützung der Eltern begannen für die Jungen im Alter von etwa sieben Jahren mit

Michael und Hubert Josten auf Höhe des Tankenbach Heiligenhäuschen. Aufnahme um 1930. *Familie Fuhrmann*

3 Laut Gemeinderatsprotokollbuch 1891-1913 wurde im Jahre 1902 nach dem Tod der bisherigen Hebamme Ehefrau Braun, die frei werdende Hebammenstelle von deren Tochter Katharina Braun sowie von Ehefrau N. Adenäuer besetzt. Beide Hebammen erhielten laut Vertrag 60 Mark Gehalt. Im Jahre 1908 wurde hiesigen Hebammen *für die Reisen nach Ahrweiler zur Desinfektion, infolge Behandlung von an Kindbettfieber erkrankten Frauen, Reise- und Tagegelder bewilligt.*

dem Aufsammeln des Rebschnittes im Weinberg. Währenddessen halfen die Mädchen der Mutter im Haushalt. Nach Beendigung der Schulzeit erhielt der Sohn das erste Gerät zur Bodenbearbeitung, den Karst, *Kaasch* genannt.

Kinder- und Erwachsenenbekleidung

Die Kinderkleidung wurde von den Größeren an die Kleineren weitergereicht, wobei die Mutter flickte, was noch zu flicken war. Auch tauschte man Bekleidung innerhalb der Verwandtschaft aus. Viele Kleidungsstücke waren selbstgemacht oder wurden im Dorf gefertigt. Der Schneider Josef Görres, wohnhaft im jetzigen Haus Wolff, fertigte unter anderem Kommunionanzüge an. Ein weiterer guter Schneider war Adam Sesenna. Anzüge wurden auch von Christine Bleis gefertigt. Stoffe kaufte man im Geschäft Gotsacker oder bei Anna Wieland (jetziges Haus Ernst). Arbeitskleidung konnte man im Konsum kaufen. Zum Kauf anderer Kleidungsstücke fuhr man nach Ahrweiler. Sonntagsbekleidung wurde, wenn es nicht mehr ging, *gekiert,* das heißt als Werktagsbekleidung verwendet. Näh- und Flickarbeiten führten mehrere Frauen des Dorfes gegen Entgelt im Haus des Auftraggebers aus. Die Sonntagsschuhe für Kinder waren bereits robust gefertigt. Sahen sie nicht mehr so gut aus, wurden die Sohlen genagelt und die Schuhe dann werktags getragen. Es gab zwei Schuhmacher,[4] Johann Schöster am alten Berg und (bis 1928) Thelen im ehemaligen Haus von Josef Zorn, die Werktagsschuhe anfertigten und als Flickschuster tätig waren. Als Kopfbedeckung trugen die Männer des Ortes wochentags Kappen und Sonntags einen Hut. An hohen Festtagen wie Weihnachten, Ostern, Pfingsten oder Fronleichnam trugen die älteren Männer Zylinder. Die Zylinder wurden innerhalb der Familie von Generation zu Generation weitergereicht.

Haarschnitt

Der Frisör des Ortes war Konrad Kraus. Er hatte einen Frisörladen für Kinder und Männer. Die Frauen des Ortes schnitten sich die Haare untereinander.

Körperpflege

Ein Badezimmer war in den Eifeldörfern der dreißiger Jahre unbekannt. Samstags, am Badetag, wurde für die Kleinen in der Küche eine Zinkwanne, *Bütt* genannt, aufgestellt. Die älteren Hausbewohner wuschen sich mit kaltem Wasser am Waschbecken. Die Rasur führte man mit der Klinge aus, die älteren Männer benutzten noch das Rasiermesser, welches an einem Lederriemen geschärft wurde. Der Kleiderwechsel erfolgte nach Bedarf, beziehungsweise wenn man nach harter Arbeit verschmutzt oder durchgeschwitzt war. Zur Nacht trugen Kinder und Erwachsene im Bett ein *Punnijel* genanntes Nachthemd.

---

4 Im Jahre 1949 wird der Antrag eines Bürgers, ein Schuhgeschäft mit Reparaturwerkstatt zu eröffnen, von dem Gemeinderat abgelehnt mit dem Hinweis, *da im Ort bereits 4 Reparaturwerkstätten bestehen.* Zu dieser Zeit gab es die Schuhmacher Johann Schöster, Hubert Knieps, Johannes Schäfer und der Ehemann von Susanne Josten.

Wäsche

Waschtage waren unregelmäßig, nach Bedarf. Das benötigte Wasser stand unbegrenzt aus dem Wasserhahn zur Verfügung (gezahlt wurde eine gestaffelte Wasseranschlussgebühr, es gab keine Wasseruhr). Zuerst wurde die Hauswäsche mit Bleichsoda eingeweicht und anschließend mit Seifenpulver gekocht. Dazu befand sie sich in einem runden kupfernen Behälter, der von unten mit einem Ofen beheizt wurde. In manchen Häusern gab es schon ein motorgetriebenes Rührwerk. Ansonsten hob man die Abdeckung und bewegte die Wäsche mit einem Stock. Nach dem Auswaschen brachte man sie auf die Bleichwiesen des Dorfes an der Ahr oder im Weiher. Das Bügeln der Wäsche erfolgte mit dem *Plättiise,* welches auf dem Küchenherd erhitzt und dann mit einem Holzgriff zum Bügeln benutzt wurde. Hierbei musste die Temperatur des Eisens beachtet werden, um Brandflecken und Löcher zu vermeiden. War das Eisen abgekühlt, wechselte man es gegen ein anderes, welches auf dem Herd stand, aus.

Häuslicher Tagesablauf

Meist stand man mit dem Läuten der Morgenglocke um 6.15 Uhr auf. Zuerst stand die Mutter auf und weckte die Kinder. Kurz nach oder mit der Mutter, stand der Vater auf. Die Mutter zündete den Herd an, ging im Stall das Vieh melken und richtete den Tisch. Der Vater versorgte das Vieh und mistete den Stall. Um 7 Uhr war die Morgenmesse. Eifrige Kirchgänger besuchten sie regelmäßig, ansonsten war es üblich die bestellten Messen für die Familie oder die Verwandtschaft zu besuchen. Vormittags bereitete die Mutter das Essen vor, holte Gemüse im Garten und beschäftigte sich mit Hausarbeit. In arbeitsintensiven Zeiten, zum Beispiel beim *Fitschen* der Bohnen, halfen sich die Frauen in der Nachbarschaft gegenseitig. Im Weinberg übernahm sie die Frauen-Weinbergsarbeit. Der Mann ging, nachdem er das Vieh versorgt hatte, den Tag über in den Weinberg oder auf das Feld. Mittags, mit dem Läuten der Mittagsglocke, kam er zum Essen nach Hause, und die Älteren legten sich anschließend noch

Feierabend im Oberdorf. Abgebildet sind die Gebrüder Görres und Ulrich. Aufnahme 1930er Jahre. *Gerda Krätz*

eine halbe Stunde auf das Sofa. In der Sommerzeit richtete sich der Feierabend nach der Abendglocke um 18 Uhr oder nach der „6, 7 oder 8 Uhr Ley“, das heißt man orientierte sich nach dem Sonnenstand an einem Felsvorsprung unterhalb des Schrock. Zum Abendbrot wurde entweder übriggebliebenes Mittagessen aufgewärmt, oder man aß belegte Brote. Nach Feierabend trafen sich die Männer der Nachbarschaft in der wärmeren Jahreszeit am sogenannten *Luchblauch*[5] und tauschten Neuigkeiten aus, während die Frauen die Zeit mit Strick- und Näharbeit verbrachten. Anschließend unterhielt man sich im Familienkreis noch eine Weile. Mit Ausnahme des Hochsommers war um 22 Uhr jedermann im Bett.

Hausschlachtung

Nachdem die zur Hausschlachtung bestimmten Schweine im Sommer gut gefüttert worden waren, wurde um die Kirmeszeit die Hausschlachtung durchgeführt. Dafür gab es neben den etablierten Metzgern Damian und Wieland kundige Personen wie zum Beispiel Toni Josten, *Schlaachtönnes* genannt, die ins Haus kamen, die Schlachtung durchführten und die Verarbeitung des Fleisches beaufsichtigten. Zur häuslichen Herstellung von Wurst kam Willi Scheben aus Kreuzberg.

Sebastian Josten auf dem Weg zum Weinberg. Aufnahme 1930er Jahre. *Familie Bertram*

Kartoffelanbau

Kartoffelfelder befanden sich auf Wehrholz, auf Durchhausen und in den heutigen Weinbergslagen in Tankenbach und Langen Land.

Winzerarbeit im Jahreslauf

Nach der Traubenlese wurde der Boden in den Weingärten mit dem Karst gelockert und, wenn vorhanden, Stallmist eingebracht. Diese Arbeit nannte man *Adventsgräv*. Dann begann man mit dem Schnitt des krummen

5 Die Endung *blauch*, wie bei *Haublauch*, bedeutet Block oder Holzstumpf. *Luch* bedeutet Lüge, was besagt, dass man bei den abendlichen Gesprächen auf diesen als Sitzbank dienenden Baumstämmen nicht immer bei der Wahrheit blieb.

Holzes, welches in Bündeln als *Räweponge* aus dem Weinberg getragen, nach Hause gebracht oder im Hang verbrannt wurde. Den Schnitt der geraden Reben nahm man in Bündeln mit nach Hause, wo er entweder im Winter zu neuen Setzlingen verarbeitet wurde oder als Anmachholz für den Herd oder als Heizmaterial für die Backöfen Verwendung fand. Nachdem der Winzer *jesteck* hatte, das heißt alte Pfähle durch neue ersetzt, half die Jugend beim Anbinden der Reben mit Weiden. Hierzu wurden die langen Weiden nicht abgeschnitten, sondern in einem eigenen Arbeitsgang von den Frauen zum Anbinden der Bogrebe verwendet. In früherer Zeit verwendete man hierzu *Bonnstrüh* genanntes Bindestroh, welches vor der Verwendung gewässert werden musste und im nassen Zustand verarbeitet wurde. Bindeweiden zog der Winzer sich teils selbst oder kaufte sie im Konsumverein. Wenn in heutiger Zeit eine oder höchstens zwei Bogreben gemacht werden, so waren in früherer Zeit durchaus drei oder vier Bogreben üblich. Die nächste Tätigkeit im Weinberg war das Ausbrechen oder Fegen der überschüssigen Triebe, wobei der Stamm und das alte Holz völlig freigehalten wurde. Für das Anbinden der neuen Triebe im 1., 2. und 3. Band verwendete man ursprünglich Bindestroh und später Naturbast. Gleichzeitig wurde das Unkraut mit dem Karst entfernt. Da Unkrautbekämpfung mit der Spritze unbekannt war, hatte der Winzer Mühe, die Säuberung des Bodens beizuhalten. Innerhalb des Arbeitsjahres gab es eine geschlechtsspezifische Teilung der Tätigkeiten im Weinberg. Während das Schneiden der Reben gemeinsam durchgeführt wurde, war das Gürten, Anbinden und Fegen der Reben Frauenarbeit. Der Winzer übernahm das Setzen der Jungpflanzen, das Sticken der Stöcke, das Spritzen der Rebpflanze sowie die gesamte Bodenarbeit. Die Lese der Trauben erfolgte gemeinsam. Es gab aber auch alleinstehende Frauen, die alle anfallenden Arbeiten selbständig ausführten.

Sebastian Josten im Weinberg, 1933. *Familie Bertram*

Geräte in Weinbau und Landwirtschaft

Der Kartoffelacker und die anderen Felder wurden von Hubert Mertens (*Eusche Hubert*) und seinem Bruder Johann, beide auch *Eusche Jonge* genannt, oder anderen „Grafschaftern" mit dem Pferd gepflügt. Später, nachdem der Boden sauber lag, grub man kleine Mulden, warf die Setzkartoffel hinein und scharrte dann das Loch zu. Nach dem Heranwachsen der Pflanze hielt man den Boden sauber und zog zwischen den Kartoffelreihen tiefe Furchen. Dieser Arbeitsgang hieß *trueste*.

An weiteren Gerätschaften gab es die von der Fahrkuh gezogene hölzerne Egge. An Gefährten die Dükahr, das Maarfass für den Inhalt der Plumsklosenke sowie größere und kleinere Wagen.

Winzer mit der „Dükahr" und Karst auf dem Weg zur Arbeit.

Adolf Dohmen

Düngemittel

In den dreißiger Jahren des 20. Jahrhunderts verwendete man Schlacke und Kali als Grunddünger. Im Frühjahr kamen Guano und Kalkstickstoff zur Anwendung. Der Dünger wurde vom Konsumverein bestellt und am Bahnhof aus dem ankommenden Eisenbahnwaggon verteilt. Spritzmittel, wie Kupfervitriol und Kalk für die Rebstöcke, wurden in drei großen Fässern zubereitet. Die Standorte für jeweils ein Fass, welches auf einem Bock stand, waren am Fuhrweg, am jetzigen Feuerwehrschuppen, und in Laach. Nach Bekanntgabe der Spritzmittelausgabe an einer der Stellen kamen die Winzer mit entsprechenden Behältnissen zu den Standorten der Fässer, füllten die benötigte Menge ab, transportierten sie in die Rebanlagen und spritzten dort mit der eisernen Rückenspritze die Stöcke. Schwefel wurde in einem eigenen Arbeitsgang mit dem eisernen Schwefelbalg, *Schwäjelsbottem* genannt, ausgebracht.

Getreideanbau

Hauptsächlich pflanzte man Roggen, Weizen, Hafer, weniger Gerste. Die Lage der Felder war im Tal, in der Flurlage „Langen Land" und auf der Grafschaft. Die Halmfrüchte wurden in Garben mit dem Wagen zum Dreschschuppen neben dem Kosum gefahren. Dort konnte für ein Entgelt die große Dreschmaschine, die Stroh und

Fruchtkorn trennte, benutzt werden. Stroh sowie gedroschenes Korn brachte man nach Hause und breitete das Korn, falls nötig, zum Trocknen auf dem Dachboden aus. Wenn es nach mehrmaligem Wenden, völlig trocken war, fuhr man es zur Lochmühle. Dort wurde es vom Müller Krupp gegen ein Entgelt gemahlen. Korn wurde in einer Qualität gemahlen. Beim Weizen fiel neben dem feinen Mehl Kleie ab, die man an das Jungvieh verfütterte. Das Mehl wurde entweder zum Bäcker gebracht, der davon Brot und Gebäck backte, oder in einem *Backes* genannten privaten Backofen der Nachbarschaft verbacken. An Bäckereien gab es die Betriebe von Michel Clemens, Toni Bell und Philipp Josten. In früherer Zeit gab es in jeder Nachbarschaft einen privaten Backofen. In den dreißiger Jahren waren noch Backöfen bei Josef Rössel, Nikolaus Cossmann, genannt *Sante Klos,* Anna Thelen und Josef Josten am Alten Berg in Betrieb. Gebacken wurde im Rhythmus von etwa zwei bis drei Wochen. Dazu lieh man sich in der Nachbarschaft den *Deeßem* genannten Sauerteig aus. Nach dem Brotbacken nutzte man den erhitzten Ofen zum Backen von Fladen und Wecken. Familien, die sich mit Brot aus privaten Backöfen versorgten, kauften höchstens samstags Graubrot beim Bäcker.

Anna und Agnes Ley bei der Feldarbeit um 1930. *Sammlung des Verfassers*

Waldarbeit

Für benötigtes Holz wurde der eigene Wald durchforstet. Als Arbeitsgeräte verwendete man Drommsäge und Axt. Zuhause schnitt man die Stämme auf dem Bock mit der Säge und spaltete mit der Axt. Wurden Bretter und Bauholz benötigt, brachte man das Holz zum Waagplatz, wo Peter Borenz ein Sägewerk betrieb.[6] Dort war auch Josef Schmelzer beschäftigt.

Haustierbestand

Durchschnittlich hielt man sich 1 bis 2 Kühe, Schweine, Kaninchen und Hühner. Wer sich keine Kuh leisten konnte, besaß wenigstens eine Ziege. Wer Kühe hatte, zog sich oft noch ein junges Rind, auch *Bäuertchen* genannt, zum Verkauf. Der Viehbestand im Dorf verschwand zu Beginn der 60er Jahre des 20. Jahrhunderts.

Leo Ley mit Fahrkuh und Wagen vor dem ehemaligen Postgebäude. Aufnahme 1930er Jahre. *Luise Kunz*

6 Im Jahre 1919 verpachtete die Gemeinde dem Zimmermann Peter Borenz auf dem Bleichplatz am Waag eine Fläche zur Errichtung eines Holzsägegebäudes.

Brauchtum im Lebenslauf

Geburt

Bis auf wenige Ausnahmen, wie bei befürchteten Komplikationen, war die Hausgeburt üblich. Die Taufe erfolgte möglichst bald nach der Geburt ohne Teilnahme der acht Tage bettlägerigen Wöchnerin. Die Verwandtschaft wurde zu Kaffee und Fladen *„Kindscheskaffee"* eingeladen. Zwei bis drei Wochen nach der Geburt wurde die junge Mutter „ausgesegnet". Hierzu ging sie zur Kirche und erhielt dort am Mutter-Gottes-Altar einen besonderen Segen.

Kommunion

Zur Kommunion gab es für die Jungen einen neuen (oft den ersten) Anzug und für die Mädchen ein neues Kleid. Diese Feiertagskleidung wurde zum Teil im Dorf gefertigt. Die Paten schenkten zu dem Anlass ein Gebetbuch, den Rosenkranz oder die erste Uhr. Am zweiten Kommuniontag (Montag) gingen die Kinder mit dem Pfarrer zur Pützfelder Kapelle.

Firmung fanden unregelmäßig, mit mehreren Jahren Unterbrechung statt.

Jugendzeit

Die Dorfjugend traf sich häufig zu Singabenden wobei Lehrer Brühl, seit Anfang der 20er Jahre im Dorf, Geige spielte. Tanzen lernte man von den älteren Geschwistern. Erste Gelegenheit boten die Tanzabende, zum Beispiel im Monat Mai.

Kommunionkinder von 1929 mit Pastor Wendling vor dem Pfarrhaus.
Luise Kunz

Erntedankfest 1930er Jahre. *Sammlung des Verfassers*

Hilich[7]

Die im *„Maijeloch"* organisierte männliche Jugend zog am Abend des Hilichtags eines ihrer Mitglieder durch den Ort bis zum Haus der Verlobten und sang dort ein Ständchen. Dann wurden ein Hilichspruch gesprochen und anschließend alle Anwesenden zu einem Umtrunk eingeladen. Um das Jahr 1920 wurden folgende Lieder gesungen:

1.

Die Liebe macht das Leben süß
und froh der Saft der Reben.
Sie zaubert uns ins Paradies,
sind uns zur Luft gegeben.
Die Erde ist ein Himmelreich,
sind wir an Wein und Liebe reich.

Wenn man sich sanft in den Armen liegt
in Liebestrunk und Freude,
wer ist so seelig und vergnügt
als junge Eheleute?
Und lieben sie sich treu und gleich,
dann ist die Eh ein Himmelreich.

7 Feier am Tag des standesamtlichen Aufgebotes oder am folgenden Wochenende.

Hoch lebe das traute Hochzeitspaar
im heilgen Ehstandsbunde.
Bald führen sie dich zum Altar,
Gott segne diese Stunde.
Und lieben sie sich treu und gleich,
dann ist die Eh ein Himmelreich.
2.
Was nützet mich ein schönes Mädchen,
wenn andere damit spazieren gehen.
Und küssen ihr die Schönheit ab,
woran ich meine, woran du deine Freude hast.

Was nützet mich ein schöner Garten,
wenn andere darin spazieren gehen.
Und pflücken mir die Rosen ab,
woran ich meine, woran du deine Freude hast.

Was nützet mich ein schöner Stiefel,
wenn andere damit spazieren gehen.
Und treten mir den Absatz ab,
woran ich meine, woran du deine Freude hast.

Mayschoßer Junggesellen mit Mailehen im Jahre 1935. *Sammlung des Verfassers*

An dem Hause der Braut angelangt, gingen zwei Junggesellen hinein und trugen folgenden Spruch vor :

An die Jungfrau Braut und den Herrn Bräutigam!

Freudevoll stehn wir hier, Euch zu begrüßen;
Denn es ist unsere heiligste Pflicht,
die wir Freude und Wonne genießen,
euch zu nahen mit heiterm Blick.

So sei denn zum Bunde, den Ihr heute geschlossen,
vom Priester ein bindendes Amen gesagt.
Und Amor, der heut wohl den Pfeil geschossen,
ihm sei ein fröhliches Vivat gebracht.

So wallet nun fröhlich im heiligen Bunde,
genießet der Freude, der Wonne recht viel.
Und gebe der Himmel, daß nie eine Stunde
der Reue, des Hasses, der Zwietracht erschien.

Die Gläser, die uns beiden gereicht,
wir leeren sie auf Euer zukünftiges Glück.
Nie möge Euch der heutige Tag gereuen;
Froh schauet auf heute zurück

Soll Dich, Herr Bräutigam, die Braut einst beglücken,
so zahle Dein Lösegeld reichlich und bar,
wo nicht, so wird sie Dich nie beglücken,
und Untreu gelobt sie am Altar.

Und ist das Lösegeld reichlich gegeben,
dazu recht viel des köstlichen Weins,
dann werdet ihr den Himmel auf Erden erleben
und werdet einst Eltern und Großeltern sein!

Das Brautpaar, es lebe hoch, hoch, hoch!

Dann zog man singend durch den Ort zum Winzerverein, wo das Lösegeld in Wein umgesetzt wurde.[8]

---

8 Schwall Anton, Vom Maigelog in Mayschoß, Zeitschrift für Heimatkunde der Regierungsbezirke Coblenz und Trier und der angrenzenden Gebiete, Koblenz 1922.

Hochzeit

Nach der kirchlichen Trauung wurde der Pfarrer nach Hause zum Essen eingeladen. Die Feier dauerte einen Tag.

Krankheit

Mit verwandtschaftlicher Hilfe versuchte man den Krankenhausaufenthalt zu vermeiden. In Fällen schwerer Erkrankung wurden bis in die 20er Jahre des 20. Jahrhunderts die 7 Fußfälle von einer Gruppe junger Mädchen gebetet. Die Letzte, die die Gebete der 7 Fußfälle sprechen konnte, war Franziska Bell. Später betete man zu diesen Anlässen den Rosenkranz in der Kirche.

Tod, Aufbahrung und Beerdigung

Nach dem Ableben wurde der Verstorbene im Bett, *auf dem Schoof* genannt, aufgebahrt. Den Sarg fertigte der Schreiner, der auch das Einsargen besorgte. Anschließend wurde der Verstorbene im offenen Sarg in der guten Stube aufgebahrt. Zu beiden Seiten stellte man große Kerzen und Blumen auf. Die Nachbarschaft verrichtete Gebete am Sarg. Je nach Witterung (Sommer/Winter) musste der Verstorbene zügig beerdigt werden. Die Männer der Nachbarschaft hoben die Grabstelle aus und erhielten für diesen Dienst zwei Flaschen Branntwein. Beerdigungsunternehmen wurden im Ort erst um 1950 tätig. Am Beerdigungstag wurde der Tote im Sarg vom Sterbehaus durch das Dorf getragen. Sargträger waren die Nachbarschaft oder Vereinsmitglieder, wenn der Tote Vereinsmitglied war. Der Pfarrer ging dem Sarg bis zum Fuhrweg entgegen, wo man ihn auf zwei Ständern abstellte. Nach dem Verrichten der Gebete ging man dann zum Friedhof. Nach der Beerdigung wurden die Nachbarschaft und Verwandte in das Sterbehaus eingeladen. Die Sargträger wurden in einer Gaststätte beköstigt. Schwarze Trauerkleidung trugen die Frauen ein Jahr. Männer trugen, wenn kein schwarzer Anzug vorhanden war, mindestens sechs Wochen eine schwarze Armbinde.

Brauchtum im Jahreslauf

Neujahr

An Sylvester blieb man mit Nachbarn oder Bekannten bis 24 Uhr auf und wünschte sich ein gutes neues Jahr *jlöcksielech Nöjohr*. Am Neujahrstag aß man den Neujahrskranz zum Kaffee. Die Kinder des Dorfes gingen zu ihren Paten, wünschten diesen ein Gutes Neues Jahr und erhielten dafür ein *Nöjjöhrche* genanntes Trinkgeld. Es gab keine öffentlichen Veranstaltungen.

Drei Könige

Diesen Tag nannte man im Volksmund auch *Luustedaach*. In alter Zeit schaute man an der offenen Feuerstelle durch den Kamin. Sah man am unbedeckten Sternenhimmel mehrere Sterne, so deutete man das als Zeichen für einen guten Herbst.

Nach einer anderen Sichtart trank man am Dreikönigsabend so viele Flaschen Wein wie Sterne am Himmel durch den Kamin sichtbar waren. Bis Dreikönigstag blieben Weihnachtsbaum und Krippe stehen.
Am Blasiustag (3. Februar) wurde in der Kirche der Blasiussegen erteilt.

Fastnacht (*Fastelovend – Möhnefastelovend*)
Auf dem Saal des Winzervereines fand ein Kostümball statt. Die Frauen der Nachbarschaften feierten an Möhnefastelovend zusammen. Es gab keine Umzüge.

Palmsonntag
Jede Familie brachte einen Strauß Buchsbaum zum Segnen in die Kirche mit. Ein Buchsbaum stand auf dem Friedhof, und es gab einzelne Buchsbäume im Wald.

Gründonnerstag
Das Läuten der Morgen-, Mittag- und Abendglocke fiel aus und wurde von den Klappern der Schulkinder übernommen. Die machten hierzu einen Rundgang durch die Fluren und kehrten auf dem Rückweg über die Hauptstraße zum Dorf zurück. Die einzelnen Klappern verwahrte man zu hause.

Ostern
Zu Ostern suchten die Kinder gefärbte Eier in den Hausgärten. Am Morgen des Ostersonntag zog die Gemeinde dreimal um die Kirche. Nach jedem Gang klopfte der Pfarrer mit dem Kreuz an die Kirchentüre. Beim letzten Rundgang polterte Johannes Zorn mit den Chorbänken auf der Empore, was symbolisch an die Verjagung des Judas erinnern sollte. Nach dem Dritten Rundgang ging die Kirchentüre auf und die Gemeinde zog unter Orgelspiel in die Kirche ein.

Am 25. April wurde die Markusprozession abgehalten. An den drei Tagen vor Christi Himmelfahrt fanden Bittprozessionen statt. Am ersten Tag ging man zum Bergischen Hof, am zweiten nach Laach und am dritten den Weg über Tankenbach, sowie am Ümerich vorbei. Hinter einem Vortragekreuz mit Meßdienern und Pfarrer gingen Jugend, Frauen und Männer. Es wechselten Gesänge mit Rosenkranzgebeten.

Maibrauch
Nach einer Beschreibung des Jahres 1922 gab es seinerzeit folgendes Brauchtum. Am 30. April versammelten sich mittags die Mitglieder vom Maigelog und zogen mit Äxten und Seilen zum Fürstlichen Wald. Dort wurde die größte und schwerste Maibuche ausgesucht, gefällt und anschließend mit einem Wagen zurück zum Dorf gefahren. Einige im Dorf zurückgebliebene Jugendliche hatten derweil auf dem Waagplatz ein Loch ausgeworfen, in das der Baum gesetzt werden sollte. Vor dem Aufsetzen des Baumes und auch in sonstigen Pausen stärkten sich die Mitglieder des Maigelogs mit heimischem Wein. Dann wurde der Baum mit einer Spitze aus einem mit bunten Bändern verzierten Rottännchen versehen und anschließend aufgestellt.

Nach dem Aufstellen wurde der Baum dreimal umrundet, wobei folgendes Lied gesungen wurde:

1.
Heute haben wir alle
so fröhliche Herzen,
ja, ja, ja, ja wir alle,
ja, ja wir alle,
wir kennen uns recht gut.

2.
Dreimal hab ich sie geküsset,
sie hat allemal geweint.
Sei nur still, mein geliebtes Mädchen,
sei nur still, mein geliebtes Mädchen,
soll das letzte Mal nicht sein!

3.
Jetzt geh ich nie und nimmermehr
zu meinem geliebten Mädchen,
denn Sie ist, sie ist für sich,
und ich bleib ich bleib für mich.
Denn sie ist usw.

4.
Einst hat sich ein Fähnrich
wohl in ein Mädchen verliebet,
in eine hübsche, in eine feine,
in eine hübsche, in eine feine,
in eine Kaufmannsmamsell.

5.
Wer unsere Zeremonien
ja, ja nicht kann leiden,
der muß, der muß aus unserer,
der muß, der muß aus unserer,
der muß, der muß aus unserer
Gesellschaft nur scheiden.

Nach dem Umrunden des Baumes zog man singend durch das Dorf. Endstation des Umzuges war der Winzerverein. Um Mitternacht erhob sich der Schultheiß genannte Vorsitzende des Maigelogs, machte die Bedingungen des Versteigerns der Mailehen bekannt und verlas die Statuten. Diese stammten aus dem Jahre 1850 und waren nach der Absplitterung der Einigkeits-Gesellschaft neu entworfen worden.

Mayschoßer Musikkapelle um 1930. *Sammlung Peter Schreiner*

§ 1 Um den Verein wie früher in Ordnung zu halten, wurden Schultheiß, Schöffen und Schreiber bestimmt und diese Dienste öffentlich und meistbietend versteigert. Zugleich sind mit diesen Diensten die Rechte verbunden, sich ein beliebiges Mädchen frei wählen zu dürfen.

§ 2 Über die Taxe der in §1. genannten Dienste wird abgestimmt.

§ 3 Ebenfalls wurde durch Abstimmung beschlossen, monatliche Zusammenkünfte zu halten.

§ 4 In diesen Zusammenkünften hat nur der Schultheiß Tag und Ort zu bestimmen, und jedes Mitglied ist verpflichtet, pünktlich zu erscheinen.

§ 5 Im Nichterscheinungsfalle muss eine Strafe von 2 ½ Groschen bezahlt werden.

§ 6 Die Taxe des Ansteigerungspreises der Mädchen wird am 1. Mai durch Stimmenmehrheit bestimmt.

§ 7 Wer ein Mädchen angesteigert hat und dasselbe nicht mit ihm zum Tanze gehen will, darf es auch kein anderer hinbringen.

§ 8 Wenn ein Mitglied ausscheidet, verliert es sein Recht an Fahne und Kasse.

§ 9 Die Fahne darf ohne die Mehrzahl der Mitglieder nicht herausgetragen werden.

§ 10 Wenn ein neues Mitglied in die Gesellschaft eintritt, so hat es 5 Groschen Eintrittsgeld zu bezahlen.

§ 11 Jedes Mitglied hat nach der Versteigerung des Mädchens an den Schreiber an Schreibgebühren 5 Pfennig zu bezahlen. Neue Mitglieder bezahlen 10 Pfennig, wofür der Schreiber die Namen der Junggesellen und Mädchen sowie den Steigpreis in ein Buch einzutragen hat.

§ 12 Sollte jemand die Fahne oder was zur Fahne gehört beschädigen, so hat derselbe nichts weiteres zu tun, als dasselbe auf seine Kosten wieder in gehörigen Zustand zu stellen.

§ 13 Sollte jemand aus unserer Gesellschaft sich gegen die Sittlichkeit verfehlen, so wird er aus derselben ausgeschlossen. (Ein „gefallenes" Mädchen kommt nicht zur Versteigerung).

§ 14 Sollte jemand aus unserer Gesellschaft mit dem Tode abgehen, so sollen die übrigen Mitglieder mit einem Seelenamt ihm die letzte Ehre erweisen, wobei jeder ohne gründliche Ursach erscheinen soll.

§ 15 Das Maifest der Junggesellen muss der Schultheiß oder wenn er nicht mehr beitritt oder heiratet, so muss der nächstfolgende Dienst jedes Jahr 3 Tage vor dem 1. Mai auf dem Bürgermeisteramte anmelden.

Fünf junge Mayschoßer. Die Aufnahme soll anlässlich einer Musterung im Jahre 1915 entstanden sein. Hintere Reihe v.l.n.r., Johann Josten, Aloys Damian, Franz Ley. Vordere Reihe v.l.n.r., Toni Ulrich, Aloys Josten, Anton Lösch. *Anita Ohlig*

Für diesen Dienst wurde ein Liter Wein ausgezahlt. Nach dem Verlesen der Statuten wurde der Schultheißendienst versteigert, was im Jahre 1921 131 Mark erbrachte. Dafür konnte der Amtsinhaber aber auch unter allen Mädchen des Dorfes frei wählen. Anschließend wurden die Posten des *Schöffen,* des *Schreibers,* des *Fähnrich* sowie des als *Lampet* genannten Boten versteigert. Auch diese Amtsinhaber durften sich frei ein Mädchen wählen. Nun wurden alle Mädchen, die das 18. Lebensjahr vollendet hatten, versteigert. Wer von den Maigelogmitgliedern kein Mädchen steigerte, musste eine *Taxe*, die 1921 20 Mark betrug, sowie eine *Strafe* in Höhe von 5 Mark an die Kasse entrichten. Zum Schluss fasste man die Mädchen, die nicht versteigert worden waren, in den sogenannten *Knubbel* zusammen. Waren noch viele Junggesellen übrig, die kein Mailehen hatten, so teilte man den *Knubbel* in mehrere Teile. Der Ansteigerer des *Knubbels* oder eines Teiles konnte dann aus demselben ein Mädchen aussuchen oder blieb frei. Am Morgen des ersten Mai hatten dann die Mailehen von ihren Verehrern einen *Maienzweig* am Fenster oder Dach stehen. Der Gesamterlös der Versteigerung erbachte im Jahre 1921 2077 Mark. Am zweiten Sonntag im Mai fand dann die Maimusik statt. Bis dahin sollte der Junggeselle sein Mailehen mehrmals in der Woche besuchen. Bei der Maimusik durften die Mädchen, auch wenn sie ein festes Verhältnis hatten, nur mit ihrem Mailehen tanzen. Die Mailehenszeit dauerte bis zur Blüte der Saubohnen genannten dicken Bohnen.[9]

Fronleichnam

Den Himmel genannten Baldachin der Sakramentprozession trug der Kirchenvorstand, gekleidet mit Frack und Zylinder. Triumphbögen waren am Waag, am Waag-

Gruppenbild der Kinder die an der Fronleichnamsprozession 1936 teilnahmen. *Anita Ohlig*

9 Schwall Anton, Vom Maigelog in Mayschoß, Zeitschrift für Heimatkunde der Regierungsbezirke Coblenz und Trier und der angrenzenden Gebiete, Koblenz, 1922.

heiligenhäuschen, am Alten Berg, Haus Naekel und im Oberdorf. Sie wurden von den Nachbarschaften errichtet. Altäre gab es an den Heiligenhäuschen der Fürstlichen Verwaltung, am Waag, am Fuhrweg, sowie am Pfarrhaus. Auf dem gesamten Weg der Prozession gab es kleine Altäre an den Gassen sowie Hausaltäre in den Fenstern zur Straße. Die Kinder des Dorfes pflückten in den Tagen vor Fronleichnam Blüten von Pflanzen, die zum Streuen oder für Blütenteppiche verwendet wurden.

Kirmes

Kirmessonntag (Sonntag nach dem 11. November), Montag und Dienstag ruhte die Arbeit. Man besuchte sich in der Verwandtschaft. Rochustag (Halbkirmes) wurde ebenfalls nicht gearbeitet.

Martinstag

Es gab im Ort drei Martinsfeuer. Der Ortsteil Bungert hatte sein Feuer auf dem „1. Kopf" des Burgberges, der Bereich Etzhard, von der Fürstlichen Verwaltung bis *Klöppels Lüv*, sein Feuer auf der Etzhard und das Dorf sein Feuer an der heutigen Martinskapelle. Das Martinsfeuer bestand aus Rebenbündeln. Die Jugend ging *„stüre"*, das heißt bat an den Haustüren um alte Körbe und Mannen. Der Martinsbaum behielt Astreste, an die man die strohgefüllten Körbe hing. Nach dem Abbrennen der Feuer zog die Dorfjugend durch den Ort und rief je nach Zugehörigkeit *„Böngede hann et grüez", Ätzede hann grüez, Dörpe hann et grüez"* oder je nach Zugehörigkeit *„Böngede, Ätzede, Dörpe hann e Katzefür"*. Sonstige Umzüge im Dorf gab es nicht, auch keine Darstellung „St. Martin mit dem armen Mann".

Allerseelen und Allerheiligen

An Allerseelen konnte nach Beichte, Kommunion, durch Besuch der Grabstätten und vorgeschriebener Gebete in der Kirche ein Ablass für Verstorbene gewonnen werden. Zusätzlich war jede Familie bemüht, die Gräber ihrer Angehörigen für diesen Tag herzurichten. In der Adventszeit gab es keine besonderen Bräuche.

Nikolaustag

Die Nachbarschaft und die Verwandtschaft klingelte mit einer kleinen Glocke an der Stubentüre und schmiss durch einen Türspalt kleine Tüten mit Weckmännern (*Hieze*), Nüssen Plätzchen, Bonbons und Obst in das Zimmer, in dem die gesamte Familie versammelt war. Der Nikolaus und *Hans Muff* gingen von Haus zu Haus. Jedes kleine Kind sagte ein Gebet auf und hörte sich vom Nikolaus gute und schlechte Taten aus dem abgelaufenen Jahr an, die dieser aus seinem Buch vortrug. Fiel die Bilanz nicht so günstig aus, rasselte *Hans Muff* mit seiner Kette und zeigte einen leeren Kartoffelsack, in dem ungehorsame Kinder verschwinden konnten.

Heiligabend

Der im Wald geschlagene Baum wurde in der Stube aufgestellt. Dann wurde der Raum verschlossen. In der Vorstellungswelt der Kinder schmückten die Engel den

Baum, der abends hell von Kerzen erleuchtet in der Stube erstrahlte. Weihnachtskrippen wurden nur in einigen Häusern aufgestellt. Geschenke für die Kinder gab es von den Eltern, den Paten und näheren Verwandten. Hierbei handelte es sich neben herausgehobenen Geschenken wie Schlitten oder Roller meist um Kleidung und praktische Dinge.

Religiöse Gegenstände im Haus

Totenzettel – von den Eltern, Angehörigen und Personen, die einem wichtig waren, wurden in Gebetbüchern zum Gedächnis aufbewahrt.
Gesegnete Kerzen – standen vor Heiligenfiguren. Man entzündete sie als Schutz bei schweren Gewittern und verwendete sie bei Sterbefällen neben dem aufgebahrten Leichnam.
Weihwasser – In der Woche nach Ostern holte man das Weihwasser in der Kirche. Hierzu war vor der Kommunionbank eine gefüllte Zinkwanne aufgestellt. Dort konnten sich die Familien ihren Vorrat an Weihwasser abholen. Im Wohnhaus gab es zumindest im Schlafzimmer neben der Türe einen kleinen Weihwasserbehälter mit einem Buchsbaumzweig, in den man morgens und abends die Finger eintauchte, sich segnete und ein kurzes Gebet sprach.
In nahezu jedem Haus gab es mindestens ein Kreuz, Heiligenbilder und Heiligenstatuen.
Rosenkranz – Da zur Erstkommunion Gebetbuch und Rosenkranz geschenkt wurden, hatte jeder danach einen Rosenkranz, der zu Hause aufbewahrt zum häuslichen Gebet und für den Gottesdienst bei Andachten in der Kirche benutzt wurde.

Religiöse Hausliteratur

In jedem christlichen Haus gab es mehrere Gebetbücher. Einzelne Häuser verfügten über eine Hausbibel oder ein Buch mit den Lebensläufen der wichtigsten Heiligen. Die am meisten verbreitete Zeitschrift war der Paulinus.

Mayschoß in Sagen, Legenden, Gedichten und Liedern

Die Sagen

Der Lochmühler Tunnel[1]

In alter Zeit trieb eine Räuberbande im Saffenburger Ländchen ihr Unwesen. Wenn sie ihre Beute verlebt hatte, kam sie aus den bewaldeten Höhen ins Tal, plünderte vorbeiziehende Händler aus und stahl in den Dörfern Vieh. Lange versuchte der Vogt der Saffenburg mit seinen Männern die Bande zu erwischen. Nach mehreren vergeblichen Versuchen entdeckte der Saffenburger Turmwächter eines Tages westlich am Berg ein kleines Feuer. Dies musste das Versteck der Bande sein. Schnell rief man einige Bewaffnete zusammen und schlich sich ohne viel Lärm zu machen an das Räubernest heran. Die Bande hatte sich gerade über mehrere kleine Fässchen Wein hergemacht, die sie einem Händler geraubt hatte. Vom Wein ermattet war hier kein großer Widerstand und nach kurzer

Der Durchbruch an der Lochmühle, J. N. Ponsart, kleine Serie.
Privatsammlung

1 Hinweis auf die Sage in: Christian von Stramberg, Rheinischer Antiquarius, Abtl. III, Band 10, Koblenz 1862, Bearbeitung der Sage von S.W. Schmitz. Gedruckt in: Mayschoss – Beiträge zur Geschichte eines Dorfes im Saffenburger Ländchen bis zum Jahre 1922, Band II, Mayschoß 1984, S. 9.

Zeit lagen die Räuber in Ketten und wurden in die Verließe der Burg gebracht. Da die Liste der Taten ellenlang war, wusste jeder Räuber, dass er keine Stunde mehr in Freiheit leben, ja sicher sterben müsste.
Zur selbigen Zeit waren im Rittersaal Abgesandte des Dorfes mit dem Herren der Burg zusammengetroffen, um für die zu bauende Mühle eine Lösung zu finden. Der Standort war festgelegt, nur wie sollte man an diese Stelle Wasser bekommen? Um einen Tunnel zu graben fehlten die entsprechenden Bergleute, die diese beschwerliche und gefährliche Arbeit übernehmen würden. Guter Rat war hier teuer! Wieder einmal trennte man sich, ohne eine zündende Idee gehabt zu haben. Als nun die Eingekerkerten von einem Verlieswächter von dem Tunnelproblem hörten, baten sie, den Grafen sprechen zu dürfen. Nachdem dieser zu den Verließen gekommen war, sprach der Anführer der Bande zu ihm. Als er noch ein ehrlicher Mann gewesen sei, habe er an verschiedenen Orten nach Silber und Erzen gegraben. Wenn man ihm und seinen Leuten Straffreiheit zusichern würde, wolle er mit den Seinigen solange arbeiten, bis das Mühlrad vom Wasser angetrieben laufe. Nachdem sich der Graf damit einverstanden erklärt hatte, gingen die kräftigen Gesellen ans Werk und hörten nicht auf, bis durch einen unterirdischen Tunnel das Wasser rauschte. Der Graf löste sein Versprechen ein und die ehemaligen Räuber konnten als Freie die Gegend verlassen.

Das Nönnlein[2]
Östlich der Berlichshardt liegt die Rabenley. Wenn ein verspäteter Wanderer abends dort vorbeikam, erschien manchmal am Fels eine Nonne, die sich anbot, dem Ahnungslosen den Weg zum sicheren Dorf zu weisen. Denn hier führte der alte Felspfad oft gefährlich nah am Wasser vorbei. Anstatt die Wandersleute aber sicher über die glatten Felsen zu führen, lockte das Nönnlein sie an Stellen, von wo der nächste Schritt ein Paar Fuß tiefer in die Ahr führte. Manch einer kam so nur mit nassen Kleidern in Mayschoß an.

Der harte Rentmeister[3]
Vor vielen Jahren hatten das Dörfchen Mayschoß und seine Bewohner unter der drückenden Abgabenlast an die Herren von Saffenburg zu leiden. Diese wurden von den jeweiligen Rentmeistern als Vertreter der Adelsherren erhoben. Nun gab es gute Rentmeister, die auch an die Dorfbewohner dachten und zusahen, dass diese genug zum Leben hatten. Wenn aber ein harter Mann in dieses Amt berufen wurde, war die Bevölkerung ihm ausgeliefert. Als nun wieder einmal ein neuer Rentmeister berufen wurde, ließ dieser die Dorfältesten zusammenholen und verkündete, dass ab sofort die Steuern und Abgaben erhöht würden. Mit dieser Maßnahme wollte er sich

2 Ebd., S. 11.
3 Nach mündlicher Überlieferung aus dem Dorf aufgeschrieben von S.W. Schmitz. Gedruckt in: Mayschoss – Beiträge zur Geschichte eines Dorfes im Saffenburger Ländchen bis zum Jahre 1922, Band II, Mayschoß 1984, S.12.

bei seinem Herren, dem Grafen, beliebt machen und gleichzeitig auch einen erhöhten eigenen Anteil gewinnen. Kein Bitten und Flehen der Dorfbewohner half. Im Gegenteil, es brachte nur Strafandrohungen ein. Nach einigen Jahren, als besagter Rentmeister wieder einmal im Dorf einer armen Familie das Letzte genommen hatte, stellte sich ihm der Dorfälteste in den Weg und sprach zu ihm: „Du magst zu Lebzeiten geschützt durch Reiter und Waffen in diesem Dorf wüten. Die gerechte Strafe wird dich aber noch treffen; wenn nicht vor deinem Tod, dann nachher." Der Rentmeister lachte und rief: „Aus dem Weg Alter, sonst reit ich dich über den Haufen." Als nach einiger Zeit der Rentmeister gestorben war, geschahen auf dem Burgberg merkwürdige Dinge. In manchen Nächten sahen verspätet heimkehrende Mayschoßer eine Gestalt, die glühte und mit einer schweren Holzbürde beladen war, auf dem Burgberg umhergehen. Man erinnerte sich später im Ort der Worte des Dorfältesten.

Die Gründung der Saffenburg[4]

Es war um die Zeit der Jahrtausendwende, als ein Ritter aus der Eifel zur Burg Are kam. Hier wollte er um die Gunst des Burgfräuleins Sophie werben. Sophie aber würdigte in keiner Weise die Bemühungen des Ritters, so dass dieser alsbald von dannen zog. Da ihm aber Sophie nicht aus dem Kopf ging, beschloss er, sich einem Kreuzzug anzuschließen. Wie das Burgfräulein nun hörte, dass der Ritter aus verschmähter Liebe in ferne Lande gezogen war, fühlte sie eine Zuneigung zu dem vormals

Die Saffenburg, Lithographie 1850. *Privatsammlung*

4 Ebd., S. 13.

Abgewiesenen. Aus Reue ließ sie sich ein Stück ab von der Burg des Vaters auf einem Berggrad eine Hütte errichten, um dort im Gebet die eigene Ruhe wiederzufinden. Jahre gingen ins Land. Als sie eines Tages wieder in der Nähe der Hütte weilte, sah sie auf dem in der Nähe vorbeiführenden Weg einen Reiter, der sein Pferd weidete. An dem mit einem Kreuz bestickten verstaubten Gewand erkannte sie, dass es sich um einen heimkehrenden Ritter vom Kreuzzug handeln musste. Neugierig auf Nachrichten begab sie sich zu dem Fremden. Als sie bei ihm angekommen war und er sich zu ihr hindrehte, konnte sie vor Überraschung und Freude kein Wort hervorbringen. Vor ihr stand derjenige, der um sie auf Burg Are geworben hatte. Wortlos fielen sie sich in die Arme. Beide heirateten später und wurden ein glückliches Paar. Zum Dank ließ der Ritter an der Stelle des Wiedersehens eine Burg errichten und nannte sie Sophienburg (Saffenburg).

Der alte Totenweg[5]
Früher wurden die Toten von Mayschoß in Holzweiler begraben. Eines Tages begleitete ein Mann den Sarg mit seiner verstorbenen Frau über den Weidenhardtsweg Richtung Grafschaft. Als sie an der Abzweigung des Pfads nach Esch vorbeikamen, dort wo die Sebastianus-Eiche steht, fiel der Sarg um und die Frau wurde wieder lebendig. Als nach Jahren die Frau tatsächlich starb und der Trauerzug erneut an der Eiche vorbeikam, sagte der Mann den Begleitern: „Jetzt passt auf, damit der Sarg nicht wieder umfällt."

Die St. Rochus Legende[6]
1636 starben in Mayschoß 187 Menschen an den Folgen der Pest, die im ganzen Land grassierte. Nach den ersten Todesfällen trauten sich nur noch wenige Menschen aus den Häusern des Dorfes. Die wenigen, die sich noch zur Kirche wagten, trugen Masken vor den Gesichtern und hofften so das Risiko einer Ansteckung zu verringern. Nachdem auf Bungert eine alte Frau erst Tage nach ihrem Tod gefunden worden war, taten sich vier mutige Männer zusammen, um die Toten zu beerdigen. Sie beschlossen, täglich von Haus zu Haus zu gehen. Nachdem sie wieder eine junge Mutter beerdigt hatten, wollten sie anschließend zur Kirche gehen, um für ein Ende dieser schrecklichen Seuche zu beten. Durch die schmale Kirchgasse kam ihnen aber ein fremder Wanderer entgegen, der sich erstaunt nach der großen Zahl primitiver Holzkreuze erkundigte. Die vier Totengräber erklärten ihm, dass er sich inmitten eines Pestgebietes befände und sie gerade das 187. Opfer zu Grabe getragen hätten. Er möge sich zu seinem Besten schnell entfernen, sonst könne auch er ange-

---

5 Mündlich überliefert von Paula Kläs, Mayschoß, aufgeschrieben von Sebastian Schmitz im Januar 2000, gedruckt in: Ottmar Prothmann, Kirche und Pfarrei „St. Martin" Holzweiler, Veröffentlichungen zur Geschichte der Gemeinde Grafschaft, Band 4, Holzweiler 2000, S. 33.

6 Bearbeitete Fassung von S.W. Schmitz. Entnommen aus der 6-seitigen Faltschrift „Zur Verehrung des hl. Rochus in Mayschoß" von Aloys Damian aus Mayschoß. Er berichtet nach Aufzeichnungen in der Pfarrchronik und nach mündlichen Überlieferungen (von seinem Vater sowie von seinem Großonkel Joh. Peter Coßmann).

Sammelblatt „Scenes from the Ahr Valley", 19. Jahrhundert. *Privatsammlung*

steckt werden. Der Fremde antwortete: „Auch ich habe diese Erkrankung gehabt!" Die Menschen im Ort, sprach er, sollten nicht verzagen, ihre Gebete wären erhört worden und dies sei die letzte Pestbeerdigung in Mayschoß gewesen. Nach diesen Worten entfernte er sich und ließ vier nachdenkliche Totengräber zurück. Als diese sich nach kurzer Zeit umschauten, war der Wanderer verschwunden. Sie gingen zum Pfarrer und berichteten ihm das Erlebte. Man vereinbarte, für mehrere Tage Stillschweigen zu bewahren. Als aber in den folgenden Tagen kein Todesfall mehr auftrat, ging die Begegnung von Mund zu Mund. Von dieser Zeit an kamen jährlich von nah und fern Prozessionen zur Mayschoßer Kirche, um dort zu beten.[7]

7 Hierzu berichtet die Pfarrchronik, dass man zur Zeit der Pest 1636 eine Sakramentsprozession am Fest des hl. Rochus begann. Ebenfalls von den Pestzeiten her kommt eine Rochusprozession von Wormersdorf/Gelsdorf nach Mayschoß. Der Zeitpunkt der Prozession wurde in jüngerer Zeit auf den „Bettag" am 15. September verlegt. Das jetzige silberne Rochus-Reliquiar soll in der damaligen Funktion als Monstranz noch aus der Saffenburger Kapelle stammen.

Mayschoß[8]
Wo sich hohe Felsen türmen,
die Jahrtausende den Stürmen,
trotzten und unbeugsam stehn.
Da liegt lieblich ahrbeflossen,
eng von Bergen eingeschlossen,
Mayschoß in dem Tale schön.

Ruinen der Saffenburg, J. N. Ponsart *Sammlung des Verfassers*

Die Lochmühle
Man jagte den Teufel hinab einst in die Ahr.
Hopp gings über Brücke und Steg.
Da lag ihm plötzlich zur höchsten Gefahr
ein Felsgrat in dem Weg.
Darüber zu springen, das deucht ihm zu lang.
Er setzt mit dem Huf sich zur Wehr
und bohrt mit den Hörnern tief unten den Gang
nun rauschen die Wasser daher.

8 Das Gedicht „Mayschoß“ und „Die Lochmühle“ in: Schmitz Sebastian, Mayschoss-Beiträge zur Geschichte eines Dorfes im Saffenburger Ländchen, Band III, Mayschoß 1984, S. 31. Der oder die Verfasser sind mir leider nicht bekannt.

Die Lochmühle bei Mayschoß, J. N. Ponsart, kleine Serie. *Privatsammlung*

Wem die Ahr den Wein verdankt[9]

Einst kam in höherem Gewand
ein Mönch aus dem heiligen Land.
Er zog ahraufwärts um den Heiden,
den Weg zum Himmel zu bereiten.

So kam er bis nach Kesseling,
wo man mit Freuden ihn empfing.
Er baute hier sich eine Klause,
und fühlte sich bald wie zuhause.

Er gab den Heiden gute Lehre,
und wußte schnell sie zu bekehren.
Bald taufte er die Menschen alle,
in diesem wilden Felsentale.

9 Schmitz Sebastian, (wie Anm. 8), S. 32/33.

Als die Bekehrung war zu Ende,
da rieb er sich vergnügt die Hände.
Und hat er wohl bei sich gedacht,
ich hab ein gutes Werk vollbracht.

Als aus dem heiligen Land er kam,
von dort er mit drei Reben nahm.
Die hatte er im Wald versteckt,
mit Erde dick sie zugedeckt.

Als er nun wollte sie erheben,
da fand er grün im Laub die Reben.
Sie hingen schon man solls nicht glauben,
ganz voller dunkelroter Trauben.

Er rodet nun aus dem Wald,
die Bäume alle jung und alt.
Und überall wo Sonnenschein,
da pflanzte er nun Reben ein.

Am Bergeshang in Sonnenglut,
da reifte nun das Rebenblut.
Im kühlen Keller im neuen Faß,
da gährte er das edle Nass.

Im Frühjahr schenkt er süßen Wein,
den Kesselinger Bauern ein.
So kam denn auch zur Ahr die Kunde,
aus eines Kesselingers Munde.

Das dort man habe süßen Wein,
drum fand sich bald halb Mayschoß ein.
Sie kamen übern Berg gezogen,
und sahen daß sie nicht betrogen.

Probierten diesen süßen Trank,
der ihren lauten Beifall fand.
Sie ließen sich wohl dann noch geben,
vom braven Mönch ne Hand voll Reben.

Die pflanzten sie in Mayschoß ein,
und seither kennt die Ahr den Wein.
Wo nun die ersten Reben grünten,
und wo sie dann so herrlich blüten.

Wo noch in heißer Sonnenglut,
am besten wird das Rebenblut.
Seht dieser Berg er wird zum Dank,
er wird noch heut der Mönchberg genannt.

Gedichtet von Jacob Sebastian.

Das Glöcklein von Laach (im Ahrtal)[10]
Begrenzt von grünen Reben,
an der lieblich rauschenden Ahr,
da liegt ein freundlich Dörfchen,
so sonnig still und klar.

Es war in frühren Tagen,
wohl gar noch mal so groß,
als plötzlich unerwartet,
brach das Verhängnis los.

Zu Urgroßvaters Zeiten,
ein Kirchlein klein dort stand,
wo jetzt die Trauben reifen,
gepflegt von fleißger Hand.

Vom schlanken Türmchen ladet,
des Glöckleins heller Klang,
die Beterschar am Abend,
zu Andacht und Gesang.

Dann legen ohne Sorgen,
die Müden sich zur Ruh,
froh, hoffend schon auf Morgen,
schließt sich das Auge zu.

10 Entnommen: Schmitz Sebastian, Mayschoss-Beiträge zur Geschichte eines Dorfes im Saffenburger Ländchen bis zum Jahre 1922, Band II, Mayschoß 1984, S. 47 – 50.

Da plötzlich weckt die Schläfer,
Unwetters Allgewalt,
des Donners dröhnen und krachen,
durch Tal und Felsen schallt.

Der Blitz fährt zuckend nieder,
grell leuchtend, schaurig schön,
die Finsterniß zerreißend,
gar schrecklich anzusehn.

Guckley von der Laacher Seite, J. N. Ponsart, große Serie, 1839. *Privatsammlung*

Und rauschend strömt hernieder,
das feuchte Element,
daß, wenn es wild geworden,
gar kein Erbarmen kennt.

In wenigen Minuten,
der Bach wird Strom im Nu,
und wälzt die wilden Fluten
auf Flur und Dörfchen zu.

Der Mensch in Angst und Schrecken,
ist kaum noch halb nur wach,
da hilft kein langes Recken,
rasch naht das Ungemach.

Die Männer schnell sich fassend,
entfliehen mit Weib und Kind,
all Hab im Stiche lassend,
zur Felsenschlucht geschwind.

Doch ach manch liebes Leben,
kam nicht mehr zeitig fort,
trotz allen Müh und Streben,
zum sichren Zufluchtsort.

Die wilden Fluten schonten,
nicht Vater, Mutter und Kind,
das Haus in dem sie wohnten,
mit Ihnen unterging.

Im Felsenhorst die Armen,
beim ersten Morgengraun,
ein Bild ganz zum Erbarmen,
sie dort im Tale schaun.

Das Kirchlein ist entschwunden,
mit ihm der Häuserzahl,
es rißen die wilden Fluten,
alles mit sich fort zu Tal.

Hier steht der Mensch am Grabe,
des heiß erkämpften Glücks,
muß opfern Gut und Habe
den Launen des Geschicks.

All Jammern, Flehn und Weinen,
im Sturmgebraus erklang,
Donner und Wogen vereinen,
sich wild zum Grabgesang.

Hochwasserkatastrophe von 1804, J. N. Ponsart. *Privatsammlung*

Was nützt uns alles Klagen,
auf, nur nach oben schaun,
das hilft das Leid ertragen,
und neues Glück dir bauen.

Und als die wilden Wogen,
verließen Flur und Land,
und waren abgezogen,
das Glöcklein lag im Sand.

Trotz all des Leids und Sorgen,
war doch die Freude groß,
und schnell war es geborgen,
an des Giebels Dachgeschoß.

Dort winkt es seitdem freundlich,
und kündt mit seinem Schall,
vom Leid aus frühren Tagen
vom wilden Wasserschwall.

Der Wandrer mag sich fragen,
was nur das Glöcklein will?
Das uns so viel könnt sagen,
doch schweigt es lieber still.

Und ruhig zieht das Bächlein,
das gar so wild sein kann.
Durch Fels und Rebgelände,
ins weite Tal hinein.

Wohl hat es seitdem oft noch,
im Wechselspiel der Zeit,
mit seinen wilden Fluten,
gebracht viel Not und Leid.

Mit den Elementen,
der Mensch ist stets im Streit,
bis ihm nach Erdenkämpfen,
nimmt auf die Ewigkeit.

Gedichtet von Anton Cossmann, 1915.

Umgebung von Saffenburg und Lochmühle, J. N. Ponsart, große Serie, ab 1831. *Privatsammlung*

Lied

Zum Stiftungsfest des Mayschoßer Winzervereines am 31. August 1898 verfasste E. Hahn zu der Melodie „Studio auf einer Reis“ folgenden Text der am 2. September 1898 im Ahrweiler Volksblatt erschien:

Prangt ein Dörflein klein und fein
Ganz versteckt in Fels und Wein,
wend`t der Wand`rer nicht den Blick,
säh vom Dörflein nur ein Stück.

Doch das macht uns keine Qual;
Rings erglänzen ohne Zahl
Berg und Burgen rebumziert,
daß man jeden Gram verliert.

Nur hinauf zur Saffenburg –
So was hat nicht Saar noch Murg –
Nun erst nach der „Uemerich“,
„Freundesheim“, wie lieb ich Dich!

Nun jetzt über Stein und Stock
Flieg hinauf zum hohen „Schrock“,
und dann über Moos und Dorn
steig bergan zum schönen „Horn“!

Doch was nützt die schöne Welt,
wenn der Mensch uns nicht gefällt,
wenn die Leut man meiden muß,
schüttelt man den Staub vom Fuß.

Mayschoß in künstlerischen Ansichten des 19. Jahrhunderts[1]

Wenn in Reisebeschreibungen des 19. Jahrhunderts der mittlere Teil des Ahrtales als der schönste und romantischste bezeichnet wird, so ist es nicht verwunderlich, dass bereits in der ersten Hälfte des 19. Jahrhunderts Landschaftsmaler den damals noch beschwerlichen Weg auf sich nahmen, das Ahrtal in diesem Bereich zu durchwandern und reizvolle Ansichten anzufertigen.

Der Durchbruch bei Mayschoß, J. N. Ponsart, große Serie, 1831. *Privatsammlung*

Der erste, der seine Eindrücke in einer Serie veröffentlichte, war der 1788 in Malmedy geborene Wallone Jean Nicolas Ponsart. 1831 erschien seine erste Serie mit Blättern aus der Rheinprovinz, die bereits ein Bild der Lochmühle enthielt. Die erste Ahrserie, betitelt mit Ahrtal/Rheinpreußen, erschien 1838 und enthielt sechs Ansichten von Mayschoß und der Lochmühle. Ein Jahr später, 1839, erschien eine zweite großformatige Serie mit drei Ansichten von Mayschoß und Umgebung.

1 Entnommen aus der Einführung zu der Austellung „Mayschoß – Ansichten eines Winzerortes an der Ahr im 19. und 20. Jahrhundert“ von S.W. Schmitz im Bürgerhaus „Alte Schule“ im Dezember 1992.

Mayschoß und seine Umgebung, J. N. Ponsart, große Serie, 1839. *Privatsammlung*

Mitte und Ende der dreißiger Jahre des 19. Jahrhunderts wanderten ebenfalls Bernhard Hundeshagen (um 1834) und Aimè Henry durch das Ahrtal und bereicherten mit ihren Zeichnungen die in der zweiten Auflage 1839 erscheinenden Ahrtalführer von Philipp Wirtgen und Ernst Weyden.

Die Ahrgegend, Saffenburg mit dem Dorf Mayschoß, Christian Hohe. *Luise Kunz*

Um 1840 schuf der seit 1828 in Bonn tätige Zeichenlehrer und Hofmaler Christian Hohe Ansichten der Ruine Saffenburg und der Lochmühle.

Für das im Jahre 1846 herausgegebene Buch „Die Ahr“ von Gottfried Kinkel wurden von Carl Schlickum zwei kleine Ansichten mit der Lochmühle und der Saffenburg verwendet. Es gibt von Carl Schlickum aus der gleichen Serie noch eine Ansicht von Mayschoß.

Mayschoß, Carl Schlickum. *Sammlung des Verfassers*

Neben diesen für Reiseführer oder Bildserien tätigen Zeichnern, deren Werke uns Dank des Druckes heute noch erhalten sind, gab es eine Vielzahl von Malern, die auf Skizzenblättern ihre Eindrücke festhielten, um sie später zum Beispiel in Ölgemälden zu verarbeiten. Ein solcher Maler, der seine Blätter mit E. v. Tr. signierte, fertigte im Jahre 1844 Skizzen in Mayschoß.

Zeichnung von der „Rötsch“ im Ortsteil Bungert (?), E.v.Tr., 1844. *Privatsammlung*

Gustav Täubert verwandte circa 1860 die Saffenburg, das Dorf Mayschoß sowie die Lochmühle als Motiv.

Laachmühle mit dem Durchbruch, Gustav Täubert. *Privatsammlung*

Dass die Lochmühle neben den Ansichten von der Ruine Saffenburg und dem Ortsteil Bungert immer wieder auf den Abbildungen erscheint, liegt unter anderem daran, dass der damalige Besitzer der Lochmühle, Severin Hallerbach, die im Ahrtal wandernden Maler, worunter sich auch viele Studenten der Düsseldorfer Kunstakademie befanden, häufig bei sich zu Gast hatte. Einer von ihnen, Friedrich Heunert, vermachte ihm im Jahre 1863 ein schönes Aquarell, welches er von der Lochmühle gemalt hatte.

Hotel Lochmühle von Severin Hallerbach, Friedrich Heunert, 1863. *Luise Kunz*

Maler und Bildhauer aus Mayschoß im 20. Jahrhundert

In diesem Kapitel werden in Kurzbiografien die aus Mayschoß stammenden oder für längere Zeit in Mayschoß wohnenden Maler und Bildhauer des 20. Jahrhunderts dargestellt. Ebenfalls eine Erwähnung findet die für einige Jahre zum Ende des 20. Jahrhunderts gebildete Vereinigung der „Kunstfreunde Mayschoß“ und ihrer Aktivitäten.

Josef Damian

Die ersten Vertreter im beginnenden 20. Jahrhundert sind die Brüder Damian vom Alten Berg. Über Josef Damian gibt es außer seinen Bildern in Mayschoß nahezu keine Lebenszeugnisse. Ein Dokument in den Gemeindeakten besagt, dass im Jahre 1907 der Mayschoßer Gemeinderat zu den Kosten der Ausbildung des gelähmten Sohnes des Anton Hubert Damian als Maler auf fünf Jahre, jedes Jahr zwanzig Mark, bewilligte.[1] Josef Damian starb am 12.3.1941 im Alter von 52 Jahren.

Gruppenbild der Familie Damian am Alten Berg. Josef Damian sitzt in der zweiten Reihe zwischen den Eltern Maria und Anton Hubert Damian. *Sammlung des Verfassers*

1 Mayschoßer Gemeinderatsprotokollbuch 1891 – 1913.

Bungertgasse, Josef Damian, undatiert. *Helene Führer*

Karl Damian[2]

1908 geboren als vierzehntes Kind des Winzers Anton Hubert Damian. 1924 Beginn eines Theologiestudiums *mit baldigem Drang zur bildenden Kunst.* 1926 ist er Schüler bei Karl Moritz Schreiner in Krefeld und in den Jahren 1927-1933 Meisterschüler von Ewald Matare an der Kunstakademie in Düsseldorf. Im Jahre 1937 arbeitet er in Krefeld, Studien führen ihn nach Paris und Berlin. Er ist Mitglied in der Gruppe „Junges Rheinland". 1939 zum Wehrdienst eingezogen, ist er seit dem Jahre 1944 in Rumänien vermisst/gefallen. In einer Ausstellung des Clemens-Sels-Museum in Neuss im Jahre 1952 sowie einer großen Ausstellung *Matare und sein Schüler Damian* mit zahlreichen Leihgaben der Familie Damian im April 1983 in Bendorf/Rhein wurde dem als Bildhauer überregional bekannten Künstler bisher gedacht.

Karl Damian (rechts) mit seinem Bruder Franz, 1920er Jahre. *Anita Ohlig*

2 Die biografischen Angaben stellte freundlicherweise der Sohn des Künstlers, Herr Andreas Damian, zur Verfügung.

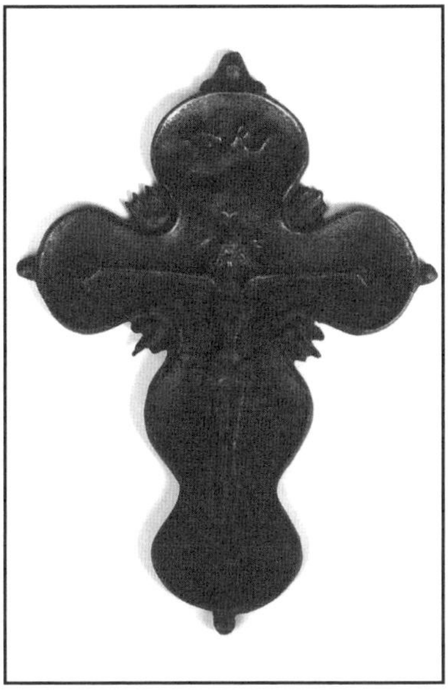

Kreuz aus Bronze von Karl Damian.

Anita Ohlig

Albert Brühl

In Ettringen wohnhaft, war er seit 1920 als Lehrer an der Mayschoßer Volksschule tätig. Zwischen 1920 und 1935 fertigte er mehrere Landschaftsbilder und Ortsansichten von Mayschoß an. Einige der Ansichten waren seinerzeit auch als Postkarten im Handel erhältlich. Herr Brühl starb am 6. August 1937.[3]

Albert Brühl.

Sammlung des Verfassers

Ansicht des Hofes Stodden (jetziges Haus Cramer) am Alten Berg, Albert Brühl, 1925. *Familie Cramer*

3 Mayschoßer Schulchronik.

Ernst Mies

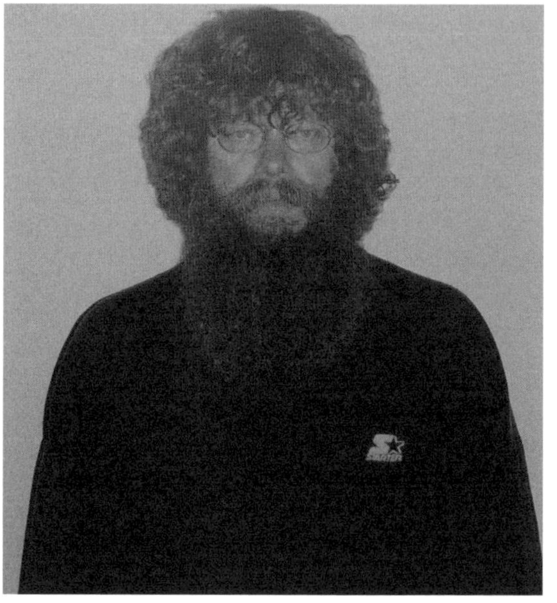

Ernst Mies, 2001. *Entnommen aus dem Katalog „Not only Shoe Business“, Ernesto Mies, 2001*

Geboren am 20.11.1952 in Mayschoß. Nach der Volksschule Besuch des Are Gymnasiums in Bad Neuenahr bis 1972 (Kunstunterricht bei Theo Deisel). Bis 1976 Kunsterzieherstudium. Schon seit der Kindheit bestand eine Neigung zur Malerei. Die erste Einzelausstellung fand im Jahre 1975 im Haus des Kurgastes in Bad Neuenahr statt. In den Folgejahren Mitglied der Are Gilde und Bekanntschaft mit Joseph Beuys. Bis 1984 wohnhaft und kunstschaffend im alten Kloster in Mayschoß. Anfang 1984 Übersiedlung nach Sevilla. Heirat mit einer Spanierin und Bau eines Hauses mit eigenen Händen und nach eigenen Plänen. Das Spektrum der Ausdrucksform reicht von realistischen Arbeiten bis zur völligen Abstraktion. Im Zeitraum 1984 bis Anfang der 90er Jahre mehrere Gruppenausstellungen im andalusischen Raum. Ab 1997 intensive Ausstellungstätigkeit (vorwiegend Einzelausstellungen) in Andalusien und Deutschland. Im Jahre 2002 große Retrospektive 25 Jahre Malerei im Kulturzentrum „Dos Hermanas“ in Sevilla. 2004 Gruppenausstellung mit Rainer Hess und Wolfgang Kutzner in den ehemaligen Atelierräumen im alten Kloster in Mayschoß.

Bild von Ernst Mies aus dem Jahre 1994 mit dem Titel „NIX KAZ, OK“. *Entnommen aus dem Katalog „Ernesto Mies, XXV ANOS DE PINTURA“, Ernesto Mies, 2002*

Dieter Ernst

Dieter Ernst im Jahre 1989 mit seiner Arbeit „Sonntagspaziergang". *Dieter Ernst*

Geboren am 24.1.1954, in Mayschoß aufgewachsen und von Beruf Beamter. Nach einer musikalischen Lernphase von 1970 - 1976 (Gitarre) begann im Jahre 1984 eine intensive Beschäftigung mit Malerei und Skulpturen, unter anderem Seminarbesuch bei dem Kokoschka-Schüler Baumgartner. Stilistisch beeinflusst wurde er durch Dali, Cezanne, Schiele und Hundertwasser. Er nahm an regionalen Ausstellungen teil. Seine Werke finden sich in öffentlichen Gebäuden und in Privatbesitz. Seit 1999 erneut Beschäftigung mit Musik. Aufbau eines eigenen Studios. Produktion von bisher sechs Musik-CDs unter Verwendung verschiedener Instrumente (Gitarre, Bass, Keyboard).

Rainer Hess

Geboren am 7.12.1960 und in Mayschoß aufgewachsen. Er erlernte nach Abschluss der Berufsfachschule Sozialpflege den Beruf des Krankenpflegers, in dem er bis 1991 tätig war. Seit 1975 beschäftigt er sich im freien Studium mit der Malerei, besuchte von 1985 – 1990 die Malschule Roos in Ahrweiler und ist seit 1991 als freischaffender Künstler tätig. Im gleichen Jahr übernahm er als Winzer den elterlichen Weinbaubetrieb. In den Jahren 1992 – 93 besuchte er die Sommerakademie Steffel von Prof. Baumgartner. Konzentrieren sich die Arbeiten seit Mitte der 90er Jahre auf Landschaftsmalerei, so fertigt er auch größere Skulpturen und

Rainer Hess im Felsenatelier neben seinen Arbeiten „Wege I, II."
Foto des Verfassers, 2006

Objektkunst. Für Mayschoß schuf er im Jahre 2003 den Entwurf zu einem Brunnen am Dorfplatz. Im Zeitraum von 2004 – 2005 legte er im Bereich des Mönchberges den Kunstweinberg „Der Fluss des roten Rebensaftes“ an. Er ist Mitglied der Fördergemeinschaft junger Künstler, der Are-Künstlergilde sowie im Berufsverband Bildender Künstler. Neben der Teilnahme an Ausstellungen im In- und Ausland veranstaltet er seit 1991 jährlich eine Atelierausstellung. Werke sind im Besitz von Landes- und Bundesministerien sowie Privatsammlungen.

Die Kunstfreunde Mayschoß

Im Jahre 1987 schlossen sich der Holzschnitzer Rudi Josten senior, der Chronist und Heimatforscher Sebastian Wolfgang Schmitz, der Kunstglaser Hans Joachim Raths und die beiden Maler Dieter Ernst und Rainer Hess zu der Gruppe Kunstfreunde Mayschoß zusammen.

Ausstellungsraum der Kunstfreunde Mayschoß 1987 in den Räumlichkeiten der ehemaligen Schreinerei Gies in der Dorfstraße. *Rainer Hess*

Laut Satzung hatte die Gruppe das Ziel, die gegenseitige Unterstützung und Hilfe bei der Entwicklung künstlerischer Arbeit. Der Satzungszweck sollte erreicht werden durch: Förderung der gestalterischen Kunst und Pflege des kulturellen Brauchtums in Mayschoß, Erhaltung und Beschaffung von Ausstellungsmöglichkeiten und Durchführung gemeinsamer Ausstellungen. Im gleichen Frühjahr schufen sie sich mit dem Ausstellungsraum der Schreinerei Gies ihre erste öffentliche Plattform. Im

Sommer des gleichen Jahres erfolgte ein Umzug in einen Raum der damaligen Drogerie Kreuz an der Bundesstraße. Im Sommer 1988 organisierte die Gruppe einen ersten Aktionstag im alten Mayschoßer Steinbruch neben dem Sportplatzgelände. Ein Jahr später wurde die erfolgreiche Aktion mit einem zweiten Aktionstag wiederholt. Ein Zeitungsartikel zu dem Geschehen begann mit den Worten „der Weg war schwer zu finden, aber es lohnte sich allemal. Denn was sich die Kunstfreunde Mayschoß zu ihrem zweiten Aktionstag im nahe dem Weinort gelegenen Steinbruch hatten einfallen lassen, stellte alles, was man sich normalerweise unter Ausstellungen vorstellt, auf den Kopf. Begrüßt wurden die vielen Gäste aus nah und fern von einem am Schieferhang befestigten Skelett, das bei jedem Windstoß die knochige Hand zum Gruß bewegte".[4] An weiteren Aktivitäten seien noch erwähnt: Winterausstellung im Mayschoßer Pfarrheim im Dezember 1989, 3. Aktionstag und Ausstellung im Bürgerhaus „Alte Schule" im November 1990 und als Beitrag zu den 5. Kreiskulturtagen eine Ausstellung mit Arbeiten von 1987 – 1991 im April 1991 ebenfalls im Bürgerhaus "Alte Schule". In den Folgejahren endeten die Gruppenaktivitäten. Die einzelnen Mitglieder blieben sich freundschaftlich verbunden, gingen künstlerisch aber eigene Wege. Am 12./13. Dezember 1992 zeigte Sebastian Wolfgang Schmitz eine von ihm organisierte Ausstellung mit dem Titel „Mayschoß. Ansichten eines Weinortes an der Ahr im 19. und 20. Jahrhundert" im Bürgerhaus „Alte Schule". Das Spektrum der Originalansichten reichte von Ponsart, Heunert, v. Wille über Arbeiten von Damian und Brühl bis zu den Künstlern der Gegenwart.

Rudi Josten sen. beim Aktionstag der Kunstfreunde Mayschoß im ehemaligen Steinbruch an der Ahr im Jahre 1988. *Rainer Hess*

4 Rhein Ahr Anzeiger, Ausgabe Nr. 34, 24. August 1989, S. 6.

Ortschronik[1]

Die chronikalen Aufzeichnungen der Dorfes Mayschoß basieren im Wesentlichen auf den Mitteilungen dreier Personengruppen, der jeweiligen Pfarrer, Bürgermeister und Lehrer des Ortes. Art und Umfang der Aufzeichnungen wurden bestimmt durch das Interesse des jeweiligen Chronisten. Da es in früheren Jahrhunderten keinen vorgeschriebenen Platz für derartige Aufzeichnungen gab, notierten die Ortsgeistlichen aus ihrer Sicht Bemerkenswertes an den verschiedensten Stellen. So benutzte Dr. Eckertz 1865 in der ersten größeren Abhandlung zur Geschichte des Ortes *Chronik und Weisthum von Mayschoß an der Ahr,*[2] für seine Arbeit unter anderem ein Anniversarienbuch,[3] das Buch der Bruderschaft Jesu und Maria und das Buch der Sebastianus-Bruderschaft. Darüber hinaus sind von mehreren Pfarrern aus dem 19./20. Jahrhundert zum Teil umfangreiche Aufzeichnungen in kleinen Notizheften oder als lose Blattsammlung erhalten.[4]

Älteste bekannte Ortsansicht von Mayschoß. Die Aufnahme muß vor 1890 gemacht worden sein, da das alte Renteigebäude vor dem Brand von 1890 abgebildet ist. *Familie Gottsacker*

1 In dem Kapitel Ortschronik sollen im Wesentlichen die außergewöhnlichen Ereignisse der Ortsgeschichte erfasst werden, die in den übrigen Kapiteln der Ortsgeschichte keine Erwähnung finden.

2 In: Annalen des historischen Vereins für den Niederrhein, 1865, S. 39 ff.

3 Verzeichnis der Jahrgedächtnisse.

4 Pfarrarchiv Mayschoß, Bestand B.1.6.

Bei den Bürgermeistern begann die Tradition der Chronisten mit Johannes Josten, der im Jahre 1702 erste chronikalische Notizen in das alte Schatzbuch der Gemeinde machte. Da dieses Buch im Jahre 1847 vollgeschrieben war, setzte der damalige Bürgermeister Joh. Lösch für die Jahre 1848 bis 1853 die Aufzeichnungen in einem anderen Gemeindebuch, dem Morgenbuch, fort. Von 1854 bis 1868 erfolgten keine Eintragungen. Erst in der Amtszeit von Bürgermeister Nikolaus Naekel wurde das alte Schatzbuch um neue Seiten erweitert und erhielt einen neuen Einband. Im Auftrag des Bürgermeisters wurden dann durch Johann Peter Cossmann im Jahre 1869 umfangreiche Nachträge vorgenommen. Bis zum Jahre 1946 wurden regelmäßige Eintragungen gemacht. Dann kam es erneut durch mangelndes Interesse zu einer größeren Lücke. Erst Bürgermeister Fritz Bölling veranlasste die notwendigen Nachträge, die von Franz Josef Mies für den Zeitraum von 1947 bis 1971 vorgenommen wurden. Seit 1987 ist Sebastian Wolfgang Schmitz von den jeweiligen Bürgermeistern mit der Führung der Chronik von Mayschoß beauftragt.
Konnten die beiden erstgenannten Personengruppen oder ihre Beauftragten je nach Neigung ihr Chronistenamt erfüllen, so war es seit dem Ende des 19. Jahrhunderts für die dritte Personengruppe eine dienstliche Aufgabe. Die Lehrer waren nach den allgemeinen Bestimmungen des Königlich Preußischen Ministers der geistlichen, Unterrichts und Medizinal-Angelegenheiten vom 15. Oktober 1872, in welchen es im § 10 ausdrücklich heißt: *„Der Lehrer hat eine Schulchronik zu führen"*, sowie einer Verfügung der Königlichen Regierung zu Koblenz vom 22. August 1894 zu dieser Aufgabe verpflichtet. In Mayschoß geschah dies ab dem 1. April 1895 durch den zeitigen Lehrer Peter Rochus Gottsacker. In der Folgezeit wurden jeweils vom Hauptlehrer der Schule die jährlichen Eintragungen vorgenommen. Den letzten Eintrag machte, im Jahr der Auflösung der Schule, Frau Regina Graf am 30. Juni 1973.

Im Folgenden sollen in kurzer Form[5] die Ereignisse des Dorfes seit dem Jahre 1702 (Beginn der handschriftlichen Aufzeichnungen in der alten Ortschronik) bis zum Jahre 2005 dargestellt werden. Hierzu wurden neben der Ortschronik, Aufzeichnungen aus der Arbeit von Dr. Eckertz und aus der Schulchronik eingearbeitet. Mitteilungen der Pfarrer über die Zeit von 1865 bis in die Gegenwart finden sich im Kapitel Kirche und Pfarrei. Falls ein Ereignis bereits in einem anderen Kapitel des Buches beschrieben ist, erfolgt ein kurzer Verweis. Nachrichten ohne Fußnote stammen aus dem entsprechenden Jahr der Ortschronik. Im Falle der Herkunft aus der Arbeit von Dr. Eckertz bzw. der Schulchronik ist dies in einer Fußnote vermerkt.

---

5 Für den Zeitraum von 1702 – 1998 ist der komplette chronikale Text des Mayschoßer Schatzbuches bereits als Buch veröffentlicht (Schmitz Sebastian Wolfgang, Klein Hans Georg, Schatzbuch und Chronik der Gemeinde Mayschoß 1528 – 1998, Mayschoß 1998). Für diesen Zeitraum wurde sich auf wesentliche die Allgemeinheit betreffende Ereignisse beschränkt. Ab 1999 wird die Ortchronik umfassender dargestellt.

1702 Einnahme der Saffenburg durch die Franzosen.[6]

1703 Schwere Belastung der Landbevölkerung durch zweimalige Belagerung der Saffenburg.

1704 Zerstörung der Saffenburg.

1705 Hohe Abgabenlast bis 1707 wegen Kriegszahlungen an Frankreich und Preußen.

1709 Nach acht Jahren Pause erneute Einführung der Weinbergsschützen.

1712 Mehrere Brände (*durch Nachlässigkeit*) im Laufe des Jahres im Dorf.

1722 Der Fahrweg (Durchbruch) am Mühlenberg (Lochmühle) wurde durch die Anstrengung aller Untertanen (*per industriam omnium subditorum*) fertiggestellt. Im gleichen Jahr erneuerte man den hölzernen Belag der Brücke.

Der Felsdurchbruch bei der Lochmühle in einer Ansicht um 1910. *Sammlung des Verfassers*

1723 Die Kirchturmuhr wurde im Auftrag der Gemeinden Mayschoß und Laach von Meister Hurts aus Mehlem für 38 Reichstaler erneuert.

1725 Die Gemeinde legte ein neues Morgenbuch an.

1726 Beginn der Abbrucharbeiten an der alten Pfarrkirche.

1727 Neubau der Pfarrkirche bis zum Jahr 1729.[7]

1741 Die letzten Bewohner verlassen die Kalte Herberge, *das Gebau, Hauß und Hoff abgebrochen*.

1755 Bericht über ein Erdbeben am 27. Dezember des Jahres.

6 Beschreibung der Jahre 1702 – 1704 im Kapitel – Die Saffenburg.

7 Beschreibung des Kirchenbaues 1726 – 1729 im Kapitel – Kirche und Pfarrei.

1756 In der Flur „Auf Weidenhard“[8] wurde am Richtplatz (Galgen) am 30. August ein Dieb mit dem Strang hingerichtet.

1759 Die Gemeinde ließ in Mayschoß und auf Bungert einen Gemeindebrunnen graben.

1764 Hochwasser. Die Ahr stieg so hoch, dass sie *auff den Auwell ist gegangen gegen das Kirchentheill.*

1773 Die Gemeinde beschaffte für 111 Reichstaler 100 lederne Eimer, fünf Leitern und Branthög (Brandhaken) zur Brandbekämpfung. Im gleichen Jahr wurde von der Gemeinde ein Nachtwächter angestellt.

1774 Ab dem 27. August wurde für Neubürger von Mayschoß eine Zuzugsgebühr für einen Mann in Höhe von 30 Reichstaler curant und einem Reichstaler species für einen ledernen Eimer sowie für eine Frau in Höhe von 20 Reichstaler curant und einem Reichstaler species für einen ledernen Eimer erhoben.

1780 Über den Mühlbach (*Dich*) wurde eine gewölbte Brücke *Gewölffbrückelgen* gebaut.

1786 Am 20. Juni konnten durch einen Grenzbegang Streitigkeiten zwischen Mayschoß und den Nachbargemeinden beigelegt werden. Im gleichen Jahr wurde der Mayschoßer Bach fertiggestellt.

1787 Der Weidenhardweg (*Kramppengraben herauf*) konnte auf einer Breite von 18 Fuß fertiggestellt werden.

1788 Hochwasser. Die Ahr stand an *St. Johansabend* bis zum *St. Petrus Hilligenhaußgen*. Am 9. Dezember kam es zu einem Vergleich der Gemeinden Altenahr und Mayschoß wegen der Nutzung einer Heidefläche im sogenannten *Streußelprozeß*.

1790 Vergleich zwischen der Gemeinde Mayschoß und ihrem Pastor Custodis über die Kosten und Dienste für den Neubau des Pfarrhauses. Am 25. August gab es einen Brand auf Bungert, bei dem ein Kind ums Leben kam und ein Haus mit etlichen Nebengebäude abbrannte. Im gleichen Jahr gab es in Mayschoß ebenfalls ein Brandunglück, bei dem zwei Häuser und einige Wirtschaftsgebäude zerstört wurden.

1794 Im Oktober beginn der Französischen Besatzungszeit. 1795 musste die Gemeinde umfangreiche Naturalienlieferungen (unter anderem 41 Stück Rindvieh) an die französische Armee nach Andernach entrichten. Desgleichen erfolgten Versorgungslieferungen nach Bonn sowie in andere Rheinorte. In der Gemeinde gab es Einquartierungen von Husaren.

1796 Erneut Lieferungen nach Andernach und Bonn an die Armee. Ebenfalls Einquartierung von Dragonern sowie schwere finanzielle Belastungen für das Dorf durch Schanzarbeiten in Koblenz.

1797 bis 1800 schwere Belastung der Gemeinde durch Einquartierungen und Kriegszahlungen.

---

8 Das unterhalb Weidenhart gelegene Tal wurde bis in das 20. Jahrhundert im Volksmund *Krampegrawe* genannt.

1800 Am 30. Dezember ertrank der Knecht des Lochmüller Hubert Mohr mit dem Pferd beim Passieren der mittleren Furt unter dem schwarzen Waag.

1801 Bei der Schleifung der Festung Ehrenbreitstein in Koblenz mussten viele Mayschoßer Dienstleistungen verrichten. Thomas Lösch aus Mayschoß wurde neben fünf anderen aus der Mairie von den Franzosen als Soldat zwangsrekrutiert.

1803 Das Hochwasser stand bis zum Haus des Anton Carris. Die Gemeindekiste mit den Briefen stand bei Anton Lösch im Wasser.

1804 In diesem Jahr wollte niemand unter der französischen Regierung das Bürgermeisteramt übernehmen. Im Laufe des Jahres wurde die Gemeindekiste aufgebrochen und viele wichtige Gemeindepapiere entwendet. Am 21. Juli geschah die größte Flutkatastrophe des Dorfes. In Laach, wo der Mühlenberg verstopfte, wurden die am oberen Ende des Dorfes stehende Kapelle und die meisten Häuser von den Fluten hinweggerissen.[9] 14 Menschen aus Laach ertranken. Auf Bungert wurden mindestens 8 Häuser fortgerissen. In den obersten Häusern stand das Wasser bis zum zweiten Stockwerk und lief in den Amtmannsweiher im Thiergarten. In Mayschoß reichte das Wasser bis in das halbe Dorf. Vom Fuhrweg konnte man mit einem Stein bis in das Wasser werfen. Erst abends zwischen 8 und 9 Uhr gingen die Wassermassen zurück und hinterließen verwüstete Weingärten, Äcker, Wiesen, zerstörte und beschädigte Häuser. Von Laach bis Mayschoß wurden alle Ahrbrücken vernichtet.

1805 Nach Spendenaufrufen der französischen Regierung erhielten die Geschädigten nach Vermögen gestaffelte Unterstützung. Die Ärmsten der Hochwassergeschädigten bekamen Gelder für neue Häuser. Bemittelte Familien, deren Häuser ebenfalls zerstört waren, erhielten aber keine Hilfe.

1806 Die Arbeiten an den Brückenpfeilern der vom Hochwasser zerstörten Ahrbrücken begannen.

1808 Nach Fertigstellung der Brückenpfeiler konnte im August im Fischeler Busch das Holz für den weiteren Brückenbau geholt werden.

1811 Am 4. Januar Brand in der Lochmühle, wobei das Dach über der Küche und der Stube zerstört wurde.

1814 Bis März 1815 hohe Kriegsabgaben und ständige Einquartierungen.

1815 In diesem Jahr kam Mayschoß unter die preußische Herrschaft.

1817 Nach der vierten Missernte im Weinberg und gleichzeitig hohen Kornpreisen herrschte im Dorf eine derartige Hungersnot, dass nur dank auswärtiger Hilfe, namentlich vom Hilfsverein in Koblenz, für viele ein Überleben möglich war. Die Ortschronik berichtet davon, dass die Leute Unkraut und Schnecken aßen und ein Taubstummer im Dorf verhungerte.

9 Bei der Anzahl der zerstörten Häuser weichen die Zahlenangaben der Ortschronik und des Aufsatzes von Dr. Eckertz etwas voneinander ab. Laut Ortschronik standen in Laach 20 – 24 Häuser, wovon 4 das Hochwasser überstanden. Auf Bungert wurden 8 – 9 Häuser weggerissen. Bei Eckertz wurden in Laach von 23 Häusern 17 fortgerissen und auf Bungert 8 Häuser.

Ansicht der Eisenbahnbrücke bei der Lochmühle als die alte Eisenbahntrasse noch durch Laach führte. Aufnahme um 1900. *Carlo di Carlo*

1818 Hochwasser am 17. Mai. Die Ahr stand bis an die Rentmeisterei.[10]

1824 Beginn der Katastervermessung in Mayschoß. Sie dauerte bis zum Jahre 1826.

1844 Grundsteinlegung für das neue Schulhaus (jetziges Bürgerhaus) am 26. August. Das Gebäude kostete die Gemeinde ohne das Baumaterial 1382 preußische Taler.

1847 Die Gemeinde erhielt von den in den Jahren 1846/47 Frischvermählten fünf neue lederne Eimer zur Feuerbekämpfung.

1865 Gründung des Mayschoßer Winzer Casinos.

1868 Am 20. Dezember des Jahres gründeten 22 Winzer den Mayschoßer Winzerverein.[11]

1873 Die Gemeinde errichtete ein Eichamt. Alle für den Versand bestimmten Fässer mussten gesetzlich geeicht sein.

1876 Orkanartige Stürme am 12. März zerstörten etliche Dächer und Schornsteine. Mangels Dachziegeln besserte man viele Dächer mit Stroh und Ginster aus.

10 Eckertz Gottfried, Chronik und Weistum von Mayschoß an der Ahr, Annalen des Historischen Vereins für den Niederrhein, 1865, S. 71.

11 Zu Winzer-Casino und Winzerverein siehe Kapitel Weinbau und Winzerverein.

1878 Am 1. April wurden die Gemeinden Mayschoß und Laach zu einer Gemeinde unter dem Namen Mayschoß vereinigt.

1881 15 Personen wanderten nach Amerika aus.

1882 Die Viehzählung am 10. Januar brachte folgendes Ergebnis: 207 Stück Rindvieh einschließlich Kälber, 80 Ziegen, 9 Pferde, 32 Schweine und 25 Bienenstöcke.

1886 Am 1. Dezember war die Eröffnung der Eisenbahnlinie von Ahrweiler nach Altenahr.

1889 Am 26. August begann die Gemeinde mit dem Bau einer Wasserleitung. Die Gesamtkosten betrugen nach der Fertigstellung am 9. November 21.000 Mark. Es wurden 105 Anschlüsse mit 105 Kranen eingerichtet. Für jeden Kranen erhob man 10 Mark Wassermiete. Das Gewerbe zahlte 20 Mark.

1890 Am 11. Juni brannte das ganze Fürstliche Renteigebäude bis auf den Stall nieder. Bei der am 1. Dezember vorgenommenen Volkszählung hatte Mayschoß 823 Einwohner. Davon entfielen auf Laach 48, auf Lochmühle 10 und auf Mayschoß 765 Personen.

Ansicht des nach dem Brand von 1890 neu errichteten Renteigebäudes. *Privatsammlung*

1897 Meteorfall am 16. Dezember um 7 ½ Uhr morgens in der Richtung von Distrikt Forst nach Ümerich.

1899 Am 6. März erfolgte die Grundsteinlegung zum Bau des Klosters.[12]

1900 Das Kloster wurde am 14. September von drei Ordensschwestern bezogen.[13] Bei der am 1. Dezember vorgenommenen Volks-, Vieh- und Obstbaumzählung lebten in der Gemeinde Mayschoß 887 Personen. Davon entfielen auf Lochmühle 19, Laach 45 und Mayschoß 823. An Vieh waren vorhanden 4 Pferde, 235 Stück Rindvieh, 7 Schafe, 134 Schweine, 83 Ziegen, 321 Hühner, 44 Bienenstöcke und 2627 Obstbäume.

Ansicht der alten gewölbten Bahnhofsbrücke, die durch das Hochwasser von 1910 zerstört wurde. Aufnahme vor 1910.
Sammlung des Verfassers

1901 Bau des Weges vom Eierpütz bis auf Meisenhard.

1903 Im Februar begannen die Bauarbeiten des Weges über Junkerheck, Büchel und Ottenhart. Grundsteinlegung zum Bau des dritten Schulsaales und zweier Lehrerwohnungen am 26. Juli. Nach der Fertigstellung erfolgte die Einweihung des Baues am 2. September 1904.[14]

1905 Im November begannen an der Wasserschleife Arbeiten zum Bau eines Weges in den Gemeindewald. Damit sollte erreicht werden, dass das Holz nicht mehr den Berg herunter geschleift oder über Pützfeld oder Denn gefahren, sondern den Berg herunter nach Mayschoß gefahren werden konnte.

12 Schulchronik, S. 54. Weiteres siehe Kapitel Kirche und Pfarrei.

13 In der Ortschronik ist der 13. September angegeben.

14 Schulchronik, S. 83.

1908 Am 3. Februar begannen, mit Ausnahme des Turmes, die Abbrucharbeiten an der Kirche. Vor dem Winter konnten Rohbau und Dach vollendet werden.

1909 Am 25. April segnete Dechant Spurzem aus Ahrweiler die neue Kirche ein. Den Plan zu dem Bau entwarfen die Architekten Gebrüder Hermann aus Neuwied. Bauunternehmer war Herr Mertens aus Heppingen.[15]

1910 Wolkenbruchartige Niederschläge in der Nacht vom 12. auf den 13. Juni in der Nähe von Barweiler in der Eifel führten am 13. Juni zu einer Hochwasserkatastrophe im Ahrtal. Anfangs stieg das Wasser langsam. Nach der ersten Warnmeldung um vier Uhr nachts war der Fluß soweit gestiegen, dass er um sieben Uhr die Brüstungsmauer überspülte und auf die Straße lief. Dann stieg das Wasser allerdings schnell. Im Bereich der Oberahr wurden die zum Ausbau der Bahnlinie vorhandenen Holzgerüste, Baubuden, Kantinen und Baracken weggerissen. Diese Holzmassen führten zu Verstopfungen an den Ahrbrücken und bewirkten deren Zerstörung, so auch in Mayschoß. *Eine gewaltige Menge Balken und anderes Holz hatte sich an der Brücke aufgetürmt [...] Plötzlich stürzten mit gewaltigem Krachen die mittleren Pfeiler der Brücke ein.* An der Rentei stand das Wasser bis in den Hausflur. Um vier Uhr nachmittags war der Fluss wieder in sein Bett zurückgetreten.[16] Im Bereich Mayschoß schätzte man die Schäden auf 104.000 Mark, wovon 30.000 auf 52 beschädigte Häuser entfielen. Durch die drei zerstörten Brücken (Laach, Bahnhof und auf Azert) und die beschädigten Wege entstand der Gemeinde ein zusätzlicher Schaden

Die durch das Hochwasser von 1910 zerstörte Straße im Bereich der Bahnhofsbrücke. *Familie Bölling*

15 Ebd., S. 89.

16 Ebd., S. 95 – 97.

Ansicht der zerstörten Bahnhofsbrücke im Jahr 1910. *Elli Adenäuer*

Nach dem Hochwasser von 1910 errichtete Notbrücke auf zusammengeschnürten Weinfässern. *Luise Kunz*

von 60.000 Mark. Waren in Mayschoß keine Todesopfer zu beklagen, so ertranken an der Oberahr bei Schuld und Fuchshofen über 70 italienische Bahnarbeiter.[17] Zwei Leichen fand man im Bereich der Gemeinde Mayschoß, wo sie auch beerdigt wurden. Am Haus des Konrad Kraus errichteten Pioniere eine Notbrücke.[18]

1911 Am 28. Mai beging der hiesige Männer-Gesang-Verein Concordia sein 50-jähriges Stiftungsfest.[19]

1912 Anlässlich der Firmung weihte Bischof Korum am 25. April die neu erbaute Kirche ein.[20] Am 15. Mai morgens um acht Uhr überflog erstmals ein Luftschiff unsere Gegend.[21] In den Wintern 1911/12 baute man für die Summe von 31.000 Mark am Bahnhof eine neue Brücke. Gleichzeitig wurde für 18.000 Mark eine Ahrregulierung vorgenommen. Die Kosten trugen zu je 1/3 der Staat, die Provinz und die Gemeinde.[22] In den Jahren 1909 bis 1912 wurde die Bahnlinie Remagen-Altenahr zweigleisig ausgebaut. Die Strecke von Rech nach Altenahr kostete 1.700.000 Mark. Die Bahnlinie, die bisher ab Mayschoß

Ansicht des Oberdorfes mit den Fachwerkanwesen Karris und Görres. Im Hintergrund der erhöhte Kirchturm.
Familie Ley

17 Die Schulchronik berichtet von 59 Toten im Kreise Adenau.
18 Schulchronik, S. 98.
19 Ebd., S. 102.
20 Ebd., S. 116.
21 Ebd., S. 117.
22 Ebd., S. 119.

über die Lochmühle und Laach führte, erhielt wegen zu starker Steigung an der Lochmühle eine neue Streckenführung durch den Ahlberg. Dadurch waren von Rech bis Altenahr fünf Tunnel notwendig.[23]

1913 Im Herbst des Jahres wurde die Spitze des Kirchturmes abgetragen und das Mauerwerk um vier Meter erhöht. Die Höhe des neuen Turmes beträgt 49 Meter. Sämtliche Kosten trug Pastor Leinen.[24]

1914 Für den 1. August des Jahres erhielt die Ortsbehörde in Mayschoß ein Telegramm mit dem Befehl zur Mobilmachung. Bis zum 1. Januar 1915 waren über 100 Männer einberufen. Im gleichen Jahr erhielt das Dorf von der GmbH Berggeist Brühl elektrisches Licht.[25]

1915 In der Nacht vom 2. auf den 3. August brach in der Scheune des Josef Ulrich (Fuhrweg) und am Abend des 22. Septembers in der Scheune der Witwe Radermacher (Bungert) Feuer aus, welches glücklicherweise auf den [Brand]Herd beschränkt blieb.[26]

1916 Bis zum Ende des Jahres standen aus Mayschoß 195 Mann unter Waffen.

1918 Hochwasser am 16. Januar. Das Wasser stand von morgens sechs Uhr bis zum Abend am Postgebäude und am Spritzenhaus. Am letzten Mittwoch im August feierte der Winzerverein in aller Stille sein 50-jähriges Stiftungsfest. Nach dem Waffenstillstand am 11. November zogen große Heeresmassen durch das

Hochwasser von 1918 mit der alten Eisenbahnbrücke an der Lochmühle. *Luise Kunz*

23 Ebd., S. 120.

24 Ebd., S. 128. Die Kosten beliefen sich laut Gemeindechronik auf über 7.000 Mark.

25 Ebd., S. 133.

26 Ebd., S. 135.

Ahrtal über den Rhein. An einem Tag zählte man an drei tausend Mann in Mayschoß. Am 7. Dezember erhielt das Dorf amerikanische Besatzung. Einige Tage später waren 1.400 Mann, 50 Offiziere mit vierhundert Mauleseln und Pferden einquartiert. Jeden Tag mussten für die Küche der Amerikaner sieben Raummeter Holz geliefert werden, womit 15 bis 20 Männer aus dem Dorf beschäftigt waren. Während des Krieges starben vom 2. August 1914 bis zum 11. November 1918 aus Mayschoß 46 Soldaten.

Gefallene 1. Weltkrieg (Gedenktafel an der Kirche)
1914
Johann Dung, Josef Ley, Anton Gottsacker, Otto Stuhl, August Coßmann, Rochus Coßmann, Bernhard Weinand, Anton Schmelzer.
1915
Jakob Mies, Alois Coßmann, Alois Mies, Johann Ley, Jos. Poppelreuter, Engelbert Knieps, Engelbert Josten, Jakob Poppelreuter, August Knieps, Jakob Josten, Engelbert Krupp, Rudolf Berzen, Konrad Stodden.
1916
Rochus Rössel, Michel Coßmann, Reinhard Mies, Hubert Rössel, Lorenz Zorn, Josef Kreutzberg, Michel Appel.
1917
Lambert Knieps, Franz Major, Josef Bell, Stephan Schönberg, Jakob Knieps, Alois Poppelreuter, Johann Josten, Josef Winterberg, August Bleis.
1918
Anton Kreuzberg, Paul Berzen, Peter Kläs, Rochus Gottsacker, Alois Zorn, Christian Ley, Franz Adenäuer, Benedikt Kraus, Nikolaus Ley, Ernst Coßmann, Friedrich Coßmann, Peter Appel.

1919 Die Besatzung durch amerikanische Truppen dauerte vom 8. Dezember 1918 bis zum 27. Mai 1919. Sie verursachten einen Schaden von circa 500.000 Mark.

1920 Die Ahr stand am 15. Januar erneut, wie 1918, am Spritzenhaus und verursachte auf den landwirtschaftlichen Flächen starke Schäden.

1921 Im August erfolgte die Gründung einer Freiwilligen Feuerwehr in Mayschoß.

1922 Am 12. März wurden vier neue Kirchenglocken geweiht und am 19. März zum ersten Mal geläutet.[27] Das Hochwasser vom 1. Mai zerstörte die Arzertbrücke.[28] An der Nordseite des Kirchturmes brachte man eine Gedenktafel für die gefallenen Soldaten der Gemeinde an.[29] Am 10. Dezember enthüllte man ein Kriegerdenkmal auf dem Waag. Es war in Form eines Obelisk in Niederbreisig aus Tuff hergestellt worden.[30]

---

27 Laut Schulchronik am Samstag, dem 18. März.

28 Schulchronik, S. 180.

29 Laut Schulchronik vor Ostern.

30 Schulchronik, S. 184.

1923 In diesem Jahr wurden die Pfeiler zu einer Brücke an Arzert gebaut. Die Bürger kauften eine Dreschmaschine. Auf dem Waag baute die Gemeinde ein Haus, worin sich auch das Spritzenhaus befand.

1924 Am Sonntag, dem 4. Mai, fanden die Wahlen zum Deutschen Reichstag und zur Gemeindevertretung statt. Von den 561 Wahlberechtigten gaben 76% ihre Stimme ab. Es erhielten zum Deutschen Reichstag:

Centrum	327	Stimmen
Kommunistische Partei	20	Stimmen
Sozialdemokratische Partei	15	Stimmen
Deutsch-soziale Partei	1	Stimme
Deutsche Volkspartei	19	Stimmen
Rhein. Wirtschaftsbund	25	Stimmen
Deutsch-Demokratische Partei	1	Stimme
Völkisch sozialer Block	1	Stimme
Deutschnationale Volkspartei	1	Stimme
Ungültig waren	15	Stimmen

Zur Wahl der Gemeindevertretung gingen zwei Vorschläge ein: Eine Winzerpartei und eine Partei der Gewerbetreibenden. Gewählt wurden aus ersterer 4 aus letzterer 2 Gemeindevertreter.[31]

1927 Die im Jahre 1909 gegründete freiwillige Sanitätskolonne zählte 1927 28 ausgebildete Mitglieder. Die Ausbildung erfolgte in Hilfsleistungen bei Unglücksfällen

Die Mayschoßer Sanitätskolonne. Aufnahme 1930er Jahre. *Elli Adenäuer*

31 Ebd., S. 187.

Das Aussichtstempelchen auf der Martinsnück. *Sascha Neuert*

und im Transport von Kranken und Verletzten. Die hierzu notwendigen Kurse fanden im Winter statt. Im Dorf existierten drei Unfallmeldestellen.[32]

1928 Die im Jahre 1924 gegründete Ortsgruppe des Eifelvereines errichtete in diesem Jahr das massiv aus Bruchstein gebaute Aussichtstempelchen auf der Martinsnück.[33] Gründer und Vorsitzender des Vereins war Lehrer Albert Brühl.

1929 Am 1. Juli begann man mit dem Bau einer neuen Wasserleitung.

1930 In diesem Jahr wurde der Weg im Mönchberg, der zur Hälfte ausgebaut war, fertig gestellt.

1933 Bei den am 5. März abgehaltenen

Die alte Kirchgasse rechts begrenzt durch das Anwesen Karris. Aufnahme 1930er Jahre. *Liesel Coßmann*

32 Ebd., S. 190.
33 Ebd., S. 197.

Winzerumzug in den 1930er Jahren. *Sammlung des Verfassers*

Reichstagswahlen waren 640 Personen wahlberechtigt. Von den 593 gültigen Stimmen entfielen auf:

Nationalsozialisten	190
Sozialdemokraten	28
Kommunisten	26
Zentrum	332
Kampffront	15
Deutsche Volkspartei	2

In den Gemeinderat wurden vier Mitglieder der Winzerliste Krupp und je ein Mitglied der Winzer- und Gewerbeliste sowie der Nationalen Liste gewählt. Im Gemeindewald baute man einen Weg vom Hau bis ins Ahrenstälchen. Bei der Volksbefragung über die Außenpolitik Adolf Hitlers am 12. November stimmten von 641 Stimmberechtigten 621 mit Ja. Bei der gleichzeitigen Reichstagswahl erhielt die NSDAP 602 Stimmen.[34]

1936 Bei der Reichstagswahl am 29. März erhielt die NSDAP von 650 Stimmberechtigten 647 Stimmen.[35]

1937 Neubau der Dorfstraße vom Kriegerdenkmal bis zur Kirche. Gleichzeitig erfolgte die Kanalisierung des Dorfbaches von der Schule bis zum Haus Appel.

1938 Vor Weihnachten sank die Temperatur auf – 23° C. Im Dorf froren die Wasserleitungen zu und zerplatzten zum Teil.[36]

34 Ebd., S. 214.
35 Ebd., S. 217.
36 Ebd., S. 226.

1939 Mit dem Kriegsausbruch am 1. September hatte das Dorf bis Ende des Jahres fast ständig Einquartierungen.

1940 Am 27. Mai erhielt Mayschoß die erste Todesmeldung eines Bewohners, der als Soldat gefallen war.[37] Die Zahl der aus dem Ort eingezogenen Wehrpflichtigen erhöhte sich auf etwa 120.

1941 Fast jede Nacht wurde Mayschoß nachts von englischen Flugzeugen überflogen. In der Nacht zum 20. Juni fielen fünf Bomben auf Boxhardt. Einige Zeit darauf fielen einige Bomben hinter Koppen.[38] Im Distrikt Durchhausen richteten drei Sprengbomben leichte Flurschäden an.

1942 Wegen des Krieges lastete die Arbeit im Dorf auf den Schultern der älteren Männer, der Frauen und Kinder sowie einiger kriegsgefangener Franzosen.

1943 Am Morgen des 1. September stürzte ein viermotoriger Bomber am Steinerberg in der Nähe vom Hohen Kreuz ab. Drei Mann der Besatzung überlebten.[39] Später fand man noch drei verbrannte kanadische Soldaten, die auf dem Mayschoßer Friedhof beigesetzt wurden.

1944 Bei Luftkämpfen über Mayschoß stürzten am 6. Mai im hinteren Weidenhardt zwei Flugzeuge, darunter ein deutscher Jäger, ab. Einige Tage später stürzte in der Nähe ein viermotoriges Flugzeug nachts ab. Man fand fünf Tote.[40] Am 29. September gab es die ersten Bombeneinschläge im Dorf. Zwei Bomben

Einquartierung 1944. Soldatengruppe vor dem jetzigen Haus Kunz. *Luise Kunz*

37 Ebd., S. 234.
38 Ebd., S. 240.
39 Ebd., S. 262.
40 Ebd., S. 274.

fielen in der Umgebung des Winzervereines und richteten einigen Sachschaden an den umliegenden Dächern und Fenstern an.[41] Während des gesamten Oktobers war die Ahrbahnstrecke gezielter Bombardierung ausgesetzt. Am 29. Oktober wurden die Bahnbrücken am Bergischen Hof mit 13 Bomben angegriffen. Zwei Bomben trafen und die anderen fielen in die Ahr oder die umliegenden Weinberge. Durch die Druckwellen entstand am Bergischen Hof größerer Sachschaden. Am 6. November wurden Laach und der Tunnel (dort stand ein Transportzug) mit Bomben und Bordwaffen angegriffen. Bei dem Angriff entstanden große Schäden an den Häusern. Am selben Tag schlug noch eine Bombe im Bereich Wehrholz ein.[42] In der zweiten Jahreshälfte gab es mehrfach Einquartierung von Soldaten in der Schule. Um die Mittagszeit des 25. Dezembers kamen vom Schrock her 12 Bomber und bombardierten das Dorf mit Spreng- und Brandbomben. An vielen Stellen brannten Scheunen. Das Haus des Bürgermeisters Anton Fuhrmann erhielt einen Volltreffer, der Stall und Wohnung zerstörte.[43] Auf Bungert zerstörte eine Bombe das Haus von Coßmann hinter der Schmiede von Lautwein.

1945 Anfang 1945 wurden in Mayschoß Bunker gegraben und vorhandene Felsenkeller erweitert, so am Kriegerdenkmal und auf Bungert zwischen Bäckerei

Das Fachwerkhaus im Hintergrund von Dechant Peter Näkel wurde am 16.2.1944 von einer Bombe zerstört. Im Vordergrund Anton, Maria und Walter Fuhrmann mit zwei Soldaten. Aufnahme aus dem Jahr 1939. *Familie Fuhrmann*

41 Ebd., S. 277.

42 Ebd., S. 279.

43 Ebd., S. 280.

Josten und Wirt Coßmann. Neue Bunker legte man am Fuhrweg (Lehmkaul) und am Schlagbaum an. Ebenfalls nutzte man den linken Saffenburger Tunnel. In ihm stand ein Güterzug, dessen Waggons von der Bevölkerung mit Öfen, Stühlen, Bänken und Betten bestückt wurden. Hier suchten vor allem die Frauen und Kinder Schutz vor den Bomben. Um den Tunnel im Ernstfall besser erreichen zu können, baute man am Haus Schmitz eine Brücke über die Ahr. Als diese Brücke das Hochwasser wegriss bauten Eisenbahnpioniere eine stabilere.[44] Nachdem die Wagen aus dem Saffenburger Tunnel entfernt worden waren, gingen viele Mayschoßer in den Recher Tunnel. Weitere Schutzräume waren der Felsenkeller bei Kläs und der in Laach. Während des Tages war das Dorf meist menschenleer, nur die Mutigsten blieben im Haus, versorgten das Vieh und kochten die Mahlzeiten. Am 16. Februar gegen 14 Uhr kamen vom Schrock vier Bomber. Einer flog in Richtung Oberdorf und warf zwei Bomben ab. Eine zerstörte das Haus des Dechanten Naekel völlig. Opfer waren der Dechant Näkel und seine Haushälterin Anna Gasper. Die zweite Bombe fiel in den Weg vor dem Pfarrgarten. Hier starb Dorothea Kolodzinsky.[45] Am 24. Februar griff ein Bomber das Dorf mit Bordwaffen an. Besonders viele Treffer erhielt die Rentei. Die Front mit den zurückweichenden deutschen Truppen rückte immer näher. Von der Grafschaft her war das Rasseln der Panzer zu hören. Auch die in Mayschoß noch vereinzelt untergebrachten Soldaten erhielten den Befehl zum sofortigen Abrücken. In der Nacht zum 8. März suchte die Bevölkerung wieder die Bunker auf. Einige versprengte Soldaten wurden von ängstlichen Dörflern am Schlagbaumbunker abgewiesen. Ein Kommando, welches Maschinengewehre aufstellte und Mayschoß verteidigen sollte, konnte von seinem Vorhaben abgebracht werden. Auf der Martinsnück lagen in der Nacht schon die Amerikaner und beschossen mit einer Flak die Bundesstraße. Dort brannten noch stehen gelassene Fahrzeuge, die von zurückweichenden deutschen Soldaten angezündet worden waren. Am Morgen stiegen die Amerikaner den Berg herunter zum Kloster und durchkämmten vom Oberdorf an jedes Haus nach Soldaten. Einige gerieten in Gefangenschaft und wurden mit den hier lebenden französischen Gefangenen in der Nähe der Schule zusammengetrieben und durchsucht. An den Bunkern und von einigen Häusern wehten weiße Fahnen. Am gleichen Tag gab es Einquartierung von amerikanischen Soldaten.[46] In der Folgezeit setzten die Amerikaner den bisherigen Bürgermeister Anton Fuhrmann ab. An seine Stelle trat Dr. Anton Ley von hier. Er blieb in diesem Amt aber nicht lange, da man ihn bald zum Amtsbürgermeister des Amtes Ringen ernannte. Nun übernahm der frühere Bürgermeister Heinrich Hallerbach wieder die Ortsbürgermeisterstelle. Über die folgenden Verhaftungen durch die Amerikaner berichtet die

44 Ebd., S. 291.
45 Ebd., S. 292.
46 Ebd., S. 294.

Schulchronik: „Von den Amerikanern wurden verhaftet und abgeführt der frühere Ortsgruppenleiter Cornel Hallerbach (ein Bruder des vorhin genannten Bürgermeisters Heinrich Hallerbach), sein früherer Geschäftsführer Franz Kreuz und Robert Dommerque, der den erkrankten Ortsgruppenleiter Hallerbach einige Monate vertrat und das Amt als Ortsgruppenleiter ausübte. Mit dem Erscheinen der Amerikaner hörte der im letzten Kriegsjahre auf die Beine gestellte Volkssturm auf. Hier stand der Volkssturm unter dem Kommando des Ortsbauernführers Nikol. Meurer."[47] Nach Abzug der Amerikaner kam das hiesige Gebiet unter französische Besatzung. Während bei den Amerikanern alle Waffen und fotografischen Apparate abgeliefert werden mussten, beschlagnahmten die Franzosen viele Räder, Betten und Bettzeug. Außerdem mussten Obst, Gemüse, Kartoffeln, Butter und Eier, Wein in großen Mengen sowie Pferde, Kühe und anderes Vieh abgeliefert werden.[48] Die Ernte 1945 war nicht besonders gut, da im Frühjahr wegen der Bombengefahr und aus Mangel an Arbeitskräften nicht alles bestellt werden konnte. Es setzten nun Hamsterei und Schwarzhandel ein. Die Preise stiegen ins Unerschwingliche. Für Geld war kaum noch etwas zu haben. Dazu kam der Mangel an Brennstoffen. Brikett und Kohlen durften aus der englischen Zone nicht eingeführt werden. Die Leute schlugen im Gemeindewald Holz. Jedem wurde ein Los zugewiesen, der privat keinen Holzbestand hatte.

Dr. Anton Ley. *Sammlung des Verfassers*

Gefallenenliste Zweiter Weltkrieg (Gedenktafel an der Kirche)
1940
Josef Kolodzinsky, Fritz Gottsacker, Michael Henseler.
1941
Josef Ley, August Baltes, Hubert Gasper.
1942
Stephan Poppelreuter, Hubert Josten, Johann Thelen, Josef Marner, Heinrich

47 Ebd., S. 295/296.
48 Ebd., S. 296.

Schmitz, Albert Ley, Ernst Josten, Ernst Coßmann, Ignaz Ley.
1943
Wilhelm Adenäuer, Johann Koch, Josef Reycovic, Peter Tatara, Josef Bäcker, Lambert Knieps, Ernst Stodden, August Kolodzinsky, Heinrich Josef Ley, Clemens Coßmann.
1944
Adam Bell, Aloys Mies, Jakob Bell, Karl Anton Wieland, Heinrich Meurer, Hans Ley, Alfred Bölling, Leopold Veith, Ernst Schmitz, Leo Knieps, Josef Hühnerfeld, Konrad Reycovic, Matthias Knieps, Michael Asbach, Josef Alex. Weinand, Joh. Adenäuer, Heinrich Tatara.
1945
Heinrich Lautwein, Karl Näkel, Robert Lösch, Leo Poppelreuter, Theodor Josten, Fr. Alfons Halder, Jos. Coßmann, Heinrich Bäcker.

Vermisste Zweiter Weltkrieg
Nikolaus Adenäuer, Hans Baur, Hubert Bertram, Adolf Cossmann, Eduard Coßmann, Paul Coßmann, Karl Damian, Anton Henseler, Johannes Habers, Albert Koch, Anton Kraatz, Alfons Ley, Cornelius Meurer, Albert Mies, Heinrich Poppelreuter, Adam Sv. Tatara, Cornelius Weinand, Josef Nolden.

Opfer des Krieges in der Heimat.
Katharina Appel, August Wolff, Dechant Peter Naekel, Anna Gasper, Doroth. Kolodzinsky, Felix Weinand.

1946 Im Sommer wurde Mayschoß „Colonie de vacance“ für 200 französische Kinder, die in der Lochmühle und anderen Gaststätten für einen Erholungsaufenthalt untergebracht waren. Betten und Bettzeug mussten die Dorfbewohner leihweise stellen.[49]
Für die Gemeinderatswahlen am 15. September reichten die Parteien drei Wahlvorschläge ein. Als Spitzenkandidaten stellten die Christliche Demokratische Partei Sylvester Baltes, die Sozialdemokratische Partei Heinrich Poppelreuter, die Kommunistische Partei Ferdinand Adenäuer auf.
Von 579 Wahlberechtigten wählten 526, also 90,85 %. Davon erhielt:

die CDP	372 Stimmen,	74,7%,	5 Sitze,
die SPD	96 Stimmen,	18,3%,	1 Sitz,
die KPD	30 Stimmen,	6%,	0 Sitze.[50]

Nach einer guten Kartoffelernte konnten jeder Familie drei Zentner zu je 4,30 Mark zugeteilt werden.[51]

49 Ebd., S. 301.
50 Ebd., S. 305
51 Ebd., S. 306.

1947 Lebensmittel waren nur auf Lebensmittelkarten erhältlich. Der Wein wurde als Zahlungsmittel eingesetzt, und zwar hat eine Flasche Wein den Wert von etwa 50 Reichsmark. Im Theaterverein und im Turn- und Sportverein Mayschoß herrschte eine rege Vereinstätigkeit.

1948 Währungsreform am 20. Juni. Jeder, der Lebensmittelkarten erhielt, musste im Winzerverein 60 alte Reichsmark einzahlen. Dafür erhielt er 40 Mark. Die restlichen 20 Mark sollten in den nächsten zwei Monaten ausgezahlt werden. Während man in den ersten Tagen preiswert Lebensmittel kaufen konnte, so stieg der Preis zum Beispiel für Butter von 3 Mark auf 10 Mark je Pfund. Kaffee kostete pro Pfund 24 Mark. Der mit der Währungsreform zum Stillstand gekommene Schwarzhandel blühte wieder auf.[52]

1949 Die neue Währung festigte sich, Weinhandel und allgemeine Wirtschaft liefen gut an. Die Gemeinde verlegte eine neue Wasserleitung von „Bungert" bis Haus Görres „An Sonscheid". Der Auelsbach wurde verlegt und erhielt Anschluss an die Dorfkanalisation.

1950 Im Januar kehrte Ludwig Poppelreuter als letzter Kriegsgefangener (aus polnischer Gefangenschaft) zurück. Die Gemeinde ließ die Gasse „Am alten Berg" pflastern und den Schulhof asphaltieren.

1951 Am 13. März um 10.46 Uhr gab es ein heftiges Erdbeben. Es soll in unserer Gegend das stärkste seit 1756 gewesen sein.[53] Die Kirchgasse von der Dorfstraße bis zum Friedhof wurde, da sie stark unter den Bomben gelitten hatte, gepflastert.[54] Im Jahre 1951 zählte Mayschoß 3136 angekommene Gäste und 5226 Übernachtungen.

1952 Die Bungertstraße und der Thiergarten erhielten einen Kanalanschluß. Nach Abschluss der Arbeiten wurde die Bungertstraße neu gepflastert.[55] In den Sommermonaten baute man die Dorfstraße vom Pfarrhaus bis zum Haus Ley/Appel aus und pflasterte sie neu. Am Bahnhof legte man einen großen Parkplatz für circa 50 Busse an.[56] Die Gemeinde ließ die Etzartgasse und den Fuhrweg pflastern. Im Fuhrweg verlegte man die Wasserleitung. Ebenfalls pflasterte man die „Treppchen" genannte Straße am Winzervereinssaal. In den Winzerbetrieben begann die Motorisierung mit der Anschaffung von tragbaren Seilwinden, Einachsern und vereinzelt auch Traktoren.

1953 Starke Zunahme des Fremdenverkehrs. Viele Gaststätten, Straußwirtschaften und Verkaufsläden wurden zu Anfang des Jahres umgebaut oder erheblich erweitert. Neue Geschäfte und Straußwirtschaften (Kreuz, Appel, Mies, Kraus, Jäckle, Damian) kamen hinzu.[57] Im Sommerhalbjahr verzeichnete Mayschoß 4456 angekommene Gäste und 8346 Übernachtungen. Seit diesem Jahr

52 Ebd., S. 314.
53 Ebd., S. 328.
54 Ebd., S. 330.
55 Ebd., S. 332.
56 Ebd., S. 334.
57 Ebd., S. 335.

Gastronomie und Reiseandenkenläden am Winzerverein. Aufnahme 1950er Jahre. *Sammlung des Verfassers*

fand an den drei ersten Wochenenden im Oktober in Mayschoß ein Weinfest statt, welches die Kirmes in den Hintergrund drängte. Der Verkehrsverein, als Träger des Weinfestes, ließ hierzu „auf dem Waag" einen Weinbrunnen aufstellen.

1954 Im ganzen Dorf wurde die elektrische Straßenbeleuchtung entfernt und eine Neonanlage in Betrieb genommen.

1955 Der Bereich vom Waag bis zum Gasthof „Die vom Niederrhein" erhielt eine Wasserleitung. Außerdem ließ die Gemeinde eine Kanalisationsanlage vom Winzerverein bis zur Metzgerei Damian verlegen. „Vor Weidenhardt" begannen die Bauarbeiten zu einem Weinbergsweg. Das Martinsfeuer wurde in diesem Jahr zum ersten Mal nur an einer Stelle abgebrannt.[58]

1956 Im Februar sank das Thermometer auf -29° Celsius. Dies hatte katastrophale Auswirkungen auf die Weinstöcke, die teils bis in die Wurzeln erfroren.[59]

1957 Der Bau des Weges „In Einetzard" begann.

1958 Die Gemeinde ließ „Auf der Rötsch" asphaltieren und den Fuhrweg pflastern. Die Thiergartenstraße wurde kanalisiert und asphaltiert. Ebenfalls beschloss die Gemeinde eine zentrale Müllabfuhr. Der Ort hatte 1042 Einwohner. An Fremden zählte er im Sommer 7533 Gäste mit 12836 Übernachtungen.

---

58 Schulchronik, S. 339. Bisher hatten die einzelnen Dorfgemeinschaften getrennte kleine Feuer. Um ein größeres Feuer zu bekommen, wurde vereinbart, dass künftig das Feuer abwechselnd auf der Saffenburg und am Tempelchen abgebrannt werden sollte. 1953 wurde es auf der Saffenburg entzündet. Im Jahr 1956 einigte man sich auf das Tempelchen als alleinigen Feuerplatz, da das Heranschaffen des Brennmaterials zur Saffenburg zu beschwerlich war.

59 Schulchronik, S. 339.

Gasthof „Die vom Niederrhein“. Aufnahme 1940/50er Jahre. *Sammlung des Verfassers*

1959 In diesem Jahr liefen in der Gemeinde 18 – 20 Traktoren, 36 Einachser, 50 Motorspritzen und etwa 60 Motorhacken. Das Kriegerdenkmal auf dem Waag wurde erneuert.

1960 In der Gemeinde waren 100 – 120 Motorfahrzeuge in Winzerbetrieben.

1961 Am 31. Januar gab es, bedingt durch schwere Regenfälle, Hochwasser. Die Bundesstraße musste für einen Tag gesperrt werden, da sie in Teilen unpassierbar war. In tiefer gelegenen Häusern in Laach war das Erdgeschoss überschwemmt. Im Herbst gab es am 10. September schweren Hagelschlag. Am 24. des Monats setzte erneut ein 20-minütiger Hagelschlag mit taubeneigroßen Körnern ein. Anschließend folgte ein Gewitter mit enormen Wassermassen. Die gesamte Dorfstraße war etwa ½ Meter hoch mit einer Schlammflut bedeckt, in der Fichtenstämme und Geröllmassen die Dorfstraße hinabflossen.[60] Die Gemeinde beschloss die Kanalisation in der „Miesse Gass“. „An Lützemich“ begann man mit dem ersten Bauabschnitt des Weinbergsweges „Laacher Berg“.

1962 Am „Laacherberg“ wurde mit dem 2. Bauabschnitt des Weinbergsweges begonnen. Auf der Ahrstrecke zwischen Remagen und Adenau kamen die ersten Diesel-Lokomotiven zum Einsatz.

1963 Zwischen dem Kriegerdenkmal und dem Haus Ley legte man einen Behelfsparkplatz an. Im „Laacherberg“ begannen die Arbeiten zum 3. Bauabschnitt des Weinbergsweges.

1964 Im Gemeinderat sprach man erstmals über eine eventuelle Flurbereinigung. Auf dem Gemeindeberg ging der Fernsehumsetzer in Betrieb.

60 Ebd., S. 354/55.

1965 Am 27. September erfolgte die Schließung des hiesigen „Herz-Jesu-Klosters". Der Gemeinderat stimmte der Bildung einer Mittelpunktschule in Dernau zu.

1966 Im August gab es eine große Hitzewelle , so dass die Trauben in den Hanglagen zum Teil verbrannten. Der Gemeinderat beschloss, um dem drohenden Wassermangel zu begegnen, die Anlage eines Tiefbrunnens auf dem Sportplatz. Vom 9. – 12. Dezember regnete es ununterbrochen. Das anschließende Hochwasser überflutete an vielen Stellen die Bundesstraße in Mayschoß und Laach.

1967 Die Gemeinde nahm den Tiefbrunnen auf dem Sportplatz und die neue Leitung zum Pumpenhaus auf dem Waag in Betrieb. In Laach senkte man die Bundesstraße. Die Oberklasse der Mayschoßer Schule (5. – 9. Schuljahr) fuhr erstmals zur Mittelpunktschule nach Dernau.

1968 100-jähriges Jubiläum des Winzervereines.[61] Ein Beschluss der Landesregierung ordnete die Flurbereinigung in der Gemeinde an. Das erzeugte eine große Unruhe in der Gemeinde, worauf der Gemeinderat durch eine Eingabe eine vorläufige Zurückstellung der Flurbereinigung erwirkte.

1969 Die Gemeinde ließ circa 600 Meter Wasserleitung „An Sonscheid" verlegen. Ende des Jahres war die Ringleitung um den „Etzhartberg " geschlossen. Weitere Baumaßnahmen waren die Asphaltierung des Parkplatzes auf dem Waag sowie die Errichtung eines Trockenturmes neben dem Feuerwehrschuppen. Die Einwohnerzahl betrug 1046 Personen. Der Sportverein beging sein 50-jähriges Vereinsjubiläum.

1970 Die Gemeinde schaffte einen Traktor an. Das diesjährige Weinfest konnte mit einem neuen Weinbrunnen eröffnet werden.

1971 Während eines starken Gewitters am 18. Mai kam es zu einer Überflutung der Dorfstraße mit Lehm und Geröllmassen. Gleichzeitig entstanden große Schäden am Wegenetz der Gemeinde. Die Feuerwehr war zwei Tage im Einsatz.

1972 Ende Oktober starb der älteste Einwohner des Ortes, Hubert Cossmann (genannt Pievche), mit 95 Jahren. Die Einwohnerzahl war mit 25 Sterbefällen und 7 Geburten rückläufig.

1973 Mit dem 1. August wurde die Grundschule Mayschoß aufgelöst, und die ersten vier Schulklassen fuhren nach Dernau zur Mittelpunktschule. An einem Weinfestwochenende zählte man 250 Busse mit Besuchern. Im Laufe des Jahres wurde die Ortsdurchfahrt der Bundesstraße 267 ausgebaut.

1974 In diesem Jahre erfolgte die Eröffnung des neuen Saales im Winzerverein.

1975 In der Sonscheidstraße wurde der Kanalbau fortgesetzt und im Laacherberg weiter an einem Weg gebaut. Der Fremdenverkehr erreichte mit 39.500 Übernachtungen einen neuen Höhepunkt.

1976 Seit dem 15. April ist der Mayschoßer Bahnhof ein „unbesetzter Haltepunkt". Am 11. Mai gab es ein starkes Unwetter mit großem Hagelschlag. Im Laufe des Jahres erfolgte der Ausbau der B 276 bis zur Lochmühle und die Verlegung

61 Siehe Kapitel Weinbau und Winzerverein.

von Kanal und Wasserleitung bis Laach. Hinter der Lochmühle bohrte man einen neuen 15 Meter tiefen Brunnen mit einer Förderleistung von über 600 m³ Wasser in 24 Stunden.

1977 Kanal und Wasserleitung wurden in Laach fertiggestellt. Im Fremdenverkehr gab es erstmals über 40.000 Übernachtungen.

1978 Im Februar erfolgte der 1. Spatenstich für die Kläranlage. Der Fremdenverkehr erreichte mit 49.000 Übernachtungen erneut einen Höhepunkt.

1979 Am 6. Juni ging die Kläranlage in Betrieb, welche 1,7 Millionen Mark kostete. Der Bahnhof Mayschoß wurde an die Gemeinde Mayschoß verkauft.

1980 Am 1. Februar fing der Kanalbau in der Dorfstraße an. Im Laufe des Jahres gab es zweimal ein mittleres Hochwasser.

Fachwerkanwesen am Fuhrwegplatz. Aufnahme 1980er Jahre. *Sammlung des Verfassers*

1981 In diesem Jahr feierte das Oberdorf die Fertigstellung der Dorfstraße (Bach, Kanal, Wasser, Telefon). Im Dezember wurde am Rotweinwanderweg die Heinz-Korbach Rast eingeweiht. Im Laufe des Jahres führte die Ahr viermal Hochwasser.

1982 Zusammenschluss der Winzervereine Mayschoß und Altenahr.[62]

1983 Nach dem Verkauf des oberen Schulgebäudes verwendete man den Erlös von 160.000 Mark zur Umgestaltung des Sportplatzes und der Renovierung des unteren Schulgebäudes. Im gleichen Jahr begann man mit dem Kanalbau auf Bungert.

62 Siehe Kapitel Weinbau und Winzerverein.

1984 Bis zum 2. Juni führte die Ahr dreimal Hochwasser. Im August fing der Ausbau der Bungertstraße an. Erneutes Hochwasser am 22/23. November, welches am gerade fertiggestellten Sportplatz Schäden im Umfang von etwa 40.000 Mark verursachte.

1985 Erstmals großer Festzug von allen Vereinen beim Weinblütenfest im Juni. Anfang November begannen die Bauarbeiten für einen neuen Weinbrunnen.

1986 Beschluss des Ortsgemeinderates über die Einführung eines Wappens für die Ortsgemeinde Mayschoß. Mit der Erstellung des Wappens wurde Sebastian Wolfgang Schmitz beauftragt. Die Genehmigungsurkunde erteilte der Regierungspräsident am 19. Juni. Die Wappenbeschreibung lautet: Gespalten von Rot und Silber, vorne drei (2:1) silberne Rauten, hinten ein schwarzes Balkenkreuz. Wappenbegründung: Unter den verschiedenen Lehnsträgern der Saffenburg, deren heutige Ruinen oberhalb des Dorfes Mayschoß liegen, ist das Geschlecht derer von Saffenburg das älteste. Bereits 1236 führt Wilhelm, Herr von Saffenberg in einem Reitersiegel 3 Rauten. Gleichzeitig symbolisieren die drei Rauten der rechten Schildhälfte die drei ehemaligen Ansiedlungen Laach, Bongard und Mayschoß, die am 1. April 1878 zu dem heutigen Dorf Mayschoß zusammengeschlossen wurden. In der linken Schildhälfte ist das Wappen der Erzbischöfe von Köln abgebildet, die über 400 Jahre (vom 14.-18. Jahrhundert) Lehnsherren bzw. Besitzer von Burg und Herrschaft Saffenburg waren. Am 27.7.1986 konnte der Sportplatz nach einem großzügigen Umbau (Flutlichtanlage, neue Rasenfläche) eingeweiht werden.

Wappen der Ortsgemeinde Mayschoß.
Foto des Verfassers, 2006

1987 Eines der wichtigsten Themen innerhalb des Dorfes war die Flurbereinigung. Nachdem sich im Jahre 1986 Winzerstammtisch, Winzerverband und die Flurbereinigungsbehörde auf das sogenannte „klassische Verfahren“ geeinigt hatten, formierten sich die Befürworter ortspezifischer Alternativen zu dem klassischen Flurbereinigungsverfahren. Sie brachten etwa 500 Unterschriften zusammen, hielten eine Bürgerversammlung ab und unternahmen eine Fahrt nach Mainz, wo sie dem Weinbauminister Ziegler einen „Offenen Brief“ mit den Anliegen des größten Teils der Mayschoßer Bevölkerung überreichten. Am 19. Juni überreichte der Rat der Stadt Herzogenrath einige Exponate der örtlichen Industrie der Gemeinde Mayschoß auf dem Waagplatz. Am 11./12.

Juli fand das Thiergartenfest statt. Es wird seit 1984 von den Anwohnern organisiert und dient zur Unterhaltung des dortigen Spielplatzes. Bisher hatten die Anwohner 14.000 Mark für Spielgeräte aufgebracht. Bei dem diesjährigen Fußball-Dorfturnier spielten die Ortsteile Bungert/Thiergarten, Unterdorf/Hauptstraße, Waag/Etzhard, Oberdorf/Fuhrweg, Laach und Campingplatz gegeneinander. Sieger blieb die Mannschaft Bungert/Thiergarten. In diesem Jahr fand die Anna-Kirmes in Laach am 29. Juli erstmals auf dem 1986 fertiggestellten Dorfplatz statt. Früher wurde die Kirmes von der Bevölkerung mit einer Messe und einem Treffen in einer Laacher Gaststätte begangen. Seit Beginn der 80er Jahre vergrößerte sich die Kirmes, so dass man ein Zelt nebst Bierbrunnen aufstellte und eine kleine Musikkapelle engagierte. Der Mayschoßer Martinszug war am 11. November. Die Wegstrecke führte die Dorfstraße hinunter zum Waag, dann über den Bungert, Thiergarten zurück zum Schulhof. Bei der Rückkehr vom Bungert entzündete dann die Feuerwehr das Martinsfeuer an der Michaelskapelle. Auf dem Schulhof wurde danach die Szene, in der St. Martin vom Pferd aus mit dem Bettler den Mantel teilt, dargeboten. Anschließend erhielten die Kinder von der Feuerwehr, die auch den Fackelzug begleitete, einen Weckmann. Im Rahmen einer feierlichen Vesper in der Kirche gedachte die Mayschoßer Pfarrgemeinde am 14. November des Tages als Mayschoß vor 450 Jahren zur eigenen Pfarrei erhoben wurde. Anschließend war die Pfarrgemeinde in das neugestaltete Pfarrheim eingeladen. Am 6. Dezember hatte Mayschoß anlässlich der Firmung bischöflichen Besuch. Am Abend fand im Rahmen der 450-Jahr-Feierlichkeiten in der Kirche ein festliches Konzert statt. Im Laufe des Monats Dezember konnte in der Flurbereinigungsfrage zwischen den verschiedenen Interessengruppen ein Kompromiss erreicht werden, dem der Gemeinderat einstimmig zustimmte.

1988 Hochwasser am 16. März. Das Wasser erreichte um 12 Uhr seinen Höchststand und stand bis an den Weinbrunnen. Es lief über die Brücke am Sportplatz und zerstörte an zwei Stellen die dicke Bruchsteinmauer an den Parkplätzen bei der Bundesstraße. Am 30. April fand das Straßenfest des Oberdorfes statt. Seit 1980 – Anlass war ursprünglich die Fertigstellung der Dorfstraße – veranstalten die dortigen Nachbarschaften ein gemütliches Beisammensein. Der Reinerlös, der nach dem Bewirten der Gäste übrigbleibt, wird dann unter anderem für die Verschönerung des Oberdorfes verwandt. Am 8. Juni fand in der Gemarkung Mayschoß erstmals eine Hubschrauberspritzung statt. Im November begann der Sportverein mit dem Bau einer festen Unterkunft neben dem Sportplatz. Zur Jahreswende waren in Mayschoß 970 Einwohner mit Erstwohnsitz und weitere 57 Personen mit Zweitwohnsitz gemeldet.

1989 Am 18. Juni erfolgte die Wahl eines neuen Gemeinderates. Wahlberechtigt waren 755 Personen, von denen sich 576 (76,29%) beteiligten. Auf die CDU entfielen 6 Sitze, auf die SPD 3 Sitze und auf die Wählergruppe Hehle 2 Sitze. Hubertus Kunz wurde zum künftigen Bürgermeister gewählt. Der bisherige Bürgermeister Fritz Bölling, den man mit einer Dankesrede verabschiedete, hatte das Amt 20 Jahre inne. Die Fremdenverkehrsentwicklung 1989 wie auch der gesamten 80er Jahre zeigte für die Sommerzeit einen Rückgang, der auch nicht durch eine leichte Steigerung im Monat Oktober ausgeglichen werden konnte. Im Monat Dezember befand sich der Raiffeisen-Konsum-Verein nach einem Erweiterungsbau in einem finanziellen Engpass. Eine Erhöhung der Geschäftsanteile wurde auf der außerordentlichen Generalversammlung am 13. Dezember nicht genehmigt. Die Folge waren zurückgezogene Bankzusagen und am Jahresende zum Teil leer geräumte Regale. Bei Jahresende war die Zukunft des „Konsum“ noch ungewiss.

1990 Auf einer Bürgerversammlung am 22. Januar wurden die Ortsbewohner über folgende künftige Projekte informiert: Neubau der Bahnhofsbrücke, Bebauungsplan Etzhard-Auel, Erstellung eines Dorferneuerungsplanes, Umgestaltung des Waagplatzes sowie Umbau der alten Schule zu einem Bürgerhaus. Am 25. Januar beschädigte ein orkanartiger Sturm die Dächer der Kirche und vieler Wohnhäuser. In den Wäldern richtete der Sturm ebenfalls starke Schäden an. Am 8. Februar konnte der Konsumverein als Spar-Filiale neu eröffnet werden. Im Mai erfolgte die Fertigstellung des Sportheimes des Mayschoßer Fußballvereines. In der Nacht vom 2. zum 3. Oktober erfolgte das wichtigste Ereignis des Jahres 1990, die Wiedervereinigung des deutschen Volkes. In Mayschoß wie in den meisten Orten des ganzen Landes läuteten aus diesem Anlass um Mitternacht die Kirchenglocken. Im Laufe des Monats konnte der Kinderspielplatz im Fuhrweg fertiggestellt werden. Von September bis Ende November dauerten die Bauarbeiten am Platz vor dem Feuerwehrhaus. Die Statistik verzeichnet am 31.12.1990 für Mayschoß 1035 Einwohner.

1991 Dienstag, den 9. Juli, brannte es abends im Dachgeschoss des Weinhauses Kläs. Am 4. August wurde das Sportplatzgebäude offiziell eingeweiht. Mit dem 4. November begannen die Baumaßnahmen zur Errichtung der neuen Brücke am Bahnhof. Hierzu wurde 50 Meter unterhalb der alten Brücke im Dezember für 120.000 DM eine Behelfsbrücke geschaffen.

1992 Im Januar erfolgte der Abriss der alten Bahnhofsbrücke und am 6. März die Grundsteinlegung der neuen Brücke. Ein Erdbeben erschütterte am 13. April nachts 3.10 Uhr für 20 Sekunden Westdeutschland. Mit einer Stärke von 5,6 auf der nach oben offenen Richterskala war es in Deutschland das stärkste Beben seit 1756. Am 18. September fand nach achtmonatiger Bauzeit die Einweihung und Übergabe der neuen Ahrbrücke am Bahnhof statt. Nach dem Festakt für das 1,4 Millionen DM teure Bauwerk luden die Gemeinde und die Ortsvereine die Bevölkerung zum Feiern ein. Das Weingut Deutzerhof konnte am 4. Oktober einen Spätburgunder mit 222,6 Grad Öchsle ernten. Dies war der höchste Öchslegehalt, der bisher in Deutschland erreicht wurde.

1993 Die Ahr führte am 12. Januar Hochwasser. Der Fluss überschwemmte die Bundesstraße, in vielen Kellern stand das Wasser. Zu Beginn des Jahres erwarb die Familie Reichling aus Bad Bergzabern das Hotel Lochmühle. Die neuen

Besitzer beabsichtigten einschließlich der Kaufsumme 17 Millionen in Bau- und Sanierungsmaßnahmen zu investieren. Ebenfalls einen Besitzerwechsel gab es beim Mayschoßer Konsum. Am 4. März wurde auf der Generalversammlung des Raiffeisen-Konsumvereines die Auflösung der Genossenschaft zum 15. April beschlossen. Das Lebensmittelgeschäft sollte auf privater Basis fester Bestandteil des Dorfes bleiben. Das zentrale Ereignis im Jahre 1993 war das 125-jährige Jubiläum des Mayschoßer Winzervereines. Nachdem am Mittwoch dem 25. August das Stiftungsfest in traditioneller Weise gefeiert worden war, fand am 27. August in einem großen Festzelt am Bahnhof ein Festkommers für die Mitglieder sowie Gästen aus Politik und Wirtschaft statt. Am 9. Dezember richtete ein orkanartiger Sturm an vielen Dächern Schäden an. Nach tagelangen Regenfällen führte die Ahr am 21. Dezember das stärkste Hochwasser seit dem Dezemberhochwasser von 1966. Der Autoverkehr kam zum Erliegen, und das Wasser stand bis mittags am Weinbrunnen.

1994 In den ersten Januartagen führte die Ahr nach dem starken Hochwasser im Dezember 1993 nochmals mittleres Hochwasser. Im Laufe des Monats wurde das Teilstück der Bundesstraße von Rech bis zum Hotel Lochmühle in Ahrrotweinstraße umbenannt. Im März erfolgte der Umbau des Dachgeschosses des Bürgerhauses „Alte Schule“ zu einem Jugendraum. Wegen Einsturzgefahr musste im August die Burgruine Saffenberg für Besucher gesperrt werden. Anfang November begann die Waagplatzsanierung, bei der in zwei Abschnitten Maßnahmen in Höhe von 192.000 DM vorgesehen waren.

1995 Starkes Hochwasser im Januar. Das Dorf war von beiden Seiten nicht mehr mit Fahrzeugen zu erreichen. Nach dem Rückgang des Wassers musste der Gemeindeparkplatz gegenüber dem Hotel Kläs für 30.000 Mark neu geschottert werden. Weitere Schäden entstanden an dem Weg vom Sportplatz zur Kläranlage sowie an der Waagplatzmauer. Im März kam bei einem Wohnwagenbrand auf dem Campingplatz „Burgwiese“ der Besitzer des Wohnwagens ums Leben. Am 7. Mai war die Einweihung und Eröffnung des neu gestalteten Waagplatzes. Anfang Juni erfolgte der 1. Spatenstich für die notwendigen Baumaßnahmen im Flurbereinigungsverfahren Mayschoß-Mönchberg. Die vorgesehenen Gesamtkosten beliefen sich auf circa 6 Millionen DM. Diese Kosten werden zu 90% von Bund und Land und zu 10% von den Eigentümern übernommen. Am 8. Juni feierten die Eheleute Grete und Ernst Blumhoff auf Bungert diamantene Hochzeit. Im Juli konnten die Jugendräume im Bürgerhaus der Dorfjugend in einer kleinen Feierstunde übergeben werden. Nach fast 30 Jahren in Aufstellung konnte der Bebauungsplan Etzhard-Auel rechtskräftig werden. Am 2. Dezember schloss die Mayschoßer Postfiliale. Daraufhin eröffnete am 4. Dezember im Spar-Geschäft Berk eine Postagentur.

1996 Am 12. Februar beschloss der Gemeinderat, einen Bebauungsplan für Laach aufzustellen. Ebenfalls legte man die Trassenführung des Verbindungsweges „Leo-Ley Weg“ und Lützenhartweg fest. Mit einem Kostenvolumen von circa 1,4 Millionen DM wurde im Bereich Mönchberg unterhalb des Rotweinwanderweges ein Weg von Langenland bis Tankenbach fertiggestellt. Im Juni feierte die Ortsgruppe Mayschoß des Eifelvereines ihr 25-jähriges Jubiläum.

1997 Zu Beginn des Jahres war die Ahr mit überwiegend dickem Eis zugefroren. Der Winzerverein tätigte im laufenden Jahr Investitionen von 1 Million DM in einen neuen Verkaufsraum und den Kellerbereich. Der Eifelverein feierte das 25-jährige Bestehen der Akropolis-Schutzhütte auf dem Mönchberg. Die Ahrbrücke am Sportplatz erhielt am 8. und 9. August einen neuen Bohlenbelag, dessen Kosten die Jagdgenossenschaft übernahm. Ende Oktober konnten die im Juni begonnenen Dachdeckerarbeiten am Kirchturm, der völlig neu mit Schiefer gedeckt wurde, abgeschlossen werden. Im Rahmen von Wegebaumaßnahmen im Flurbereinigungsverfahren Mayschoß wurden im Jahre 1997 folgende Wirtschaftswege geschaffen:

1. Ein Weg im Bereich Mönchberg (oberhalb des Mönchberghofes).
2. Ein Weg unterhalb des Klosters mit Anschluss an die Altenberggasse und einer Weiter-/Rückführung oberhalb des Friedhofes in den alten Kirchpfad nach Dernau.
3. Ein Stichweg an Ottenhard unterhalb des Rotweinwanderweges.
4. Ein Stichweg an Junkerheck unterhalb Büchel.

1998 Ende Januar wurden die Bäume am Kriegerdenkmal gefällt und durch neue ersetzt. Nach der Fertigstellung der Monorakbahn Burgberg im Februar begann man mit dem Bau einer zweiten Monorakbahn, um die Steilterrassen im Ahrbogen unterhalb Mayschoß leichter bewirtschaften zu können. Sturmböen am 4. März beschädigten einige Dächer des Dorfes. Im August war der 1. Spatenstich für den Lückenschluss des Radwanderweges zwischen Rech und Altenahr. Als vorbereitende Maßnahme wurde die bisher gesperrte zweite Tunnelröhre des Saffenbergtunnels geöffnet. Ebenfalls im August begannen Reparaturarbeiten am Dach der Pfarrkirche.

1999 Am 20. Februar sowie am 2. März führte die Ahr, bedingt durch Regenfälle und Schneeschmelze, mittleres Hochwasser. Anlässlich der Firmung von 17 Recher und 27 Mayschoßer Firmlingen war Weihbischof Leo Schwarz am 8. Mai in Mayschoß. Die am 13. Juni stattgefundenen Gemeinderatswahlen und die Urwahl des Bürgermeisters in Mayschoß erbrachte folgendes Ergebnis: Zur Gemeinderatswahl waren 757 Personen berechtigt, davon haben 516 gewählt. Die Wahlbeteiligung betrug 68,2%. Das Ergebnis ergab folgende Sitzverteilung im Gemeinderat: CDU 11 Sitze und 68,8%, SPD 4 Sitze und 25%, Grüne 1 Sitz und 6,3%. Bei der Urwahl zum Bürgermeister von Mayschoß wurde Hubertus Kunz mit 81,3% der Stimmen in seinem Amt bestätigt. Im Verlauf des Juni wurde das Mayschoßer Bahnhofgebäude von der Winzergenossenschaft an eine Investorengruppe für 175.000 DM verkauft. Das Mayschoßer Weinfest an allen Oktoberwochenenden erhielt ein neues organisatorisches Gewand. Jede Woche stand unter einem thematischen Schwerpunkt. Beginnend mit einem Ernte-Dank- über ein Federweißer- zu einem Familienwochenende wurden erfolgreich neue Akzente gesetzt. Anfang November erfolgte die Freigabe des

Teilstückes des Ahrradweges vom Bergischen Hof bis zum Mayschoßer Bahnhof.[63] Hierzu mussten die alte Eisenbahntrasse und die 80 Meter lange alte Eisenbahnbrücke saniert werden. Das 235 Meter lange Gemäuer des zweiten Saffenburgtunnels wurde von einer Spezialfirma befestigt und der Tunnel mit einer Beleuchtung von 20 Lampen verkehrssicher gemacht.

2000 Am 20. Januar morgens um 4 Uhr bebte die Erde für einige Sekunden. Es handelte sich um die Auswirkungen eines leichten Erdbebens mit der Stärke von 3,7 auf der Richterskala, dessen Zentrum in Adendorf bei Meckenheim war. Am 16. Februar feierte das Ehepaar Hubert und Christine Rössel seine goldene Hochzeit. Im Karneval feierte die KG „Närrische Freunde Mayschoß" mit einer Jubiläums-Prunksitzung ihr 25-jähriges Bestehen. Ebenfalls 25 Jahre alt wurde in diesem Jahr der Angelsportverein Mayschoß e.V. Der Mayschoßer Winzerverein eröffnete am 14. April im Weinkeller ein Weinmuseum. Am 10. Juni feierten die Eheleute Grete und Ernst Blumhoff das seltene Fest der eisernen Hochzeit (65-jähriges Ehejubiläum). Im Rahmen des Weinblütenfestes konnte am 18. Juni der Radweg Rech-Mayschoß sowie der neu gestaltete Bahnhofvorplatz eingeweiht werden. Ende August eröffnete im restaurierten Bahnhofgebäude das Restaurant „Bahnsteig 1." Am 24. Oktober feierte das Ehepaar Katharina und Paul Appel das Fest der diamantenen Hochzeit. Im Herbst fand der erstmalige Ausbau der Etzhard- und der Fuhrwegstraße statt. Am 22. November wurde ein weiteres Stück Radweg vom Bahnhof bis Laach entlang der Bahntrasse der Öffentlichkeit übergeben. Am 23. November feierten die Eheleute Hildegard und Richard Marner ihre goldene Hochzeit. Damit wurden innerhalb eines Jahres zwei goldene, eine diamantene und eine eiserne Hochzeit gefeiert. Im Flurbereinigungsverfahren Mayschoß/Mönchberg erfolgte am 1. Dezember die Zuteilung der neuen Flurstücke. Im Anschluss wurden die Flurbereinigungsverfahren für die Flurlagen Lehmerde, Finanzenbach und Grent eingeleitet.

2001 In der ersten Januarwoche führte die Ahr mittleres Hochwasser. Anfang April wurde von der Winzergenossenschaft eine neue Lagerhalle für 2,2 Millionen DM fertiggestellt. Sie beherbergt die neue Abfüllanlage die zusätzlich 800.000 DM kostete. Im September war Baubeginn des Straßenausbaues im Bereich Thiergarten. Dabei stellte man zunächst mit der Saffenburgstraße eine Verbindung zwischen Thiergarten und Silberberg her. Am 18. September feierten die Eheleute Paula und Vinzenz Kläs unter Beteiligung der Öffentlichkeit (Blaskapelle, Feuerwehr und Vereine mit Fackelzug) ihre goldene Hochzeit. Im Oktober wurde mit Vertretern der Partnerstädte Herzogenrath und Kerkrade der „Eurodeplatz" am Mayschoßer Bahnhof als Zeichen der Verbundenheit zwischen den beiden Städten und dem Weinort Mayschoß eingeweiht. Am Dienstag, dem 16. Oktober, erfolgte morgens um 7.40 Uhr ein Überfall auf die Zweigstelle der Kreissparkasse in Mayschoß. Ein einzelner Täter lauerte

63 Bei den Arbeiten auf der Bergseite des Bergischen Hofes wurde eine Bombe gefunden.

einem männlichen Angestellten auf und wollte ihn zwingen den Tresor zu öffnen. Da dieser aber nicht über den notwendigen Zweitschlüssel verfügte, schlug der unbekannte Täter den Bankangestellten nieder und flüchtete ohne Beute. Nachdem die über 150 Jahre alte Antoniusbuche auf dem Steinerberg einem Sturm zum Opfer gefallen war, pflanzten am 22. Dezember Vertreter des Gemeinderates zwei junge Rotbuchen an deren Stelle. Im Laufe des Jahres, verstärkt nach der Ernte im Herbst, wurden vorrangig in den Bereichen Mönchberg, Clemerich, Langenland, Ottenhard, Kirphard, Hinter der Kirche und Büngertchen Weinberge gerodet und zur Neuanpflanzung vorbereitet. Hierbei folgten die Winzer der Empfehlung der Winzergenossenschaft und pflanzten verstärkt Rotweinreben an. Der Ausbau des Wegenetzes konnte in diesem Jahr mit einem Rundweg im Bereich Büngertchen abgeschlossen werden.

2002 Am 20. Januar führte Schneeschmelze zu einem mittleren Hochwasser. Starke Regenfälle an der Oberahr brachten am 13. Februar erneut ein Hochwasser. Viele Keller liefen voll. Die Ahr überflutete die Gärten neben dem alten Steinbruch und die Parkplätze am Waag. Im Mai wählte man Karina Weinand aus Mayschoß zur Gebietsweinkönigin des Ahrtales. Ende Juni wurde Dechant Molzberger im Alter von 70 Jahren im Rahmen einer Feierstunde im Dernauer Weinbauverein in den wohlverdienten Ruhestand verabschiedet.
Umfangreiche Sanierungsmaßnahmen am ehemaligen Kloster mit einer Investitionssumme von 350.000 Euro konnten im Rahmen eines Festaktes am 1. September abgeschlossen werden. Dieser dritte Bauabschnitt beinhaltete im Wesentlichen eine Erneuerung des undichten Dachstuhles mit Instandsetzung der Dachgauben und neuer Schieferabdeckung sowie einer Verfugung des Bruchsteinmauerwerkes. Nach kurzer Vakanz, währenddessen der Altenahrer Pastor Axel Spiller die Verwaltung übernahm, konnten die Pfarreien Dernau, Rech und Mayschoß mit dem 39-jährigen Pastor Lothar Anhalt neu besetzt werden. Im Rahmen einer Eucharistiefeier erfolgte am 22. September seine Einführung in der Pfarrkirche St. Johannes Apostel in Dernau. Am 29. September hielt er seinen Einführungsgottesdienst in der Pfarrkirche St. Nikolaus in Mayschoß. Am 27. Oktober waren orkanartige Stürme. Ein Weidenbaum zwischen Sportplatz und altem Steinbruch stürzte in die Ahr. Anfang November wurden infolge der Baulandumlegung im Bereich Thiergarten die Silberbergstraße, die Fortsetzung der Bungertstraße, die Saffenburgstraße und die Thiergartenstraße fertiggestellt. Direkt im Anschluss begann der Ausbau der Sonscheidstraße. Im Bereich Etzhard-Auel wurden die Baustraßen im Weiher und am Mönchberg fertiggestellt. Der Endausbau erfolgt nach etwa 70%iger Bebauung des Gebietes. Der seit Jahren um den Erhalt der Saffenburg bemühte Förderverein erhielt im November die Nachricht, dass sich das Land Rheinland-Pfalz mit 380.000 Euro zu 70% an den zuwendungsfähigen Gesamtkosten von 541.000 Euro an einer Sanierung der Burgruine, trotz angespannter Haushaltslage,

beteiligen wollte. Die Ortsgemeinde und der Förderverein übernahmen 30% der Kosten.

2003 Am zweiten Januar hatte die Ahr, bedingt durch starke Regenfälle, einen hohen Wasserstand. Am fünften des Monats lag der erste Schnee des Winters 2002/2003 im Tal. Die Temperatur fiel bis auf -17 Grad, und bis zum 12. Januar herrschte Dauerfrost. In der letzten Januarwoche hatten wir erneut leichte Schneefälle, die allerdings zu Beginn des Monats Februar geschmolzen waren. Dann folgten drei Wochen Sonnenschein bei weiter frostigen Temperaturen. In den Monaten Mai und Juni wurde das Dach des Pfarrhauses neu gedeckt. Anfang Juni segnete Pastor Anhalt das alte Michael-Heiligenhäuschen am alten Kirchpfad nach Dernau ein. Es war Ende vergangenen Jahres auf Initiative von Erich Knieps mit einigen Gleichgesinnten renoviert worden. Gleichzeitig wurde die nicht mehr vorhandene Figur, die der Mayschoßer Künstler Karl Damian angefertigt hatte, durch ein neues Holzrelief des heiligen Michael ersetzt. Mit der Entscheidung des Bistums, dem Wunsch des neuen Pastors Anhalt entsprechend, Mayschoß als Wohn- und Dienstsitz für die Pfarrgemeinschaft Dernau-Rech-Mayschoß einzurichten, waren nach Abschluss der Dacharbeiten auch umfangreiche Innenrenovierungsarbeiten des Pfarrhauses notwendig. Um die hierzu notwendigen Mittel aufzubringen (70% Zuschuss kam aus dem Bistumshaushalt, 30 % war der Eigenanteil der Pfarrgemeinde) wurde im Juli ein Spendenaufruf an die Bevölkerung gerichtet. Nachdem zu Beginn des Monats Juni bei starken Gewittern das Thermometer auf über 30 Grad angestiegen war, erreichte die Temperatur im Monat August einen Stand von 38 Grad im Schatten. Im Sommer des Jahres wurde die erstmalige Straßenherstellung im Bereich Thiergarten abgeschlossen. Anfang September feierten Katharina und Hans Georg Baltes ihre goldene Hochzeit. Im Laufe des Monats konnte nach Abschluss der Innenrenovierung, deren Kosten 170.000 Euro betrugen, das Pfarrhaus durch den neuen Pastor Anhalt bezogen werden. Die diesjährige Traubenlese begann am fünften September. Sie erbrachte auf einer Anbaufläche von 104 ha (76 ha Rot, 28 ha Weiß) einen Ertrag von 855.000 kg = 645.000 Liter Wein. Dies war mengenmässig etwa 1/3 weniger als im Vorjahr. Mit einem durchschnittlichen Mostgewicht von 95° war die Qualität allerdings überragend. Klimatisch hatten wir bis Mitte Oktober einen sonnigen Herbst. Am 15. Oktober zogen die Graugänse im pfeilförmiger Formation nach Süden. In der folgenden Nacht hatten wir die ersten nächtlichen Minustemperaturen im Winter 2003/2004.

2004 Nach anhaltenden Regenfällen führte die Ahr Mitte Januar für eine Woche Hochwasser. Der Monat endete mit starken Schneefällen, wobei der Schnee zwei Tage im Tal liegen blieb. In der ersten Februarwoche stiegen die Temperaturen deutlich so dass sogar nachts 16 Grad plus erreicht wurden. Am 7. Mai hatten die Mayschoßer Pfarrgemeinde und der Kindergarten zu der Ausstellung „Viele Wenig ein Viel“ in das Dachgeschoss des alten Klosters eingeladen. Dort präsentierten die Künstler Rainer Hess, Wolfgang Kutzner und

Der Mayschoßer Gemeinderat im Jahre 2006. Vordere Reihe v.l.n.r. Anneliese Baltes, Hans Ulrich Jonas, Wolfgang Hehle, Hubertus Kunz, Elisabeth Thiel, Klaus Poppelreuter, Franz Gabriel. Hintere Reihe v.l.n.r. Hartwig Baltes, Winfried Ley, Walter Görres, Michael Streich, Rudolf Josten, Jörg Jeckstadt, Edgar Schumacher. (Bei dem Fototermin fehlten die Gemeinderatmitglieder Margret Jonas, Thomas Laux und Harald Knieps).

Foto des Verfassers, 2006

Ernst Mies einer interessierten Öffentlichkeit ihre Werke. Bei der Kommunalwahl am 13. Juni wurde Ortsbürgermeister Hubertus Kunz mit 88% der abgegebenen Stimmen erneut in seinem Amt bestätigt. Der für den Zeitraum 2004 bis 2009 gewählte Gemeinderat setzt sich wie folgt zusammen: Hartwig Baltes 1. Beigeordneter, Franz Gabriel 2. Beigeordneter, Margret Jonas, Anneliese Baltes, Wolfgang Hehle, Elisabeth Thiel, Klaus Poppelreuter, Jörg Jeckstadt, Winfried Ley, Hans Ulrich Jonas, Walter Görres, Thomas Laux, Michael Streich, Rudolf Josten, Edgar Schumacher, Harald Knieps. Ende Juli begannen neben der Laacher Ahrbrücke die Bauarbeiten zur Errichtung einer neuen Brücke. Am 4. September verstarb der langjährige Küster, Organist und Kirchenchorleiter Leo Ley im Alter von 93 Jahren. Durch seine Ämter im Kirchendienst, die er von 1935 – 1981 versah, und seine gradlinige Art sowie seine positive Ausstrahlung, hatte er sich hohe Anerkennung in der Dorfgemeinschaft erworben. Im Herbst begann der zweite Bauabschnitt an der Saffenburgruine. Im Zentrum der Sanierungsarbeiten stand die Sicherung der östlichen Stützmauer der Vorburg. Aus Anlass der 900-Jahr Feier der Partnergemeinde Herzogenrath/Rolduc unternahmen etwa 30 Winzerinnen und Winzer aus Mayschoß die Nachstellung der „historischen Weinlieferung“ zur ehemaligen Augustinerabtei Klosterrath/Rolduc. Hierzu unternahm die

Gruppe, begleitet von einem Pferdefuhrwerk mit einem Fass Rotwein als Gastgeschenk, in der Zeit vom 8. – 11. September einen etwa 130 km langen Fußmarsch. Als Höhepunkt der Unternehmung bildeten die Mayschoßer den Glanzpunkt im großen Festzug der Städte Herzogenrath und Kerkrade und festigten somit eine Verbindung, die es seit dem frühen 12. Jahrhundert zwischen beiden Regionen gibt. Die Traubenernte im Herbst begann am 6. Oktober mit der Sorte Frühburgunder und endete am 12. November mit der Sorte Riesling. Der Weißweinanteil betrug rund 23%, der Rotweinanteil 77%. Insgesamt wurden 1.290.000 kg geerntet, was 975.000 Liter Wein entspricht. Die durchschnittlichen Mostgewichte betrugen bei Spätburgunder 86 Grad Oechsle, bei Frühburgunder 88 Grad Oechsle und bei Riesling 82 Grad Oechsle. Die Ernte der Genossenschaft erfolgte auf einer Anbaufläche von 115 ha. Am 7. November zogen die Graugänse nach Süden, und drei Tage später fiel im Tal der erste Schnee des Winters 2004/2005.

2005 Ende Februar sank das Thermometer nachts auf -15 Grad. Der Schnee im Tal blieb bis Anfang März liegen. Nach der Rückkehr der Graugänse stiegen die Temperaturen Mitte März auf + 25 Grad. Infolge der starken Schneeschmelze führte die Ahr für einige Tage mittleres Hochwasser. Im April hatten wir niedrige Temperaturen und wechselhaftes Wetter. Am 30. des Monats wurde der Maibaum erstmalig am Bahnhof seinem neuen Standort aufgestellt, da der umgestaltete Waagplatz nicht mehr zur Verfügung steht. Anlässlich der traditionellen Anna Kirmes am Mittwoch den 27. Juli wurde die neue Laacher St. Annabrücke im Rahmen eines kleinen Festaktes feierlich eingeweiht. Die neue Brücke ist die größte Rundholzbrücke Deutschlands. Sie besteht aus 10 Douglasienstämmen von je 14,6 Meter Länge und und einem Durchmesser von durchschnittlich 85 cm. Die neue Brücke hat eine Gesamtlänge von 29,20 m und 5,60 m Breite. Sie war nach einem Jahr Bauzeit fertiggestellt und kostete 460.000 Euro. Nach ihrer Fertigstellung wurde die alte, nicht mehr verkehrstaugliche Brücke abgerissen. Im Oktober feierten die Eheleute Katharina und Paul Appel nach 65 Ehejahren das seltene Fest der eisernen Hochzeit. Im November ereigneten sich zwei Brände in der Ortsgemeinde. Am 17. brannte gegen Mitternacht der Sicherungskasten im Erdgeschoß der Bäckerei Münch und am 23. brannte es in der ehemaligen Villa Stuhl im Ortsteil Laach. Beide Brände konnten durch das rechtzeitige Einschreiten der Feuerwehren von Mayschoß und Altenahr gelöscht und ein Ausbreiten der Feuer verhindert werden. Vom 17. bis 25. November waren 101 Mayschoßer Bürger mit Ortsbürgermeister Hubertus Kunz und Pfarrer Lothar Anhalt in der spanischen Partnergemeinde San Jordi, Provinz Valenzia in Spanien und besiegelten dort einen Partnerschaftsvertrag zwischen beiden Orten. Die Traubenernte betrug in diesem Jahr 879.600 Liter. Dabei fiel der Weißweinertrag Botrytisbedingt gegenüber dem Vorjahr 1/3 niedriger aus. Der Riesling hatte im Mittel 83 Grad, der Spätburgunder 84 Grad Oechsle. Damit ist die Qualität mit der des Vorjahres vergleichbar. Als äußere Würdigung des dauerhaft hohen Qualitätsniveaus erhielt die Genossenschaft im Jahre 2005 zum wiederholten Male einen Bundesehrenpreis sowie einen Staatsehrenpreis. Am 27. November lag der erste Schnee des Winters 2005/6 im Tal. Am Abend des zweiten Weihnachtstages fing es an zu schneien und am 27. Dezember lagen etwa 10 cm Schnee im Tal.

Ortsansicht von der Akropolishütte. *Foto des Verfassers, 2006*

Laach

Anlass der ersten urkundlichen Erwähnung des Dorfes Laach am 28. Februar 1299 waren die dortigen Weineinkünfte.[1] An diesem Tag verschrieben „Der Edelherr Wilhelm von Saffenberg und seine Frau Idbergis Frau von Müllenark an Luffart von Landskron und seiner Frau Agnes eine Erbrente von drei Fudern Wein, und zwar eines vom sogenannten *profferwein*, die beiden anderen vom sogenannten *gestickit win*. Der Kaufpreis von 100 Mark, je 12 Schillinge Kölnischer Pfennige auf die Mark gerechnet, haben sie erhalten. Sie werden die drei Fuder alljährlich zur Weinlese aus ihrer Kelter in Laach (*Lagge*) liefern.“
25 Jahre später waren es erneut Geldgeschäfte, für die der Traubenertrag in Laach als Pfand diente. Am 28. Januar 1324 verschrieben „Johann von Saffenberg (*Safenberch*) und seine Frau Sophie, Edmund von Gymnich und seiner Frau Hilla für gezahlte 500 Mark eine Jahrpension von 50 Mark in Pfennigen, wie sie jeweils am 6.1. in Köln gang und gebe sind und verpfänden ihnen bis zur Ablösung das Weingewächs ihres Gutes zu Laach (*Lache*) beiderseits der Ahr (*Are*).“[2]
Im Jahre 1408 war der *Droisseissen Hof* zu Laach im Besitz des Kraft von Saffenberg.[3] Bis zum ausgehenden Mittelalter war Laach immer wieder Pfand oder Bestandteil von Teilungsverträgen. Im Jahre 1487 war das Dorf im Besitz des Grafen Philipp von Virneburg. Aus den Einkünften des dortigen Schatzes weist er am 24. Juni 1487 zur Abtragung einer Schuld von 112 Kaufmannsgulden 7 Albus einen jährlichen Abschlag von 25 Schatzgulden an.[4] Es siegelte Graf Philipp von Virneburg. In Ermangelung eines eigenen Siegels ließen der Schultheiß Johann und die Geschworenen von Laach das Kirchensiegel ihres Pastors von Dernau anhängen. In einem Ehevertrag zwischen Philipp von Virneburg und Anna von Egmont im Jahre 1513 wurde das Dorf *Lach* bei Saffenberg mit dem Ertrag von 10 oder 12 Fudern Wein genannt.[5] In der kurz nach dem Jahr 1528 genannten Sebastian Bruderschaft[6] aus Mayschoß werden neben dem Laacher Schultheiß Lambrichs und seiner Frau Girtgen bis zum 17. Jahrhundert acht Laacher Ehepaare als Mitglieder aufgeführt.
Um das Jahr 1540 bezog Graf Kuno von Virneburg aus dem Dorf Laach 6 Fuder Kurwein. Diese kamen aus der herrschaftlichen Kelter, die im Dorf stand.[7] Die gleiche Menge hatten die Dörfer Mayschoß, Rech und Dernau zu liefern.[8] Etwa zur gleichen

1 Renger/Mötsch, Inventar des herzoglich arenbergischen Archivs in Edingen, Teil 2, Koblenz 1997, Nr. 25.

2 Ebd., Nr. 54.

3 Frick, Hans, Zimmer, Theresia, Quellen zur Geschichte der Herrschaft Landskron a. d. Ahr, Bonn 1966, Nr. 722.

4 Frick, Hans, Quellen zur Geschichte von Bad Neuenahr, Bad Neuenahr 1933, Nr. 997.

5 Renger/Mötsch, (wie Anm. 1), Nr. 1015.

6 Mayschoßer Pfarrarchiv, Bestand Nr. B.11. Graf Philipp v. Virneburg und seine künftige Ehefrau Ottilie von der Marck werden am 4.2.1528 genannt (Renger/Mötsch, wie Anm. 1, Nr. 1075). Am 18.11.1539 wird Ottilie bereits als Witwe erwähnt (Frick, wie Anm. 3, Nr. 1055).

7 Frick, Hans, (wie Anm. 3), Nr. 1075.

8 Ebd., Nr. 1058.

Zeit (um 1546) wurde das Dorf Laach, neben Dernau, Rech und Mayschoß zum Schloss Saffenburg gehörig, als freieigenes Virneburgisches Gut bezeichnet.[9]
Aus zwei Saffenburger Weinverzeichnissen (siehe Kapitel Die Herrschaft Saffenburg) der Jahre 1591 und 1592 entnehmen wir, dass die herrschaftlichen Weineinkünfte in Laach für das Jahr 1590 sechs Fuder, zwei Ohm, 16 Viertel ergaben. Dabei betrug der Anteil an Rotwein nur 4 Ohm. Ähnliches galt für das Folgejahr 1591, in dem der Anteil an Rotwein (*Bleichart*) etwas über ein Fuder ausmachte, wobei die herrschaftliche Ernte in Laach insgesamt vier Fuder, fünf Ohm und ein Viertel betrug. In beiden Jahren machte der Laacher Anteil etwas über ein Drittel der Weineinkünfte im Saffenburger Land aus. Aus dem Jahr 1593 stammt ein Hofweistum von Laach,[10] worin für die Traubenernte und den Fischfang Rechte und Pflichten zwischen Hofbewohner und Herrschaft niedergeschrieben waren (siehe das Kapitel Die Herrschaft Saffenburg).
1632 erwarb eine Käufergemeinschaft aus Laacher und Mayschoßer Winzern ein 71 Morgen großes Waldstück „An Stalß Creutz" zum Preis von 6 Reichstalern je Morgen von der Stadt Ahrweiler, „wegen großen Mangel an Rahmbüschen", aus denen Weinbergspfähle bezogen wurden.[11] Die Kaufsumme wurde in der Folgezeit in mehreren Teilbeträgen entrichtet. Der Laacher Bürger Johann Poppelreuter zahlte der Stadt Ahrweiler ersatzweise 75 Pfund Pulver, je Pfund zu 27 Albus, was insgesamt einem Wert von 26 Reichstalern entsprach. Die Herkunft des Pulvers erklärt sich aus dem Umstand, das die Familie Poppelreuter in dieser Zeit die Lochmühle betrieb und dort neben dem Mahlen von Getreide und Öl, die Mühle wohl auch als Pulvermühle nutzte und Pulver herstellte.
Nach dem Alter des Kapellenbuches von Laach,[12] welches Eintragungen für den Zeitraum 1625 bis 1753 enthält, verfügte das Dorf Laach 1625 über eine eigene Kapelle. Die erhaltene Glocke der Kapelle aus dem Jahre 1504 lässt auch ein höheres Kapellenalter zu. Gegen Ende des 17. Jahrhunderts war das alte Gebäude wohl baufällig, denn „im Jahre 1697 stiftet hier Anton Breuer, Witwer, eine Kapelle zu Ehren der hh. Joachim und Anna mit der Verpflichtung einer Wochenmesse, die durch den Pastor von Mayschoß nach Meinung der Eheleute Anton Breuer und der Margaretha Stodden gehalten werden sollte. Ferner war noch eine hl. Messe zu lesen an den Festtagen der hl. Kirchenpatrone. Als Vergütung erhielt der Pastor 10 Taler und 1/3 des Opfers an Joachim- und Annatag. 1791 entstand nun Streit wegen dieser

---

9 Ebd., Nr. 1073.

10 Brommer/Schleidgen/Zimmer, Inventar des herzoglich arenbergischen Archivs in Edingen/Enghien, Teil 1, Koblenz 1984, S. 278, Nr. D 3092.

11 Stadtarchiv Ahrweiler, Ratsprotokolle, A 209, und Stadtrechnungen, A 280, (freundlicher Hinweis von Hans Georg Klein, Ahrweiler). Im Jahre 1632 verkaufte die Stadt Ahrweiler wegen durch Kriegszeit bedingter finanzieller Schwierigkeiten einige abgelegene Waldstücke. Der Junker Pützfeld erwarb bei gleicher Gelegenheit das Waldstück „In den Dommeln", welches zur Kesselinger Seite an den Mayschoßer Gemeindewald grenzt. Die Lage des von der Mayschoß/Laacher Käufergemeinschaft erworbenen Stückes „An Stalß Creutz" ist heute unbekannt.

12 Krudewig, Johannes, Übersicht über den Inhalt der kleineren Archive der Rheinprovinz, Bonn 1916, S. 96. Seinerzeit noch im Kath. Pfarramt Mayschoß, heute im Bistumsarchiv Trier.

Wochenmesse, da die Kapitalfundation nur 200 Taler betrug und das Stipendium zu klein erschien. Dem Pastor wurde aufgegeben, die Zahl der wirklich gehaltenen Messen zusammen zu stellen; dann soll ihre Zahl reduziert werden. Die ausgeliehenen Kapitalien waren in Händen von säumigen Zahlern; mehrere Jahre hatten sie die Zinsen nicht entrichtet; daher hatte der Pastor die Konsequenz gezogen und die Celebration in Laach unterlassen. Das Hochwasser am 21.7.1804 machte allem Streit ein Ende." [13]
Im Register der Bruderschaft *B. virginis Maria* aus dem Jahre 1637 werden als Laacher Bürger die Saffenburger Schöffen Johann Steffens und Jakob Nietges, der Sendschöffe Johannes Nietges sowie Wienandt Lehnartz an der Glocke erwähnt. Im Jahre 1660 wurde zwischen dem Laacher Schultheiß Peter Poppelreuter und der Mayschoßer Kirche sowie der Mayschoßer Gemeinde ein Vergleich geschlossen, bei dem es unter anderem um die Grundstücke ging, auf denen Peter Poppelreuter zwei Mühlen gebaut hatte.[14] 1722 war der Mühlbach sowie der Fahrweg am Mühlenberg fertiggestellt.[15] Dieser Durchbruch, der den beschwerlichen Umweg um die Guckley erleichterte, könnte der Anlass für die Schaffung des Bildstockes im Lochmühlerberg im Jahre 1728 gewesen sein. Als in Mayschoß ein neuer Kirchbau anstand, spendeten nach einer Notiz des Jahres 1726 auch die Laacher Familien des Andreas Kreps und des Joh. Kolborn je zwei Pistolen (Goldmünzen).[16] Nach einem undatierten Verzeichnis über den Pfarrzehnten von Mayschoß aus dem Ende des 18. Jahrhunderts war *zu Lach über der Ahr, auf der Feldlage,* ein Bereich für den die Mayschoßer Pfarrkirche den Zehnten erhob.[17] 1780 konnte in Laach die kleine Gewölbebrücke (*Gewölffbrückelgen*) über den Mühlbach (*Dich*) fertiggestellt werden.[18] Im Jahre 1786 war Nicolas Cosman Laacher Bürgermeister.[19] Während der Zeit der französischen Besatzung musste Laach, wie die umliegenden Dörfer, erhebliche Lieferungen zum Unterhalt der Armee leisten. Zu diesem Zweck war die Gemeinde genötigt, bei Privatleuten Kapital zu leihen, so am 16. Januar 1796 als der Bürgermeister Peter Fasbender 50 Reichstaler zu 5% Zinsen bei Peter Tröpgen und seiner Ehefrau Veronika Ley lieh. Als Zweck vermerkt er, dass mit dem Geld zwei Kühe bezahlt worden seien. Die Tiere musste das Dorf am 14. und 20. Januar nach Andernach an die Franzosen liefern.[20]

---

13 Schug Peter, Geschichte der zum ehemaligen kölnischen Ahrgaudekanat gehörenden Pfarreien der Dekanate Adenau, Ahrweiler und Remagen, Trier 1952, S. 301 – 302.

14 Schmitz/Klein, Schatzbuch und Chronik der Gemeinde Mayschoß, Mayschoß 1998, S. 21.

15 Ebd., S. 40. *Ebenfalls ist dieses Jahr per industriam omnium subditorum* (durch die Anstrengung aller Untertanen) *ist der Mullenberg zu volliger perfection des Dig undt Fuerweg gelanget.*

16 Pfarrarchiv Mayschoß, Nr. B.1.6.

17 Pfarrarchiv Mayschoß, Nr. B.6.2.

18 Schmitz/Klein, (wie Anm. 14), S. 61.

19 Ebd., S. 64.

20 Pfarrarchiv Mayschoß, Nr. B.14.4.

Hochwasserkatastrophe von 1804

Hierzu berichtet die Mayschoßer Dorfchronik „dann zu Lach nahm es die Häuser meistens biß auf vier hinweg, wo 20 – 24 Häuser standen (...) etliche Leute, welche zu Lach in den Häusern geblieben, an der Zahl Vierzehn, sind mit ihren Häusern fortgetrieben und ertrunken, es war ein Elend über Elend, dan in einer Stund, des abends am 21. July von 8 bis 9, war alles hinweg, was voreinigen Minuten noch dem eigenthümer ware, Haus, Stall und Scheur, sammt wein gärten, äcker, wiesen, büsche, wo das wasser hin kame, waren in einer Stunde hin.“ [21]
Eine Übersicht über die wirtschaftliche Lage der Gemeinde nach der vernichtenden Hochwasserkatastrophe erhalten wir aus dem Schuldenbuch der Gemeinde.[22] Über den Zeitraum 1817 bis 1820 sind die Schulden der Gemeinde zusammengestellt. Die älteste Schuld aus dem Jahre 1762 hatte die Gemeinde bei Peter Colborn in Höhe von 57½ Reichstaler Kölnisch. Die Zinsen in Höhe von 5% waren bis zum Rechnungsjahr 1818 allein auf 44 Reichstaler, 23 Groschen und 4 Pfennige angestiegen. Insgesamt hatte die Gemeinde sich bei 13 Gläubigern Gelder in Höhe von 8 bis 164 Reichstaler

Hochwasser im Jahre 1918 in Laach. *Luise Kunz*

21 Schmitz/Klein, (wie Anm. 14), S. 90.

22 Hauptliquidationsbuch der Gemeinde Laach, über die Jahre 1817 – 1820, Privatsammlung Richard Marner, Laach.

geliehen. Die Gläubiger kamen meist aus Mayschoß (5) oder aus den Nachbardörfern wie Rech (1), Altenahr (1), Kreuzberg (1), Niederesch (2) und drei aus entfernten Orten Niederberg, Enzen, Darmstadt. In einigen Fällen ist unter der Rubrik *Natur der Schuld* der Anlass zu der Geldaufnahme angegeben. Einmal (1775) nahm man Kapital für eine Schuldrückzahlung auf. 1787 steuerte man für eine Baumaßnahme an der Mayschoßer Schule 8 Reichstaler bei. In zwei Fällen mussten Lieferungen an die französische Armee finanziert werden. 1795 lieh man für Kornlieferungen 50 Reichstaler und ein Jahr später 1796 für die bereits erwähnte Viehlieferung nach Andernach nochmals 50 Reichstaler. Die größte Summe, 164 Taler musste das Dorf zur Erbauung des Mayschoßer Pfarrhauses aufbringen. Von dieser Summe hatten sich die Zinsen bis 1818 auf 44 Reichstaler summiert. Insgesamt belief sich die Schuldensumme im Jahr 1818 auf 714 Taler. Hinzu kam die Summe der aufgelaufenen Zinsen mit 485 Taler.

Ortsbeschreibung um 1856

Einen Einblick in die Verhältnisse des Dorfes in der Mitte des 19. Jahrhunderts gestattet die Klassensteuerrolle von Laach für das Jahr 1856/57.[23] Zu diesem Zeitpunkt gab es in Laach 10 bewohnte Häuser.
In Haus Nr. 1 lebte der Tagelöhner Anton Schmitz. Die Familie bestand aus 5 Personen. Es gab eine Kuh, und die Familie zahlte 1 Taler Grundsteuer.
In Haus Nr. 2 lebte der Gemeindevorsteher und Winzer Jos. Mathias Ley. Die Familie bestand aus 4 Personen. Es gab eine Kuh, und die Familie zahlte 2 Taler Grundsteuer.
In Haus Nr. 4 lebten der Tagelöhner Johann Weesen mit drei Kindern unter 16 Jahren sowie der Tagelöhner Peter Weesen. Sie galten als Arme.
In Haus Nr. 5 lebte der Weinhändler und Winzer Anton Poppelreuter mit 5 Personen. In seinem Betrieb beschäftigt waren als Magd Veronika Blankart und als Knecht Johann Dung. Es gab zwei Kühe, und die Familie zahlte 2 Taler 11 Silbergroschen Grundsteuer.
In Haus Nr. 6 lebte der Winzer Anton Poesch (Er wird in einer Bemerkung als alter Krieger bezeichnet). Die Familie bestand aus 8 Personen. Es gab eine Kuh, und man zahlte 27 Silbergroschen Grundsteuer.
In Haus Nr. 7 lebte die Witwe von Michel Simon. Sie besaß eine Kuh und zahlte 1 Taler 11 Silbergroschen Grundsteuer. Bei ihr beschäftigt war die Magd Elisabeth Ley. Im gleichen Haus wohnte noch der Winzer Sebastian Simon. Seine Familie bestand aus 4 Personen. Er besaß ein Stück Jungvieh und zahlte 12 Silbergroschen Grundsteuer.
In Haus Nr. 8 lebte der Winzer Hubert Becker. Die Familie bestand aus 7 Personen. Es gab eine Kuh, und die Familie bezahlte 1 Taler, 1 Silbergroschen Grundsteuer.

---

23 Abschrift im Besitz von S. W. Schmitz.

In Haus Nr. 10 lebte der Winzer Johann Loesch jun. Die Familie bestand aus 4 Personen. Sie besass eine Kuh und zahlte 1 Taler, 7 Silbergroschen Grundsteuer.
In Haus Nr. 11 lebte der Winzer Jacob Loesch. Die Familie bestand aus 6 Personen. Sie besaß eine Kuh, ein Stück Jungvieh und zahlte 1 Taler, 20 Silbergroschen Grundsteuer.
In Haus Nr. 12 lebte der Winzer An. Schmelzer. Die Familie bestand aus 2 Personen, besaß eine Kuh und zahlte 17 Silbergroschen Grundsteuer.

Am 1. April 1878 wurden die Gemeinden Mayschoß und Laach zu einer Gemeinde unter dem Namen Gemeinde Mayschoß vereinigt.[24] In der Volkszählung des Jahres 1880 zählte Laach 48 Einwohner.[25] Zwischen 1884 bis 1886 wurde im Bereich Laach an der Eisenbahnstrecke gebaut. Sie führte vom Mayschoßer Bahnhof in einem ansteigenden Bogen zur Lochmühle und dann über eine Brücke und durch einen zweiten Durchbruch im Mühlenberg nach Laach. Dort verlief die Trasse parallel zur Ahr, überquerte auf Höhe des Hauses Bölling die Straße und verlief dann hinter den Wohnhäusern Richtung Reimerzhoven. In den Jahren 1909 bis 1912 wurde die Bahnlinie Remagen-Altenahr zweigleisig ausgebaut. Die Bahnlinie ab Mayschoß, die eingleisig bisher über die Lochmühle und Laach führte, erhielt wegen zu starker Steigung an der Lochmühle eine neue Streckenführung durch den Ahlberg. Dadurch

Zweiter Durchbruch für die Bahntrasse nach Laach. *Sascha Neuert*

24 Schmitz/Klein, (wie Anm. 14), S. 123.
25 Ebd., S. 124.

waren von Rech bis Altenahr fünf Tunnel notwendig.[26] Bei der Volkszählung im Jahre 1900 lebten in Laach 45 Personen, in der Lochmühle hatte sich die Einwohnerzahl von 10 im Jahre 1890 auf 19 Personen fast verdoppelt. Das Hochwasser von 1910 zerstörte auch die Laacher Brücke.[27]

Ortsbeschreibung um 1930[28]

Das Unterdorf

Die Bahngleise trennen Laach in Ober- und Unterdorf. Zu der Villa des Baurates Stuhl (auf der rechten Bildseite mit Türmchen) gehörte der bewaldete Bereich zwischen Bahnlinie und Straße, wo sich eine Kegelbahn befand. Die Ahr ist durch ein Wehr gestaut, wodurch ein Teil des Flusses durch einen Kanal zwischen Bahnlinie und Straße zur Lochmühle abgeleitet wurde. Ansichtskarte um 1911. *Sammlung des Verfassers*

In Haus Nr. 1 lebte die Familie von Lambert Adenäuer. Es war eine Winzerfamilie mit Viehbestand. In der Küche war ein Backofen (*Backes*) zum Brotbacken.
Zwischen Haus Nr. 1 und Haus Nr. 2 stand eine große Remise, die zur Lochmühle gehörte und als Pferdestall genutzt wurde. An deren Stelle wurde in den 30er Jahren das Haus Baur errichtet.

---

26 Schulchronik, Seite 120.
27 Schmitz/Klein, (wie Anm. 14), S. 140.
28 Nach mündlichen Berichten von Richard Marner und Fritz Bölling, Laach.

In Haus Nr. 2 lebte die Familie von Josef Koch. Auch dort lebte man von der Winzerei und einem kleinen Viehbestand.
Haus Nr. 3 war die beim zweiten Bahnbau etwa 1910 erbaute Villa von Baurat Stuhl. Zu der Villa gehörten ursprünglich die Mahlmühle und umfangreiche Ländereien. Während des Krieges suchten die Laacher Bürger im Jahre 1945 im dortigen Felsenkeller Schutz.[29] Else Stuhl wohnte dort bis 1939/40 und verkaufte dann das Haus an Hr. Monreal aus Kesseling. Dessen Adoptivtochter Emma Bribeck heiratete Engelbert Ley genannt *Tommesse Engel*. Emma Ley bewohnte das Haus bis Anfang der 70er Jahre. Heute ist es im Besitz der Familie Knieps.
In dem am Berg liegenden Haus Nr. 4 wohnte bis 1933 der Kaufmann Bernhard Marner mit seiner Familie. Er fing im Jahre 1928 seinen Handel mit Eiern mit einem Huhn und einigen Küken an. Nachdem er sich anfangs mit Fahrrad und Kiepe auf beschwerlichen Fahrten bis hinter Adenau die Eier in der Eifel besorgte, erwarb er noch 1928 mit einem Startkapital von 1000 Mark (dem vorgezogenen Erbanteil seiner Frau) einen gebrauchten roten Fiat-Kastenwagen und handelte seitdem mit Obst, Gemüse, Butter, Eiern und Fisch. Er belieferte Laach und die umliegenden Dörfer. Den Viehbestand bildeten Ziegen und Schweine.
Im Fachwerkhaus Nr. 5 (Hannes Kobesse) an der Straße wohnte der Arbeiter Josef Ley. Die Familie hatte gegenüber dem Haus Bölling einen Verkaufsstand für Reiseandenken und Erfrischungen. Später eröffnete Josef Ley in der Kurve *an Kapellen* einen unterkellerten Verkaufsstand mit Bänken und Gartenanlage.
Das Haus Nr. 5 wurde im Volksmund *Bebels Huus* genannt. In der Nachbarschaft hat sich mündlich überliefert, dass August Bebel in Zeiten von Verfolgung sich dort versteckt haben soll. Der Wahrheitsgehalt dieser Histörchen ist heute nicht mehr zu überprüfen. Die Überlieferung könnte aber auch folgenden Ursprung haben. Von 1819-1894 lebte dort der Winzer Anton Josef Ley. Er war ein Anhänger der jungen Sozialdemokratie und stand in schriftlichem Kontakt mit August Bebel.[30]
In Haus Nr. 6 lebte die Familie von Josef Simon (*Benne Jüsep*). Er war Winzer von Beruf und besaß einen Esel als Fuhrtier. Im Haus gab es ein Backes. In den 30er Jahren wurde für einige Jahre eine Strausswirtschaft betrieben. Bei dem Hochwasser von 1804 starben in diesem Haus sechs Personen: Vater, Mutter und vier Kinder. Ein fünftes Kind überlebte, weil es zu dieser Zeit in Kripp bei der Heuernte war. In der Klassensteuerrolle für 1856 wird für dieses Haus eine Witwe des Michel Simon angegeben. Bei ihr könnte es sich um das überlebende Kind handeln. Des Weiteren wird im gleichen Haus ein Sebastian Simon (eventuell ein Sohn des überlebenden Mädchens) mit seiner Familie genannt. Laut seinem Totenzettel wurde er am 28.10.1821 geboren und starb am 1. Mai 1900.[31] Die am Giebel hängende Glocke der ehemaligen Laacher Kapelle wurde nach dem Hochwasser von 1804 in Green beim Ausbau des

29 Schmitz/Klein, (wie Anm. 14), S. 163.

30 In einem Verzeichnis wird *ein Brief von A. Bebel Berlin W, Großgarthen-Straße 21, vom 11. Januar 1894 wegen Abhaltungs einer Versamlung* genannt.

31 Im Besitz der Familie Bölling.

Mühlenwehres (wahrscheinlich 1805) gefunden. Da das heutige Haus Bölling im Jahre 1805 als erstes der zerstörten Laacher Häuser wieder aufgebaut war, hat man dort die Glocke angebracht. Sie wurde bis in die 70er Jahre mittags geläutet. Gegenwärtig wird die Glocke bei Sterbefällen und Beerdigungen von Laacher Bürgern, zu Sylvester und am Tage der Anna-Kirmes geläutet.

Das Oberdorf

Das Unterdorf und das Oberdorf wurden bis um 1910 durch die Bahnlinie getrennt. Das erste Haus im Oberdorf war um 1930 das Haus Nr. 7 der Familie des Michel Stodden. Er war Winzer von Beruf und hatte auch einen kleinen Viehbestand (Schweinestall).

Ansicht vom Oberdorf in Laach um 1915. *Familie Bölling*

Im Haus Nr. 8 wohnte die Familie von Peter Bäcker. Er war Winzer und hielt auch den Dorfstier. In den 40er Jahren baute man ein Backes.
Im Haus Nr. 9 lebte der Winzer Peter Koch. Auch dort gab es einen kleinen Viehbestand.
Im Haus Nr. 10 lebte der Bäcker Jakob Koch mit Familie. In seinem Haus gab es eine Gaststätte und eine Bäckerei. Die Bäckerei hatte kein eigenes Ladenlokal, das Brot wurde in der Küche verkauft und bis Altenahr und Mayschoß ausgeliefert. Weiter entfernte Stammkundschaft wurde in Fischkörben des Bernhard Marner freitags mit der Bahn bis Köln beliefert. Bäckerei und Gaststätte bestanden zwischen den beiden

Weltkriegen. Die Gaststätte wurde nach dem zweiten Weltkrieg von seiner Tochter Gertrud Koch weitergeführt.
Das Stammhaus der Familie Koch, ein kleines Fachwerkhaus, befand sich rückwärts hinter der heutigen Gaststätte Krämer-Koch.

Ortsende von Laach mit der alten Eisenbahnbrücke im Vordergrund. *Elli Adenäuer*

Aufschwung von Handel und Gastronomie nach dem zweiten Weltkrieg

In den 30er Jahren erwarb Jakob Josten das Anwesen des Michel Stodden und eröffnete als Weinhändler und Gastronom eine Gaststätte, aus der später der Bachuskeller wurde. Michel Stodden baute dann in der Lage *für schmidde* in den 30er Jahren ein neues Haus.
Im Jahre 1933 baute der Kaufmann Bernhard Marner wegen der günstigeren Lage das Haus Nr. 7a, um dort einen Lebensmittelladen zu eröffnen. Sein Sohn Richard Marner übernahm das Geschäft 1950 bereits als Edeka-Filiale und betrieb den Lebensmittelhandel, inklusive umfangreicher Hausbelieferungen, in Mayschoß bis 1981.
Jakob Koch, ein Neffe des benachbarten Bäckers,[32] baute nach dem zweiten Weltkrieg vor der Scheune eine Gaststätte mit Pension, die bis 1972 betrieben wurde.
Das Hotel Wunder wurde im zweiten Weltkrieg von einer auswärtigen Familie nur

32 Angabe von Fritz Bölling.

im Rohbau ausgeführt und dann von der Familie Baur erworben. In den 50er Jahren richtete die Familie Baur dort ein Lebensmittelgeschäft ein. Nach einigen Jahren wurde es in eine Gaststätte umgewandelt. Später wurde sie von der Familie Kammerich und dann von der Familie Wunder betrieben.
Aus Laacher Sicht auf der rechten Straßenseite baute der Mühlenbesitzer Anton Kläs ein Haus an den Mühlenberg. Eine Generation später baute Albert Kläs ein Haus an und gestaltete das ursprüngliche Haus des Anton Kläs zur Gaststätte Jägerstübchen um. Später erwarb die Familie Kempen das Anwesen und baute es zu dem heutigen Hotel aus.
An Renntagen auf dem Nürburgring wurde das Dorf Laach vor dem zweiten Weltkrieg von vielen Radfahrern frequentiert. Um sich ein Zubrot zu verdienen, hingen an vielen Scheunen des Ortes Schilder mit der Aufschrift *„Strohlager 30 Pfennig"*

Die Straußwirtschaft von Alfred Bölling in Laach. Aufnahme um 1936. *Familie Bölling*

Mündlich überlieferte Laacher Flurnamen

An Kapelle – bezieht sich auf den Bereich am Ortsende in der Kurve der Straße, wo bis 1804 die Laacher Kapelle stand.
Kapelle Wooch – bezieht sich auf die Stelle, wo die Ahr den Bogen macht und der Fluss besonders tief ist.
Op de Benn – auf der Bahn. Bezieht sich auf die von 1886 – 1912 durch Laach führende Bahnlinie. Der Name galt für den Bereich, wo die Bahnlinie die Straße kreuzte, etwa auf Höhe des Hauses Bölling.

An de Kluus – steinernes Wehr an der Ahr, wo der Mühlbach abgeleitet wurde. Der Mühlbach floss unter einer Brücke, die für die Bahntrasse gebaut worden war, oberirdisch bis auf Höhe des Hauses Baur. Dort gab es einen unterirdischen Überlaufkanal zur Ahr und den in den Fels getriebenen Stollen zur Lochmühle.
Am Mölledich – am Mühlbach.
Für Schmidde – hat im Volksmund (mündlich überliefert von Richard Marner) einen Bezug zu einer ehemaligen Schmiede im Bereich der Kalten Herberge.

Der Mayschoßer Ortsteil Laach, 2006. *Foto des Verfassers, 2006*

Brauchtum

Anna Kirmes

Mindestens seit 1930 wurde jährlich am 26. Juli eine Messe in der Mayschoßer Pfarrkirche für die Lebenden und Verstorbenen von Laach gehalten. Nachdem im Jahre 1965 ein Weg durch den Laacher Berg gebaut worden war, hatte Ferdinand Adenäuer die Idee, oberhalb der Häuser ein Heiligenhäuschen zu errichten. Die Maurerarbeiten übernahm Anton Hillmann. Theo Stodden, der zu dieser Zeit auf der Insel Nonnenwerth arbeitete, vermittelte aus dem dortigen Kloster die Schenkung der Statue der Mutter Anna mit dem Kind Maria. Ende Juli 1965 wurde das Heiligenhäuschen vom damaligen Pastor Thomas eingeweiht. Der Initiator Ferdinand Adenäuer hielt aus diesem Anlass eine kleine Ansprache, und der Tag wurde mit einer Feier mit Laacherberger Wein und Würstchen beendet. Dieser Tag wird als Gründungstag der heutigen Anna-Kirmes betrachtet.[33]

Ortsgrenze

Der Laacher Grenzbereich nach Mayschoß war früher eine Zeit lang von größerer Bedeutung. Wenn vor dem zweiten Weltkrieg die Männer von Mayschoß sonntags bis zur Lochmühle spazierten, gingen sie nur bis zu der Stelle, wo die Pflasterung für den Steigungsbereich begann. Wer die Pflastersteine betrat, musste anschließend im *Büdchen* (dem Selbstbedienungslokal des Winzervereines) eine Flasche Wein ausgeben.[34]

Weitere Ereignisse

1975 – Im Laacherberg wurde ein Weg gebaut, so dass man seither bis zum Ümerich wandern kann.[35]
1977 – Kanal und Wasserleitung in Laach fertiggestellt.[36]
1986 – Fertigstellung des Laacher Dorfplatzes.[37]
1987 – 29. Juni Anna-Kirmes in Laach. Seit vielen Jahren wurde der Tag der Kirmes von der Bevölkerung mit einer Messe und einem anschließenden Treffen in einer Laacher Gaststätte begangen. Mit dem Beginn der 80er Jahre vergrößerte sich die Kirmes (mit Zelt, Bierbrunnen und kleiner Musikkapelle). 1987 fand sie erstmals auf dem Dorfplatz statt.[38]
1988 – während des Hochwassers errichteten die Laacher Bewohner in der Kurve *„An Kapellen“* Sandsackbarrieren quer über die Straße, um Schlamm und Fluten abzuwehren.[39]
1995 – gegen das starke Januarhochwasser wurde am Ortsbeginn Laach im Bereich *„Kapellen“* eine mobile Spundwand errichtet, die ein Vollaufen des tiefer gelegenen Ortsteiles verhindern sollte.[40]

---

33 Die Geschichte der Anna Kirmes wurde aus der von Herrn Richard Marner, Laach, gefertigten Schrift aus dem Jahre 2003 zusammengestellt.

34 Alle Angaben mündlich überliefert von Richard Marner, Laach.

35 Schmitz/Klein, (wie Anm. 14), S. 181.

36 Ebd.

37 Ebd., S. 189.

38 Ebd.

39 Ebd., S. 192.

40 Ebd., S. 206.

1996 – Der Bebauungsplan Laach wurde aufgestellt.[41]
1996/97 – Fertigstellung des Weges Lützemich-Laach mit Durchbruch oberhalb Hotel Krämer.
2005 – Anlässlich der Anna Kirmes wurde die neue St. Anna Brücke am 27. Juli eingeweiht.

Die neue Laacher St. Anna Brücke. *Foto des Verfassers, 2006*

41 Ebd., S. 207.

Bungert

Eine erste Erwähnung von Bungert und seinen Bewohnern findet sich im Saffenburger Weistum vom St. Michaelstag des Jahres 1364.[1] Dort sind als Bewohner unter anderen Peter in der Gassen und Sibodo zu dem Bungarde aufgeführt. In einem Teilungsvertrag des Jahres 1486 über den Nachlass der Elisabeth, Frau zu (Burg)Brohl, wird unter anderem *das Gut zu Mayschoß zu dem Bongart unter Saffenberg mit seinem Zubehör* genannt.[2]

Dem Mayschoßer Schatzbuch entnehmen wir ab dem 16. Jahrhundert eine lange Reihe von Mayschoßer Bürgermeistern, die auf Bungert wohnten. Hier seien nur *Thonis in der Gassen* 1551, *Jan zu Portzen* 1553, *Pitter in der Gassen zom Bongart* 1568 genannt.

Obwohl der heutige Mayschoßer Ortsteil Bungert in der Vergangenheit selbst nie einen eigenen Bürgermeister hatte, führte die kleine Siedlung direkt unter dem Burgberg in den vergangenen Jahrhunderten ein gewisses Eigenleben. So ist in einem Konvolut *Allgemeine Verwaltungsakten (Eingaben, Prozessakten, Verordnungen usw.) der Herrschaft Saffenburg und der in derselben gelegenen Ortschaften*

Fachwerkhäuser in Mayschoß, Lithographie von Nicolas Ponsart, kleine Serie. *Sammlung des Verfassers*

1 Renger/Mötsch, Inventar des herzoglich arenbergischen Archivs in Edingen/Enghien, Koblenz 1997, S. 87.

2 Frick, Hans, Zimmer, Theresia, Quellen zur Geschichte der Herrschaft Landskron a. d. Ahr, Bonn 1966, Nr. 1290.

Dernau, Maischoss, Bongard, Laach und Rech, 1637 – 1797[3] die Rede von der Ortschaft Bongard. Gleiches gilt für *Laufende Spezial Verwaltungsakten der Gemeinden Mayschoss, Rech, Laach und Bongart, 1672, 1720-1803, 1812*[4] sowie den *Akten zum Prozess des Pfarrers Custodis zu Mayschoss gegen die Gemeinden Mayschoss, Bongart und Laach betr. den Pfarrhaus-Neubau, 1789-1794.*[5]
Auch im Armenbuch, welches 1681 beginnt, wurde Mayschoß, Bongart und Laach getrennt aufgeführt.

Ebenso wie im damaligen Dorf Laach, richtete die Hochwasserkatastrophe von 1804 in der flussnahen Siedlung Bungert schwere Schäden an. Das Wasser stand in den obersten Häusern bis an das zweite Stockwerk und lief sogar in den Amtmannsweiher im Thiergarten. Durch die Fluten wurden mindestens acht Häuser weggerissen.[6] Dieses

Ansicht vom Ortsteil Bungert. Ansichtskarte von 1939. *Carlo di Carlo*

Ereignis, welches langfristig den Verlust der Eigenständigkeit des Dorfes Laach einleitete, wird auch das Eigenleben der Siedlung Bungert beeinflusst haben.
Die Nähe zum Fluss hatte auch ihren Einfluss auf den Broterwerb der Bewohner von Bungert. In der Klassensteuerrolle für 1857[7] wurden für Bungert drei Familien genannt, die u. a. vom Fischfang lebten, so im Haus Nr. 144 die Familie Johann Jakob Poppelreuter mit sieben Personen. Im Haus Nr. 148 ist es die fünfköpfige Familie von Johann Joseph Schorn und im Haus Nr. 151 die ebenfalls fünfköpfige Familie von Augustin Josten.

3 Krudewig, Johannes, Übersicht über den Inhalt der kleineren Archive der Rheinprovinz, Bonn, 1916, S. 73.
4 Ebd., S. 74.
5 Ebd., S. 75.
6 Schmitz/Klein, Schatzbuch und Chronik der Gemeinde Mayschoß, Mayschoß 1998, S. 90.
7 Abschrift in der Privatsammlung von Sebastian Schmitz.

Dorfansicht von Mayschoß. Im Vordergrund die Dächer des Ortsteiles Bungert. 1930/40er Jahre. *Sascha Neuert*

Mit Beginn des 19. Jahrhunderts endete die verwaltungsmäßige Eigenständigkeit von Bungert. In einem Bericht des Landrates vom 20./21. November 1829 heißt es unter anderem: „Damals lag ein Teil des jetzigen Dorfes Mayschoß getrennt und wurde unter dem Namen Bungart als ein für sich bestehendes Dorf betrachtet. Seitdem ist aber der zwischen beiden Dörfern bestandene leere Raum bebaut worden, und sie werden jetzt unter dem Namen Mayschoß als ein Dorf aufgeführt. Der Name Bungart ist schon seit circa 20 Jahren nicht mehr in Gebrauch.“[8]

8 Neu, Heinrich, Differenzen um die Herrschaft Saffenburg, in: Jahrbuch für Geschichte und Kunst des Mittelrheins und seiner Nachbargebiete, 18./19. Jahrgang, S. 118.

Mayschoß in der Gegenwart

Ortsbeschreibung

Der Ort Mayschoß ist eine typische Weinbaugemeinde im mittleren Ahrtal. Das Landschaftsbild einer Mittelgebirgsregion (höchste Erhebung – Steinerberg 531 Meter) wird geprägt durch die Weinbauterrassen, die sich bis in die hohen Hanglagen erstrecken. Dabei bietet sich dem Betrachter ein Bogen von modernen Drahtzuchtanlagen in den Flurbereinigungsbereichen des Mönchberges bis zur traditionellen Einzelstockerziehung mit jahrhundertealten Trockenmauerterrassen in den Steillagen des Ahrbogens. Die Hänge, insbesondere in den flurbereinigten Gebieten, sind durch ein engmaschiges Netz von Wirtschaftswegen erschlossen.

Das Oberdorf mit Pfarrhaus, Kirche und ehemaligem Kloster. *Foto des Verfassers, 2006*

Ortsprägend ist der im Oberdorf gelegene Bereich mit spätbarockem Pfarrhaus, Pfarrkirche und ehemaligem Kloster, welches heute den katholischen Kindergarten beherbergt. In diesem Ortsteil befinden sich auch die Gebäude der ehemaligen Volksschule, deren vorderes Bruchsteingebäude in ein Bürgerhaus und einen Jugendtreff umgewandelt wurde.

Am Fuhrwegplatz mündet der gleichnamige Weg, der über den Bereich Weizenwiese zu den beiden am Ortsrand gelegenen Weingütern Mönchberger Hof und Deutzerhof führt. Parallel zur Dorfstraße, die bis zum Waagplatz führt, wurde der mit

Hausgärten und Obstbäumen genutzte Bereich Auel durch den Ausbau der Etzhardstraße als Baugebiet erschlossen. Innerhalb dieser Maßnahme wurde auch der Gemeindespielplatz vom Fuhrweg in den Auel verlagert.

Der Waagplatz ist der zentrale Platz des Dorfes. Er ist durch Bundes- und Dorfstraße dreigeteilt. Aus dem Oberdorf kommend zur Linken befindet sich das Kriegerdenkmal beider Weltkriege und das Feuerwehrhaus. Auf der rechten Seite der Dorfstraße dominiert der Weinbrunnen sowie der 1995 neu gestaltete Festplatz der Gemeinde.

Als Bindeglied zwischen den Ortsteilen Mayschoß und Bungert befindet sich das Renteigebäude der arenbergischen Verwaltung zu Füßen der Etzhard. Hier ist auch das dritte Weingut des Dorfes, der ökologische Weinbaubetrieb Bäcker, ansässig.

In den Ortsteil Bungert gelangt man entweder über den Fußweg *Auf der Rötsch* oder

Ortsteil Bungert. *Foto des Verfassers, 2006*

über die Bungertstraße. Der sich anschließende Bereich Thiergarten wurde nach einer Baulandumlegung und einem Straßenausbau besser erschlossen. An den Thiergarten schließt sich unterhalb des Ümerich der Campingplatz Burgwiese an. Entlang der Erhebung *Königsbüchel* gelangt man zu dem Komplex der Wirtschaftsgebäude der Mayschoßer Winzergenossenschaft. Hier befinden sich die Traubenannahmestelle und eine 2001 errichtete Lagerhalle mit einer neuen Abfüllanlage. Zur Bundesstraße hin lädt der Winzerverein mit Probierstube, einem Weinbaumuseum sowie den historischen Ausschankkellern ein. Um den Winzerverein herum gibt es mehrere Gastronomiebetriebe.

Über die 1992 neuerbaute Bahnhofsbrücke führt die Straße zu großen Parkbereichen für Busse und Autocamper. In dem renovierten Bahnhofsgebäude befindet sich eine Gastronomie. Durch den zweiten Tunnel des Saffenberges führt der in diesem Bereich seit dem Jahr 2000 fertiggestellte Radfahrweg, der, nach Schließung des fehlenden Teilstückes Laach-Altenahr, das gesamte Ahrtal durchzieht. Der bergseitige Wirtschaftsweg führt zum Steinerberg und zur Saffenburgruine die derzeit wegen aufwendiger Sicherungsmaßnahmen gesperrt ist.

Der Bundesstraße folgend gelangt man vom Hotel Kläs und dem teilweise bebauten Mühlenfeld zum Hotel Lochmühle. Aus einer ehemaligen Öl- und Getreidemühle hervorgegangen entwickelte sich das älteste örtliche Gasthaus bereits im 19. Jahrhundert, abgesehen vom Winzerverein, zum größten Gastronomiebetrieb des Dorfes. Über die Anhöhe des Mühlenberges mit seiner Basaltlavakuppe der *Guckley* gelangt man in den Ortsteil Laach. Abgesehen von dem Hotel Jägerstübchen zu Füßen der *Guckley* und einem einzelnen Haus *Vor Schmitten* ist nur die rechte Strassenseite zum Laachberg hin bebaut. Bemerkenswerte Gebäude sind hier die Villa des ehemaligen Lochmühlenbesitzers Stuhl und das Haus Bölling, in dessen Giebel sich die Glocke der ehemaligen Laacher Kapelle befindet. Nach dem auf Höhe der Laacher Brücke gelegenen Hotel Krämer-Koch und dem Flurbereich *Kapellen,* wo bis zu dem Hochwasser von 1804 die Kapelle des Dorfes Laach stand, endet der Ortsteil mit dem ehemaligen Hotel Ravenley in der historischen Flurlage *Dreiwegen.*

Das ehemalige Bahnhofsgebäude von der neuen Brücke aus gesehen. *Foto des Verfassers, 2006*

Ansicht des Ortsteiles Laach. *Foto des Verfassers, 2006*

Bevölkerung und Infrastruktur

Die Gemeinde Mayschoß besteht gegenwärtig aus den Ortsteilen Mayschoß, Bungert und Laach. Zu Beginn des Jahres 2006 hat die Gemeinde 975 Einwohner mit Hauptwohnung und 48 mit Nebenwohnung. Alle weiteren statistischen Angaben beziehen sich auf Einwohner mit Hauptwohnung. Der Anteil der männlichen Einwohner beträgt 497 (50,9%), der weiblichen Einwohner 478 (49,0%). Nach der aktuellen Statistik der Religionszugehörigkeit sind davon 786 (80,6%) römisch-katholisch, 78 (8%) evangelisch. In Mayschoß leben 47 (4,8%) ausländische Mitbürger.

Kinderspielplatz „Im Auel“. *Foto des Verfassers, 2006*

An Kinderspielplätzen gibt es den Gemeindespielplatz *Im Auel* und im Ortsteil Bungert an der Saffenburgstraße. Für die Betreuung von Kindern ab dem ersten Lebensjahr bis zu Schulkindern der 4. Klasse steht der katholische Kindergarten im Gebäude des ehemaligen Klosters zur Verfügung. Dort werden die Kinder in drei Gruppen von 8.30 bis 16.00 Uhr durchgehend mit warmen Mittagessen unter fachlicher Anleitung gebildet, erzogen und betreut. Der monatliche Eigenanteil der Betreuungskosten hängt von der Anzahl der Kinder in der Familie und der Betreuungsform ab und reicht von 33,60 bis 119,10 Euro für die Eltern. Das Konzept einer umfassenden Bildung, Erziehung und Betreuung der Kinder wird in dem „Haus für Kinder“ realisiert.
Die ärztliche/zahnärztliche Versorgung erfolgt für die Ortsbevölkerung über die Praxen in Altenahr und Ahrweiler. Die nächstgelegenen Kliniken befinden sich in Bad Neuenahr-Ahrweiler (Maria-Hilf Krankenhaus) oder in Adenau (St. Josef Krankenhaus).

Nach der Einschulung im Alter von sechs Jahren werden die Kinder mit einem Schulbus zur Grundschule nach Dernau gefahren. Im Anschluss haben sie die Möglichkeit, die regionale Haupt/Realschule in Altenburg oder eines der drei Gymnasien oder eine der beiden Realschulen in Bad Neuenahr-Ahrweiler zu besuchen. Organisierte Freizeitgestaltung für Jugendliche bietet der Sportverein Rot-Weiß Mayschoß sowie ein Jugendtreff im Dachgeschoss des Bürgerhauses, welcher von Anneliese Baltes betreut wird. Nach Abschluss der Schulausbildung stehen den Jugendlichen vor Ort Ausbildungsplätze im Weinbau, der Kellerwirtschaft und im Gastronomiebereich zur Verfügung. Als Pendler zu den Ausbildungs- und Arbeitsplätzen im näheren Umfeld benutzt der überwiegende Teil der Ortbevölkerung trotz guter Anbindung an das öffentliche Verkehrsnetz (Bus und Bahn) das eigene Auto.

Erwerbs- und Einkaufsmöglichkeiten
Im Ort selbst ist neben der Gastronomie die Winzergenossenschaft mit 20 festen Arbeitsplätzen sowie 50 saisonabhängigen Teilzeitarbeitsplätzen der größte Arbeitgeber. Größter Hotelbetrieb ist das Hotel Lochmühle. Alle übrigen Hotels, Gaststätten und örtlichen Geschäfte sind meist Familienbetriebe, die mit einem bis fünf Angestellten und Aushilfskräften in der Saison arbeiten. Als Vollerwerbsbetriebe im Weinbau sind neben den drei eigenständigen Weingütern (Cossmann-Hehle, Bäcker und Josten) etwa 20 Familien zu nennen. Die Größe der bewirtschafteten Flächen bei den Vollerwerbsbetrieben liegt zwischen 2 und 10 Hektar Rebfläche. Für die übrige Mayschoßer Bevölkerung (in nahezu jeder Familie gibt es ein Mitglied der Winzergenossenschaft) bildet allerdings der Weinbau eine wichtige Nebenerwerbsquelle, die neben den finanziellen Einkünften für die Identität der Ortsbewohner als Pfleger einer alten Kulturlandschaft von großer Bedeutung ist. Das heißt, im Regelfall gibt es in den meisten Familien eine Person, die als Pendler außerhalb des Ortes eine Arbeitsstelle hat und nach Feierabend im Weinberg arbeitet. Die Ertragsfläche des Nebenerwerbwinzers reicht von 100 m² „zur Traditionspflege" bis etwa 5 Hektar.
Zur Grundversorgung des Ortes zählt die Filiale der Kreissparkasse Ahrweiler. An Einkaufsmöglichkeiten ist ein Spar-Lebensmittelmarkt sowie eine Schlecker-Drogeriefiliale (beide im ehemaligen Konsumgebäude) vorhanden. Des Weiteren hat der Ort zwei Metzgereien. Im Ortsteil Mayschoß die Metzgerei Wieland und im Ortsteil Bungert die Metzgerei Damian. An Bäckereien sind im Ortsteil Mayschoß eine (Linden) und im Ortsteil Bungert zwei (Josten und Münch) vorhanden. Insgesamt geht das Einkaufsverhalten dahin, dass die Ortbevölkerung zunehmend die großen Lebensmitteleinkäufe bei den Supermärkten und Discountern in Bad Neuenahr-Ahrweiler tätigt. Die Versorgung mit Gemüse aus eigenen Hausgärten sowie Kartoffelanbau ist eher die Ausnahme, die von einigen älteren Ortsbewohnern aufrechterhalten wird. Das noch vor 40 Jahren neben dem Weinbau auch durch Landwirtschaft und Viehhaltung geprägte Ortsbild hat sich vollständig gewandelt. Viehställe und Scheunen sind verschwunden. Ebenso Kartoffelfelder und Streuobstwiesen in den Tal- und Hanglagen. Die meisten landwirtschaftlichen Flächen auf der Grafschaft sind heute verpachtet, aufgeforstet oder liegen brach. An Kleinvieh halten einige Familien noch Hühner und Kaninchen. In jüngerer

Zeit ist die Gemeinde bemüht, das Landschaftsbild in den Seitentälern mit Hilfe der Flurbereinigung durch die Anlage von Streuobstwiesen aufzulockern.

Gewerbe

Neben dem bereits genannten Weinbaugewerbe, der Hotellerie, Gastronomie und den Lebensmittelgeschäften gibt es zur Zeit folgende Gewerbebetriebe im Ort: Tiefbauunternehmen Ley, Steinmetzbetrieb Winkens, Haarstudio Schäfer, Elektrobetrieb Reuter, Sonnenstudio Knieps, Wein- und Geschenkartikel Winkens, Blumen, Geschenke und Deko-Artikel Anja Noll, Computer- und Kassenfachbetrieb Keutgen, Maschinenbau Kraus, Reiseandenken Kirsch, Videothek Zipser, Getränkehandel Schütz und Gerüstverleih Knieps in Laach.

Wohnverhältnisse

Im Ortsbild dominiert das moderne Ein- oder Mehrfamilienhaus. Alte ortstypische Bausubstanz (Lehmfachwerkbauweise) verschwindet zunehmend. Leider sind mittlerweile einige der älteren Bauten unbewohnt und nehmen daher Schaden. Baugrund im Ort zu erwerben ist schwierig. Der Preis für gutes Bauland steht mittlerweile über 100 Euro pro m^2. Wer es sich leisten kann, baut ein größeres Haus, sei es um mehrere Generationen unterbringen zu können oder aber um durch Vermietung die Baukosten abzutragen. Neben zwei größeren Mietobjekten an der Ahrrotweinstraße und auf Bungert werden zunehmend einzelne Wohnungen in Privathäusern vermietet. Auch ist in jüngerer Zeit eine Tendenz zu Ferienwohnungen festzustellen.

Gastronomie und Touristik

Mit dem Wandel vom Massentourismus Mitte des 20. Jahrhunderts zu einem Individualtourismus ist die Zahl der gastronomischen Betriebe wie auch der Souvenirbetriebe deutlich zurück gegangen. Im Ortsteil Mayschoß ist die Zahl der Hotelbetriebe mit Gastronomie („Zur zweiten Heimat“ und „ Martinsklause“) von sechs auf zwei gesunken.
Im Ortsteil Bungert gibt es noch vier gastronomische Betriebe. Es sind dies: die Gaststätten „Zum Bungert“ und „Burghof“ sowie das Weinhaus Kraus und das Hotel Gasthof Saffenburg. Des Weiteren zwei Imbissstuben, die neu errichtete Bahnhofsgastronomie, das Hotel Weinhaus Kläs sowie das zwischen Mayschoß und Laach gelegene Hotel Lochmühle. Im Ortsteil Laach gibt es noch zwei Betriebe. Das Hotel Jägerstübchen und das Hotel Krämer-Koch. An Souvenirbetrieben besteht nur noch der Souvenirhandel Kirsch am Winzerverein.
Für die touristische Entwicklung von großer Bedeutung ist der örtliche Fremdenverkehrsverein, der sich neben der überörtlichen Werbung um eine stetige Verbesserung der Infrastruktur bemüht. Auf dem Waagplatz konnte eine an größeren touristischen Veranstaltungen und Dorffesten angepasste Sanitärstation gebaut werden. Weitere Aktivitäten sind unter anderem die Erstellung des jährlichen Veranstaltungskalenders sowie die Organisation der Großereignisse wie Weinblütenfest, Weinfest und „Mayschoß Mediterrane“.

Vereinswesen

Im Jahre 1869 berichtet der damalige Mayschoßer Chronist Cossmann von einer *Bruderschafts- und Vereinszeit* als *Eigenthümlichkeit* seiner Zeitperiode. In der zweiten Hälfte des 19. Jahrhunderts bildeten sich weltliche Vereine, die zunehmend die geselligen Aufgaben der Bruderschaften übernahmen und zudem das kulturelle Geschehen im Dorf bestimmten.

Der Mayschoßer Theaterverein im Jahre 1902 vor dem Winzerverein. Die Kostüme sind aus dem Stück „Die Heldenbuuren von Transvaal“. *Familie Kläs*

Männergesangverein Concordia

Der im Jahre 1847 nach Mayschoß gekommene Lehrer Franz Hömig gründete im Jahre 1861 mit 25 Sangesbrüdern den Verein und wurde dessen erster Dirigent. Am 1. Januar 1864 gab der Verein bereits mit 45 Mitgliedern bei Gastwirt Frings in Ersdorf ein Neujahrskonzert.[1] Etwa 1870 verließ Hömig das Dorf und übertrug einem seiner Schüler, Anton Josef Ley, das Dirigentenamt. Sein Nachfolger wurde in den neunziger Jahren des 19. Jahrhunderts der Mayschoßer Lehrer Nikolaus Gottsacker. Unter seiner Leitung errang der Verein folgende Preise: 1896 in Neuenahr den 2. Preis, 1898 in Köln den 6. Preis in einer Stadtklasse, 1900 in Mayen den 1. Preis in

1 Prothmann, Ottmar, Chronik von Altendorf und Ersdorf, Meckenheim 2005, S. 226.

der zweiten Stadtklasse. Von 1900 bis 1904 war Hr. Agnes, der spätere Präsident des Ahrsängerbundes, Dirigent. Ihm folgte von 1904 bis 1919 Lehrer Schwall. Spätestens seit 1921 war Jakob Josten Dirigent. Der Verein hatte damals 65 Mitglieder. Außer der Pflege des Gesanges veranstaltete der Verein Theateraufführungen, Konzerte und andere Wohltätigkeitsveranstaltungen für gemeinnützige Zwecke.[2] 1933/34 stellte der Verein seine Tätigkeit ein. Am 8. September 1948 erfolgte durch circa 40 Sängerinnen und Sänger des Kirchenchores eine Neugründung als gemischter Gesangverein Concordia. Erster Dirigent war Herr König. Nachfolger von König wurde Herr Phillipps aus Remagen. In seiner Ära wurde aus dem gemischten Chor etwa 1954 ein reiner Männergesangverein. 1959 hatte der MGV.-Concordia etwa 40 Sänger. Neben den wöchentlichen Proben gab es feste Auftritte in jedem Frühjahr auf einem Sängerfest mit auswärtigen Chören, auf dem Stiftungsfest des Winzervereines und an einem traditionellen Familienabend am zweiten Weihnachtstag. Im Jahre 1968, zum Anlass des 100. Stiftungsfestes des Winzervereines, gab es auf dem Saal gemeinsame Liedvorträge des MGV.-Concordia und den männlichen Mitgliedern des hiesigen Kirchenchores. Insgesamt standen etwa 100 Sänger auf der Bühne. Zu hohen Kirchenfesten unterstützten einige Sänger des Männergesangvereins den Kirchenchor bei der Gestaltung der Gottesdienste. Umgekehrt verstärkte der Kirchen-

Gesangverein „Concordia“ am Winzerverein im Jahre 1902. *Familie Gottsacker*

2 Bis zum Jahre 1921 wurde die Entwicklung des Vereines aus dem Festprogramm zum 60-jährigen Stiftungs-Fest des MGV. „Concordia“ Mayschoß vom 4.9.1921 zusammengestellt. Die Broschüre wurde freundlicherweise von Sascha Neuert zur Verfügung gestellt.

Gesangverein „Concordia“ beim Waldfest Anfang der 1930er Jahre. *Sammlung Peter Schreiner*

chor den Männergesangverein bei seinen Auftritten. In den letzten Jahren seines Bestehens leitete Leo Ley neben dem Kirchenchor auch den Männergesangverein. 1973 endeten die Vereinsaktivitäten wegen Nachwuchsmangel. In den folgenden Jahren traf man sich noch zu einem jährlichenSpießbraten und zum letzten Geleit für ehemalige Sangesbrüder.[3]

Angelsportverein Mayschoß e.V.[4]

Die Idee zur Gründung des Vereines entstand in einer Fischbude, die einige Sportfischer während des Weinfestes 1974 betrieben. Anlass war die Absicht, die Ahr von der Mayschoßer Bahnhofsbrücke bis zur Mitte des Recher Campingplatzes zu pachten. Die Gründung des Vereines erfolgte am 1.6.1975 durch neun Gründungsmitglieder. Erster Vorsitzender wurde Peter di Carlo. Seit über 20 Jahren bis zum heutigen Tag wird der Verein von Helmut (*Sepp*) Lauser geführt. Jedes Frühjahr machen die Mitglieder eine Säuberungsaktion des gepachteten Flussabschnittes und der angrenzenden Ufer. Ebenfalls im Frühjahr werden vom Verein Boxen mit Fischbrut (Bachforellen) im Fluss eingebracht. Zusätzlich werden jährlich fangfertige Bachforellen (26-36 cm) ausgesetzt. Der Verein ist Mitglied der ARGE (Arbeitsgemeinschaft zur Förderung und zum Schutz der Ahr e.V.), über die unter anderem der Großeinkauf von Jungfischen und die Wiederbesetzung der Ahr mit Lachsen erfolgt.

3 Für Informationen über die Entwicklung des Vereines von 1948 bis 1973 danke ich Heinz Fuhrmann und Ernst Naekel.

4 Für Auskünfte über den Angelsportverein sei an dieser Stelle Helmut und Rene Lauser gedankt.

Mitglieder des Angelsportvereines beim Säuberungstag im Jahre 2006. *Foto des Verfassers, 2006*

In den vergangenen Jahren machte der Verein mehrtägige Ausflüge an die Ost- und Nordsee und führte für seine Mitglieder Prüfungsvorbereitungen zur Fischereiprüfung durch. Der Verein hat einen ausgebildeten Wasserwart und mehrere Mitglieder in der Gewässeraufsicht, die im Jahreslauf auf die Sauberkeit des Flusses und seiner Ufer achten. Die erheblichen finanziellen Aufwendungen Pachtpreis für neun Jahre Pacht von bisher 2.500 Euro und die Unkosten für den jährlichen Fischbesatz von über 500 Euro, werden aus Mitgliedsbeiträgen und den Einnahmen aus Tageskarten bestritten. Am örtlichen Dorfleben beteiligte sich der Verein bisher mit einem eigenen Wagen beim Weinblütenfest. Der derzeitige (3/2006) Mitgliederstand beträgt 23 Personen.

Eifelverein

Die Gründung einer Ortsgruppe des Eifelvereines in Mayschoß erfolgte am 17. April 1924 auf Initiative des Lehrers Albert Brühl, der auch als erster Vorsitzender die Leitung des etwa 30 Mitglieder starken Vereines übernahm. Weitere Mitglieder des Vorstandes waren unter anderen Hauptlehrer Schäfer als Schriftführer und Mathias Kreuz als Schatzmeister.[5] Der Verein machte sich seit seiner Gründung um die Verbesserung der touristischen Infrastruktur verdient. Bereits 1928 waren durch die Arbeit seiner Mitglieder Wege zu den umliegenden Anhöhen des Ortes angelegt und an besonders aussichtsreichen Punkten Ruhebänke aufgestellt worden. Am 5. August

5 Festschrift zum 25-jährigen Bestehens des Eifelvereins, Ortsgruppe Mayschoß, 1971 – 1996, S. 9.

Hermann Schmitz, Fritz Ulrich, Franz Josef Leyendecker, Karl Anton Borens mit Sohn Uwe bei Rodungsarbeiten vor der Grundsteinlegung der Akropolishütte im Jahre 1972. *Foto Eifelverein*

Die Akropolishütte im Frühjahr 2006. *Foto des Verfassers, 2006*

des Jahres feierte der Verein sein Sommerfest.[6] Im gleichen Jahr wurde von ihm auf der Martinsnücke ein Tempelchen errichtet, welches am Martinsabend durch einen großen Fackelzug der Kinder sowie der Ortsvereine eingeweiht wurde.[7] Im Jahre

6 Mayschoßer Schulchronik, S. 195

7 Schmitz/Klein, Schatzbuch und Chronik der Gemeinde Mayschoß, Mayschoß 1998, S. 155.

1930 wurden erstmals im Eifelvereinsblatt die ausgewiesenen Wanderwege und Spaziergänge erwähnt. Es gab zunächst vier Wanderwege um Mayschoß herum. In den Kriegsjahren kam das Leben in der Ortsgruppe zum Erliegen.[8] Erst am 17. April 1971 erfolgte in Anwesenheit von etwa 50 Mitgliedern die erneute Gründung der Mayschoßer Ortsgruppe im Mayschoßer Winzerverein. Zum ersten Vorsitzenden des Vereines wurde Erich Josten gewählt. Bereits am 6. Mai des Jahres wurde die erste organisierte Wanderung über Thelsbach-Wolfskaule-Koppen-Flucht nach Ägypten nach Rech durchgeführt. Im Jahre 1972 wurde der Grundstein für die Berghütte „Akropolis" gelegt. Ständige Erweiterungen im Laufe der Jahre fanden ihren Abschluss durch einen großen Anbau im Jahre 1979/80. Seither ist die Berghütte jeden 2. und 4. Sonntag im Monat geöffnet und bewirtet die ankommenden Wanderer von Nah und Fern. Zu den Vereinsaktivitäten, wie zahlreichen geführten Wanderungen und der Teilnahme des Vereines am jährlichen Weinblütenfest, gehört die Pflege des örtlichen Wegenetzes und seiner Aussichtspunkte. Am 6/7. Juli 1996 feierte die Ortsgruppe ihr 25-jähriges Jubiläum. Der Verein hat zur Zeit(2/2006) 148 Mitglieder und wird seit 1987 von Franz Josef Leyendecker als Vorsitzendem geführt. Ermöglicht durch Spenden und Eigenleistung errichtet der Eifelverein zu Beginn des Jahres 2006 neben der Akropolishütte einen Waldspielplatz für Kinder.

Förderverein Saffenburg e. V.

Der Vorstand des Fördervereines Saffenburg bei seiner Gründung im Jahre 1998. Hintere Reihe v.l.n.r., Rainer Hess, Winfried Ley, Andreas Zedler. Mittlere Reihe v.l.n.r., Edgar Schumacher, Rudi Josten, Jürgen Völkering, Hartwig Baltes. Vordere Reihe v.l.n.r., Hubertus Kunz, Rolf Braune, Rudolf Mies. *Vollrath Pressebild*

8 Festschrift zum 25-jährigen Bestehen, (wie Anm. Nr. 5), S. 11.

Bei der Gründungsversammlung am 6.11.1998 traten 25 Mitglieder dem Verein bei. Zweck des Fördervereines ist die Sicherung und der Erhalt der Burgruine im derzeitigen Bestand. Des Weiteren soll durch Sanierungsarbeiten in Abstimmung mit der Landes- und Denkmalspflege der Erhalt derselben als ortsprägender Aussichtspunkt gesichert werden. Seit 1999 unterstützt die Winzergenossenschaft Mayschoß-Altenahr den Förderverein mit einer jährlichen Sonderabfüllung Spätburgunder „Saffenburg Edition", für dessen Jahrgänge der Künstler Rainer Hess jeweils die Etiketten entwirft. Im gleichen Jahr erstellten im Auftrag des Vereines Dr. Michael Losse und Nina Bode einen Maßnahmenkatalog zur Sanierung, Erhaltung, Nutzung und Präsentation der Ruine der Saffenburg. Am 12.1.2000 wurde der Verein als gemeinnützig anerkannt. Zum Erhalt der Bausubstanz und um die Burgruine zugänglich zu machen, wurden im Laufe der Jahre mehrere Freistellungs- und Freischneideaktionen von den Mitgliedern des Vereines in Abstimmung mit der unteren Landespflegebehörde durchgeführt. Im September 2000 wurden von der Ortsgemeinde Mayschoß die zur Burgruine gehörenden Flächen vom Prinzen von Arenberg für die Dauer von 30 Jahren gepachtet und Planungsaufträge in Höhe von etwa 85.000 DM an Fachbüros vergeben. Darauf aufbauend wurden dann Förderanträge gestellt und erste Sanierungsarbeiten beauftragt. Diese und die bereits mit der Planung entstandenen Kosten wurden vom Verein übernommen. Nachdem der Ortsgemeinderat Mayschoß im Dezember 2002 die Voraussetzungen für die Renovierungsarbeiten an der Saffenburg durch Beauftragung der beteiligten Planungsbüros geschaffen hatte, erfolgte nach Vorlage der Ausschreibungsunterlagen die Vergabe der Arbeiten, die als erste Schritte die grundlegende Sanierung der löchrigen Hauptstützmauer Richtung Rech und die Sanierung des wie eine Nase überhängenden Mauerrestes am Eingang der Hochburg beinhaltete. Wegen des überhängenden Mauerrestes musste der Zugang zum Plateau gesperrt werden, da ein gefahrloses Begehen der Saffenburg nicht mehr gewährleistet war. Die Gesamtkosten der vom Land Rheinland-Pfalz mit 70% der förderungsfähigen Kosten bezuschussten Massnahmen belaufen sich auf 585.000 Euro. 30% finanziert die Ortsgemeinde über Kredite, für die der Förderverein den Schuldendienst komplett übernimmt. Der Verein wird seit seiner Gründung von Rudolf Josten geleitet und hat zur Zeit (Stand 3/2006) 146 Mitglieder.

Freiwillige Feuerwehr Mayschoß

Erste Mitteilungen über Maßnahmen zur Bekämpfung von Bränden erhalten wir im Jahr 1773. In diesem Jahr ließ der Bürgermeister Johannes Josef Kolbor unter anderem 100 lederne Eimer, fünf Leitern und Einreißhaken im Wert von über 111 Reichstaler anfertigen.[9] Ebenfalls im gleichen Jahr wurde ein Nachtwächter angestellt. Diese Bemühungen waren wohl eine Reaktion auf die verheerenden Brände durch Brandstiftungen im Dezember des Jahres 1772 im Nachbarort Rech. Im Jahre 1790 brannte auf Bungert das Gehöft des Thomas Ley ab. Bei dem Brand kam ein Kind ums Leben. Auch die Scheune und der Stall mit zwei Rindern wurde ein Opfer der Flammen. Im gleichen

9 Schmitz/Klein, (wie Anm. 7), S. 58.

Jahr zerstörte oder beschädigte ein Großbrand in Mayschoß gleich mehrere Anwesen. Dem Johannes Appel brannte das ganze Gehöft mit Haus, Scheune, Stall und Backhaus ab, dem Matthias Kutscher Haus, Scheune und Stall und nahezu sein gesamtes Getreide. Bei Peter Josten wurden die Anbauten, Backhaus, Scheune und Stall, zerstört, und dem Schöffen Kolbor verbrannten viele Gerätschaften und Hausinventar.[10]
Zum Ende des 19. Jahrhunderts rief man bei größeren Bränden die Altenahrer Wehr zu Hilfe. So heißt es über einen Brand am 30. Juli 1883 „durch die schleunige Hülfeleistung der Einwohner blieb der Brand auf ein Haus beschränkt, weshalb der bereits auf dem Wege zur Brandstätte befindlichen Feuerwehr von Altenahr Contreordre gegeben wurde.“[11] Im Jahre 1886 brannten bei P. Lang zwei Scheunen völlig ab.[12] Im August des Jahres 1921 wurde in der Gemeinde Mayschoß eine Freiwillige Feuerwehr gebildet. In der ersten Versammlungen im Winzervereinssaal unter dem Vorsitz des Gemeindevorstehers Kornel Fuhrmann traten gleich 42 Männer der jungen Wehr bei. Im Rahmen weiterer Versammlungen wurde Johann Ulrich einstimmig zum Brandmeister und Anton Coßmann, Peter Borenz, Sebastian Meurer, Josef Knieps und Johann Zorn als weitere Vorstandsmitglieder gewählt. Bei der ersten Übung sah die junge Wehr den desolaten Zustand der Löschgeräte, die infolge des Krieges und der darauf folgenden Besatzungstruppen total beschädigt waren. Nur noch die Spritze war in einem betriebsfähigen Zustand. Um die notwendigen Neuanschaffungen zu ermöglichen, stiftete der Winzerverein 1000 Mark, und aus einer Sammlung im Dorf kam nochmals der gleiche Betrag zusammen.
Am 15. August 1921 wurde folgendes Statut verabschiedet.

„Statut der freiwilligen Feuerwehr Mayschoß.

§ 1 Zweck der freiwilligen Feuerwehr ist, jedem Bürger von Mayschoß bei einem Brandfalle tatkräftig und sofort beizustehen.

§ 2 Jedes Mitglied ist verpflichtet, bei Tage und bei Nacht, sobald das Brandsignal ruft oder ein Brandherd sichtbar wird, im schnellsten Tempo nach dem Alarmplatz Spritzenhaus sich zu begeben, um mit den notwendigen Geräten zum Brandort hin zu eilen. Zuwiderhandlungen werden mit dem Austritt aus der Wehr bestraft.

§ 3 Bei Wassergefahr oder sonstigen Unglücksfällen verpflichtet sich jedes Mitglied zu denselben Hilfsleistungen, wie im § 2.

§ 4 Wird die Hilfe der Wehr nach auswärts gerufen, so erstreckt sich die Verpflichtung wie im hiesigen Orte.

§ 5 Jedes Mitglied ist verpflichtet, bei jeder Übung sowie Versammlung pünktlich zu erscheinen. Wer ohne genügende Entschuldigung fehlt, hat als Strafe den Betrag von zwei Mark zu zahlen. Sollte jemand diesen Betrag bei Jahresabschluß sich weigern zu zahlen, so schließt er sich von selbst aus.

---

10 Ebd., S. 69 – 70.

11 Ahrweiler Kreisblatt, Nr. 89, 31. Juli 1883.

12 Ebd. Nr. 131, 9. Nov. 1886.

§ 6 Auf der Brandstelle sowie bei jeglichem Dienste, hat jeder Wehrmann den Anordnungen der Führer unbedingt Folge zu leisten. Glaubt jemand ungerecht behandelt zu sein, sei es vom Vorgesetzten, oder Wehrmann, so hat er das Recht, entweder beim Herrn Brandmeister, oder sollte sich die Beschwerde gegen letzten richten, dieses in der nächsten Versammlung vorzubringen.

§ 7 Der Monatsbeitrag, wie bisher von einer Mark pro Mitglied, soll fernerhin beibehalten werden.

§ 8 Bei Übungen sowie auf der Brandstelle hat die Einwohnerschaft von Mayschoß den Anordnungen der Wehrleute unbedingt Folge zu leisten. Sollte es aber nötig sein, daß die Wehr bei einem Brande noch Leute braucht, so muß jeder der dazu aufgefordert wird, den Befehlen der Wehr gehorchen.

§ 9 Zu Ehrenmitgliedern können nur die ernannt werden, die nach aktiver Dienstzeit infolge Alters oder Unglück dienstuntauglich geworden sind.

§ 10 Zu inaktiven Mitgliedern können Leute durch Versammlungsbeschluß aufgenommen werden, welche jährlich 25 Mark in die Kasse zahlen. Dafür haben sie freien Eintritt zu den Versammlungen und Festlichkeiten.

§ 11 Sollte ein Mitglied ein Leben führen, welches den guten Ruf der Wehr sowie das Eigentum derselben beschädigt, wird es durch Versammlungs-Beschluß, durch Geldstrafe oder Ausschluß bestraft.

§ 12 Sollte ein Mitglied der Wehr, aktives, inaktives oder Ehren-Mitglied, mit dem Tode abgehen, so besteht die Ehrenpflicht eines jeden, geschlossen mit der Wehr ihm das letzte Geleit zu geben.[13]

Durch Gemeinderatsbeschluss vom 18. Mai 1921 wurde der freiwilligen Feuerwehr ein Betrag von 12.962 Mark zur Anschaffung von Geräten und Uniformen zugebilligt.[14] Durch Versammlungsbeschluss wurden im November 1921 30 inaktive Mitglieder aufgenommen.[15] Der Jahresbericht 1921/22 verzeichnet 15 Übungen und 16 abgehaltene Versammlungen. 1922 beschloss der Vorstand, durch Krankheit oder ähnliches Unglück in Not geratene aktive Mitglieder durch freiwilligen Arbeitsdienst zu unterstützen.[16] Der Jahresbericht von 1922/23 verzeichnet 1 Alarmübung, 5 Übungen und 10 Versammlungen. Die aktive Mitgliedzahl betrug 45. Im Jahre 1923 wurde beschlossen, einen Steigerturm zu bauen. Das Holz hierzu lieferte die Fürstlich von Arenbergische Verwaltung und die Gemeinde. Am Stiftungstage der Wehr konnte der Turm eingeweiht werden.[17] Im Jahre 1923 wurde auf dem Waagplatz von der Gemeinde neben dem späteren Konsumgebäude ein Spritzenhaus errichtet.[18] 1924 richtete die Feuerwehr für ihre Mitglieder eine Sterbe- und Unterstützungskasse ein. Für einen Monatsbeitrag von 10 Pfennig sollte bei dem Sterbefalle

---

13 Protokollbuch der freiwilligen Feuerwehr Mayschoß, geführt von 1921 – 1934, zur Zeit beim Schriftführer Karl Hubert Bertram.

14 Ebd., S. 8.

15 Ebd., S. 7.

16 Ebd., S. 9.

17 Ebd., S. 12.

18 Schmitz/Klein, (wie Anm. 7), S. 153.

eines Kameraden sofort den Hinterbliebenen eine Summe von 100 Goldmark ausgehändigt werden. Bereits im April starb ein Mitglied infolge eines Schlaganfalles, worauf die Hinterbliebenen 100 Mark erhielten.[19] 1925 ernannte die Generalversammlung Johann Ulrich zum Ehrenbrandmeister. 1927 verzeichnete der Jahresbericht 2 Alarmübungen, 10 Übungen und 12 Versammlungen. Die Zahl der aktiven Mitglieder betrug 37. Folgende Vorstandsämter wurden ermittelt: Brandmeister, stellvertretender Brandmeister, Steigeführer, Spritzenführer, Ordnungsführer, Zeugwart, Kassierer/Schriftführer. Des Weiteren wählte man noch zwei Strahlrohrführer und zwei Stellvertreter.

Freiwillige Feuerwehr auf Höhe des Hauses Fuhrmann im Oberdorf. Aufnahme aus den 1930er Jahren. *Sammlung Peter Schreiner*

Im Jahre 1928 rückte die Wehr zweimal wegen Waldbränden aus. Am 17. März brannte es auf dem Forst und am 21. März auf Weidenhard in dem arenbergischen Wald. „Hier gelang es ebenfalls der Wehr, aber vereint mit den Ortsbewohnern nach langer schwerer Arbeit des Feuers Herr zu werden. Trotz schwerer Arbeit sind doch 90 Morgen verbrannt. Zur Belohnung für ihr tatkräftiges Eingreifen der Wehr stiftete der Verwalter Herr Rentmeister Dommerque ein Faß Bier. Weil ja sein Weinkeller durch die zwei letzten Herbste schlecht bestellt war.“[20] 1929 löschte die Wehr einen Kellerbrand bei der Witwe Johann Schmelzer.[21] 1931 brannte es am 11. Januar bei Hubert Ulrich im Oberdorf. „Die Wehr traf in kurzer Zeit zahlreich an der Brandstätte ein. Die Löscharbeiten waren sehr schwierig, weil es sehr kalt war, denn die Schläuche waren, sobald sie vom Wasser getroffen, hart gefroren. Aber durch das tatkräftige Eingreifen unserer Wehr war das Feuer bald auf seinen

19 Protokollbuch , (wie Anm. 13), S. 13.
20 Ebd., S. 21.
21 Ebd., S. 24.

Feuerwehrschuppen neben dem alten Konsumgebäude. Aufnahme aus den 1930er Jahren.
Sammlung des Verfassers

Herd beschränkt.“[22] 1932 wurde beschlossen, dass jedes Mitglied der Feuerwehr 15 Pfund Trauben an die Wehr abzugeben habe, um davon Wein für die eigenen Familienfeste herzustellen und so die Kasse zu entlasten. Die Wehr rückte im gleichen Jahr zu zwei Bränden aus. Am 28. März zu einem Waldbrand auf Weidenhard. Beim zweiten Einsatz brannte der Dachstuhl von Remise und Kegelbahn bei Kornel Hallerbach.[23] 1933 hatte die Wehr einen Einsatz bei dem Brand der Remise des Recher Winzervereines. Am 25. November gleichen Jahres gab es bei dem Brand im Bergischen Hof einen gemeinsamen Einsatz der Wehren von Rech und Mayschoß.[24] Die Eintragungen des Protokollbuches enden im Jahre 1934.

1948 wurde für die Feuerwehr ein neuer Bau auf dem Waggplatz errichtet.[25] Die Anschaffung eines Feuerwehrautos erfolgte Mitte der 60er Jahre. Bis dahin verwendete man einen Tragkraftspritzenanhänger, der von einem Traktor gezogen wurde. In diesem Zeitraum wurde auch der heutige Geräteschuppen erbaut. Im Jahre 1969 erfolgte der Bau des Trockenturmes.[26] Bei Unwettern, wie am 18. Mai 1971, als nach einem Gewitter große Wasser- und Geröllmassen die Dorfstraße unpassierbar machten, war die örtliche Feuerwehr zwei volle Tage im Einsatz. Löscheinsätze, wie der Brand im Dachgeschoss des Weinhauses Kläs am 9. Juli 1991, sind glücklicherweise selten. Das Haupteinsatzgebiet der vergangenen Jahrzehnte waren die Überschwemmungen der Ahr. Im Falle eines starken Hochwassers ist Mayschoß von der Außenwelt und den übrigen Wehren abgeschnitten. In den flussnahen Häusern müssen die vollgelaufenen Keller leer gepumpt, Straßen und Wege gesperrt und nach Ablauf des Wassers in einen verkehrsfähigen Zustand gebracht werden. Für diese Arbeiten gibt es einen Sondereinsatzplan. Ab einem Pegelstand von zwei Metern in Müsch erfolgt die Abdichtung der Steinmauer am Waagplatz sowie die Evakuierung des Wohnmobilhafens am Bahnhof Mayschoß und Parkplatz Dorfmitte (Waag). Ab 2,3 Meter Pegelstand in Müsch Vorbereiten und Aufladen der Schutzwand für Laach. Ab 2,65 Meter Pegelstand in Müsch Aufbau der Schutzwand in Laach (in Zusammenarbeit

22 Ebd., S. 27.
23 Ebd., S. 29.
24 Ebd., S. 21.
25 Schmitz/Klein, (wie Anm. Nr. 7), S. 167.
26 Ebd., S. 177.

Freiwillige Feuerwehr Mayschoß
1. Reihe von links nach rechts, Werner Rössel, Manfred Schmitt, Stephan Schäfer, Uwe Borens, Hans Peter Coßmann, Lothar Bell, Rolf Leyendecker (Wehrführer),
2. Reihe, Hermann Josef Reuter, Michael Koch, Michael Jahnke, Eberhard Ley, Karl Hubert Bertram,
3. Reihe, Aloys Leo Mies, Peter Maur, Michael Ley, Heribert Coßmann,
4. Reihe, Wolfgang Claesges, Georg Damian, Thomas Baltes, Bernhard Dohmen. *Foto des Verfassers, 2006*

mit der Dorfgemeinschaft Laach). Bei diesem Wasserstand steht die Bahnunterführung Bergischer Hof unter Wasser. Ab 2,75 Meter Pegelstand in Müsch Gefahr für alle Wohngebäude der Hauptstraße und Waagstraße.
Weitere Aktivitäten der Feuerwehr sind die Absicherung aller Festzüge im Laufe des Jahres, Begleitung zu Goldhochzeiten, die Organisation und Durchführung des St. Martinszuges sowie das Überwachen des Martinsfeuers und die Verteilung der Wecken an die Kinder des Ortes. Des Weiteren übernimmt die Feuerwehr das Schlagen des Weihnachtsbaumes und Aufstellen am Kriegerdenkmal. Feste Termine für Übungen im Jahreslauf sind: April bis September jeden ersten Freitag im Monat. Oktober bis März jeden ersten Sonntag im Monat. Die Feuerwehrmusik findet jeweils Ende Januar statt, und alle zwei Jahre macht der Verein mit den Frauen einen drei- bis viertägigen Ausflug. Aus dem seit Anfang der 90er Jahre stattfindenden Sommerfest am Gerätehaus entwickelte sich in Abstimmung mit dem Verkehrsverein ab dem Jahr 2000 die Indian Summer Veranstaltung am zweiten Wochenende im September.

Ende November/Anfang Dezember findet die Jahreshauptversammlung statt, zu der die Alterskameraden (ehemalige Aktive) eingeladen werden. Aus den Erlösen der Festivitäten hat die Mayschoßer Ortsgruppe mehrere Sitzbänke in verschiedenen Weinbergslagen aufgestellt. Im weiteren wurden Geräte und Schutzkleidung angeschafft und das Gerätehaus renoviert. Die Mayschoßer Ortsgruppe hat im Januar 2006 21 aktive Mitglieder.[27]
Wehrführer: 1922 – 1933 Heinrich Knieps, 1934 – 1948 Nikolaus Naekel, 1948 – 1954 Josef Zorn, 1954 – 1962 Martin Meurer, 1962 – 1986 Rudolf Leyendecker, 1987 – 1997 Manfred Mies, 1997 bis heute Rolf Leyendecker.

Junggesellenverein

Der Mayschoßer Junggesellenverein ist wohl der älteste der gegenwärtigen Vereine unseres Ortes. In einer Mitteilung im Tagebuch für den Junggesellen Verein Mayschoß heißt es: „Im Jahre 1850 entstand unter den Mayschoßer Jungen eine Uneinigkeit, nämlich die ältesten der Jungen bildeten eine eigene Gesellschaft und in Folge dessen traten die jüngeren zusammen, um den seit Jahrhunderten bestehenden alten Junggesellen Verein aufrecht zu erhalten.“ Die für den Zeitraum von 1849-1892 bestehende zweite Junggesellenvereinigung trug den Namen Einigkeits-Gesellschaft.[28] Sie entstand nach einem Generationenkonflikt innerhalb der alten Junggesellenvereinigung, wobei die älteren Junggesellen eine stärker christlich geprägte Gemeinschaft anstrebten, für die jüngeren Junggesellen aber das Maibrauchtum im Mittelpunkt stand. Vergleicht man die Zahlen beider Vereine, so fällt auf, dass im Junggesellenverein nur 23 Mitglieder verblieben, wogegen die von den älteren Junggesellen gegründete Einigkeitsgesellschaft bei Gründung 37 Mitglieder hatte. Obwohl in der Einigkeitsgesellschaft die Vergnügungen am Schluss standen, so ließ man es sich doch nicht nehmen, im Gründungsjahr zur ersten Musik am 17. Juni gleich sieben Musikanten für 11 Taler zu engagieren, wobei jedes Mitglied frei tanzte und alle anderen für den Tanz 2½ Silbergroschen zahlten. Nach kurzer Blüte – im Jahre 1849 spendeten 67 Personen zur Beschaffung für eine Fahne und Federhut – wurden im Jahre 1859 nur noch 10 Mitglieder gezählt. Der Rückgang der Mitglieder der Einigkeitsgesellschaft erklärt sich zum Teil durch Heirat und durch die in dieser Zeit ausgeprägte Auswanderung nach Amerika. Auf der Generalversammlung der Einigkeitsgesellschaft im Jahre 1862 wurde ein letztes Mal beschlossen, ein „Vergnügen“ zu veranstalten. In den folgenden Jahren wurden die Einnahmen ausschließlich für die jährliche Kirmesmesse, Spenden an die Mission und zu Messen für die verstorbenen Mitglieder verwendet. 1885 ist die Zahl der noch lebenden Mitglieder auf fünf geschrumpft. 1892 enden die Mitteilungen über die Einigkeitsgesellschaft. Die Statuten des Junggesellenvereines aus dem Jahre 1850 sind im Kapitel

27 Für Auskünfte über die Vereinsaktivitäten sei an dieser Stelle dem Schriftführer der Mayschoßer Ortsgruppe Karl Hubert Bertram gedankt.

28 Schmitz, Sebastian Wolfgang, Journal der Einigkeits-Gesellschaft Mayschoß 1849, in: Beiträge zur Geschichte des Saffenburger Ländchens, Heft III, Mayschoß 1994.

Das Maigelog im Jahre 1949. *Anita Ohlig*

Lebensverhältnisse und Brauchtum um 1930 abgedruckt. Im gleichen Kapitel werden Hilich, Hilichlieder und das Maibrauchtum des Jahres 1922 beschrieben. Das gegenwärtige Brauchtum und Vereinsleben des Junggesellenvereines stellt sich wie folgt dar: Der Verein hat derzeit (Stand 3/2006) 35 Mitglieder, die namentlich im Junggesellenbuch verzeichnet sind. Ende der 90er Jahre war die Mitgliederzahl zeitweise auf 16 Mitglieder gesunken. Aufnahmeberechtigt sind Jugendliche mit Vollendung des 17. Lebensjahres (vor dem 1.Mai). Es gibt keine Altersobergrenze. In den letzten Jahren schieden die Junggesellen aber mit etwa 30 Jahren aus bzw. wenn sie heirateten. Zur Deckung seiner Unkosten erhebt der Verein von seinen Mitgliedern einen jährlichen Beitrag.

Der Junggesellenjahreslauf beginnt am 30. April. Am Vormittag des Tages wird in den umliegenden Gemarkungen der Maibaum geschlagen. Früher erhielten die Junggesellen den Baum kostenlos, seit einigen Jahren muss er bezahlt werden. Der Baum wird mit Traktor und Anhänger nach Mayschoß gefahren und am Nachmittag von den Junggesellen aufgerichtet. Um Mitternacht trifft man sich am Maibaum und singt gemeinsam ein Lied mit folgendem Text:

1.
Einst hatte sich ein Fähnrich
wohl in ein Mädel verliebet,
in eine hübsche, in eine feine,
in eine hübsche, in eine feine,
in eine hübsch`, in ein feine,
in eine Kaufmannsmamsell.

2.
Dreimal hat er sie geküsset,
doch sie hat abermal geweinet,
ja sei doch still mein holder Engel,
ja sei doch still mein holder Engel
ja sei doch still mein holder Engel,
es soll das letzte Mal nicht sein.

3.
Und so kehr ich nie und nimmer mehr
zu meinem allerliebsten Mädel,
ja denn Sie ist, sie ist für sich,
ja und ich bleib, ich bleib für mich,
ja denn Sie ist für sich,
ja und ich bleibe für mich.

4.
Und wer unsere Zeremonien
ja, ja, ja gar nicht kann leiden,
ja ja der muß, ja ja der muß,
ja ja der muß, ja ja der muß,
ja ja der muß aus unserer
Gesellschaft wegbleiben.

Das gesamte derzeitige Liedgut des Vereines besteht aus fünf weiteren Liedern mit folgenden Texten:

Grün ach Grün.
Grün ach Grün wie lieb ich Dich,
süße Hoffnung ein Trost für mich.
Grün ach grün ist Wald und Flur,
grün ach grün ja ist das Festkleid der Natur

Hätte ich ein Königreich,
oh wie wär ich der Natur so gleich.
Alle Mädel jung und schön,
müßten alle alle grün gekleidet gehen.

Mohammed war ein Prophet,
und er liebte die Farben sehr.
Doch von aller Farbenpracht,
hat er sich das holde Grün ja ausgedacht.

Holdes Grün wie lieb ich Dich,
süße Hoffnung ein Trost für mich.
Und so lang ich Waidmann bin,
bleibt das holde Grün der Farben Königin.

Was scheint der Mond so hell.

Was scheint der Mond so hell auf dieser Welt,
ich hab ein Mädel was mir gefällt.
Zu meinem Mädel da muß ich gehen,
vor ihrem Fenster da bleib ich stehen.

Wer steht da draußen und klopfet an,
wer mich so leise aufwecken kann.
Mach auf und lasse mich herein,
es wird gewiß der Rechte sein.

Die Tür aufmachen, das kann ich nicht,
denn meine Herrschaft die schläft noch nicht.
Und meine Bettstell ist viel zu enge,
und unsere Liebschaft die hat ein End.

Nimm diesen Taler, den schenk ich Dir,
wenn Du mich schlafen läßt heute nacht bei Dir.
Behalte Deinen Taler und geh nach Hause,
Du schlechter Kerl was willst Du hier.

Du wirst noch weinen, wirst traurig sein,
wenn ich ein anderes Mädel führe heim.
Du wirst noch sagen, oh weh, oh weh, (oh weh),
ach hätt ich Lieberster Dich nie gesehn.

Du schönste aller Schönen.

Du schönste aller Schönen,
was führest Du im Sinn.
Du schönste aller Schönen,
was führest Du im Sinn.
Einen anderen tust Du lieben,
mich suchst Du zu betrügen,
komm reich mir einen Kuß,
weil ich jetzt scheiden muß.

Ja einen Kuß, ja einen Kuß,
der schadet Dir ja nichts.
Ja einen Kuß, ja einen Kuß,
der schadet Dir ja nichts.
Ein Küsselein in Ehren,
ist jedermann erlaubt,
und keiner ist auf Erden,
der mir das Küssen raubt.

Ach hätt mich meine Mutter
An einem Baum erhängt.
Oder mit dem größten Mühlenstein,
im tiefsten Meer versenkt.
So wär ich längst gestorben,
als ein unschuldig Blut,
und hätte nie erfahren,
was falsche Liebe tut.

Ihr Mädels nehmt Euch ja in Acht,
solang ihr jung noch seid.
Daß man Euch nicht zum Tambor macht,
für eine lange Zeit.
So hängt man Euch die Trommel an,
marschieren wir drauf los,
und schenkt man Euch das klitze kleine Kind,
das ist denn Euer Los.

Mir ist es nie so wohl gemut.

Mir ist es nie so wohl gemut,
als wenn Du bei mir bist, trala.
Wenn Deine Hand in der meinen ruht,
Dein Mund den meinen küßt, trala.
Dann schwindet alles um mich her,
ich weiß von keiner Welt was mehr.
Tralalalala.....

Bei einem vollen Becher Wein,
da sitz ich fröhlich gern, trala.
Und fällt mir dann mein Liebchen ein,
sind alle Sorgen fern, trala.
Ich hab kein Ruh in meinem Sinn,
bis daß ich wieder bei Dir bin.
Tralalalala.....

Ach wär doch der Tag einst nah,
der mir so fern noch scheint, trala.
Wo uns der Priester am Traualtar,
zur ewigen Liebe vereint, trala.
Dann bleib ich Tag und Nacht bei Dir,
bis daß der Tod mich trennt von Dir.
Tralalalala.......

Die alten Weiber tratschen viel,
wer hört auf ihren Tratsch, trala.
Verleumdung ist ihr einzig Ziel,
und böser Schabernak, trala.
Ihr Maulwerk geht sobald es tagt,
von morgens früh bis in die Nacht.
Lapapalapapa.....

Mir hann`ne versaufene Vürstand.

Mir hann`ne versaufene Vürstand,
im Meschije Mai-jeloach.
Den Maibaum den tuen wir hauen,
Tradition die halten wir hoch.
Mir sinn alles Meschije Jonge,
die letzte Hoffnung der Nation.
Von der Liebe und vom Saufen
leben wir seit jeher schon.
Vorwärts Meschije Jonge,
vorwärts im Saufen sind wir nicht allein,
denn die Ahle die sitzen im Winzerverein,
vorwärts Meschije Jonge.

Die Roten sie wurden geschlagen,
im Kampfe bei Tage und bei Nacht.
Die Fahne zum Siege getragen,
dem Volke die Freiheit gebracht.
Mir sinn alles Meschije Jonge,
die letzte Hoffnung der Nation.
Von der Liebe und vom Saufen
leben wir seit jeher schon.
Vorwärts Meschije Jonge,
vorwärts im Saufen sind wir nicht allein,
denn die Ahle die sitzen im Winzerverein,
vorwärts Meschije Jonge,
und der Sieg wird unser sein.

Die Mayschoßer Junggesellen im Jahre 2006. *Junggesellenverein*

Anschließend geht der Zug singend bis zum Pfarrhaus und begibt sich dann zum Keller des Bürgerhauses „Alte Schule". Dort findet nach mehreren früheren Ortswechseln (Winzerverein, *Büdche*) die *Eichung* genannte Eintrittszeremonie statt. Zu Beginn werden die Statuten des Vereines verlesen. Dann ist es Brauch, dass jedes Neumitglied eine Flasche Weißwein in einem Zug (*auf ex*) austrinkt. Haben die Neumitglieder diese Bewährungsprobe bestanden, werden jährlich die fünf Vorstandsposten versteigert. Diese sind der Maikönig, Schultheiß, Fähnrich, Schöffe und Bote (*Lampet*). Diese Ämter haben außer dem Maikönig und dem Fähnrich keine spezifische Funktion mehr. Bei dem Steigern der Ämter gilt ein Einstiegspreis von 25 Euro. Grundsätzlich ist jeder spätere Amtsinhaber berechtigt, sich ein Mailehen frei zu wählen. Um Maikönig zu werden, muss man drei Jahre im Verein sein, für die anderen Vorstandsposten zwei Jahre. Anschließend werden die zur Wahl stehenden Mädchen (Mailehen) des Dorfes ab dem 16. Lebensjahr zur Versteigerung ausgerufen und versteigert. Die nicht steigernden Junggesellen bilden traditionell den sogenannten *Knubbel*. Nach der Versteigerung geht es in den Wald, um die Maibäume für die Mailehen zu schlagen. Diese werden dann von der gesamten Gruppe bis zum Morgen des 1. Mai bei den einzelnen Mailehen aufgestellt. Die Junggesellen, die gesteigert haben, müssen sich am 1. Mai im Haus des Mailehens mit einem Blumenstrauß (im Idealfall zwei Sträuße, einen für das Mailehen und einen für dessen Mutter) einfinden. Danach trifft sich der Verein in einer örtlichen Gaststätte zum nachmittäglichen Frühschoppen. An den sogenannten *Kommtagen,* Dienstag, Donnerstag und den

Wochenenden im Monat Mai, sollte der Junggeselle mit seinem Mailehen etwas unternehmen. Früher waren häusliche Besuche vorgeschrieben, die auch kontrolliert wurden. An einem Sonntag im Mai findet der Umzug zu Ehren der Maikönigin statt. Die Wegstrecke führt vom Waagplatz zum Pfarrhaus und dann zum Haus der Maikönigin. Dort tanzt zu den Klängen einer Musikkapelle das Maikönigspaar unter der Fahne des Vereines einen gemeinsamen Tanz. An einem Sonntag wird die sogenannte *Horntour*, benannt nach einem Aussichtspunkt bei Altenburg, durchgeführt. Der sogenannte *Blautag* (ein Zug der Junggesellen vom Grent bis zum Waagplatz durch die Ahr) findet wegen des rustikalen Rahmens (Verletzungs- und Erkältungsgefahr) nur noch unregelmäßig bei warmer Witterung und niedrigem Wasserstand der Ahr statt. Die frühere Junggesellenmusik (Festzelt mit Tanzkapelle) wird heute in moderner Form an einem variablen Termin abgehalten. In der Vorweihnachtszeit wird in einer örtlichen Gaststätte eine Weihnachtsfeier gefeiert, in deren Rahmen der Maibaum verlost wird. Ebenfalls ist es seit einigen Jahren Brauch eine Winterwanderung zu unternehmen. Vor Ostern wird üblicherweise die Generalversammlung abgehalten. Der alte Brauch der *Hilig* wird seit einigen Jahren nicht mehr gehalten. An Insignien verfügt der Verein über zwei Fahnen. Eine alte, die nicht mehr in Gebrauch ist, sowie eine neue, die bei der jeweiligen Maikönigin aufbewahrt wird. Dort befinden sich auch die beiden langen Spieße, die jeweils von zwei Neumitgliedern mit Schärpe bei dem Umzug getragen werden. Die Junggesellenchronik, bestehend aus drei Büchern, wird beim jeweiligen Maikönig aufbewahrt, der auch die jeweiligen Jahresberichte zu schreiben hat.[29]

Karnevalsverein „Närrische Freunde Mayschoß“

Bereits im Jahre 1912 ist von einer *Carnevalsgesellschaft* die Rede. Auf einer Vorstandssitzung des Winzervereines am 15. Februar 1912 heißt es bezüglich der Fastnachtsmusik, dass diese „in der bestehenden alten Weise mit einer Nacht vom Verein aus zu pflegen und gab der hiesigen Carnevalsgesellschaft die Bewerbung für die zweite Nacht mit der Freistellung des Saales gegen Entrichtung der feststehenden Miete von M. 10,00 an Hand.“ Nach dem zweiten Weltkrieg, im Jahre 1948 organisierte der *Schneuzerklub* einen ersten, einmaligen Karnevalsumzug. Seit 1954 fanden dann von den Möhnen organisierte Straßenkarnevalsumzüge statt. Auch war es Brauch, dass die kostümierten Kinder von Weiberfastnacht bis Karnevalsdienstag in Mayschoß von Haus zu Haus zogen. Dabei wurde folgendes Lied zum Vortrag gebracht:

„Huh Fastelovend,
jätt oß jätt vom Broode,
jätt oß jätt vom Schinkespeck,
dann koore me och ens wie dä schmäck.

29 Für Auskünfte über das aktuelle Brauchtum und das Vereinsleben danke ich Torsten Klein.

Jraas, Jraas, Gromech,
de Hone wie de Bloomech.
Jätt esu deck wie en Fuuß,
dann jon me och no Huuß.
Jätt esu deck wie en Perdszieh,
dann konn me höck un morn ni mi.“

Gab es für die singenden Kinder keine Spende in Form von *Kamelle* oder eines kleinen Geldbetrages, wurde an das Lied die folgende Strophe angefügt: „Datt Huß datt steht op enem Behn, der Jiezhals der sez metten drenn.“
Die Gründung einer Karnevals-Gesellschaft erfolgte im Jahre 1975. Gründungsmitglieder waren: Herbert Knieps, Kläre Schreiner, Peter Schreiner, Albert Schmitz, Ellen Winterberg, Maria Winterberg, Annemie Schmitz, Klaus Dresen, Ernst Naekel und als Präsident von der ersten Stunde bis zum heutigen Tag Jürgen Kraus. Die erste Prunksitzung fand im Saal des Winzervereines statt. Seit 1975 wird für die jährliche Prunksitzung ein großes Festzelt auf dem Waagplatz aufgeschlagen. Für die überregional beliebte Veranstaltung haben die Närrischen Freunde Mayschoß einen eigenen Stamm talentierter Büttenredner (unter anderen Hubertus Kunz, Hildegard

Der Elferrat der Närrischen Freunde Mayschoß im Jahre 2006. V.l.n.r. Alfons Schmitt, Winfried Ley, Wolfgang Hehle, Harald Knieps, Hartwig Baltes, Jürgen Kraus, Andreas Bäcker, Lothar Baltes, Eberhard Ley, Leo Baltes, Walter Görres. *Jürgen Kraus*

Josten, Manuela Eultgen, Sigrid Simons, Jürgen Kalenborn, Alexandra Reuter, Louis und Alfons Schmitt). Daneben sind fest im Programm die Tanzgruppe der Mini- und Mädchen-Garde und ein Männer-Ballett. An Aktivitäten hat sich am Wochenende vor Karneval eine Disco, am Karnevalssamstag die Prunksitzung und am Sonntag eine große Kinderkarnevalsfete eingebürgert. Die Närrischen Freunde nehmen an der jährlichen Rathausstürmung in Altenahr sowie am Rosenmontagsumzug im Nachbarort Altenburg teil und stellen auch einen Wagen beim Weinblütenfestumzug im Juni in Mayschoß. Traditionell ist auch ein Besuch der befreundeten KG Füssenicher Grieläächer 1948 e.V. Im Sommer wird für die Familien der aktiven Mitglieder ein Sommerfest organisiert. Die Karnevalsgesellschaft zählt gegenwärtig (Stand 2006) 110 Mitglieder.

Mayschoßer Möhnen

In der Session 1953/54 gründeten Gerta Mies und Petronella Poppelreuter mit 20 Frauen aus der Gemeinde den Möhnenverein *Mayschosser Bömmes-che.*[30]Aus ihren Reihen wählten die Möhnen die Obermöhn zu ihrer Vorsitzenden. Erste Obermöhn wurde im Jahre 1954 Petronella Poppelreuter als Apollonia I. Ihre Nachfolgerin wurde im Jahre 1970 als Ulrike I. Erna Ulrich genannt *Thiebesse Erna.* Ihrer Initiative ist es zu verdanken, dass, neben dem Festumzug am Weiberdonnerstag, am Karnevalssamstag der Lumpenball im Saal des Winzervereins stattfand. Seit 1981 bis

Straßenkarneval der Mayschoßer Möhnen im Jahre 1954. *Petra Mardini*

30 Die Daten sind teilweise entnommen aus einem Artikel im Kreisstadt Echo Nr.6/2004.

Die Mayschoßer Möhnen im Jahre 2005. *Petra Mardini*

zum heutigen Tag (2006) amtiert Anna I. (Dreyer) als Obermöhn. Die Tradition des *Möhnefastelovens* begann nach dem zweiten Weltkrieg mit einem Kaffeetrinken an Weiberfastnacht in der Gaststätte Fuhrmann. Den ersten Straßenumzug veranstalteten die Möhnen im Jahre 1954. Seit einigen Jahren gehen die Möhnen anstelle des Umzuges in zwei Gruppen durch das Dorf und besuchen Gastronomie und Gewerbe. Die jährlichen Aktivitäten beginnen traditionsgemäß am 11.11. eines Jahres mit einem Essen im Vereinslokal „Martinsklause". Darauf folgt die Vorbereitung der Session. Seit über 20 Jahren ist es auf eine Initiative von Mechtild Schlaf Tradition, an Weiberfastnacht nach der heiligen Messe das „Möhnefrühstück" im Pfarrsälchen einzunehmen. Beim jährlichen Weinblütenfest beteiligen sich die Mayschoßer Möhnen mit einem eigenen Wagen. Im Jahre 2004 feierten die Mayschoßer Möhne ihr 50-jähriges Vereinsjubiläum. Der Vereinigung gehören derzeit 33 aktive Frauen an.

Sportverein Rot-Weiß Mayschoß

Gegründet wurde der Verein im Jahre 1919[31] unter dem Namen Deutscher Turnerbund Mayschoß als Turnverein. Einige Jahre später wurde er in Schwarz-Weiß Mayschoß umbenannt. In den ersten Jahren dominierten die Sportarten Ringen, Faustball, Boxen und Turnen. Der Turnplatz befand sich im Freien vor dem Feuerwehrhaus. An Gerätschaften gab es einen Barren, ein Reck und Hebegewichte. Die Boxer trainierten auf einer Wiese im Bereich der Kläranlage. Das älteste erhaltene Mannschaftsbild des Vereines zeigt die Faustballmannschaft des Jahres 1923/24. In dieser Sportart gewannen die Mayschoßer im Jahre 1934 in Adenau die Kreismeisterschaft. Die Erfolgsserie konnte mit dem Gewinn der Bezirksmeisterschaft in Sinzig

31 Wimpel des Turnvereines aus dem Jahre 1919.

Mayschoßer Fußballmannschaft bei der Eröffnung des Sportplatzes im Jahre 1932. Personen v.l.n.r. Peter Kraatz, Michel Josten, Josef Laurencic, Franz Gilsdorf, Josef Kraatz, Toni Kraatz, Fritz Bungart, Fritz Ley, Adam Sesenna, Josef Sebastian, Bruno Kraus, (Kind mit Ball) Heinz Fuhrmann. *Liesel Coßmann*

und einem ersten Platz bei der Gaumeisterschaft in Bonn komplettiert werden. Damit war die Mayschoßer Faustballmannschaft der beste Verein in der gesamten Rheinlandregion und markierte den größten Erfolg in der Geschichte des hiesigen Sportvereines. Als Initiator des Fußballspieles in Mayschoß gilt Fritz Ley, der etwa 1922 diese Sportart in Mayschoß bekannt machte. Der erste Spielplatz dieser neuen Sportart wurde „Auf dem Grent" gegenüber der Lochmühle um 1923 angelegt. Nach einer Zwischenstation auf dem Gelände des heutigen Campingplatzes auf der „Burgwiese" wurde nach zweijähriger Bauzeit im Jahre 1932 ein neuer Platz auf dem jetzigen Gelände „An Artshardsgrent" eingeweiht. Das Einweihungsspiel wurde gegen die Mannschaft „VFL Köln 99" bestritten. Eine durch den zweiten Weltkrieg bestehende Zwangspause endete 1946 mit ersten Spielen zurückgekehrter Soldaten gegen die damalige französische Besatzung. Eine Beschreibung der damaligen „Ausrüstung" soll an dieser Stelle nicht unterschlagen werden. „Als Fußballschuhe wurden überwiegend die genagelten Werktagsschuhe getragen und waren diese aufgebraucht so nagelte der Schuhmacher des Ortes Karl Ley, Lederstreifen unter die Schuhe, die widerum mit Nägeln beschlagen wurden. In Punkto Ausrüstung waren allerdings auch andere Mannschaften nicht ohne Kreativität und so spielte man eines Tages gegen eine Mannschaft aus der hohen Eifel, die sich gegen die Tritte mit den genagelten Schuhen durch Schienbeinschoner aus den Schäften abgeschnittener Gummistiefel

schützten, die sie mit Draht an den Beinen befestigt hatten."[32] In der 1947 begonnenen Meisterschaftsserie wurden die Mayschoßer 1949 Kreismeister. Bis zum Jahre 1951 spielten die Mayschoßer Fußballer dann für zwei Jahre in der Bezirksklasse. Nach dem Abstieg kam es zu einem Rückgang der sportlichen Aktivitäten, wonach bereits im Jahre 1956 wegen Spielermangel die Teilnahme an den Meisterschaftsrunden eingestellt werden musste.
Nach zehnjähriger Pause schaffte der Verein im Jahre 1966 mit einer 1. Mannschaft sowie einer A-Jugend einen Neubeginn. In der folgenden Saison 1967/68 kam eine C-Jugendmannschaft (1968/69 Kreismeister) hinzu. In der Saison 1968/69 wurde eine B-Jugend gegründet, die bereits im Folgejahr Kreismeister wurde. Als weitere Jugendmannschaften wurden für die Saison 1973/74 eine D-Jugendmannschaft und für die Saison 1976/77 eine E-Jugendmannschaft gemeldet. Ebenfalls 1976/77 kam es zur Gründung einer 2. Mannschaft. Im Jahre 1977 wurde von zehn Frauen unter dem Dach des Sportvereines eine Damen-Gymnastik-Riege gegründet, die allwöchentlich in der Sporthalle Altenburg trainiert. In der Saison 1979/80 kam es für die 1. Mannschaft zu einer Spielgemeinschaft mit Rech. Im Jahre 1984 erfolgte ein Sportplatzneubau mit Flutlichtanlage. Ein Hochwasser im November richtete Schäden für 40.000 DM an, worauf der Verein im kommenden Jahr aus eigenen Mitteln die Spielfläche neu herrichten musste. Am 4. August 1991 wurde das Sportplatzgebäude, welches die Mitglieder des Sportvereines in Eigenleistung errichtet hatten, offiziell eingeweiht. Vom gleichen Jahr an bestand für einige Jahre eine Boulegruppe, die auch über einen eigenen Bouleplatz verfügte. Durch das Weihnachtshochwasser 1993 wurde der Sportplatz derart in Mitleidenschaft gezogen, dass eine Neuanlage

Der neue Vorstand des Sportvereines im Jahr 2006 . Vordere Reihe v.l.n.r. Angelika Barz-Vogt, Heidi Schall, Rüdiger Wolff. Hintere Reihe v.l.n.r. Mario Rigotti, Andreas Keutgen, Andreas Cremer. *Lothar Baltes*

32 Das Zitat und die Chronik wurden zusammengestellt aus der Festschrift 75 Jahre Sportverein RW. Mayschoß.

notwendig war. Im Jahr 1994 verfügte der Verein mit F, E, D und C-Jugend über vier Jugend-Mannschaften. Im gleichen Jahr feierten die „Alten Herren" ihr 25-jähriges Bestehen. Seit 1999 besteht eine Spielgemeinschaft mit Kreuzberg. Mayschoß hat nach wie vor eine eigene Altherren-Mannschaft und stellt mit Kreuzberg sieben Jugendmannschaften und eine 1. Mannschaft. Im Jahre 2003 stieg die 1. Mannschaft von der C- in die B-Kreisklasse auf. Der Verein verfügte mit Stand 4/2006 über 150 Mitglieder, darunter 41 Jugendliche. Seit 3/2006 ist Rüdiger Wolff Präsident des Vereines.

Verkehrs- und Verschönerungsverein[33]

Die Anfänge des Mayschoßer Verkehrvereins liegen in den 30er Jahren des 20. Jahrhunderts. Nach mündlicher Überlieferung war Franz Kreuz Gründer/Mitbegründer des Vereines. Während der Zeit, in der Sebastian Kläs Vorsitzender war, führte er auch eine zentrale Fremdenzimmervermittlung. Mit einer Unterbrechung durch den zweiten Weltkrieg wurde nach der Währungsreform der Verein neu gegründet, Vorsitzender wurde Franz Kreuz. Neben der Fremdenzimmervermittlung kümmerte sich der Verein um Wegeinstandsetzung und das Aufstellen von Ruhebänken an den

Der Vorstand des Verkehrsvereines im Jahre 2006. Hintere Reihe v.l.n.r., Rudolf Mies, Karl Peter Kempen, Wolfgang Ringat, Alois Kläs. Vordere Reihe v.l.n.r., Günter Schumacher, Andrea Streich, Edgar Schumacher. Es fehlt Werner Keunecke. *Foto des Verfassers, 2006*

33 Für Auskünfte über die Vereinsgeschichte danke ich Vinzenz und Wolfgang Kläs, Richard Marner, Fritz Bölling und Rudolf Mies.

Aussichtspunkten. Die Beiträge, die jeweils für die Saison (sechs Monate) erhoben wurden, taxierte der Vorstand nach Betten und Sitzplatzzahl in der Gastronomie bzw. nach Umsatzangaben bei den Gewerbetreibenden. Sie reichten von 5 bis 50 DM pro Monat. Ankommende Tagesgäste in Sonderzügen wurden in den 50er Jahren von einer Gruppe Schulkinder empfangen, die jeweils ein Schild mit dem Namen eines Hotels hoch hielten, worunter sich dann die betreffenden Gäste versammelten, um anschließend zu der Zieladresse geführt zu werden. Für die Schulkinder gab es am Zielort eine Limonade als Dank. Nachfolger von Franz Kreuz als Vorsitzender wurde im Jahre 1965 Albert Klaes. Er führte den Verein bis zum Jahre 1979. Unter dem Motto „Werbung ist alles" war es seine Idee in den sechziger Jahren, die Saffenburg mit umliegenden Felsen mittels Heizöl gefüllter, brennender Konservendosen zu illuminieren. Von 1979 bis 1984 führte Wolfgang Kläs den Verein. Seine Idee war die Einführung des Weinblütenfestes sowie die Durchführung von Weinseminaren. Bis 1984 zahlten die Mitglieder ihre Beiträge in freiwilliger Vereinbarung. Im Jahre 1984 wurde Heinz Ristig zum Vorsitzenden gewählt. Im gleichen Jahr entwarf er eine moderne Satzung und sorgte unter dem neuen Namen „Verkehrs- und Verschönerungsverein Mayschoß e.V." für einen Eintrag in das Vereinsregister. Ihm gelang es, die Mitgliederzahl des Vereines von 45 im Jahre 1984 auf 123 im Jahre 1990 zu steigern. Ebenfalls auf seine Initiative gehen der Festzug beim Weinblütenfest und der Blumenschmuckwettbewerb zurück. Er leitete die Planung für den neuen Weinbrunnen, die Pergola und sorgte für neue Wanderkarten, Prospekte sowie verbesserte Wegemarkierungen. Als Heinz Ristig nach sechs Jahren aus gesundheitlichen Gründen den Vorsitz abgab, beschloss der Vorstand, ihn aufgrund seiner Verdienste zum Ehrenvorsitzenden zu ernennen. Sein Nachfolger für die Jahre 1990 bis 1994 wurde Hans Schlömer. Von 1994 bis 1995 führte der damalige zweite Vorsitzende und heutige Geschäftsführer des Vereines, Rudolf Mies, den Verein. Die bis 1994 im Ort bestehende zentrale Zimmervermittlung wurde der kreisweiten Touristikagentur „Bäder Wein und Wanderland" übertragen. In den Jahren 1995 bis 2000 war Markus Ruzanski Vorsitzender des Vereines, und seit dem Jahr 2000 führt Edgar Schumacher den Verein. In den 90er Jahren bis 2004 wurde mit Hilfe des Verkehrsvereines der Waagplatz beidseits der B 267 umgestaltet, das Bahnhofsumfeld mit Ausbau des Haltepunktes ausgebaut und eine komplette Neubeschilderung der Wanderwege vorgenommen. Die hierzu benötigten Eigenmittel steuerte der Verkehrsverein der Gemeinde bei. Dies ist nur möglich durch die ehrenamtliche Tätigkeit von 150 Helferinnen und Helfern, die die Feste des Verkehrsvereines durchführen. Der derzeitige (2006) Mitgliederstand beträgt 130 Mitglieder. Der Mitgliedsbeitrag beträgt 12 Euro pro Jahr. Für Gewerbetreibende sind die Beiträge an die Beitragsordnung der kreisweiten Touristikorganisation Rhein-Ahr-Eifel angelehnt. Derzeitige Aktivitäten des Vereines sind die Durchführung von überregionalen Festen, wie dem Weinblütenfest mit großem Festzug im Juni, Mayschoß Mediteranee im August sowie die Durchführung der traditionellen Weinfeste im Oktober. Des Weiteren sorgt der Verein für die Betreuung der Aktivitäten und Auftritte der Weinkönigin. Für die Wanderer übernimmt er die Unterhaltung der Beschilderung des Wegenetzes und die Aufstellung von Ruhebänken.

Winzerstammtisch

Der Winzerstammtisch wurde Anfang März 1968 gegründet. Anlass der Gründung waren die anstehenden neuen Weingesetze mit gravierenden Änderungen für die Winzer (Erhöhung der Mostgewichte). Absicht und Ziel des Winzerstammtisches war die Einführung neuer Rebsorten, um eine Steigerung der Mostgewichte um 5 – 8° Öchsle zu erreichen. Die Gründer hatten anfangs gegen erhebliche Vorbehalte großer Teile des Winzervereinsvorstandes anzukämpfen, der einer Anpflanzung neuer Rebsorten durch die Winzer ablehnend gegenüber stand. Nach einem Generationenwechsel in der Genossenschaftsleitung arbeiten Winzerstammtisch und Winzer-

Der Vorstand des Winzerstammtisches. V.l.n.r. Leo Baltes, Walter Görres, Fritz Bölling, Klaus Poppelreuter.
Foto des Verfassers, 2006

vereinsleitung inzwischen gut zusammen. Die Anfangsgruppe, bestehend aus etwa acht Winzern, wurde im Besonderen von der Weinbauschule, namentlich von Dr. Schander und später von Dr. Lotz gefördert. In den Folgejahren wurden Informationsfahrten in alle benachbarten Weinbaugebiete unternommen. Innerhalb eines Jahres finden heute etwa zehn Treffen statt, auf denen Referenten der Industrie neue Produkte vorstellen. Im Jahre 2006 besteht der Winzerstammtisch aus 74 Mitgliedern. Vorsitzender ist seit Bestehen Fritz Bölling.[34]

---

34 Für Auskünfte über die Geschichte des Winzerstammtisches sei an dieser Stelle dem derzeitigen Vorsitzenden Fritz Bölling gedankt.

Brauchtum[35]

Brauchtum im Lebenslauf

Geburt

Im Gegensatz zu der Brauchtumsbeschreibung von 1930 ist heute die Klinikgeburt üblich, Hausgeburten sind selten. Die Taufe erfolgt etwa nach einem Monat. Am Nachmittag des Tauftages werden die Verwandtschaft und die Paten zu Kaffee und Kuchen eingeladen. Vom Tag der Taufe an übernehmen die Paten, eine Patin und ein Pate, meist Vertrauenspersonen aus der Verwandtschaft oder dem Freundeskreis der Eltern, die Patenschaft über das Kind von der Taufe bis zur ersten Kommunion oder Volljährigkeit. War dieses Amt früher ein existenzieller Schutz für das heranwachsende Kind, zum Beispiel bei Verlust der Eltern, so ist es heute mehr die Anteilnahme am Erwachsenwerden eines Kindes.

Geburts- und Namenstage

Während in früheren Jahrzehnten in der katholisch geprägten Gemeinde ausschließlich der Namenstag gefeiert wurde, hat heute zumindest bei den jüngeren und mittleren Jahrgängen der Geburtstag der Vorzug. Dabei werden die Geburtstage mehr im Freundeskreis und die Namenstage mehr im familiären Rahmen gefeiert.

Kommunion

Zur kirchlichen Feier tragen die Kinder ein einheitliches Gewand (Alben). Der „erste Anzug" hat in der heutigen Zeit wechselnder Moden seine Bedeutung verloren. Aus Anlass der ersten Kommunion wird die gesamte nahe Verwandtschaft, sowie die Paten nach der kirchlichen Feier zu Mittagessen, Kaffee und Abendessen eingeladen. Gefeiert wird meist in den örtlichen Gastwirtschaften. Die früher üblichen Patengeschenke, Gebetbuch und Rosenkranz, schenken heute eher Familienangehörige oder gehören zu einer „Geschenk unabhängigen Grundausstattung". Paten und Anverwandte schenken heute eher Fahrräder, Stereoanlagen oder andere elektronische Geräte.

Firmung

Etwa mit dem 14. Lebensjahr findet die Firmung statt. Sie erfolgt in der Kirchengemeinde ungefähr im Abstand von drei Jahren. Mit dem Akt der Firmung bestätigt der Jugendliche das Taufversprechen. Nach dem Gottesdienst wird eher im häuslichen Rahmen mit der engeren Familie und einem Firmpaten gefeiert. Der Firmpate wird häufig vom Firmling selbst ausgewählt.

Verlobung

Die Verlobung ist heute eher eine private Angelegenheit der Verlobten und wird heute nicht in besonderer Weise gefeiert. Hilich – siehe Junggesellenbrauchtum.

35 Für Auskünfte über das gegenwärtige Brauchtum danke ich Marion und Hubertus Kunz.

Polterabend
Eigentlich der Abend vor der Hochzeit, wird aus praktischen Gründen aber auch vorher gefeiert. Dieser überregionale Brauch kam etwa in den 70er Jahren des 20. Jahrhunderts nach Mayschoß. Er besteht darin, dass Freunde und Bekannte möglichst viel Geschirr mitbringen und vor dem Brautpaar zerschlagen. Anschließend wird gemeinsam gefeiert.

Hochzeit
Der früher übliche Zusammenhang von standesamtlicher und kirchlicher Trauung besteht heute nicht mehr. Heute kann jedes Paar für sich entscheiden, welchen Rahmen es für die Feier seiner Bindung wählt.

Tod und Beerdigung
Nach dem Ableben wird der Verstorbene am gleichen Tag vom Beerdigungsinstitut abgeholt. Bis zum Tag der Beerdigung befindet sich der Leichnam in der Leichenhalle, wo er am Beerdigungstag im geschlossenen Sarg aufgebahrt wird. Bis vor einigen Jahren wurde an den Abenden vom Sterbetag bis zur Beerdigung der Rosenkranz in der Kirche gebetet. Seit einigen Jahren finden die Rosenkranzgebete nur noch an einem einzigen Abend vor der Beerdigung statt. Mit Ausnahme des Sargtragens durch die Nachbarschaft oder Vereinsmitglieder wird die Bestattung komplett vom Beerdigungsunternehmer organisiert. Der frühere Brauch, den Messdienern einen kleinen Geldbetrag und den Sargträgern einen Umtrunk in einer Gaststätte zu spendieren wird teilweise noch wahrgenommen. Die Anverwandten werden zu einem Kaffee eingeladen. Von der Nachbarschaft des Verstorbenen werden zwei Messen, ein Gesteck oder ein Geldbetrag für späteren Grabschmuck gegeben. Trauerkleidung wird nur noch kurze Zeit und zu den Gedenkmessen getragen.

Brauchtum im Jahreslauf

Neujahr
Der Sylvesterabend wird bis 24 Uhr im Hause mit Bekannten und Freunden verbracht. Zum Jahreswechsel trifft man sich im Freien mit der Nachbarschaft zu Feuerwerk und einem Umtrunk. Am Neujahrstag gibt es zum Kaffee den traditionellen Neujahrskranz.

Heilige Drei Könige
In den Tagen vor dem 6. Januar gehen die Sternsinger im Rahmen einer Spendensammelaktion von Haus zu Haus, schreiben einen Segensspruch auf die Haustür und sammeln Spenden und Süßigkeiten. Bis Dreikönigstag bleiben Weihnachtsbaum und Krippe stehen.

Blasiussegen
An Lichtmess (2. Februar) nach dem Gottesdienst oder am Blasiustag (3. Februar) spendet der Priester über zwei gekreuzten brennenden Kerzen (Andreaskreuz) den Blasiussegen.[36] Am gleichen Tag wird eine Segnung der Kerzen vorgenommen.
Fastnachtbrauchtum – siehe Mayschoßer Möhnen und Närrische Freunde.

Palmsonntag
Die Kirchenbesucher bringen zu Palmsonntag (6. Fastensonntag) einen Buchsbaumstrauß zum Gottesdienst in die Kirche mit. Nach der Segnung wird der Strauß in kleinere Äste aufgeteilt und in den Wohnräumen hinter Kreuzen und Weihwasserkesselchen angebracht.

Gründonnerstag
An Gründonnerstag und Karfreitag werden im Gottesdienst weder Glocken geläutet noch Messschellen verwendet. Dieses Schweigegebot für Glocken wie Orgel als *Instrumente des Triumphes*[37] gilt in Erinnerung an die Leiden Christi. Ihre Funktion wird durch Holzklappern übernommen. Ein Gang durch das Dorf und die umliegenden Fluren mit den Klappern (als Ersatz für das Morgen-, Mittag- und Abendgeläut) findet nicht mehr statt.

Ostern
In der Osternachtsmesse wird die Segnung des Weihwassers vorgenommen. Vor der Kirche werden die vorjährigen Buchsbaumzweige verbrannt. Die Asche wird für den Aschermittwoch des kommenden Jahres aufgehoben. Für Kinder besteht nach wie vor der Brauch, an Ostersonntag gefärbte Eier nebst anderen Süssigkeiten im Garten zu verstecken.

Bittprozession vor Christi Himmelfahrt
Am Montag vor Christi Himmelfahrt wird eine Bittprozession zur Rochusfigur im Mönchberg abgehalten.

Kräutersegnung
Die Segnung von Wildkräutersträußen findet an Christi Himmelfahrt (in anderen Regionen Mariä Himmelfahrt) statt. Bei dem ebenfalls an Christi Himmelfahrt gefeierten Vatertag steht eher Alkohol als Weihwasser im Vordergrund.
Maibrauchtum siehe Junggesellenverein.

Fronleichnam
Für den Prozessionszug von der Kirche bis zur Kapelle am Renteigebäude wird die Dorfstraße zu beiden Seiten mit grünen Zweigen geschmückt. An zahlreichen Häusern hängen Fahnen, und auf Höhe des Kriegerdenkmales wird von der dortigen Nachbar-

---

36 Becker-Huberti, Feiern, Feste, Jahreszeiten, Freiburg 1988, S. 182.
37 Ebd., S. 281.

schaft ein Triumphbogen errichtet. Der Prozessionszug ist folgendermaßen gegliedert: Kinder, Frauen, Musikkapelle, Himmel (Baldachin) getragen von vier Männern sowie Pfarrer mit Monstranz. Den Himmel umgeben die Kommunionkinder und Männer. Die Prozession hält an vier Stationen: 1. Station Kapelle an der Rentei, 2. Station am Anwesen Josten, Dorfstraße, 3. Station Altar am Fuhrweg, 4. Station am Pfarrhaus.

Bittprozession zur Anna Kirmes in Laach
Am letzten Mittwoch im Juli findet eine Bittprozession mit Bergmesse an der Mutter Anna Figur im Laacher Berg statt.

Michaelsprozession
Am Sonntag nach Michaelstag (29. September) findet eine Prozession zur Michaelskapelle auf dem Dernauer Berg statt.

Martinstag
Seit einigen Jahren wird das Martinsfeuer am Mönchberg (am Hubschrauberlandeplatz) abgebrannt. Dazu wird an den vorherigen Tagen von der Dorfjugend Brennmaterial gesammelt (im Volksmund *stüere* genannt) und aus Hecken und Gestrüpp Bündel (*Schanzen*) gebunden. Am Martinsabend gibt es einen Fackelzug mit Musikkapelle, am Bürgerhaus die Spielszene „St. Martin mit dem armen Mann“ sowie für die Dorfjugend den obligatorischen Wecken.

Kirmes
Der Kirmestag ist im Regelfall der Sonntag nach dem 11. November. Dieses Tages wird nur noch gedacht, gefeiert wird er nicht mehr. Gleiches gilt für die sogenannte Halbkirmes am Rochustag. Da dieser ein Patron unserer Pfarrkirche ist, findet am selben Tag eine Messe statt, und es ruht die Weinbergsarbeit. Am darauf folgenden Sonntag wird das Pfarrfest gefeiert.

Allerheiligen/Allerseelen
Zu Allerheiligen werden die Gräber des Friedhofes geschmückt, und nach dem Gottesdienst erfolgt die Gräbersegnung.

Nikolaustag und Heiligabend
Bis auf andere Geschenke hat sich das Brauchtum an beiden Tagen wie bei der Brauchtumbeschreibung um 1930 beschrieben erhalten.

Weinsegnung am Johannistag
Am 27. Dezember findet in der Kirche eine Weinsegnung statt.

Kindersegnung
Am 28. Dezember, dem Tag der unschuldigen Kinder, findet in der Kirche eine Kindersegnung statt.

Anhang

Nr. 1

Inventar der Saffenburg aus dem Jahre 1653.[1]

„Folgt das Inuentarium uber die Mobilien, so Peter Frantz Schleidischer Renttmeister bey abhollung der Mobilien alhie uff dem hauß Saffenburg hinderlassen.

Erstlich uff dem stübgen befindt sich am Altar unser L. frawen bildt. Item ein Crucifix. Item ein schwartze Caßell mit der alb und zubehoirt. Item 2 zinnen Liechter. Item 2 Zinnen böllger. Item ein Zinnen weyKeßell sampt dem quast. Item ein ausgevegter Disch. Item ein rondtisch mit 3 füßen. Item 8 stüll mit den lehnen. Item 3 altardücher, deren eins durchwirckht.

Item in dem Saal zween schlechter Disch mit vier stempelen mit einer lehnenbanckh. Item 2 alter Dretschyhr. Item 2 alter brantrichter.

Item in Ihrer Gnd. Cammer ein alt schafft. Item ein Klein rond Dischlein. Item ein Klein bettstettgen. Item 2 brantrichter.

Item in der Magd Cammer ein doppel Disch. Item ein alt Kist. Item ein bettstatt, sampt einem renner und ein wieden Kramkorb.

Item in der Kuchen ein alt bradtewender. Item ein groß Kupffer Krautstein. Item 2 hällen. Item 2 eisere döppen mit den döckheln. Item ein alt schafft. Item 2 brandtrichter. Item ein Klucht mit Kupfferbeschlag sampt einer schuppen.

Item in dem Backhauß ein alter gelapter backKeßell

Item uff der Bruckstuben ein ausgeregter Disch. Item zween brandtrichter. Item ein Klein hällgen. Item ein groß eißern dreyfuß.

Item uff der Mönchen Kammer ein bettstatt sampt einem renner. Item ein Disch.

Item vor der Mönchen Kammer ein Klein bettladt.

Item uff der Juiffern Kammer ein bettstatt sampt einem renner. Item sanct Ignatius schilterey.

Item uff dem distren Cammergen ein rondt dischgen.

Item uff des schreibers Cammer zwo alter bettstatten und ein Klein bettstettgen von brettern gemacht.

Item uff dem obersten spicher Sechs Kleiner packfäßger. Item ein Kinderwieg. Item ein Klein alt dischgen. Item ein Locherstull. Item ein Kupfferer brandtKeßell sampt einem zinnen Kelffen. Item ein alt Kist.

Item in dem Keller ein Weingezeugh alß die darzu gehorige bäum, winnsaill und leitter. Item ein hebwinn. Item 2 dragbäume. Item ein loß Keßell. Item Neun eißere reiff. Item ein eißen damit man Ihrer Gnd. Wappen uff die faßer brandt.

Item uff dem underisten spicher 4 großer alter Sattelen ohne zugehorige stichbüggell und ander gezeugh. Item ein alt groß Kist sonder Deckhell.

---

1 Kaufmann Alexander, Zur Geschichte der Saffenburg an der Ahr, Annalen des historischen Vereins, 18. Heft, S.10ff.

Item in dem Viehehauß ein brewgezeugh.
Item uff dem understen Bollwerkh ein Klein Messing stückh. Item vier eißere stückher so zum theill kein laden anhaben.
Uff dem Thurn daselbsten zween Doppelhaggen. Item in dem selbigen Thurn ein groß weit eißere stückh mit Kammeren.
Item uffm hoff ahn der Capellen ein groß eißer stückh desen ladt gantz faull.
Item ahn der Schellen portzen eißer Kammer stückh.
Item uffm Bollwerckh in dem Schellengarten ein Meßig Viertheill einer Carthauen. Item ein halb eißere feldtschlangh. Item ein eißeren stückh. Item zwey Meßig stückh.
Item uff dem Obersten bollwerckh bey der stuben zwey Meßger stückh und ein eißer stückh Notandum, daß die laden meisten Theill miteinander fault und verfallen seint.
Item uff der hoffstuben einen eißern offen.
Item in Ihrer Gnd. Cammer in dem Kleinen stuffgen ein eißerer offen.
Item in der Magdt Cammer ein eißern offen.
Item in der Juiffer Cammer ein eißern offen.
Item uff der Monchen Cammer ein eißern offen.
Item uff dem stübgen vor der Mönchen Cammer ein blechen offen.
Item uff der wachtstuben ein eißern offen.
Item waß uff dem Keßler thürngen und Rüstkammer ahn haggen und anderen sachen vorhanden, darob ist den 12. Junij Ao. 1650 ein Inuentarium uffgericht und in Orginali geschickht worden nachher Schleiden.
Zuletzt haben sich noch zwey eißere stückeiser befunden. Item in dem pferdtstall ein alt flockh deckhbett.
Waß sonsten ahn Colnisch und anderen bütten, dieselbe stehen bey dem Keltergezoigh zu behoiff des Jahrlichen herbst.
Item uff der Roßmüllen stehet ein saltz bütt und zwo bütten da man fleisch einsaltzt und ein wesch bütt und ein wenig alt räder beschlags.
Was sonsten an pulffer bey abzugh Ihrer hochgr. Gnd. alhie verplieben (so der wachtmeister Jannes under handten gehabt) ist noch findlich und bey ahnkombst mehr gemelter Ihrer Gnd. Officianten darüber bericht thun werden. Also annotirt in beyseins des Hrn Godefridi Bruckhs Vogten, Hupricht Creutzberg und Peter Petzen respe. Scheffen und des Gerichtschreibers Görg Vicarij."

Nr. 2

Weistum der Herrlichkeit Saffenburg von 1364.[2]

„Allen Leuthen, die diesen Brieff ansehen oder hören lesen, seye zu wissen, daß wir Scheffen, Hummen und Aelteste hernach beschrieben mit denen gemeinen Leuthen der Kirspelen von Dernawe und von Mayschoß thun kund in diesem Brieff und begreiffen zu wissen, daß mit unserem Ayde, den wir dem (....) Herren von Saffenberg gethan haben, daß der Bann, und der Wildtbann, und das öberste Gericht, und die öberst Herrschafft und Gewalt hoch und nieder ist der Herren von Saffenberg in den Kirspelen von Dernawe und von Mayschoß von Guillenwaag an bis zu Dryelbergen aus;

fort weißen wir, daß die höchste Gebott und Wedergebott, und die Huelde zu hueldigen, und das Glockengeläute ist deren Herren von Saffenberg. In denen sollen noch seyn Niemand mehr schuldig zu folgen, dann denen Herren von Saffenberg.

Fort daß wir Niemanden Schätzung und Dienst schuldig seyn von Recht, und Niemanden mehr Schätzungen off Beede gegeben haben, noch Dienst gethan haben, dann allein denen Herren von Saffenberg.

Fort weisen wir, daß in denselben Kirspelen Niemand soll haben verwende Brücken, dann zu Lehne von denen Herren von Saffenberg. Fort soll Niemand haben Dürpillen über dritthalben Fuß, dann von den Herren von Saffenberg.

Fort weisen wir, daß ein jegliches Haus in denselben Kirspelen soll geben alle Jahr denen Herren von Saffenberg ein Huhn und einen Sester Ewen, also doch, daß die von Mayschoß deren Hühnern nicht schuldig seynd zu geben, da ein jegliches Haus doch alle Jahr einen Sester Ewen geltet.

Fort weisen wir, daß von Tunnenberg bis zu Guillenwage soll Niemand übers Land Weyer hawen, noch übers Land Netze stellen, es seye dann von Gnaden und Willen der Herren von Saffenberg, und die Gemeinde mag fischen als ihr Recht ist.

Fort soll Niemand das Wasser kehren von seinem rechten Floß, das mindeste mag man kehren in das meiste.

Fort soll der Herr von Saffenberg einen guten Mann zum Vogde setzen, der jenen schwören soll, ein rechter Richter zu seyn, und allemalig recht zu thun nach Scheffen Urtheil.

Fort so mag der Herr zu Saffenberg alle Sachen und Zueignungen, in denselben Kirspelen zu Dernau und zu Mayschoß gefallen, mit derjenigen Willen und Wissen, die die Sachen angehen, söhnen und scheiden oder darauff verziehen, also daß dann ohne sein Recht noch Erfälle Niemand mehr ist, dann der Herr von Saffenberg, dann wann einige Sachen binnen den vier Brücken vor den Geschwornen vorkommen und allda beklagt werden, und Urkunden darüber seynd, also daß dem Halm gefällt, so was dann von Wetten overmitz dem Gerichte und dem Halm allda erfällt, als der Schöffen das weist, so ist von den Wetten der vierte Pfenning, als von fünff Marck fünffzehen Schilling, und von fünff Schilling fünffzehen Pfenning einem Bischoff von Cöllen erfallen.

2 Stramberg, Christian von, Das Rheinufer von Coblenz bis Bonn, Zehnter Band, Koblenz 1864, S. 161 ff.

Fort so ist all Recht und Gefälle, vor und nach, das der Halm gefällt, der Herren von Saffenberg.
Fort ob und mit Unglück sich erlieffe von Todtschlag oder von Seyffde, oder andern Sachen, die an den Leib treffen, dessen soll der Herr von Saffenberg allein ein rechter Richter seyn.
Fort wann uns Rudolff Sunnen, Johann von Arwilre, Hänßgen bey der Müllen, Johann Sylauf, Bernard Lieven Sohn, Peter Tonnenbach und Göbbel Weldener Scheffen, Meister Heinen, Johann sein Sohn, Johann Klingelman, Meyß Clas Sohn, Thielen Meyß Sohn, Inebrant Backhauß, Johann Derhu, Heym Bußen, Henne Moeden, Hermann Bleyden Sohn, Peter in der Gassen, Seyntzen Göbbelen Sohn, Johann Niefgen, Johann dem Klöckener, Gilles Eyboden Sohn, Johann Orgelmans Sohn, Bürger zu Dernaw, und Hanß der Heunen, Jacob von Lach, Johann Pörtzenhewers Sohn, Roele und Johann Gebrüdere, Eybode zu dem Bungart, Wilhelm Berlachs Sohn, Tieleman Gepoultz, Johann der Könnig, Bobel Müntgen, Hermann Nacke, Hermann Drye, Hermann in der Gassen, Peter Lambrechts Sohn, und Johann dem Honneffschen Bürger zu Mayschoß mit allen andern unseren gemeinen Kirspels-Leuten von Dernaw und von Mayschoß, alle diese Herrlichkeit, Recht und Gewohnheiten von unseren Vorfahren und Eltern wissen und alsolches unter unseren Herren von Saffenberg vor und nach hergebracht und besessen haben, so weißen wir sie in alle der Weiß, wie sie vorschrieben seynd, auf den Ayd, den wir unserem Herren von Saffenberg gethan haben, und haben deß zu gantzem Gezeuge und ewiger Stetigkeit unseren gemeinen Scheffen-Sigell an diesen Brieff gehangen, und haben fort gebetten die fromm bescheydene Leute, unseren Pastoren zu Dernaw, Cone von Oitgenbach, Pieter Tiellman von dem Grönenwald, Burgleute zu Are, Johann und Baldewin von Dernaw Gebrüdere, Tiellman von Duytz und Emmelrich Creutz, daß sie zu Gezeugen ihre Sigelen mit den unseren an diesen Brieff wollen hangen. Und wir Pastor Cone von Oitgenbach, Pieter Tiellman von dem Grönenwald, Burgleute zu Are, Johann und Baldewin von Dernaw, Gebrüdere, Tiellman von Deutz und Emmelrich Creutz vorgemelt ersiehen und bekennen, daß wir hier an und über waren und verhöret, daß alle diese vorgeschriebene Puncten von denen Bürgermeistern, Scheffen, Hummen und Bürgern und denen gemeinen Kirspels-Leuten von Dernaw und von Mayschoß einträchtiglich unter ihrem Ayde geweißt worden in aller der Weiß, als vorgeschrieben ist, und haben des zu Gezeugen und ihrer gemeinen Bitt willen unsere Sigeln mit den ihren an diesen Brieff gehangen.
Dies ist geschehen zu Dernawen und gegeben in dem Jahre unseres Herren tausend dreyhundert vier und sechzig auf des heiligen Engels St. Michels Tag."

Nr. 3

Mayschosser Weistum von 1586

„Obseruationes von unßeren vor Elteren de Anno 1586:[3]

Item vor erst. So ist es gewohnlich, alß man den Schatz soll beginnen zu setzen nach altem her kommen, daß dan vor erst die summa zu uberlegen, wie hoch dieselbe sich ertrag und daß der gantzer gemeindten vur gebe, damit Arm und reich ein wissens daruon haben, wie viel dan und [...] der Nachberschafft gesetzt werde und wie viel man leisten muß und deßen man nit ab sein kan, mit ihrem rath handelen darin nit saumig verhalten.

2. Item von alters nit gewohnlich, daß man von einer partheyen oder geschlecht alß broder, Schwager oder ander Zugehör beysamen zu burger meister und Schetzmeistern ansetzen solle.
3. Item alle die jenige, so unser Gemeindten zu dienen veraidt und langs den Eidt giengen, einige partheylichkeit gebrauchet oder gevbtet nach ihrem eigen willen, solches stunde unser gemeindte zu straffen.
4. Item diß ist alsolch gemein Recht, alß unser Gemeindten von Meyschoß und Kirspelß recht behalten hat und fortan behalten soll, in beheltnuß darbey Jederen deß seinen, alß hernach geschrieben stehet, daß in ernant und erklert ist ubermitz Vogts undt Scheffen, burgermeister undt gantzer Gemeindten uff dag und Zeit datum dises brieffs.
5. Zu dem Ersten, welcher Man ein Lehen gut hat von Herrschafft geist- oder weltlich, daß Pecht, daß Zins gut oder theill gut darinen in einem reuwigen beseß sitzen unbekrönt, ungehindert, Jahr vor Jahr und die Herrschafften oder befehlhaber Ihre gerechtigkeit dauon empfangen haben, da soll man sie und ihre erben annen laßen, es sey dan mit einigen underscheidt oder nit, einigem vorscheidt, daß man mit rechter wahrheit köndten möge, alß dan recht und möglich were.
6. Item Zinß undt Pecht soll man mit Landt recht winnen undt werben.
7. Item Theill weingärten und Erb mögen die Lehnherren oder Ihre befehlhaber laßen besehen zue des heilig Kreuzmissen acht dag darfur oder 8 dag darnach mit dem Scheffen und zweyen burger meisteren; erfinde sich dan, daß Einig bruch ob mißbawet were, also daß dem Herschafft die gütter mit der scharen erfallen weren, so mögen alßdan nach dem bruch die partheyen gehelffen zu verbeßern, biß daß negste Jahr darnach und daß verb...., so sollen sie dauon unenterfft pleiben, dauon hat jeder persohn ein alte quart wein.
8. Item erfinde sich auch dan, daß negste Jahr darnach kein beßerung geschehen were wie vor, alß dan so sollte dem Lehen herren dieselbige gütter mit der schaaren heimerfallen sein nach weisthum der scheffen und der burgemeister von deß kirspelß wegen.

---

3 Eckertz, Gottfried, Chronik und Weistum von Mayschoß an der Ahr, Annalen des historischen Vereins für den Niederrhein, 1865, S. 76 – 83.

9. Item welcher daß volles oder die Sonderey hat, der mag die gebrauchen zu seinem nutz mit beßern und mit dero laßen sondern iemants hindernuß.
10. Item zu herbstzeit alß der wein zeitig ist zu leßen, dan sollen die Lehnherren sie nit vereilen noch verdringen, die daß gut erwonnen und erarbeit haben umb nutz willen ihrer samen, daß darin zu proiffen.
11. Item auch obs sach were, daß die Lehnherren daß gut in den weingarten nit achten und nit bey die handt quemen, daß solches erwonnen guth zu sehr zu rück und zu schanden wurde, ob auch so lang beiten, daß die Reingeloßen Ihre trauben abgeleßen hetten, alß dan so mag der Haußman, der daß gut erwohnen hat, einen Kirspelß man nemen und mag die trauben in dem weingart damit theilen und mag mit seinem theill sein besten nutz schaffen und dem Lehnheren sein antheill in dem weingart laßen und in ein bütte thun oder in ein hauß tragen wie dem haußman daß geliebt.
12. Item auch in alsolcher maßen ob daß gut also vergenglich wer, daß es nit stehen mogt faulens halber biß zu dem vollen herbst zu, so mag der Haußman daß thun beleiten mit den Weingarts Schützen und mag es gebrauchen, doch mit einem Kirspelß man theillen.
13. Item auch in eines Nachbaurs eigen weingarten, da daß gut also vergänglich ist, so mag derselbig auch der Schützen gebrauchen, daß gutt laßen besehen und mag auch dann daß seinige gebrauchen zu seinem Nutz.
14. Item welchem Nachbaur die Lehnherrn mistshoir schuldig seindt zu thun, die gemist han in den weingarten mit der fohren oder mit dragen auß dem hoff, welch zeit oder wanneher in dem J.... der lohn nit werden kan, so m... er daß misten thun besehen und beleiden mit dem weingartz schütz, daß es woll und genug gemist sey, und mag den wein darauff zu mahl zu sich daruor nehmen an der negster scharen.
15. Item der auch einen weingart gelehnt hat, so waß mist darinen, daß er daß allein leßen soll, waß er vor St. Johans dag mitz Sommerß mist daruor, soll der Haußman haben die negste scharen, jedoch den mist laßen beleiden mit den schützen, daß es genug gemist seye.
16. Item beidet der Haußman mit dem misten biß nach St. Johans dag, so soll er der ander scharen erbeiden nach der ersten scharen und mag die dan zu sich nehmen, doch auch mit beleiden der Schützen.

Folget mißbaw in den Weingarten

17. Item daß man die weingarten vor St. Creutzdag nit zumahl gegraben hette.
18. Daß man einige fruchten oder andere Ding und Köell in weingarten säet oder setze.
19. Daß man einige weingarten ungegört oder ungebunden in den Sommer uff der Erden lest ligen oder in dem graß mit den trauben oder sonder trauben ligen lest.
20. Der sein weingarten zu sehr velderig lest werden undt stöeklöß.

21. Der binnen 14 oder 15 Jaren nit mist noch profft in den weingarten, alsolche sachen seint mißbrauch.
22. Item ein Man, der einem Kauffer oder sonst wein verkaufft, der soll in Ihme 14 dag zue Sintz ufrichtig halten auf sein gefahr undt kosten, ob er darbinnen nit geholt wirdt von dem Kauffman, der achter ob es dem hauß man geliebt, mag er fort sein best, seinen nutz damit thun undt schaffen, sie hetten dan ein sonderlich vertrag und underscheidt in ihrem weinkauff abgeredt.
23. Item ob auch der haußman, der verkaufft hat, mit Gottsgelt und weinkauff und weiß sich zu erhollen an dem Kauffman und seinen Kauff gehalten will han, der magh achter die 14 dag Ihme seinen wein vor den scheffen ufffullen und thue darnach nichts auß noch in den wein undt laße den Kauffman daß auch wißen mit einem Scheffen ob mit deß gerichts botten und proff dann sein best darmit, daß er ihn darum erfordert.
24. Item zu der Zeit, alß man ander burgemeister und Schetzmeister ansetzt, so nimbt man nach der gewohnheit, nutz und urbar gemeindten durch daß dorff unden und oben und daß nit noch magschafft oder freundtschafft, gunst oder ungunst, auch einig priuaten eigen nutz darin zu suchen oder zu proiffen dan allein zu dem besten der gemeindten und soll auch Niemandts naher dan uber daß zweyte Jahr daran gesetzt werden und die angesetzte burgemeister und Schetzmeistern sollen dan geloben der gemeindten gehorsam, holt und trew zu sein, der gemeindten Ihren besten Nutzen vorzuwenden und ihren schaden helffen zu kehren.
25. Die Schetzmeister, die den Schatz umbsetzen Jedem einem nach seiner gebuhr, wie die Morgenzahl außweist, sonder einig arglist, dem burgmeister uffzuheben, uberliefferen und vort burgemeister undt Schetzmeister dem armen zu thun und vorzustehen alß dem reichen und dem armen nach ihrem besten vermog in allen gemeinen sachen, alles sonder argelist und sollen Jahrs Ihr aidt thun nach alter gewohnheit.
26. Item sollen auch alle Jahrs die burgemeistre dem Vogt zur Zeit vier Albus geben vor gewalt abzuthun, daß die burgmeister damiten gefreyet und gewaltiget seindt, macht haben zu pfenden, Ihre Zeit auß so lang alß sie deß von der gemeindten wegen ..laubt seindt, solches gehet vor Kirch oder gemeindten Rech...
27. Item waß des burgemeisters knecht dem burgemeister erkent, wohin daß sie von der gemeindten wegen zu thun haben, da behelt die gemeindt den burgermeister bey.
28. Item were es auch sach, daß einig Man in der gemeindt sich so fern vergeßen, die dem burgmeister seinige pfändt weigern wolte mit gewalt, den burgmeister antast, stieße oder schluge, wo daß geschehen, uff dem seinen oder anderswohe, daß die gemein berüren were, derselbig soll unserm gnedig herren vor an erfallen umb funf marck und Jedem Nachbaur umb funff schilling.
29. Item alle burgemeisters pfändt stehen 8 dag zu lösen und zue behueten, darnach mag dem vogt geben einen Schilling, gewalt abzuthun, daß der burgmeister dan mechtig sey, sein best damit zu thun oder zu uerkauffen vor sein eigen guth, ob

der dan, dem abgepfandt were, darauff gehen wolte, seines abgepfandten guts nit ohn sein wollte, derselbig were auch unserm gnedig herren vor 5 marck erfallen undt jedem Nachbaur 5 schilling, so dick und manig werck daß solches geschiege, so manche buß.

30. Item die gemeindte soll haben alle Jahrs 7 Weingarts Schütz, die Ihre aidte thun sollen, der Nachbauren Weingarten, Trauben, zu hoeten und waß darinen ist, fort wieße undt päsch, felder undt busch und darnach zu gehen und zu stahn, zu sehen, zu hueten so viel, alß sie vermogen, vor schaden, alß darin beiden fallen mögt, und zu vier zeiten im Jahr frögen sollen, und sie sollen sich des erbieten gen die Gemeindte, die frögen und waß sie finden, daß sie frögen auff ihre aidte, da soll sie die gemeindte bey behalten.
31. Item mit diesem bescheidt, so die Schützen herin saumig befundten wurden und mit hueten etzlicher maßen bey dag und nacht und nit thun frogen, alß vorstehet, so mag man Ihnen nit allein zurück halten Ihr gebuhr, sonderen uff ein flesch wein straffen.
32. Item waß sie finden, so manig quickh so zu schaden gehet, sollen Sie treiben in deß wirts hauß, da sollen Sie haben von Jederem quick groß oder klein ein halb Quart Weinß; dar hat die Gemeindte nit ahn.
33. Item auch sollen sie frögen die stappen oder felder, alß daran gebrech, darzu fort die Lochger vor der gemeindten durch daß Dorff biß zum Felde, welchem Nachbaur dadurch schaden geschehe, uber deß anderen gutt, der solt Ihme daß richten nach sprechen der Schützen undt gleich woll auch der Gemeindte stehet zu khüren.
34. Item ist auch ein gemein Recht, daß alle Uberfall Einem Jedern, uff deß guth es felt, folgen soll.
35. Item auch wanehe einem Nachbauren etwaß auff die gemeindte durch einen Uberfall fallen thun, daß mag der Nachbaur zu Ihme nehmen.
36. Item so welcher Nachbaur, der noth hette eines wegs und gangs auf sein erb, daß beschloßen lege zwischen anderen erben, so welcher daß begehren were, der soll der gemeindte geben einen Eymer weinß, daß seint vier Virtell, alß dan soll die gemeindte demselbig einen weg geben vier fuß weit zwischen zweyen erben durch von Jederm zween Fuß biß auff daß sein an dem negsten und mit dem minsten schaden.
37. Item in allen gebührlich gemeindte sachen solle der Minst hauff dem Meisten folgen und dabey soll es bleiben, darzu mag man den Landtherren zu stadten nehmen, ob man wolte.
38. Item fort alle gedingte gemeine Knecht, daß seint Klöcker, Kohehirte oder andere, wie die gelegen weren, daß Einer sich so fern vergeß, daß einer den anderen schlüge oder stieße, darinn daß die gemeindte berüren were, der were Einem jederen Nachbauren verfallen vor funff Schilling; waß der Landherr daran hat, daß last man darbey.
39. Es soll kein Nachbaur ein sonder weit halten mit inigem Viehe, es geschehe dan mit gunst und gutem willen unser gemeindt, so fern alß unser gemeindten Schützen hodte sich strecket und auch nit in buschen noch veltter, es seye dan sach,

daß Jemandt etwaß erbschafft abgraben wolt, der soll alßdan urlaub heischen von dem burgemeister.

40. Ein gedingt Hirt, der nit selbst bey den Köhen und nit in guter hoden were, darüber einem ein beest zue quist oder zu schanden wurde, wie daß sich dan auch zutragen mogte, daß beest were geschelt oder nit geschelt, die soll der Hirt kehren und beßern.
41. Item ist er aber in guter hodten, daß es verunglückt und der nit versaumbt durch sein hodt, die sey geschelt oder auch nit geschelt, darff ers auch nicht kehren oder beßeren.
42. Item ist von alters gebrauchlich, daß kein burgemeister in deß Dorff selbsten die saumige thut pfändten, sonderen uff deßen begeren der Knecht ihme solche pfent lieffert, nemblich den Dernawer burgmeister vor daß Dorff an das dropges hauß an den schlagbaum und dem Recher burgmeister biß ahn Recher brüeckh.
43. Item ist von alters obseruirt worden, daß ein Apell und bierbaum soll von dem weingart stahn 2 Meßroten und Kirßbaum Wieden und Nußbaum 3 roten.
Item die Sieben Schützen sollen ihre Kaw haben wie folgt:
    1. vorm Saffenberg
    2. ahn des Iro: Roisten weingart
    3. auff Etzhart
    4. auff Altenberg
    5. auff Königsbuchell
    6. In der Kalterherberg
    7. hinder der Mullen.

und sollen vor Lohn haben zur Herbstzeit Jahrs von Jederm hauß halb quart weins und von den Ritter guttern Sieben viertell weinß.
44. Item ist von alters brauchlich geweßen, daß der jenig, bey dem Chur ist gehaben worden, wan der schatz ist umbgelegt, daß er möge ströekh fordern und der burgemeister ist ihm scholtig zu lieffern (wan er kann) und bedarff nicht zu warten biß an St. Johans dag, daß sein mißbrauch.
45. Item im brauch zur Herbstzeit, wan einer ein Kohe in die Herbstweit treibt, wan Sie 3 dag hat mitt gang in die weidt, so muß er daruon biß ahn Meydag und die Kalber seint ein huet frey.
46. Item ist von alters breuchlich; wan ein Kirchen- oder auch burgermeister wirdt angesetzt zu Martini, so hebt derselbig auf, waß zu Martini vom verfloßen Jahr fellig ist worden und nicht vom lauffenden Jahr.“

Nr. 4

Laacher Hofweistum von 1593

„Geschworn Weijsthumb zu Lach uff St. Albings dagh [22.Juni] Anno 1593.[4]
Erstlich hat der Scholtiß die Geschworen außge mahnt, uff daß theill der trauben, wie unserem gnd. Herrn von dem Halfman daßelb Jahrlichß zu Herbst Zeit In und auß gl. weingart ahn Lacher bergh geliebert solt werden, und uff angemelte außmahnungh, referirt der geschworen, vermorgh altem wolherbrachtem gebrauch zu herbst Zeit, alß die trauben zeitigh, und der Herr diß orths dieselbe gelesen oder gesamblet wolt haben, soll unßer gnd. Herr oder Ihro gnad. befelchaber dem halffman befehlen laßen, die trauben zu leßen, und soll Ihre Gnad Ihren Liell beij des halffmanß Liell stellen, und wanne die zween Liell voll sein, soll der halffman sie so gleichen schwar alß er vunner kann, und wan sie dan gleich seint gemacht, soll unßer gng. Herr der zweijen Einen kießen nach Ihrer gnd. gefallen, wolt aber Ihre gnd. oder deroselben befelchaber die Liell erstlich beide versuchen, soll der halffman mit Ihro Gnd. daß Loß darumb werffen, welcher dan unseren gnd. Herrn Zuenfallen ist, denselben soll der halffman fur erst uff nehmen, und dem Herrn ab für den weingart uff die Landtstraß liefferen und die weill halffman denselben Liell trauben fort in den keller tragt, soll dem halffman oder dräger alle mahl so diekh er kombt, In den Keller, Kaeß oder fleisch, brot nach gelegenheit des dags sambt einem guten drunckh weinß gehandtreicht werden, were aber sach, daß der dräger denselben Liell trauben verstürzen wurde; soll Er Zurückh, und den seinen der dargegen gelöst, hollen und daß versturtzte laßen ligen dem Herrn denselben In sein butt tragen, und wan solches geschehen, daß versturtzte in sein eigen Keller tragen, doch uff Gnadt, wurdt Er Ihn aber muthwilligh versturtzen, solches stehet Zu deß Herrn straff und so langh der halffman mit dem Herrn lesen ist, soll der Herr Jederm Leßer alle dagh ein broit oder Miekh, der man sechß Zehn auß einem Summer kornß backhen ist, undt dem drager alle dagh zwon geben.

Zum anderen, hat der Scholtiß die Geschworen auß gemahnt, uff die Fischereij wie man daß von alters her zugebrauchen habe.
Darauff referirt der Geschworen Er habe es von alters her, daß ein Jeder Hobßgeschworen In diesem Lacher waßer, alle wochen dreij dagh möge fischen, alß nemblich Godestagh und freydagh fur sieben und des sambstags fur funff pfeningh, und da Ein Kindbetterin oder Kranckhen sein, die möegen alle dagh nach nothurff fischen doch Niemandt mit grobem gezeugh, auch soll Niemandt unßers Gnedigen Herrn Fischer, so daß waßer gepfacht haben, an ihren wändt Clußen oder Korben verhinderen, und da sich Jemandt uber gebuhr im fischen halten würdt, der stehet unserem Gnd. Herrn Zur straff mit Gnaden uff fünff Marckh

4 Arenbergisches Archiv in Enghien. Verzeichnet bei Brommer, Inventar des herzoglich arenbergischen Archivs in Edingen/Enghien unter 1965, Nr. D 3092.

Quod hac copia cum Suo originali
de verbo ad verbum concordet
attestor Georgius Vicarius
Judicij Scriba in domio Saffenbg."

Nr. 5

Weistum des Mönchhofes von 1594
„Geschworen Weisthumb Im Münghoff zu Meyschoß des Jahrs 1594.[5]
Anno Domini 1594 ist in dem Münghoff zu Meyschoß am zweyten sambstag nach St. Johans dag, welcher ist gewesen den zweyten July durch Lentzen Jacoben den schultheißen der zeit das gericht daselbsten beseßen und hat damahlen der selbiger schultheiß nach behegendem geding die samentliche hoffsgeschworen auß gemahnt und gefraget; welchen sie daselbst für ein rechten und eigenthümblichen hofs herren erkennen und halten.
Darauf die samentliche geschworen nach kürzem bedencken ein bracht, sie erkennen, und habens von alters her, daß ein ehrwürdige frau meisterin des jungfräulichen conventz oder gottes hauß Mariendhall ein rechter ungezweiffelter hofs herr sey dieses hoffs.
Item zum anderen hat der schultheiß die geschworen außgemant auf die hochheit des hoffs.
Samentliche geschworen brachten nach gehabtem bedencken ein, sie hettens von alters in dem gebrauch, daß wan jehe und alle wegh jahrlichs dem wohlgemelten hofs herren drey unverbottene dinckliche tagen zu erkennen auf diesem hofs.
Darab dan der erste, den zweyten sambstag nach heiligen drey Königen. Item der 2te den zweyten sambstag nach osteren, und der 3te oder letzte den zewyten samstag nach Johannes Baptista, und soll einjeder geschworen so auf diesen hoff gehörig auf die gesetzte drey unverbotter gerichts tag auch unverbottet gehorsamlich zu erscheinen schüldig sein, deßen soll der hobs herr auch einem jeden geschworen auf einen oben gemelten tag ein weißbrod, deren man sechszehn auß einem sümeren weitzen backen kan, zu geben schüldig sein, welche geschworen, so auf dieser obgmld dincklicher tag einer oder mehr auß bleiben würde, derselb soll für ersten dem schultheißen umb achten halben schilling, und den sämbtlichen geschworen umb ein frttl. zu strafen wegen seines ungehorsamb erfallen sein, und hatt doch der schultheiß auf jeden gerichts tag einen geschworenen und nit mehr macht erlaub oder erlaubnuß zu geben.

---

5 Die Handschrift aus Mayschoßer Privatbesitz stammt aus dem Gebäude des ehemaligen Mönchhofes am Fuhrweg in Mayschoß. Sie enthält neben dem Weistum die Formel der Eidesleistung sowie eine Auflistung der Lehngüter zu Mayschoß, Rech, Kesseling, Herschbach, Weidenbach und Staffel. Eine Abschrift des Weistums befindet sich im Stadtarchiv Bad Neuenahr-Ahrweiler, Altes Archiv der alten Stadt Ahrweiler Nr. A 582. Die im Text in Klammer gesetzten Worte fehlen in der Handschrift. Sie sind, da für den Sinn von Bedeutung, der Abschrift entnommen. Der Text der Eidesleistung sowie Näheres über die Lehngüter siehe Kapitel Kirche und Pfarrei.

Auch so soll ein hobsgeschworen schüldig und verpflicht sein dem hobs herren einen Eydt zu thun, auf solchen obgmld tag zu comparieren und bey geleistetem Eydt, das jenig waß dem hobs herrn gebührt ein zu bringen und folgents wanehrer er durch den hobs botten bescheyden würdt gehorsamlich für sein gebühr zu erscheinen.
Item zum dritten ekennen die sämbtliche geschworen daß alle lehngütter so auf diesem hofs gehörig dinckpflichtig und cörmüdig seind, außerhalb otten Johans hoffrecht, Leyen Johans Josten zwo aneinander liegende hoffrechten und Tönnis Mindrials hofsrecht in der gassen, die vier seind dinckpflichtig und nicht cormötig auß den ursachen daß die gaß dar zwischen durch geth.
Auch referieren die geschworen, wie daß nun zwey plätz zu staffel seyen, welche spliß genandt werden deren Simons Eva einen, und frederich den anderen habe, die selbe seind nit cörmödig, sondern dinckpflichtig, gelden auch kein rechten, nur allein wan sie auß einer hand, in die andere verwandelt gilt ein jeder spliß den geschworen ein virtel weins.
Im gleichen er kent der geschworen, wanehe ein geschworen oder mehr, so auf diesen hoff gehörig, und ein oder mehr cörmödig lehn empfangen hette, von leben zum todt käme, daß als dan den hobß herrn ein cörmödt erfallen, und soll die(selb) von den nach folgenden erben, so daß selbige lehn auf ein neues empfangen mit fünff marck silbers so dan erfallen, bey dem hobs herren auf dessen anhalten verthätigt werden bey verwirckung deßelben lehns.
Auch so sol ein jedes lehn so auff diesen hoff gehörig, über sieben täg nicht ohne lehnträger sein sonderen wanehe einer davon abstehet, soll es ein ander, welcher desselben verhofft ein nechster zu sein in wendig sieben tagen an dem hobs schultheißen zu empfangen gesinnen, es sey auch cormödig oder nit.
Auch so er kent der geschworen, so oft dieser lehen eins oder mehr so auf diesem hofs gehörig, auß einer hand in die andere verwandelt, auch verrißen und verspli-ßen, also daß es noch so breit bleibt, daß man ein dreystemplichen stuhl darauf setzen könne, daß selb wird für ein lehn geachtet, und gebührt dan darob dem geschworen ein recht und dem schultheißen ein behlen foll weins, und dem hobs herr daß seinige.
Alß so erkent der geschworen, wannehe dem hobßherren, seine erfallene cörmudt oder zinß und pfächt nit zu gebührlicher zeit bezahlt würden, daß er alsdan den oder die durch den hobsbotten umb zahlung güttlich an mahnen laßen, und da er dannoch nit binnen vierzehn tagen bezahlen würdt, daß als dan dem selben nit zahlenden die gütter durch den hobs botten (verbotten), und zu vierzehn (dagen) der schultheiß mit sieben hobs geschworen einig ein geding auf dieselbe gütter nehmen, doch auf ein mässige kösten, und ihm solches durch den botten an kündigen laßen, will er dan noch nit gehorsamen und bezahlen, soll der schultheiß den vierzehn tag nach dem gerichts tag, noch ein geding mit vierzehn geschworen dar auf nehmen, und so er danoch nit comparirt und den hobsherrn derhalben befriediget, möge der schultheiß wiederumb zum dritten und letzten mahl zu vierzehn tagen ein geding mit den sämbtlichen geschworen darauf nehmen, doch alles auf ein mäßige kost, und als dan erkennen sie dem hobs herrn daß lehn zu, jedoch alles auf gnadt.

Ferner erkanten die sämbtlichen geschworen, daß ein jeder, so der conwentz wiesen auf dem awel habe, möge auß dem wasserfluß, so durch das dorf fließe zu wässern frey gebrauchen, doch nach nothturft.
Auch frucht der geschworen den hobs herrn zwischen Theis Jacobs hofrechten und dem zehnhaus über die landstraß ein offen pfort oder valderen.
Wan aber sach währe, daß die ahr so groß würde, daß man der straßen darauf nit gebrauchen könte, als dan so soll man macht haben, auf den vorschriebenen fuß pat zu porzen, hinden den häußeren über so viel wegs zu gebrauchen, daß man mit einer bürde heus da her gehen könne, und soll auch der waßer fluß unden langs die maur herab bis in die ahr gehen.
Item es fragten die obgm geschworen zwo freyen miststede, deren eine an etzärt Leim kaulen an fohren Theis Jans Erben, und die andere am Kirch weingart vor dem ühmberg gelegen, dieselbe sollen des vorgemelten convent lehn oder halffleuthen jeder nach notthurft zu gebrauchen frey sein.
Letzlich so frägt der geschworen fuß patt zwischen Lentzen Jacobs und des Jungen Jostens hoffrechten durch biß auf den alden berg, und soll derselb so weit sein, daß man mit einer bürden hews daher durch gehen könne.
Anno tausent sechshundert ein den letzten Juny hat er schultheiß Lentzen Jacobi auff dem hoff im münghof gericht gehalten, und ist daß vorschrieben weißthumb durch den schreiber den sämtlichen geschworenen auf gelesen worden und haben dahemahlen sämtliche hobs geschworene in daß vorgemelt weisthumb gehüldet; und seind dabey blieben, mit dem bescheid, daß das weisthumb also in sich wahr sey.
So geschehen in behegendem gedings in beyweßen des ehrwürdigen Herrn Herman ahren, auch ehren vesten Wilhelmen Ganß Respect. Pastor zu Meyschoß und kellnern zu Marienthal,

Hermannus ahr
Pastor in Meyschoß
Wilhelmen Gans
Kelner zu Marienthal“

„Pro Memoria.
Daß auf Philippi und Jacobi die weingarten sollen besichtiget werden wegen schneiden, stecken und gürden, wie auch misten, gleichwie die herrschaft das recht hat zu thun also auch das closter.
Diejenigen aber, die die besichtigung thun, gebühret es eine flasch weins und die mahlzeit
Item auf Jois Baptista soll die besichtigung geschehen wegen graben setzen, proffen, und den besichtigeren für rechte ein flasch weins und die mahlzeit wie oben auf Philippi und Jacobi tag
NB. daß wan einige dreymahl hinterein gebrucht werden, daß gut dem closter alsdan hei [...] erfallen ist
Item daß die herrschaft den vorgang hat, und alsdan das closter.“

„Forma Eydtleistung deren Hobsgeschworen zu Meyschoß im münghoff.
Ich N. N. gelobe und schwere zu gott, der allerseligste jungfrau maria, alle liebe heiligen und engelen und der wohl ehrwürdigen frau meisterinen zu Marienthall als hobs herrn dieses hofs ihre ehrwürden und gantzen convent treu und holt zu sein, ihr bestes zu suchen und arges zu waren und zu verwehren, drey dinckliche tagen vermög geschworen weisthumb unverbott, auf diesen hoff zu erscheinen und wanehe ich sonsten verbott würde durch den botten soll ich schültig sein für meine [...] zu folgen und einen jeden bestes fleißes in seinem rechten zu verhelffen, daßelb nit zulassen weder umb gunst, freundschaff magschaff, geld oder gunst, als mir gott helfe und sein heiliges Evangelium."

Nr. 6

Auszug aus dem Protokoll über die Zehntdistriktbegehung zwischen dem Kloster Marienthal und der Pfarrei Mayschoß am 17.7.1787.
„Abgehaltenes Protocollum über die begehung der zwischen dem hochadlichen Kloster Marienthal und pfarrey Meyschohs strittiger zehn Districten, und hierüber unter einvermeldetem Vorbehalt getroffenen Vergleichs.[6]
Erstens gegen laach über der ahr, so wie der fat über der brücken anfangt und bis für schmitten ausläuft [...] was linker hand unter dem fat nach der ahr zu [...] zeitlichen pastoren im zehnden zu beziehen bleiben, herentgegen Mariendhal in dem daroben gelegenen laage in dem zehnbesitz, wie es bis hiehin hergebracht, auch verbleiben solle, wobey dan auch zu Verschneidung dieses zehndistricten vereinbahret worden, daß anfangs – in mitten – und ende besagten fats drey stein eingesetzt werden sollen;
zweytens hinter der herrschaftlichen mühlen oben und unter dem fat ist Marienthal durchaus ein für allemahl der zehnt von pastoren zugestanden worden, hingegen
drittens an der kalten herberg was unter dem fat nach der ahr zu gelegen, dem herren pastoren zu bezehnden überlaßen;
viertens für weinscheid solle dem kloster unter dem fat nach der ahr zu, wie auch oben diesem fat der zehnt zu benutzen verbleiben;
fünftens auf weinscheid und dem alten berg ist vergliechen, daß das Kloster im gleichen den zehnden behalten solle;
sechstens auf der gerst und othard solle der zehnd des districts, so nach dem alten schloß und der ahr zu hinter dem fat gelegen dem kloster verbleiben, was aber
siebentens hinter diesem fat bis an den gemeinen Kirpat gelegen solle herr pastor im zehnden benützen; achtens an Kleinmerich, was vom bachs brückelgen grad hinauf gehet, solle linker hand das Kloster zu bezehnden behalten, hingegen rechter hand zu nach ausweiß der gemeinschaftlich setzender steinen dem herrn pastoren zu bezehnden überlaßen seyn, endlichen neuntens am mönichsberg solle dem Kloster der

6 Pfarrarchiv Mayschoß, Nr. B.14.1.

fuß unter dem fat, wie daroben bis an den gemeinen fuhrweeg zu bezehnden anheim gestelt seyn, was zehntens außer diesen districten nie streitig gewesen, darinnen solle einjeder bey seinem wohlhergebrachten alten besitz ungestörter verbleiben."

Nr. 7

Auszug aus dem (undatierten) Verzeichnis der unbeweglichen Güter der Pfarrei Mayschoß.

Verzeichnüß.[7]
Der unbeweglichen Güter, welche ehemals zur Pastorat zu Meyschoß gehörten.

Erstens hatte der zeitliche Pfarrer zu Meyschoß den trockenen Zehnten in seinem Pfarrbezirke wovon jedoch der dritte Theil felder frey ist.

Den Weinzehnten

a) In Dreywegen bis an die Reimershover Schleif oder Hoheit.
b) An Numerich
c) Auf Sonnscheid unter der untersten Mauer
d) An Ziegenöhl
e) An Otthart in der Feldlage
f) Auf Klemerich was rechter Hand des Bachsbrückelchen gelegen ist
g) Auf Königsbüchel
h) In der kalten Herberg unter dem Pfad
i) Zu Lach über der Ahr, auf der Feldlage

Eigene Güter

Weingarten – An Lenzenhaus guter Lage, An Sonnscheid schlechter Lage, Auf Mißenhart oben zu schlechter Lage, daselbst unten zu Mittel Lage.
Theilweingarten – fünf Ortcher an Nümerich geben drittels Trauben sind das 5te Jahr frey.
Felder oder wiesen – vor Menzhart mittel Lage, Auf der Gerst guter Lage, Am Eyers Pütz Mittel Lage, Auf Junckerswies schlechter Lage, Am Kirchenweingart.
Rahmhecken – Am Mönsches Berg thut jährlich 40 Rahmen.

7 Pfarrarchiv Mayschoß, Nr. B.6.2.

Nr. 8

Pachtvertrag von Kirchengut aus dem Jahre 1864.
„Verpachtungs-Protokoll der Kirche zu Mayschoß.[8]
Heute, den 30. August 1800 vier und sechzig Nachmittags um 2 Uhr, hat der mit unterzeichnete Bürgermeister von Altenahr in Gegenwart des Gemeindevorstehers Nicolaus Naekel zu Mayschoß die Verpachtung der Kirchengüter von Mayschoß nach vorhergegangener öffentlicher Bekanntmachung unter folgenden Bedingungen vorgenommen:

Bedingungen
1. Die zur Verpachtung kommenden Parzellen und Loose müssen von dem Anpächter in gehöriger Begrenzung gehalten werden und ist derselbe verpflichtet, etwaige Eingriffe der Nachbaren sofort dem Kirchenrathe anzuzeigen.
2. Die Verpachtung geschieht auf drei, sechs, neun Jahre (und die Verpachtung der Weinberge geschieht auf fünfzehn hintereinander folgende Jahre und beginnt die Pachtzeit gleich nach der Genehmigung dieses Verpachtungs Protokolles.)
3. Die Zahlung der Pachtsumme erfolgt jedes Jahr am 11. November in die Hände des zeitigen Kirchenrechners von Mayschoß, und zwar zum ersten Male Martini 1800 fünf und sechzig.
4. Jeder Anpächter muß einen zahlfähigen und zugleich mit ihm solidarisch verpflichteten Bürgen stellen.
5. Die Weinberge müssen gehörig mit Grenzsteinen besetzt behalten werden, und wo solche fehlen, hat es der Anpächter dem Kirchenrathe anzuzeigen.
6. Vor dem 1ten Mai jeden Jahres müssen die Weinberge geschnitten, gestickt, gegürtet und gegraben sein; wo der Boden nicht mit Steinen bedeckt ist, soll noch ein zweites Graben vor halben July stattfinden, wie auch die übrigen noch nöthigen Arbeiten darin nach Ortsgebrauch zu verrichten sind.
7. Sind die Rebstöcke derart, daß von ihnen kein günstiger Ertrag mehr zu erwarten ist, so hat der Anpächter dieses dem Kirchenrathe anzuzeigen, und wenn dieser es für gut findet, den Weinberg auszurotten.
8. Die ausgehauenen Weinberge kann der Pächter vier Jahre zur passenden Fruchterziehung benutzen, dann müssen sie wieder mit Reben bepflanzt werden.
9. Der Anpächter muß die Weinberge alle fünf Jahre gehörig misten, wofür er, wenn der Mist bei der Weinbergs-Besichtigung zu Ende Juny in denselben sich befindet, in diesem Jahre keine Trauben abzugeben braucht. Soll im Weinberg zum erstenmal Mistrecht gemacht werden, so muß dieses dem Kirchenpräsidenten vor dem 1. May gezeigt werden.
10. Wenn die Traubenlese beginnt, so müssen die Trauben am ersten Tage gelesen werden, und der, der Kirche zukommende Theil, an den, welcher die Kirchentrauben gekauft hat, in den Weinbergen abgegeben werden.

---

8 Pfarrarchiv Mayschoß, Nr. B.14.5.

11. Der Kirchenrath behält sich das Recht vor, jedem Anpächter, der obigen Bedingungen nicht nachkommt, die ihm in Pacht gegebenen Weinberge zu jeder Zeit abzunehmen und zu entscheiden, ob demselben eine Entschädigung zukommt oder nicht.
12. Die Genehmigung des hochwürdigsten Bischöflichen General-Vicariats wird von dem bei dieser Verpachtung anwesenden Kirchenrathe vorbehalten."

Nr. 9

Küsterordnung aus dem Jahre 1848.[9]

1) Der Küster steht zunächst unter der Aufsicht des Herrn Pfarrers, dessen Anordnung er zu befolgen hat.
2) Er hat die Kirchenthüren zu rechten Zeit auf zu schließen, die Kirchenschlüssel sorgfältig zu verwahren, diese in seinem Hause stets an einem u. demselbem Orte, wo solche jedesmal fuglich gefunden werden können, aufzuheben, doch so, daß solcher Ort jenen augenfällig bekannt ist, die Schlüssel jedoch nicht entwendet werden können. Auch darf er diese Schlüssel an Niemand verabfolgen lassen, der nicht dazu berechtigt ist.
3) Er hat für die Reinlichkeit u. Ordnung in der Kirche zu sorgen u. namentlich dieselbe im Sommer wöchentlich zweimal, nemlich Mitwochs u. Samstags Nachmittags, im Winter wöchentlich einmal, nemlich Samstags, wo möglich ohne Staub zu erregen, auszucehren; einmal im Jahre zu schrubben u. auszuwaschen, so wie die Bänke u. alles übrige Holzwerk abzuwaschen, besonders die Altäre, Kanzel, Kommuniontisch, Knie u. Sitzbänke, die Emporkirche u. Orgel von Staub u. Unrath stantwährend rein zu bewahren; die Wänd u. Fenster, so weit solche mit einem auf eine Stange aufgestekten Bürste zu erreichen sind, von Staub u. Spinnweben frey zu erhalten.
4) Er muß die Altartische nach Beendigung des Gottesdienstes gehörig bedecken, u. die weißen Altartücher vierteljährich wechseln, u. der Kirchenwäscherin, so oft es nöthig ist zum waschen übergeben.
5) Er hat unter Aufsicht des Herrn Pfarrers für die Verzierung der Altäre an hohen Festtagen u. Trauermessen zu sorgen, die Rauchfässer, Schifchen, Weihwasser-Kessel, Messkännchen, Taufbecken, Taufsteindeckel, Kreuze an den Wänden, Leuchter etc. glänzend zu putzen u. beim Wechsel dieser Utensilien für deren sicheren Aufbewahrung Sorge zu tragen, auch die heilige Lampe glänzend rein u. gehörig mit Oel zu unterhalten.
6) Er muß reines Wasser u. das an gewissen Tagen in der Kirche nothwendige Feuer auf seine Kosten herbeischaffen.

---

9 Pfarrarchiv Mayschoß, Nr. B.7.2.

7) Er muß von Zeit zu Zeit nachsehen, ob hinreichender Vorrath an Oel, Weihwasser, Hostien, Weihrauch u. Kerzen vorhanden ist u. im Nichtfalle zeitlich für den um beschaffung dem Kirchenrechner Anzeige machen.
8) Er hat dem H. Pfarrer beim An- u. Auskleiden behilflich zu sein u. demselben bey allen kirchlichen Handlungen die üblichen Dienste u. Handreichungen zu leisten.
9) Er hat stets darauf zu sehen, daß die Amtskleider des H. Pfarrers, die Anzüge der Altardiener, Kommunion- u. Altartücher, Fahnen in gutem Zustande blieben u. bey etwa vorkommenden Mängeln, Beschädigungen diese Gegenstände alsbald einem Schneider zur Reparatur zu übergeben.
10) Er hat Mängel u. Gebrechen, wenn er solche am Kirchengebäude wahrnimmt, besonders an Thurm, Dach u. Fenstern alsbald dem Kirchenrechner anzuzeigen.
11) Er hat für das Geläute nach Ortsgebrauch zu sorgen, d. h. Morgens die Betglocke im Sommer um Vier, im Winter um Sechs Uhr, die Mittagsglocke um Eilf Uhr u. die Abendsglocke bey Abgange des Tages zu ziehen, resp. zu läuten u. zu beaufsichtigen, wofür er das für diese Unterhaltung bestimmte Glockenkorn bey den Einwohnern selbst zu erheben hat. Hierhin gehört auch die Unterhaltung u. das Aufziehen der Thurmuhre, Einschmieren derselben mit reinem Knochenmel u. Regulieren der Uhr nach Ortsobservanz.
12) Er hat täglich in der vom Pfarrer bestimmten Stund zur Messe u. zu sonstigen Andachten zu läuten, u. dieserhalb jedesmal nachm. im Pfarrhause anzufragen. Wünschenswerth bleibt, daß das feierliche Zusamenläuten mit mehreren Glocken nicht zu kurz abgebrochen u. im Zusammenhang geschehe, wozu der Küster oder Glöckner die nöthige Hilfe leicht bekommen kann, jedoch ohne Unruhe in der Kirche dadurch zu erregen.
13) Er hat den H. Pfarrer zu denjenigen Amtverrichtungen, zu denen Hilfe nöthig ist, hin u. zurück, u. jenen bey Nachtszeit mit einer Laterne zu begleiten, u. das hierzu Nöthige zur Stelle zu schaffen.
14) Er hat die vorkommenden u. bey ihm bestellten kirchlichen Verrichtungen sofort dem H. Pfarrer anzuzeigen.
15) Will sich der Lehrer resp. Küster länger als einen halben Tag vom Hause entfernen, so hat er dieses vorher dem Hr. Pfarrer zu melden u. dessen Erlaubnis einzuholen. Ebenso kann er sich in seinen Dienstverrichtungen niemals durch jemand vertreten lassen, der nicht dem Hr. Pfarrer bekant u. von dem nicht hierzu die Zusage eingeholt ist, selbst nicht bey Krankheit des Küsters.
16) In Behinderungs-Fällen, welche in der Verwaltung des Schulamts ihren Grund haben, muß er sich auf seine Kosten zur Zufriedenheit des Pfarrers u. Kirchenraths vertretten lassen.
17) Als Organist u. Kantor hat derselbe durch Unterricht Chorsänger zu bilden u. diese wöchentlich wenigstens Einmal einzuüben. Die Gesänge selbst bestimmt der Pfarrer.

18) Als Intonator hat derselbe bey Stillmessen die vom Hr. Pfarrer bestimmte Messandacht laut vorzubeten u. die Abendandacht in der Kirche im Advent u. in der Fastenzeit täglich, so wie jeden Samstag Nachmittags fünf Uhr abzuhalten, oder mit Ablegung des Tages.

19) Die Orgel wird in guten Zustandt gebracht u. ist es des Organisten Pflicht, außer ihm niemand anderen das Spielen der Orgel zu erlauben, der als Orgelspieler ihm nicht bekant u. vom Hr. Pfarrer zum Spielen genehmigt ist. Schließlich die bemerkung, daß es den Lehrer, Organist, Küster o. Glöckner sehr empfiehlt, wenn er nemlich auch sich selbst u. auch seine ihm zum Erziehen anvertraute Schuljugend ist[!], jeden § der Küsterordnung genau befolgt u. überhaupt sich angelegen sein läßt, mit seinem Vorgesetzten Hr. Pfarrer in steter Achtung u. Freundschaft zu bleiben.

Mayschoß den 1ten July 1848

Literaturverzeichnis

Siedlungsgeschichte

Janssen, Walter, Studien zur Wüstungsfrage im Fränkischen Altsiedelland zwischen Rhein, Mosel und Eifelnordrand, Teil II, Köln 1975.

Kleemann, Otto, Vor- und Frühgeschichte des Kreises Ahrweiler, Köln 1971.

Klosterrath-Mayschoß und die Annales Rodenses

Diez, Helmut und Stefan Weinfurter, Die Lebensordnung des Regular-Kanonikerstiftes Klosterrath, Herder Verlag, Freiburg 1993.

Heidbüchel, Franz und Hermann Kramer, Annales Rodenses, Heimatblätter des Kreises Aachen, Aachen 1990.

Die Saffenburg

Bous, Robert und Hans Georg Klein, Quellen zur Geschichte der Stadt Ahrweiler, Bad Neuenahr-Ahrweiler 1998.

Clemen, Paul, Die Kunstdenkmäler des Kreises Ahrweiler, 2. Band, Nachdruck, Düsseldorf 1984.

Eckertz, Gottfried, Chronik und Weisthum von Mayschoß an der Ahr, in: Annalen des historischen Vereins für den Niederrhein, 16. Heft, 1865.

Frick, Hans, Quellen zur Geschichte von Bad Neuenahr, Bad Neuenahr 1933.

Halbekann, Joachim, Die älteren Grafen von Sayn, Wiesbaden 1997.

Heyen, Franz Josef, Die Arenberger in der Eifel, 1. Band, Koblenz 1987.

Kaufmann, Alexander, Zur Geschichte der Saffenburg an der Ahr, in: Annalen des historischen Vereins, 18. Heft.

Leinen, Napoleon(?), Die Saffenburg a. d. Ahr und ihre Besitzer einst und jetzt, Manuskript.

Neu, Heinrich, Differenzen um die Herrschaft Saffenburg, in: Jahrbuch für Geschichte und Kunst des Mittelrheins und seiner Nachbargebiete, Neuwied 1968.

Neu, Peter, Geschichte und Struktur der Eifelterritorien des Hauses Manderscheid, Rheinisches Archiv, Band 80, Bonn 1972.

Neu, Peter, Die Arenberger und das Arenberger Land, 2. Band, Koblenz 1995.

Renger, Christian und Johannes Mötsch, Inventar des herzoglich arenbergischen Archivs in Edingen /Enghien, Teil 2, Veröffentlichung der Landesarchivverwaltung Rheinland – Pfalz, Band 75, Koblenz 1977.

Röcke, Matthias, Burgen und Schlösser zwischen Ahr und Brohltal, Köln 1984.

Stramberg, Christian von, Das Rheinufer von Coblenz bis Bonn, 10. Band, Koblenz 1864.

Die Herrschaft Saffenburg

Eckertz, Gottfried, Chronik und Weistum von Mayschoß an der Ahr, in: Annalen des historischen Vereins für den Niederrhein, 16. Heft, 1865.

Brommer, Peter / Schleidgen, Rüdiger und Theresia Zimmer, Inventar des herzoglich arenbergischen Archivs in Edingen/Enghien (Belgien), Teil 1 Akten und Amtsbücher der deutschen Besitzungen, Veröffentlichung der Landesarchivverwaltung Rheinland-Pfalz, Koblenz 1984.

Renger, Christian und Johannes Mötsch, Inventar des herzoglich arenbergischen Archivs in Edingen/Enghien, Teil 2. Veröffentlichungen der Landesarchivverwaltung Rheinland-Pfalz, Band 75, Koblenz 1997.

Stramberg, Christian von, Das Rheinufer von Coblenz bis Bonn, 10. Band, Koblenz 1864.

Kirche und Pfarrei

Clemen, Paul, Die Kunstdenkmäler des Kreises Ahrweiler, 2. Band, Nachdruck, Düsseldorf 1984.

De Lorenzi, Philipp, Beiträge zur Geschichte sämtlicher Pfarreien der Diözese Trier II, Trier 1887.

Eckertz, Gottfried, Chronik und Weisthum von Mayschoß an der Ahr, in: Annalen des historischen Vereins für den Niederrhein, 16. Heft, 1865.

Frick, Hans, Quellen zur Geschichte von Bad Neuenahr, Bad Neuenahr 1933.

Grotefend, Hermann, Taschenbuch der Zeitrechnung, Hannover 1991.

Heidbüchel, Franz und Heinrich Kramer, Annales Rodenes, Heimatblätter des Kreises Aachen, 45. Jahrgang, Aachen 1990.

Korth, Leonard, Das Gräflich v. Mirbach`sche Archiv zu Harff, in: Annalen des historischen Vereins für den Niederrhein, Heft 55, , Köln 1892.

Krudewig, Johannes, Übersicht über den Inhalt der kleinen Archive der Rheinprovinz, Bonn 1916.

Losse, Michael, Die Pfarrkirche St. Nikolaus in Mayschoß an der Ahr, in: Heimatjahrbuch Kreis Ahrweiler 1996.

Prothmann, Ottmar, Kirche und Pfarrei „St. Martin" Holzweiler, Holzweiler 2000.

Renger, Christian und Johannes Mötsch, Inventar des herzoglich arenbergischen Archivs in Edingen /Enghien, Teil 2, Veröffentlichung der Landesarchivverwaltung Rheinland – Pfalz, Band 75, Koblenz 1997.

Schieder, Wolfgang, Säkularisation und Mediatisierung in den vier rheinischen Departements 1803-1813, Teil II.

Schmitz, Ferdinand, Urkundenbuch der Abtei Heiserbach, Bonn 1908.

Schmitz, Sebastian und Hans-Georg Klein, Schatzbuch und Chronik der Gemeinde Mayschoß, Mayschoß 1998.

Schmitz, Sebastian, 450 Jahre Pfarrei St. Nikolaus Mayschoß, Mayschoß 1987.

Schmitz, Sebastian, Caritas in Mayschoß, Mayschoß 2003.

Schug, Peter, Geschichte der zum ehemaligen kölnischen Ahrgaudekanat gehörenden Pfarreien der Dekanate Adenau, Ahrweiler und Remagen, Trier 1952.

Schule
Eckertz, Gottfried, Chronik und Weistum von Mayschoß an der Ahr, in: Annalen des historischen Vereins für den Niederrhein, 16. Heft, 1865.
Neu, Peter, Die Arenberger und das Arenberger Land, Band 3, Koblenz, 1995.
Schmitz, Sebastian, Mayschoss – Beiträge zur Geschichte eines Dorfes im Saffenburger Ländchen, Band III, Mayschoß 1984.
Schmitz, Sebastian und Hans-Georg Klein, Schatzbuch und Chronik der Gemeinde Mayschoß, Mayschoß 1998.
Schug, Peter, Geschichte der zum ehemaligen kölnischen Ahrgaudekanat gehörenden Pfarreien der Dekanate Adenau, Ahrweiler und Remagen, Trier 1952.

Weinbau und Winzerverein
Aldefeld C., Die älteren und neuen Maaße und Gewichte der königlichen Rheinprovinz, Aachen 1835.
Bous, Robert und Hans Georg Klein, Quellen zur Geschichte der Stadt Ahrweiler, Bad Neuenahr-Ahrweiler 1998.
Eckertz, Gottfried, Chronik und Weistum von Mayschoß an der Ahr, in: Annalen des historischen Vereins für den Niederrhein, 16. Heft, 1865.
Frick, Hans, Quellen zur Geschichte von Bad Neuenahr, Bad Neuenahr 1933.
Frick, Hans, Weinbau und landwirtschaftliche Verhältnisse an der Unterahr in der zweiten Hälfte des 17. Jahrhunderts, Annalen des historischen Verein für den Niederrhein, Heft 148, Düsseldorf 1949.
Goerz, A. D., Mittelrheinische Regesten,Teil I, Koblenz 1876.
Görtz, Ignaz, Wir hatten Wein genug, aber kein Brot, in: Heimatjahrbuch für den Kreis Ahrweiler, 1969.
Heidbüchel, Franz und Heinrich Kramer, Annales Rodenes, Heimatblätter des Kreises Aachen, 45. Jahrgang, Aachen 1990.
Herborn, Wolfgang, Der Weinbau an der Ahr im frühen und hohen Mittelalter, Schriften zur Weingeschichte, Herausgegeben von der Gesellschaft für die Geschichte des Weines, Heft 146, Wiesbaden 2004.
Ley, Anton, Der Mayschosser Winzer in den Jahren 1800 bis 1870 und die Gründung des Mayschosser Winzervereins am 20. Dezember 1868, in: Heimatkalender für den Kreis Ahrweiler, 1926.
Nolden, Reiner, „anno verbi incarnati DCCCXCIII conscriptum" Im Jahre des Herrn 893 geschrieben, 1100 Jahre Prümer Urbar, Festschrift, Trier 1993.
Schmitz, Ferdinand, Urkundenbücher der Geistlichen Stiftungen des Niederrheins, II Abtei Heisterbach, Bonn 1908.
Raveaux, Franz, Die Ahr, Köln 1844.
Schmitz, Sebastian und Hans-Georg Klein, Schatzbuch und Chronik der Gemeinde Mayschoß 1528 – 1998, Mayschoß 1998.
Schmitz, Sebastian, Antonius Ley Gastwirt, Faßbinder und Winzer zu Mayschoß über die Jahre 1804 – 1826, Mayschoß 1995.

Schmitz, Sebastian, 125 Jahre Mayschoßer Winzerverein 1868 – 1993, Mayschoß 1993.
Welter, Klaus, Der Ahrweinbau in Geschichte und Gegenwart, Dissertation, Heimersheim 1975.

Konsumverein

Schmitz, Sebastian, Mayschoss, Beiträge zur Geschichte eines Dorfes im Saffenburger Ländchen bis zum Jahre 1922, Band II „Von jedem jätt", Mayschoß 1984.

Flurnamen

Dietz, Josef, Die Bonner Flurnamen, Bonn 1973.
Dittmaier, Heinrich, Rheinische Flurnamen, Bonn 1963.
Renger, Christian und Johannes Mötsch, Inventar des herzoglich arenbergischen Archivs in Edingen /Enghien, Teil 2, Veröffentlichung der Landesarchivverwaltung Rheinland - Pfalz, Band 75, Koblenz 1997.
Schmitz, Sebastian und Hans-Georg Klein, Schatzbuch und Chronik der Gemeinde Mayschoß 1528 – 1998, Mayschoß 1998.
Schmitz, Sebastian, 450 Jahre Pfarrei St. Nikolaus, Festschrift, Mayschoß 1987.
Schmitz, Ferdinand, Urkundenbuch der Abtei Heisterbach, Bonn 1908.

Gesinde im alten Mayschoß

Baur, Viktor, Vom Eifeler Gesinde, Eifeljahrbuch 1936.
Schmitz, Sebastian, Antonius Ley Gastwirt, Faßbinder und Winzer zu Mayschoß über die Jahre 1804 – 1826, Mayschoß 1995.

Handwerk und Gewerbe im alten Maychoß

Schmitz, Sebastian, Mayschoss – Beiträge zur Geschichte eines Dorfes im Saffenburger Ländchen, Band III, Mayschoß 1984.

Vorrats- und Hauswirtschaft um 1900

Schmitz, Sebastian, Mayschoss – Beiträge zur Geschichte eines Dorfes im Saffenburger Ländchen, Band III, Mayschoß 1984.

Lebensverhältnisse und Brauchtum (um 1930)

Prothmann, Ottmar, Kirche und Pfarrei „St. Martin" Holzweiler, Veröffentlichtungen zur Geschichte der Gemeinde Grafschaft, Band 4, Holzweiler 2000.
Schmitz, Sebastian, Mayschoss – Beiträge zur Geschichte eines Dorfes im Saffenburger Ländchen bis zum Jahre 1922, Band II, Mayschoß 1984.
Schmitz, Sebastian, Mayschoss – Beiträge zur Geschichte eines Dorfes im Saffenburger Ländchen, Band III, Mayschoß 1984.
Schwall, Anton, Vom Maigelog in Mayschoß, in: Zeitschrift für Heimatkunde der Regierungsbezirke Coblenz und Trier und der angrenzenden Gebiete, Koblenz 1922.

Mayschoß in Sagen, Gedichten und Liedern
Stramberg, Christian von, Rheinischer Antiquarius, Abtl. III, Band 10, Koblenz 1862.

Maler und Bildhauer aus Mayschoß im 20. Jahrhundert
– Eigene Nachforschungen.

Ortschronik
Eckertz, Gottfried, Chronik und Weistum von Mayschoß an der Ahr, Annalen des historischen Vereins für den Niederrhein, 16. Heft, 1865.
Schmitz, Sebastian und Hans-Georg Klein, Schatzbuch und Chronik der Gemeinde Mayschoß 1528 – 1998, Mayschoß 1998.

Laach
Frick, Hans, Quellen zur Geschichte von Bad Neuenahr, Bad Neuenahr 1933.
Krudewig, Johannes, Übersicht über den Inhalt der kleineren Archive der Rheinprovinz, Bonn 1916.
Brommer, Peter / Schleidgen, Rüdiger und Theresia Zimmer, Inventar des herzoglich arenbergischen Archivs in Edingen/Enghien (Belgien), Teil 1 Akten und Amtsbücher der deutschen Besitzungen, Veröffentlichung der Landesarchivverwaltung Rheinland-Pfalz, Koblenz 1984.
Renger, Christian und Johannes Mötsch, Inventar des herzoglich arenbergischen Archivs in Edingen /Enghien, Teil 2, Veröffentlichung der Landesarchivverwaltung Rheinland – Pfalz, Band 75, Koblenz 1997.
Schmitz, Sebastian und Hans-Georg Klein, Schatzbuch und Chronik der Gemeinde Mayschoß 1528 – 1998, Mayschoß 1998.
Schug, Peter, Geschichte der zum ehemaligen kölnischen Ahrgaudekanat gehörenden Pfarreien der Dekanate Adenau, Ahrweiler und Remagen, Trier 1952.

Bungert
Krudewig, Johannes, Übersicht über den Inhalt der kleineren Archive der Rheinprovinz, Bonn 1916.
Neu, Heinrich, Differenzen um die Herrschaft Saffenburg, in: Jahrbuch für Geschichte und Kunst des Mittelrheins und seiner Nachbargebiete, 18/19. Jahrgang, Neuwied 1968.
Renger, Christian und Johannes Mötsch, Inventar des herzoglich arenbergischen Archivs in Edingen /Enghien, Teil 2, Veröffentlichung der Landesarchivverwaltung Rheinland – Pfalz, Band 75, Koblenz 1997.

Mayschoß in der Gegenwart – Eigene Nachforschungen.

Verzeichnis der benutzten Archive.

- Pfarrarchiv Mayschoß.

- Gemeindearchiv Mayschoß.

- Kreisarchiv Bad Neuenahr-Ahrweiler

- Bistumsarchiv Trier.

- Historisches Archiv des Erzbistums Köln.

- Landeshauptarchiv Koblenz.

- Arenbergisches Archiv Enghien.

Ortsregister

A

B

C

D

E

Flurnamen

A

J

K

L

M

O

R

S

U

V

Z

Namesregister

A

B

C

D

E

F

G

H

I

J

K

L

M

N

O

P

R

S

T

U

V

W

Z